普通高等教育"十二五"规划教材
全国高职高专规划教材·物流系列

第 三 方 物 流

主 编 曹爱萍 陈汉明
副主编 吴理门 杨 溢 张俊峰

图书在版编目（CIP）数据

第三方物流/曹爱萍，陈汉明主编．—北京：北京大学出版社，2014.2
（全国高职高专规划教材·物流系列）
ISBN 978-7-301-23657-4

Ⅰ.①第… Ⅱ.①曹… ②陈… Ⅲ.①物流-物资管理-高等职业教育-教材 Ⅳ.①F252

中国版本图书馆 CIP 数据核字（2014）第 001147 号

书　　　　名：	第三方物流
著作责任者：	曹爱萍　陈汉明　主　编
策 划 编 辑：	李　玥
责 任 编 辑：	李　玥
标 准 书 号：	ISBN 978-7-301-23657-4/F·3811
出 版 发 行：	北京大学出版社
地　　　　址：	北京市海淀区成府路 205 号　100871
网　　　　址：	http://www.pup.cn　新浪官方微博:@北京大学出版社
电 子 信 箱：	zyjy@pup.cn
电　　　　话：	邮购部 62752015　发行部 62750672　编辑部 62765126　出版部 62754962
印 　刷　 者：	三河市博文印刷有限公司
经 　销　 者：	新华书店
	787 毫米×1092 毫米　16 开本　18.5 印张　462 千字
	2014 年 2 月第 1 版　2017 年 1 月第 3 次印刷
定　　　　价：	36.00 元

未经许可，不得以任何方式复制或抄袭本书之部分或全部内容。
版权所有，侵权必究
举报电话：(010)62752024　电子信箱：fd@pup.pku.edu.cn

前　言

随着市场竞争的不断深化和加剧，企业建立竞争优势的关键由节约原材料的"第一利润源泉"，提高劳动生产率的"第二利润源泉"，转向建立高效物流系统的"第三利润源泉"。随着企业之间竞争的日益激烈，企业必须最大限度地运用各种资源，建立战略伙伴关系和企业联盟，培育和发展企业的核心能力。物流资源外包一直被认为是具有创造性的解决途径。现在，第三方物流业悄然兴起，并在物流业中占有越来越重要的作用，它已成为西方国家物流业发展的有效运作模式。

我国在20世纪80年代引入"物流"的概念。在过去的30多年里，物流业作为一个新兴的战略性产业，在促进产业结构调整、转变经济发展方式和增强国民经济竞争力等方面发挥着重要作用。但由于我国物流业起步晚，在整体发展水平上和发达国家差二三十年。大多数第三方物流企业规模不大，服务水平不高，只能提供单项或分段的物流服务，物流功能主要停留在储存、运输和城市配送上，相关的包装、加工、配货等增值服务不多，没有实现从原材料供给到商品销售整个供应链的全程服务，还没有形成真正意义上的网络服务。

本书正是在这一背景下，根据物流理念和第三方物流的最新发展，对第三方物流理论和实务进行了重新整理和拓展。编者在编写过程中，注重体现以下特色。

1. 任务驱动，注重实用。针对高职高专物流专业培养高技能人才的实际需要，按照理论以必需、够用为度，重点突出实践性教学的原则进行编写。每章都设计了导入案例，引导学生进入理论知识的学习，课后针对学习内容又设计了实训项目，帮助学生加深对理论知识的理解，并在实训的过程中提高学生的专业技能和职业素质。

2. 目标明确，行动导向。各章均设置了"工作任务描述""知识概览"和"学习目标"栏目，主要介绍本章涉及的具体内容，对知识掌握的具体要求，以及通过工作任务的完成能达到的能力目标，让学生在学习前有清晰明确的行动导向。

3. 内容新颖，操作性强。本书内容强调新理论、新知识、新技术、新方法和新案例，着重现实运用，侧重可操作性。章节内容根据实际工作需要，穿插了大量的工作表单和典型案例；章后设计了综合性案例，内容新颖，代表前沿性的知识、技能和方法。

本书由湖北城市建设职业技术学院曹爱萍、陈汉明担任主编，设计整体思路和课程体系，并最后修改定稿。本书具体编写分工是：曹爱萍编写第1、6、8章，陈汉明编写第2、4章，杨溢编写第3、5章，吴理门编写第7、9章，张俊峰编写第10章。

编者在编写本书过程中参阅和引用了大量有关物流的文献资料，并得到了北京大学出

版社的大力支持,在此表示衷心的感谢!由于编者水平有限,书中难免存在不足之处,恳请专家和读者批评指正,以便今后进行修订。

编 者
2014 年 1 月

本教材配有教学课件,如有老师需要,请加 QQ 群(279806670)或发电子邮件至 zyjy@pup.cn 索取,也可打电话至北京大学出版社:010-62765126。

目　　录

第1章　第三方物流认知 ·· 1
　1.1　第三方物流的概念与特征 ·· 3
　1.2　第三方物流产生的原因与发展 ·· 5
　1.3　第三方物流的利益来源及价值分析 ·· 17
　1.4　第三方物流企业 ·· 19

第2章　第三方物流企业的设立 ·· 35
　2.1　物流企业设立的一般规程 ··· 36
　2.2　不同类型第三方物流企业的设立 ··· 40

第3章　第三方物流企业市场分析及定位 ··· 53
　3.1　物流市场调查 ··· 54
　3.2　物流市场分析 ··· 57
　3.3　第三方物流企业市场细分及定位 ··· 63

第4章　第三方物流企业运作平台的构建 ··· 70
　4.1　物流企业组织结构设计 ·· 72
　4.2　第三方物流企业实体网络的设计与构建 ·· 75
　4.3　第三方物流企业信息系统网络的设计与构建 ······································ 77

第5章　第三方物流企业市场开发 ·· 89
　5.1　第三方物流企业市场开发战略 ·· 91
　5.2　第三方物流企业市场开发流程 ·· 99
　5.3　第三方物流市场开发中的物流文案 ·· 103

第6章　第三方物流企业经营管理 ·· 114
　6.1　第三方物流企业运作管理 ··· 116
　6.2　第三方物流企业质量管理 ··· 131
　6.3　第三方物流企业成本管理 ··· 138

第7章　第三方物流企业合作伙伴管理 ·· 148
　7.1　第三方物流企业合作伙伴的选择与管理 ·· 149
　7.2　物流资源整合 ··· 153
　7.3　第三方物流企业绩效评价与流程再造 ··· 158

第8章　第三方物流企业客户关系管理 ·· 166
　8.1　第三方物流企业客户关系管理概述 ·· 168
　8.2　第三方物流企业客户关系的建立与维护 ·· 171
　8.3　第三方物流企业客户关系管理系统的构建 ······································· 178

第9章 第三方物流企业的发展战略 186
 9.1 第三方物流企业发展战略分析 188
 9.2 第三方物流企业战略发展方向 194
第10章 新环境下第三方物流企业的发展 209
 10.1 电子商务下的第三方物流企业 211
 10.2 供应链环境下第三方物流的发展 220
 10.3 第三方物流的跨国经营 228
附录 244
参考文献 289

第 1 章 第三方物流认知

 工作任务描述

物流业是融合运输业、仓储业、货代业和信息业等产业的复合型服务产业,是国民经济的重要组成部分。大力发展现代物流,对促进产业结构调整、转变经济发展方式和增强国民经济竞争力具有重要意义。第三方物流是现代物流发展的主流。但什么是第三方物流?为什么要大力发展第三方物流?第三方物流企业如何选择合理的经营模式,实现快速发展?这些问题是研究第三方物流的基础,也是本章着力解决的问题。

本章涉及的工作任务和要求如下。

工作任务	工作要求
运用所学知识,正确理解第三方物流与传统物流的区别	• 掌握第三方物流的基本特征 • 正确区分第三方物流与传统物流
全面分析第三方物流给工商企业创造的价值及其价值来源	• 说明第三方物流的价值优势 • 全面分析第三方物流创造价值的途径
合理划分第三方物流企业的类型,选择合适的经营模式	• 根据各种类型物流企业应具备的条件,合理划分物流企业类型 • 结合相关要素,合理选择物流企业的经营模式

 知识概览

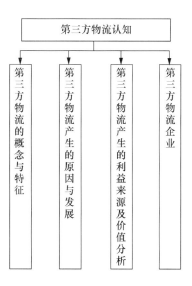

第三方物流

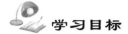 学习目标

知识目标	能力目标	学习重点和难点
• 掌握第三方物流的概念与特征 • 了解第三方物流产生的原因与发展 • 熟悉第三方物流的利益来源及价值分析 • 了解第三方物流企业的分类 • 掌握第三方物流企业的服务内容	• 能正确理解第三方物流企业与传统运输、仓储企业的区别 • 能正确分析物流与社会经济发展的关系，具备判断第三方物流发展趋势的能力 • 能合理选择物流企业的经营模式	• 第三方物流的概念 • 第三方物流的价值创造 • 第三方物流企业的分类 • 第三方物流企业的服务内容

 导入案例

物流能力的强弱对于鞋服企业能否在渠道市场上取胜起着至关重要的作用。特别是库存高企的今天，越来越多的企业尝试与第三方物流合作以提高库存周转效率。

2012年下半年，特步将部分仓储业务转移至福建兴泰物流有限公司（以下简称"兴泰物流"）位于磁灶的总部仓库，而鸿星尔克也将其电子商务业务中的仓储和配送环节交由兴泰物流进行仓配一体化管理。

特步物流中心副总监张仁由表示，"转移到兴泰物流的仓储业务，从产品入库到出库，这当中的管理程序均由该公司去完成，我们只要指定一个工作人员每月对这部分仓储运作情况及时跟踪与总结即可。"他表示，特步的总部仓库已投入使用七八年了，随着近几年特步的飞速发展，总仓容量已不能满足公司未来的战略规划，而且物流成本的上升，以及需要花费大量的精力去管理，使得特步选择了将仓储业务外包。

美国经济学家富克斯曾提出，在企业升级过程中，应该把除自身核心业务外的各项业务外包出去，让专业的公司去运营，这样才能提高效率，节约成本。泉州的鞋服品牌大都走过研发、生产、销售为一体的道路，但随着品牌升级，市场竞争加剧，将生产和物流外包给第三方企业，集中精力做好核心业务成为未来企业发展的趋势。

据了解，将物流业务外包，对泉州鞋服企业来说已经不是第一次，利郎旗下的品牌L2，就是将物流外包给了上海嘉定区的一家物流公司。L2相关负责人胡敏表示，"一个是上海的土地、人力、管理成本太高，另外一个是L2品牌所处的竞争环境非常激烈，要求我们必须把更多资源和时间投入到核心业务中，如产品研发、市场营销。"

多数被采访者表示，如果把物流业务委托给专业的物流服务企业，不仅能更集中精力搞好主业，还能大大提高物流速度，降低物流成本。

某运动品牌物流部经理李先生算了一笔账，"按公司去年所有物流业务费用1 300多万元计算，如果全部采用外包，可以节省近250万元，可以减少包括仓储、人员管理等在内的费用接近19%。"

（资料来源：http：//www.efu.com.cn/distributor/newsview-259067-1.html）

1.1 第三方物流的概念与特征

1.1.1 第三方物流的概念

1. 物流的含义

物流（Logistics）是指物品从供应地到接收地的实体流动过程，是根据实际需要，将运输、储存、装卸、搬运、包装、流通加工、配送、信息处理等基本功能实施有机结合。现代物流是以满足顾客的需求为目标，将制造、销售、物流等统一起来考虑，追求的是降低成本、提高效率与服务水平，进而增强企业竞争力。

2. 第三方物流的含义

第三方物流（Third Party Logistics，3PL 或 TPL）是 20 世纪 80 年代中期由欧美学者提出的。在 1988 年美国物流管理协会（2005 年更名为"美国供应链管理专业协会"）的一项顾客服务调查中，首次提到"第三方物流服务提供者"一词。目前对第三方物流的解释很多，但尚没有一个统一的定义。代表性的观点是以下几种。

（1）从物流服务的提供者角度界定

第三方物流指物流的实际供应方（第一方）和物流的实际需求方（第二方）之外的第三方通过合约向第二方提供部分或全部的物流服务。

这个定义强调第三方物流服务的提供者是实物交易之外的第三方，如图 1-1 所示。

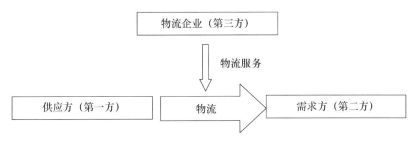

图 1-1 第三方物流概念理解示意

（2）从物流服务的提供者与客户达成物流服务交易的形式界定

第三方物流又称为合同物流、契约物流，是第三方物流提供者按合同在特定时间内向使用者提供个性化的系列服务。

这个定义强调物流服务的提供者与客户是基于合同的长期合作，而不是一次性的短期交易行为。

（3）从物流服务的提供者所提供的物流服务功能范围界定

第三方物流是提供全部物流业务服务的一站式、一体化综合物流服务。

这个定义强调物流服务的提供者提供的是全程物流服务。一个物流企业可能不具备提供所有物流业务活动的设施设备，但它可以通过整合外部资源，通过分包、转包等方式，借助于其他物流企业的力量为客户提供全程的、一体化的物流服务。

（4）国家标准中第三方物流的定义

中华人民共和国国家标准 GB/T 18354—2006《物流术语》中，第三方物流定义为"独立于供需双方为客户提供专项或全面的物流系统设计或系统运营的物流服务模式"。

这里需要区分两个定义：物流企业是指从事物流活动的经济组织，是第三方物流的承担者；企业物流是指企业内部的物品实体流动。

1.1.2 第三方物流的基本特征

1. 关系契约化

首先，第三方物流是通过契约形式来规范物流经营者与物流消费者之间关系的。物流经营者根据契约规定的要求，提供多功能直至全方位一体化的物流服务，并以契约来管理所有提供的物流服务活动及其过程。其次，第三方物流发展物流联盟也是通过契约的形式来明确各物流联盟参加者之间权、责、利相互关系的。

> **案例1-1　乔达国际物流公司与拜耳制药公司的合作**
>
> 2013年1月，法国乔达国际物流公司与拜耳制药公司签订了一项长期合作协议。根据协议，拜耳公司将法国的医药物流服务外包给乔达公司。从2012年11月开始，乔达公司就接管了拜耳公司位于法国里昂北部Reneins站点的所有实验室物流业务。该站点占地1.5万平方米，共有员工60人，其中包括2名药剂师，主要负责订单处理、质量控制、药品储存、贴标、包装和备货，确保整个流程符合行业惯例。根据新合约，乔达公司将通过Reneins自动化站点，处理拜耳公司发往法国大城市药店和医院及法国海外市场的所有医药产品。
>
> （资料来源：http://www.chnsourcing.com.cn/outsourcing-news/article/50796.html）

2. 服务个性化

首先，不同的物流消费者存在不同的物流服务要求，第三方物流需要根据不同物流消费者在企业形象、业务流程、产品特征、顾客需求特征、竞争需要等方面的不同要求，提供针对性强的个性化物流服务和增值服务。其次，从事第三方物流的物流经营者也因为市场竞争、物流资源、物流能力的影响需要形成核心业务，不断强化所提供物流服务的个性化和特色化，以增强物流市场竞争能力。

3. 功能专业化

第三方物流所提供的是专业的物流服务。从物流设计、物流操作过程、物流技术工具、物流设施到物流管理必须体现专门化和专业水平，这既是物流消费者的需要，也是第三方物流自身发展的基本要求。

4. 管理系统化

第三方物流应具有系统的物流功能，是第三方物流产生和发展的基本要求，第三方物流需要建立现代管理系统才能满足运行和发展的基本要求。

5. 信息网络化

信息技术是第三方物流发展的基础。首先，信息技术实现了数据的快速、准确传递，提高了仓库管理、装卸运输、采购、订货、配送、订单处理的自动化水平，使订货、保管、运输、流通加工实现一体化；其次，企业可以更方便地使用信息技术与第三方物流服务提供商进行交流与协作，企业间的协调和合作有可能在短时间内迅速完成；借助信息技术，能有效管理物流渠道中的商流，这就使企业有可能把原来在内部完成的作业交由第三方物流公司运作。物流服务过程中，信息技术发展实现了信息实时共享，促进了物流管理的科学化，极大地提高了物流效率和物流效益。

1.2　第三方物流产生的原因与发展

1.2.1　第三方物流产生并迅速发展的原因

1. 第三方物流的产生是经济发展的必然趋势

（1）世界经济一体化需要现代化物流的支持

随着世界采购、生产和销售的全球化，国际贸易往来不断增加，客观的物流量刺激了现代物流企业的产生。国家统计局发布的数据显示，从1978年到2001年我国进出口贸易总额增长了23.7倍。2012年，面对严峻的国际经济形势，我国进出口贸易额仍比上年增长6.2%，达38 667.6亿美元。2013年上半年，我国进出口总值为19 976.9亿美元，扣除汇率因素后同比增长8.6%。同时，外资在华企业数量的增加、规模的扩大和市场竞争的加剧，对物流服务质量与数量都提出了更高的要求，传统的物流企业已经很难满足市场对物流的需求。

（2）国内市场经济的发展需要社会化物流作保障

统计数据显示，从1978年到2006年，中国GDP（Gross Domestic Product，国内生产总值）总量年均增长9.7%，2006年是1978年的57.5倍。2012年GDP总量达519 322亿元，比上年增长7.8%。2013年上半年GDP为248 009亿元，按可比价格计算，同比增长7.6%。中国经济快速增长带来了巨大的物流量。此外，随着人们生活水平的提高，消费需求呈现多样化、个性化特征；受市场需求影响，企业生产出现批次多、批量少的现象。近年来，电子商务的发展也给物流业带来新课题。这些都增加了物流运作的难度。提高物流服务水平、降低物流服务成本需要专业化、社会化和现代化的物流。

（3）第三方物流产生是社会分工的结果

在外包（Out-sourcing）等新型管理理念的影响下，各企业为增强市场竞争力，而将企业的资金、人力、物力投入到其核心业务上去，寻求社会化分工协作带来的效率和效益的最大化。专业化分工的结果导致许多非核心业务从企业生产经营活动中分离出来，其中包括物流业。将物流业务委托给第三方专业物流公司负责，可降低物流成本，完善物流活动的服务功能。

（4）整体经济高效发展需要专业化、规模化的第三方物流

随着现代科技的迅猛发展，市场瞬息万变，生产和流通都面临着前所未有的机遇和挑战。产品生命周期越来越短，企业利润越来越低。在美国，产品制造时间仅占产品从生产到到达消费者手中的时间的5%，而在流通领域停留的时间占95%；在商品流通中，物流成本占商品流通费用的50%左右。加快物流速度，减少产品流通时间，被广泛认为是第三

利润源泉。专业化、规模化的第三方物流在提高整体经济效益中发挥着重要作用。

2. 第三方物流的产生是企业为加强竞争力将非核心业务外包的直接结果

物流外包，是指生产或销售企业为集中精力增强核心竞争能力，而以合同的方式将其物流业务部分或完全委托于专业的物流公司（即第三方物流）运作。

企业的物流外包有两大原因：

（1）为了降低运作成本，企业从事物流活动需要投入大量的资金来构建物流设施及购买物流设备，这对于缺乏资金的企业，特别是中小企业来说是一种沉重负担。各个企业都这样做，将会出现大量的重复建设，浪费宝贵的资源，企业单靠自己的力量降低物流费用存在很大的困难；而且大量的物流投资带有事实上的风险；企业的物流手段有限，无法承担诸如集装箱运输、铁路运输及国际间运输等活动。因此，从社会再生产的角度看，多数企业对物流的外部化有高度需求。

（2）为了增强自己的核心能力，企业要把资源集中在企业的核心竞争能力上，才能获取最大的效益。那些不属于核心能力的功能应被移向外部，才可以用虚拟化管理的方式获得可以利用的资源，达到最大的投资回报。大多数的制造企业和分销企业在物流方面没有大的优势，所以这一方面不是其核心力。尽管从20世纪70年代至90年代，企业在提高物流效率方面已经取得了巨大的进展，但要取得更大的进展将付出更多，要想实现新的改善，企业不得不寻求其他途径，包括物流外包这样的形式。

图1-2较好地说明了第三方物流产生并迅速发展的原因。

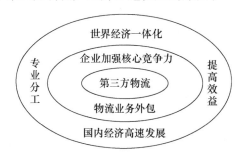

图1-2　第三方物流产生的原因

案例1-2　制造企业物流外包　降低人力财力消耗

2012年4月15日，奥文电机有限公司又有两个50吨的集装箱由文登市运输公司的车队运往青岛市黄岛区。将货物运输业务外包给运输公司后，奥文电机有限公司每年能减少费用52万元。

据了解，2007年以前，奥文电机有限公司共有大中型运输车辆6部、小型运输车辆3部，每年过路费、燃料费、保险费、折旧维修费等费用共计170万元左右，且时常发生延误船期、影响生产等情况，一定程度上影响了公司的信誉。2007年，奥文电机有限公司为彻底解决运输难题，决定与文登市运输公司合作，将所有运输业务外包给运输公司，公司原有车辆全部处理，成为全市首家运输外包企业。据统计，企业自己养车每年的运输费用估计在300万元左右，而运输外包年运费为248万元，降低费用52万元，降幅达17%以上。

把物流业务外包给专业物流公司，大大提高了产品的发运效率和发运速度，有效减少了因延误交货等导致的客户投诉和索赔。此外，通过物流外包合作，降低了制造业企业的投入和管理成本，使企业可以集中人力、物力、财力发展主业，有利于提升企业的核心竞争能力。对运输企业来讲则扩大了业务量，增加了收入，达到了互利互惠、共同发展的目的。

（资料来源：http://www.whnews.cn/weihai/node/2012-04/20/content_5277354.htm）

1.2.2 国内外第三方物流发展概况

1. 国内第三方物流发展概况

（1）"十一五"时期物流发展回顾与总结

"十一五"时期，面对严峻复杂的国内外形势，在党中央、国务院正确领导下，我国经济保持了平稳较快发展。在经济发展的推动下，我国物流业有效应对国际金融危机冲击，保持了较快增长。2010年，社会物流总额和物流业增加值，分别可达125万亿元和2.7万亿元，与"十五"末期的2005年相比，双双实现了总量翻番，年均分别增长21%和16.7%；社会物流总费用与GDP的比率约为18%左右，可望比2005年降低0.3个百分点，相当于新增社会经济效益1000多亿元；我国物流业增加值占GDP的比重可达7%左右，占第三产业增加值的比重约为16%左右，有力地支持了国民经济发展和发展方式转变。

回顾五年来的发展历程，呈现出以下显著特点。

第一，物流产业地位显著提升。

过去的五年，是我国物流业持续快速发展的五年，也是物流产业地位确立和提升的五年。2006年开始实施的"十一五"规划纲要，突出强调"大力发展现代物流业"，物流业的产业地位首次在国家规划层面得以确立。

2009年3月，我国第一个全国性物流业专项规划《物流业调整和振兴规划》（以下简称《规划》），由国务院发布。《规划》进一步明确了物流业的地位和作用，指出：物流业是融合运输业、仓储业、货代业和信息业等产业的复合型服务产业，是国民经济的重要组成部分，涉及领域广，吸纳就业人数多，促进生产、拉动消费作用大，在促进产业结构调整、转变经济发展方式和增强国民经济竞争力等方面发挥着重要作用。《规划》确定了"建立现代物流服务体系，以物流服务促进其他产业发展"的指导思想和目标，提出了十项主要任务、九项重点工程和十条政策措施。《规划》的发布实施，提振了业内人士的信心，提升了物流业的地位。

第二，物流市场规模快速扩张。

"十一五"时期，社会物流需求加快增长，物流市场规模不断扩大。2010年，我国物流市场总规模达4.9万亿元，比2005年增长了一倍多。

随着工业化推进和产业升级，工业物流运行模式发生深刻变化。工业企业加快资源整

合、流程改造,采取多种方式分离外包物流功能。一是分离分立,如上海安吉汽车物流有限公司、淮矿现代物流有限责任公司等,将企业物流业务从主业中分离出来,成立了面向社会服务的物流企业。二是合资合作,如青岛啤酒招商物流有限公司、安得物流股份有限公司等,由制造企业与物流企业合资组建物流公司。三是全面外包,如海信集团将海信电器的物流业务全盘委托给专业物流公司管理。柳州桂中海迅物流有限公司派员进厂,接管了多家汽车生产企业的零部件管理系统。

在一系列扩大消费政策引导下,商贸物流加快发展。一是生产资料流通企业和传统批发市场增加储存、加工、配送、网上交易等物流功能,如中国物资储运、五矿物流、广东欧浦钢铁物流等,形成了贸易加物流的新模式。二是大型连锁零售企业强化物流系统,如苏宁、国美等,构建和完善自身物流网络。三是网购物流"爆炸式"增长。2010 年,我国网络购物总额达 4 500 亿元,比 5 年前增长 22 倍,国内每天流转的快件量高达 1 000 万票。四是农业和农村物流集中释放。随着"万村千乡市场工程"、"家电下乡"、"汽车摩托车下乡"和"农超对接"等政策的实施,农产品进城、农资和日用工业品下乡带来的物流需求较快增长。

第三,物流企业加速成长。

各类企业深化兼并重组。一是合并重组,如中铁行包快递有限公司与中铁快运股份有限公司、中邮速递与中邮物流、中国对外贸易运输(集团)总公司与中国长江航运(集体)总公司等。二是并购重组,如美国联邦快递(FedEx)对大田、荷皇天地有限公司对华宇物流集团有限公司、美国联合包裹速递服务公司(UPS)对中国外运股份有限公司的股权并购等。三是转型重组,如铁路系统的三大专业公司、地方交运集团等。通过兼并重组,行业资源得到有效整合,企业规模迅速壮大。

物流企业核心群体初步形成。2009 年"50 强"物流企业主营业务收入达 4 506 亿元,比 2005 年增长 26%。所有 50 强企业主营业务收入均超过 10 亿元,其中 9 家企业超过百亿元,中远集团超过千亿元。从 2005 年开始,中国物流与采购联合会依据国家标准 GB/T 1968—2005《物流企业分类与评估指标》,开展 A 级物流企业评估认证工作。到 2010 年年底,全国已拥有 A 级物流企业 1 061 家。

专业服务能力得到增强。一是运输、仓储、货代、快递等传统物流企业转型发展,如公路货运的天地华宇集团有限公司、上海佳吉物流有限公司、德邦物流股份有限公司等,铁路货运的远成物流有限公司、八达物流有限公司等,快递市场的顺丰速运有限公司等。二是围绕企业需要的专业化物流融合发展,如汽车、家电、电子、医药、烟草、图书等行业,基本上形成了物流配套服务能力。三是各类物流企业创新发展。供应商管理库存、供应链金融、卡车航班、越库配送、保税物流、邮政物流等服务新模式得到推广运用。

供应链管理有新的发展。物流企业介入代理采购和分销业务,流通企业延伸物流和金融服务。例如,浙江物产集团为造船厂提供供应链一体化服务;开滦物流开展煤炭供应链服务;物美集团参与社会化物流服务;联想集团利丰集团等,引导上下游企业,打造采购、生产、分销及物流一体化的现代产业服务体系。

物流企业在重大社会事件中表现突出。例如,在北京奥运物流、上海世博物流、广州亚运物流和四川汶川、青海玉树、甘肃舟曲等抢险救灾中,物流企业都发挥了重要作用。应急物流、军事物流的研究和实践取得新的进展。

第四,物流基础设施建设进度加快。

"十一五"时期,我国物流类基础设施投资保持了较快增长。五年累计投资超过10万亿元,年均增长27.7%。2008年下半年以来,为应对国际金融危机冲击,国家加大对铁路、公路、水路、机场等交通基础设施的投入,建设速度明显加快。

综合运输体系初具规模。到2010年年底,我国公路网总里程达398.4万公里,五年新增63.9万公里;高速公路发展到7.4万公里,五年新增3.3万公里;"五纵七横"12条国道主干线提前13年全部建成。全国铁路营业里程增加到9万公里以上;高速铁路运营里程已达8358公里。内河通航里程12.4万公里,五年新增和改善4181公里;沿海港口深水泊位1774个,五年建成661个。定期航班机场达176个,五年新增35个。

物流园区(基地、中心)等物流设施发展较快。北京空港、上海西北、浙江传化、山东盖家沟、上海外高桥、苏州综合物流园区等一批重点园区显示了良好的社会经济效益。原铁道部规划建设的18个铁路物流中心,已有9个建成投用。仓储、配送设施现代化水平不断提高。化工危险品库、液体库、冷藏库、期货交割库、电子商务交割库以及自动化立体仓库快速发展。

第五,物流信息化运用和技术创新取得实效。

物流信息化加快发展。已有70.5%的企业建立了管理信息系统。仓储管理、运输管理、采购管理、客户关系管理系统得到普遍应用。物流企业通过与客户的信息共享、流程对接,加快融入客户供应链体系。在整合海关、交通、商检、质检等电子政务服务的基础上,出现了应用网上交易、金融、检测、配送等集成化电子商务服务的信息平台。企业资源计划(Enterprise Resource Planning,ERP)和供应链管理(Supply Chain Management,SCM)软件应用开始普及,射频识别(Radio Frequency Identification,RFID)等物联网技术在车辆监管、物品定位管理、自动识别分拣和进出库安防系统等方面开始应用。

先进适用的物流技术得到推广。仓储保管、运输配送、装卸搬运、分拣包装、自动拣选等专用物流装备广泛应用;条码技术、智能标签技术、配载配送和路径优化技术等得到推广;冷藏、配送等专用车辆需求旺盛,叉车、托盘、货架、自动拣选、自动化装备等专用设备加快更新换代。

第六,物流业对外开放迈开新的步伐。

外商外资全面进入。2005年12月11日以后,我国履行加入世界贸易组织的承诺,物流服务领域全面开放。五年来,国际知名的跨国物流企业加紧布局,我国物流市场国有、民营和外资三足鼎立的格局已经形成。在某些领域,如国际快递、远洋运输和物流地产等方面,有的外资企业已占据明显优势。

区域物流扩大交流与合作。东盟—中国自由贸易区启动,东北亚加强物流合作,以及上海合作组织经济联系日益密切,推动了我国与周边国家的区域物流合作。2003年我国内地与香港特别行政区、澳门特别行政区和台湾省分别签署了一系列协议,两岸四地物流合作进入实施阶段。

物流企业开始"走出去"。到2009年年底,我国对外直接投资存量达2458亿美元,海外工程承包和劳务合作累计营业额达3400亿美元。国内物流企业跟随制造和商贸企业及工程承包"走出去"。例如,中外运长航海外业务有了新的拓展,顺丰速运逐步在周边国家和地区布点,中远物流在核燃料和废料物流、工程物流和会展物流等领域,已具备较强的国际竞争力。

第七,物流业政策环境有所改善。

"十一五"时期,特别是《物流业调整和振兴规划》(以下简称《规划》)发布以来,政府有关部门对物流业重视程度提高。一是加强《规划》组织实施。国家发改委牵头成立了由38个部门和单位组成的落实《规划》工作小组,制定了《部门分工方案》。二是多渠道设立专项资金。国家发改委、财政部、商务部等部门安排专项资金,支持物流业重点建设项目。三是制定落实专项规划。《规划》中提出的7个专项规划,已有3个发布实施,其余接近完成。四是各部门加大政策支持力度。全国现代物流工作部际联席会议出台《关于促进制造业与物流业联动发展的意见》;商务部组织开展流通领域现代物流示范工作;国家税务总局持续扩大物流企业税收试点;原铁道部积极推进战略装车点建设和路企直通运输;交通运输部开展物流信息化和甩挂运输试点工作;工信部组织编制《物流信息化发展规划(2010—2015)》;国家邮政局制定部门规章,规范邮政快递市场;海关总署开展出口货物分类通关试点改革;国家开发银行等金融机构为物流项目提供战略性融资服务。中国物流与采购联合会提出了税收、交通、投融资、物流企业、物流园区和制造业与物流业联动发展等六个方面的"60条"政策建议,为有关部门研究制定具体政策提供了基础资料。

与此同时,全国已有超过半数的省份出台了《物流业调整和振兴规划》实施细则。大部分省市建立了现代物流工作协调机制,一些省市政府还成立了主管物流工作的常设机构。许多省市制定相应的专项规划和法规,出台具体的财税扶持政策。

我国物流业在"十一五"时期虽然取得重大进展,但仍然处于初级阶段,还不能够完全适应国民经济发展的需要。

一是竞争力不够强。衡量物流业运行效率的指标——物流总费用与GDP的比率,我国高出发达国家1倍左右。国内领先的物流企业与跨国企业相比,无论是规模、品牌、盈利能力、国际市场份额,还是物流服务能力、供应链管理能力等,均有较大差距。

二是发展方式比较粗放。物流网络完整性、协调性、配套性差,整体效率不高。物流市场主体庞杂,企业集中度低,诚信体系缺失,竞争秩序失范等问题比较严重。物流企业组织化程度和服务水平不高,创新能力和可持续发展能力不强。物流运作方式与资源、能源和土地消耗及生态环境的矛盾日益突出。

三是不平衡性较为普遍。普通仓储、公路普货运输等传统服务供大于求,供应链一体化的专业服务能力不足;东部沿海地区物流业发展较快,中西部地区相对较慢;城市物流相对发达,农业和农村物流相对落后;国际货物贸易发展很快,但服务贸易滞后;物流资源整合不足,物流业和相关产业互动性不强;应急物流、逆向物流和绿色物流等环节比较薄弱。

四是物流企业生存和发展环境没有根本性好转。土地、燃油、人力成本等各项物流要素普遍短缺,成本持续攀升,而物流服务价格上升空间有限。多数企业在高成本、低收益、微利润状态下运行,缺乏发展后劲。

五是相关政策有待落实。《规划》提出的具体政策落实不够,物流业的产业地位尚未贯彻到具体的经济管理环节,现行体制设计和政策思路与物流业运作模式不相适应的矛盾还比较突出。

(2) 2013年1—10月物流行业形势分析

10月份,生产与消费活动加快,国民经济保持稳定增长态势,在此背景下,社会物流总额增速保持回升态势,并带动物流从业人员增加;社会物流总费用增速小幅回升。整体上，1—10月份我国物流运行呈现"稳中趋升"的基本走势。今年后两个月，物流将延续平稳运行态势。

① 社会物流需求增速小幅回升。

1—10月份，全国社会物流总额163.3万亿元，按可比价格计算，增长9.6%，增速较1—9月回升0.1个百分点，与去年同期持平。

从物流总额构成看，工业品物流总额149.7万亿元，可比增长9.7%，增速较1—9月回升0.1个百分点。进口货物物流总额10.0万亿元，可比增长8.5%，增速较1—9月回落0.5个百分点。受绿色经济和循环经济的发展带动，再生资源物流总额实现快速增长，可比增长22.5%，较1—9月回升1.8个百分点；受电子商务和网络购物高速增长带动，单位与居民物品物流总额继续保持快速增长态势，可比增长29.0%，较1—9月回升0.5个百分点。农产品物流总额可比增长3.4%，保持平稳增长态势。

社会物流需求回升带动了物流从业人员增加，10月份，中国物流业景气指数中，从业人员指数为51.3%，环比回升0.1百分点，8月份以来连续3个月保持在50%以上的增长区间。

② 社会物流总费用增速小幅回升。

1—10月份，社会物流总费用7.9万亿元，同比增长9.2%，较1—9月回升0.1个百分点，较去年同期回落2.4个百分点；增速低于社会物流总额现价增速2.5个百分点。每百元社会物流总额的物流费用为4.81元，较去年同期下降0.1元。

其中，运输费用4.0万亿元，同比增长8.9%，增速较1—9月回升0.1个百分点，较去年同期回落1.9个百分点。运输费用增速回升主要受铁路运输费用增速回升、水上运输费用降幅收窄带动。1—10月份，铁路运输费用同比增长15.6%，增速较1—9月回升0.3个百分点；道路运输费用同比增长9.5%，增速与1—9月基本持平；水上运输费用同比下降2.6%，降幅较1—9月收窄0.6个百分点。

保管费用2.8万亿元，同比增长9.0%，增速与1—9月基本持平，较去年同期回落3.1个百分点。在保管费用中，利息费用同比增长8.7%、仓储费用同比增长9.3%，增速均与1—9月基本持平。

管理费用9959亿元，同比增长10.8%，增速与1—9月基本持平，较去年同期回落2.3个百分点。

③ 物流服务价格保持回升，海运价格升势明显。

10月份，中国物流业景气指数中，物流服务价格指数为51.3%，与上月基本持平，位于50%以上的增长区间，反映出物流服务价格整体上仍保持回升态势。从海运市场看，受宏观经济数据逐渐向好、海运货物周转量增加带动，10月份中国沿海散货运价指数平均为1307.0点，环比上涨15.2%，同比增长22.9%。1—10月综合指数平均为1060.5点，同比下降4.5%，降幅较1—9月收窄2.2个百分点。

④ 企业经营成本依然偏高，效益增势减弱。

中国物流业景气指数中，主营业务利润指数为50.1%，虽然仍保持增长区间，但较9月份回落1.5个百分点，显示出物流企业效益增势减弱。同时，受成品油价格下调影响，主营业务成本指数环比回落0.8个百分点，但仍处于58.0%的较高水平。据中国物流信息中心调查显示，1—9月份，重点物流企业主营业务收入同比增长15.8%，增速较1—8月回落1个百分点；主营业务成本同比增长17.1%，增速回落1个百分点；主营业务收入利

润率为5.15%，较1—8月下降0.05个百分点，较去年同期下降0.41个百分点。

2. 国外第三方物流发展概况

（1）美国第三方物流发展概况

美国堪称全世界物流业起步最早、技术领先的国家。与其他国家和地区相比，美国物流有以下几个比较突出的特点。

第一，政府在物流发展中的作用功不可没。

从总体上讲，美国物流业是依靠市场力量推动和逐步发展壮大的。但美国政府在构筑本国物流平台，营造积极和谐的物流环境方面所起的作用功不可没。美国联邦政府在法律总体框架下，为了发挥各州的比较优势，给予了各州充分的自主权，从而使各州在培育和发展本地物流市场时可根据自身特点出台各具特色的发展政策。这一政策思路可从得克萨斯联合开发区的发展实例中得以印证。

得克萨斯联合开发区位于美国得克萨斯州达-沃斯大都会的西北部。开发区的发展得益于联邦政府和得克萨斯州针对达-沃斯大都会制定的特色财政政策。美国联邦政府的财政收入大致由以下几个方面构成：个人收入所得税（48%）、社会保险税（34%）、企业收入所得税（10%）、专项商品税（4%）和其他4%。可以看出，个人收入所得税是美国联邦政府财政收入的重要来源之一。但在达-沃斯，政府却免征个人收入所得税，取而代之的是由郡、市和学区三级政府开征的3%的库存占用税。为了更大程度上促进达-沃斯物流业以及地区经济的发展，达-沃斯政府建立开发区，以优惠政策来吸引全球开发商。得克萨斯联合开发区就是一个典型的由政府推动而建立的集保税、物流等功能于一体的多功能综合开发园区。其中保税区更是该开发区的一大亮点。保税区内企业可以享受多项优惠政策，如税收的减免或延期缴付，对得克萨斯联合开发区来讲，比较典型的是其保税区内的货物可免缴库存占用税，还可享受多项涉及货物进出口流通费用的节约优惠等。保税区内可完成货物的流通加工、海关通关业务等多项便利的物流业务环节。此外，政府还通过直接注资物流项目来促进开发区的发展。

第二，物流设施现代化程度高。

美国物流业除了拥有主要由政府提供的先进完备的基础设施外，物流企业的经营设施均实现了高度的机械化、自动化和计算机化。企业的物流作业中铲车、叉车、货物升降机、传送带等机械的运用程度较高；配送中心的分拣设施、拼装作业安排犹如生产企业的生产流水线一样，非常先进，有的已经使用数码分拣系统。计算机管理系统、条码技术被普遍应用，信息传输快捷而准确，大大降低了企业的单据处理、人事、库存等运行成本，改善了企业和客户的关系，提高了企业的市场竞争力。目前可视化物流技术正处于市场推广阶段，并逐渐受到高瑞客户企业的欢迎和青睐。

第三，物流企业规模化、网络化程度高。

物流业高技术的运用，客观上需要物流企业的规模化和网络化与之相适应。在美国，物流业的高科技含量与规模化、网络化之间形成了相辅相成的正向促进关系。例如，Menlo Worldwide（方络国际物流公司）在200多个国家设有办事机构，现有营业网点600多个，专用或共享物流设施面积74.4万平方米，雇员超过15 000人，年营业收入高达27亿美元，成为全球领先的物流、运输、货代和供应链管理等综合物流业务的集成商。规模化和网络化消化了高科技所需的高资本投入，高科技保证了物流服务的高质量，又进一步促进了物流企业的规模化和网络化的发展。

第四,第四方面物流服务商凸显市场。

第四方物流的主要作用是对制造企业或分销企业的供应链进行监控,在客户和它的物流和信息供应商之间充当唯一的"联系人"的角色。近年来,"第四方物流"的概念开始在国内流行,但美国物流市场上的第四方物流提供商已经正式进入市场,并显现出强大的生命力。同样以前述的 Menlo Worldwide 为例,该公司旗下的 vector SCM 战略分部在通用汽车公司的物流链管理中所扮演的正是典型的第四方物流角色。通用汽车公司每年的物流费用支出大约超过 50 亿美元,针对公司物流业务量大、第三方物流公司众多和供应链系统复杂等现状与问题,通用汽车公司提出了进一步整合第三方物流商及简化其物流系统的要求,vector SCM 战略分部应时而生。从 2000 年成立以来,vector SCM 战略分部通过整合通用汽车公司的第三方物流商,优化供应链解决方案,不仅从通用汽车公司的运输、仓储和库存管理等多个环节的优化中获得利润空间,而且通过业绩评估,可直接参与通用汽车公司主营业务的利润分成,成为通用汽车公司真正的战略合作同盟。

第五,物流企业有较强的市场研发能力。

大型物流企业除了拥有先进的技术和设备外,还拥有相当数量的物流专业人士和市场研发人员,在对目标市场的选择上,显现出相当的审慎和严谨。i2 科技公司是一家以软件开发立足的物流服务商,公司客户遍布海内外的诸多行业,而且多为行业的龙头企业。i2 科技的成功与其较强的市场研发能力密不可分。

(2)欧洲第三方物流发展概况

物流产业在欧洲是一个正在快速发展的新兴服务领域,对欧洲各国经济发展产生了重要影响。欧洲联盟(以下简称欧盟)各国在物流基础设施规划与建设、物流组织与管理、物流技术创新与应用等方面的经验,使欧洲物流企业出现了运作规范、管理严格、讲究效率,以及集约化、规模化、现代化程度高的新特点。

第一,物流企业向集约化与协同化发展。

一是物流园区的建设。物流园区是具有一定规模和多种服务功能的新型物流业务载体,按照专业化、规模化的原则组织物流活动。园区内各经营主体通过共享相关基础设施和配套服务设施,发挥整体优势和互补优势,进而实现物流集聚的集约化、规模化和促进载体城市的可持续发展。物流园区具有运输和配送的组织与管理、集中储存、包装与流通加工、中转换装与集散、多式联运、信息服务、综合服务和其他辅助服务等八大业务服务职能。荷兰统计的 14 个物流园区平均占地 4.5 平方公里,德国不来梅的货运中心占地在 100 万平方米以上,纽伦堡物流园区占地达 7 平方公里。物流园区的建设,有利于实现物流企业的专业化和规模化,发挥它们的整体优势和互补优势。

二是物流企业的兼并与合作。随着国际贸易的发展,欧洲的一些大型物流企业跨越国境开展并购,并购中的一个新特点是国营企业并购民营企业:法国邮政收购了德国的民营敦克豪斯公司;德国邮政公司出资 11.4 亿美元收购了美国大型陆上运输企业 AEI;德国邮政公司在最近两年间并购欧洲地区物流企业达 11 家,现在它已发展成为年销售额达 290 亿美元的欧洲巨型物流企业。欧洲物流协会专家认为,世界上各行业和企业间的国际联合与并购,必然带动国际物流业加速向全球化方向发展,而物流全球化的发展走势,又必然推动和促进各国物流企业的联合和并购活动。新组成的物流联合企业、跨国公司将充分发挥互联网的优势及时准确地掌握全球的物流动态信息,调动自己在世界各地的物流网点,构筑起全球一体化的物流网络,节省时间和费用,将空载率压缩到最低限度,战胜竞争对

手,为货主提供优质服务。

第二,物流服务的优质化和全球化。

随着消费多样化、生产柔性化、流通高效化时代的到来,社会和客户对物流服务的要求越来越高,物流服务的优质化是物流发展的重要趋势。5R 的服务,即把好的产品在规定的时间、规定的地点、适当的数量、以适当的价格提供给客户,将成为物流企业优质服务的共同标准。物流成本已不再是客户选择物流服务的唯一标准,人们更多的是注重物流服务的质量。物流服务的全球化是今后发展的又一趋势。荷兰国际销售委员会在发表的一篇报告中指出,目前大型制造业正在朝着"扩展企业"的方向发展。这种所谓的扩展企业基本上包括了把全球供应链上所有的服务商统一起来,并利用新的计算机体系加以控制。同时,制造业不断加速其活动的全球化,对全球供应链服务提出了"一票到底"的需求。这种服务需求要求极其灵活机动的供应链,也迫使物流服务商采取"一切为客户服务"的解决办法。

第三,第三方物流快速发展。

在欧洲尤其英国,第三方物流市场比较成熟。欧洲目前使用第三方物流服务的比例约为 76%,且需求仍在增长。有关资料表明,欧洲有更多的工商企业正积极考虑使用第三方物流服务。全世界的第三方物流市场具有潜力大、渐进性和高增长率的特征,这种状况将使第三方物流企业拥有大量的服务客户。

第四,绿色物流是物流发展的又一趋势。

物流虽然促进了经济的发展,但是物流的发展同时也给城市环境带来不利的影响,如运输工具的噪声、污染排放、对交通的阻塞等。为此,欧洲等国对物流提出了新的要求,即绿色物流。它是对物流系统污染进行控制,即在物流系统和物流活动的规划与决策中尽量采用对环境污染小的方案,如采用排污量小的货车车型,近距离配送,夜间运货等。欧洲各国政府倡导绿色物流的对策是在污染发生源、交通量、交通流等三个方面制定了相关政策,促使有关企业进行设备与设施改造,努力实现绿色物流的目标。

第五,不断采用新技术改善物流装备,提高管理水平。

目前欧洲物流企业的技术装备已达到相当高的水平,已经形成了以系统技术为核心,以信息技术、运输技术、配送技术、装卸搬运技术、自动化仓储技术、库存控制技术、包装技术等专业技术为支撑的现代化物流装备技术格局,改进了管理状况,大大提高了生产效率。

(3)日本第三方物流发展概况

日本是现代物流发展异常迅速的国家。当前,日本现代物流有几个突出特点。

第一,信息技术化。

进入新世纪,日本以信息技术为核心的新技术革命,已为传统物流转向现代物流构筑了流通平台。20 世纪 90 年代以来,在日本经济长期萧条中,尽管企业设备一直处于过剩状态,但企业的信息化投资却一直保持迅速增长,1995—1999 年投资额增加 41.3%,2000 年又比上一年增长 14.7%。世纪之交,在日本企业经营中,信息系统实现重大变革,由以往主要是建立企业内部的信息系统,转变为加强信息的综合管理,将所有的信息数码化,并通过计算机和互联网加以充分利用。2002 年年末,日本企业计算机联网率已达 96.1%,有 80% 的企业开设企业网页,90% 的企业已构筑 LAN 等企业内通信网,WAN 等企业间通信网也达 54.4%。与此同时,电子商务交易(EC)急速发展。2002 年日本的批发业、零售业、饮食店等的企业间电子商务实施率已达 34.1%,不仅超过全产业的

26.7%，而且超过制造业的29.7%。

第二，物流配送化。

物流配送已成为日本现代物流的基本流通模式：一是物流配送社会化程度较高。众多的制造业企业、批发零售业企业，不设或少设仓库等流通设施，而将仓储、交通运输、配送等业务交给专业物流企业去做，以达到降低成本的目的。二是第三方物流企业迅速发展。大和运输公司就是日本第三方专业物流商中经营业绩最佳的企业之一，早期从事陆地运输并创造了"宅急便"物流服务品牌，在激烈的市场竞争中，又确立了差别化的市场观念，构筑了多样化的配送服务体系，针对BtoB（企业对企业）、BtoC（企业对顾客）开展从订发货、查询、出库作业到商品保管、配送、运输等全过程的物流服务。2000年该公司国内运输比上年增长5.1%，国际运输增长13.1%，信息通信服务增长8.9%。

第三，物流网络化。

物流网络化有两层含义：一是物流配送系统的电子商务网络，即计算机通信网络化；二是物流组织的网络化。日本松下电器公司的信息网络，可称为物流网络化的一个典型。其信息网络由地面线路通信系统和卫星通信系统构成，目的是通过订发货网络化提高物流和经营效率。松下电器公司地面通信系统的最大特点是销售公司与零售店实施网络化，并实现双向通信。在卫星通信网络中，还可实现图像异地传输，发送的内容包括经营、商品、库存、教育等多种信息。目前，松下电器公司正整合两大系统，发挥综合信息优势，在物流网络化管理上迈出新步伐。

第四，流通国际化。

面向21世纪，日本政府在1998年3月制订了第五个国土综合开发计划——《21世纪国土的宏伟目标》。在计划的基本目标和政策课题中，明确规定"不限于国内的地位与作用，把各地区作为亚洲太平洋的一部分，全面审视其国际交流的机能"，"在生产、流通和消费环节提高效率"。随着计划的实施，日本现代物流的流通空间发生了重大变化。原来国内各区域间贸易相关产品的运输转变为对亚洲的运输，即"对亚洲运输的准国内运输化"。日本物流企业积极参与国际流通，成为国际流通链条上的一部分。

3. 国外第三方物流发展经验

（1）建立协调统一的管理制度，为物流产业发展营造良好的政策环境。鉴于我国物流管理体制中存在着条块分割现象，对物流产业发展形成了一定程度的制约，近期有必要成立政府职能部门和行业管理部门参加的协调机构，专门负责研究、制定和协调物流产业发展的相关政策。在此基础上，结合政府当前的政策取向，在物流基础设施建设与物流装备更新的融资政策、物流基地的土地使用政策、物流服务及运输价格政策以及工商登记管理政策等方面，研究制定有利于物流产业发展的支持性措施。

（2）改变基础设施分散规划、投资的格局，注重新型物流基础设施的规划和建设。改变目前按不同运输方式和行业管理部门进行规划和投资的方式，将政府在基础设施规划和投资方面的职能适当集中，以统筹规划和布局各种基础设施，促进基础设施之间的配套和协调发展。同时，中央政府应当加强对物流基地、物流中心等新型物流基础设施的规划，并注意协调地区之间、城市之间的物流发展规划。

（3）打破行业、地区界限，促进全国统一物流市场的形成。一方面，要制定全国统一的贸易、运输管理政策，进一步放宽政府的干预和管制，促进全国统一市场的形成和货物在全国范围内的自由流动。另一方面，要在规范市场准入的基础上，鼓励物流企业进入不

同运输服务领域，为物流产业发展创造公平的市场竞争环境。

（4）采取积极的措施，推进物流标准化的进程。协调行业主管部门、行业协会加快物流用语、计量标准、技术标准、数据传输标准、物流作业和服务标准等制定工作。同时，清理和规范已有的与物流活动相关的各种国家标准、行业标准。

（5）重视物流技术的研究和应用推广工作，加快物流人才的培养。政府应积极支持和鼓励物流技术的研究和应用，一方面要支持和资助大学及科研机构在物流方面的研究和创新活动，提高我国物流理论和技术的整体水平；另一方面要鼓励企业建立物流研究机构，鼓励企业与大学和研究机构合作，以加强应用性物流技术的开发和应用。在物流人才培养方面，应促进多层次、多样化的物流教育体系的形成。

（6）注意物流行业协会组织的发育，发挥物流行业协会的积极作用。要尽快培育中国的物流行业协会，一是促进商业、物资、运输、外贸等行业协会中各物流专业委员会之间的合作，以尽快形成全国性的物流行业组织；二是参考欧盟的做法，赋予协会一些职责和权力，在制定和推广物流行业标准、物流教育规范、物流从业人员资格的认证等方面发挥协会作用。

1.2.3 我国第三方物流发展方向

1. 加快产权制度改革，激发企业活力

我国现有的第三方物流企业多数是从国有仓储、运输企业转型而来，带有许多计划经济的遗迹，不能适应国际市场竞争。因此，必须建立股权多元化的股份制企业和完善的法人治理结构，理顺权益关系，实现政企分开、所有权和经营权分离，保证企业按市场规则运作，激发企业活力，向现代物流业转化。特别是规模较大的企业，一方面要进行内部的整合，优化内部资源配置，如中远集团在整合现有物流资源和中国外轮代理公司业务的基础上，2002年年初成立中远物流公司，重新构建覆盖全球的物流服务网络；另一方面，借助资本市场的力量，进行企业改制上市，吸收和利用社会闲散资金，克服资本金不足的缺陷，促使企业快速成长，促使现代企业制度的建立和运作。

2. 以信息技术应用为核心，加强网点建设

信息化与否是衡量现代物流企业的重要标志之一，许多跨国物流企业都拥有"一流三网"，即订单信息流、全球供应链资源网络、全球用户资源网络、计算机信息网络。借助信息技术，企业能够整合业务流程，能够融入客户的生产经营过程，建立一种"效率式交易"的管理与生产模式。当物流市场从国内扩展到国际，能否有四通八达的网络愈发重要。企业要双管齐下抓网络建设：一方面，要根据实际情况建立有形网络，若企业规模大、业务多，可自建经营网点；若仅有零星业务，可考虑与其他物流企业合作，共建和共用网点；还可以与大客户合资或合作，共建网点。另一方面，要建立信息网络，通过互联网、管理信息系统、数据交换技术（EDI）等信息技术实现物流企业和客户共享资源，对物流各环节进行实时跟踪、有效控制与全程管理，形成相互依赖的市场共生关系。

3. 培育具有国际竞争力的物流集团，实行集约化经营

只有具备强大的经济实力，才有可靠的资信保证，才能取信于人。企业在选择第三方物流企业时最看重的是物流满足能力和作业质量。同时，第三方物流企业只有具备一定规模，才有可能提供全方位的服务，才能实现低成本扩张，实现规模效益。目前，许多第三方物流企业都是由计划经济时期商业、物资、粮食等部门储运企业转型而来，都有特定的服务领域,彼此间竞争不大。但随着市场竞争的加剧,必须打破业务范围、行业、地域、所有制等方面限制,树立全国一盘棋的思想,整合物流企业,鼓励强强联合,组建跨区域的大型集团,而且只有兼并联合,才能合理配置资源和健全经营网络,才有可能延伸触角至海外,参与国际市场竞争。

4. 强化增值服务,发展战略同盟关系

根据物流业的发展趋势看,那些既拥有大量物流设施、健全网络,又具有强大全程物流设计能力的混合型公司发展空间最大,只有这些企业能把信息技术和实施能力融为一体,提供"一站到位"的整体物流解决方案。因此,我国物流企业在提供基本物流服务的同时,要根据市场需求,不断细分市场,拓展业务范围,以客户增效为己任,发展增值物流服务,广泛开展加工、配送、货代等业务,甚至还提供包括物流策略和流程解决方案、搭建信息平台等服务,用专业化服务满足个性化需求,提高服务质量,以服务求效益;公司要通过提供全方位服务的方式,与大客户加强业务联系,增强相互依赖性,发展战略伙伴关系。

5. 要重视物流人才培养,实施人才战略

我们与物流发达国家的差距,不仅仅是装备、技术、资金上的差距,更重要的是观念和知识上的差距。只有物流从业人员素质不断提高,不断学习与应用先进技术、方法,才能构建适合我国国情的第三方物流业。要解决目前专业物流人才缺乏的问题,较好的办法是加强物流企业与科研院所的合作,使理论研究和实际应用相结合,加快物流专业技术人才和管理人才的培养,造就一大批熟悉物流运作规律,并有开拓精神的人才队伍。物流企业在重视少数专业人才和管理人才培养的同时,还要重视所有员工的物流知识和业务培训,提高企业的整体素质。

1.3 第三方物流的利益来源及价值分析

1.3.1 第三方物流的利益来源

第三方物流的推动力,已成为物流研究人员非常感兴趣的领域。为此,一些研究人员认为有必要对第三方物流使用者可能获益的方方面面进行研究。第三方物流服务供应商必须以有吸引力的服务来满足顾客,而且服务必须符合客户对于第三方物流的期望。这些期望就是要使客户在作业利益、经济利益、管理利益和战略利益等方面都能获益。

1. 作业利益

第三方物流服务能为顾客提供的第一类利益是"作业改进"的利益,这类利益基本包括两种因作业改进而产生的利益。

第一种,通过第三方物流服务,顾客可以获得自己组织物流活动所不能提供的服务或物流服务所需要的生产要素,这就是产生外协物流服务并获得发展的重要原因。在企业自行组织物流活动的情况下,或者限于组织物流活动所需要的特别的专业知识,或者限于技术条件,企业内部的物流系统可能并不能满足完成物流活动的需要,而要求企业自行解决所有的问题显然是不经济的。更何况技术,尤其是信息技术,虽然正以极快的步伐飞速发展,但终究不是每一个企业而且也没有必要要求每一个企业都能掌握,这也就是要第三方物流服务为顾客提供的利益。

第二种,改善前述企业内部管理的运作表现。这种作业改进的表现形式可能是增加作业的灵活性,提高质量、速度和服务的一致性及效率。

2. 经济利益

经济利益可以定义为与经济或财务相关的利益。一般低成本是由于低要素成本和规模经营、范围的经济性,其中包括劳动力要素成本。因此,通过外协,既可将不变成本转变成可变成本,又可避免盲目投资,可将资金用于其他方面而降低成本。

稳定的和可见的成本也是影响外协的积极因素。稳定的成本使得规划和预算手续更为简便。一个环节的成本一般来讲难以清晰地与其他环节区分开来,但是外协后,因为供应商要申明成本或费用,成本的明晰性就增加了。

3. 管理利益

正如在作业利益中所述,使用第三方物流可以使企业在内部管理中更为关注核心业务和活动,同时获益于其他公司的核心经营能力。尤其是将公司物流业务统一交给一家物流公司运作可进一步减少管理费用和在多家物流服务提供商之间进行协调的压力。

4. 战略利益

战略利益主要是指企业战略的灵活性,包括地理范围跨度的灵活性(增设网点及撤销)和根据环境变化进行其他调整的灵活性。集中主业在管理层次和战略层次一样具有很高的重要性。共担风险的利益也能通过使用拥有多种类型客户的物流服务供应商来获得。

1.3.2 第三方物流的价值分析

第三方物流之所以成为世界范围的物流发展必然趋势,根本原因在于第三方物流发展具有其独特的价值和作用。

1. 第三方物流的成本价值

专业化带来的规模经济是第三方物流的基本特征。第三方物流公司通过客户资源整合和供应商整合低成本、高效率运作,有明显的规模经济效益。

(1)规模经济发挥设施效能,提高设施利用率。第三方物流集中配送,动态管理;快速反应,用时间消灭空间;产品周转次数加快,设施利用率高,提高了资金周转速度,节约大量库房、场地、人员费用的支出。第三方物流公司物流信息网络积累了针对不同物流市场的专业知识,许多关键信息,如卡车运量、国际通关文件、空运报价等,由第三方物流公司收集和处理更为经济。

(2)规模运输提高运输效率。第三方物流由于为众多的生产厂家和销售企业服务,客户多,运量大,可利用现代管理理念、技术、方法,对不同货物、运输工具、运输线路、运输方式等充分整合,如实行轻重配装,提高车皮标重利用率和容积利用率;铁路一个流向合装整车;汽车可以安排回头货。通过上述一系列措施,加快了产品流通速度,节约了运输费用。

(3)规模加工节约原材料消耗。生产企业对某些材料自行加工时,材料利用率仅达到60%左右,给企业造成极大的浪费。第三方物流配送中心可以按不同客户的不同需求,统一加工、套裁,提高材料利用率,降低了边角余料浪费。

(4)规模采购获得优惠价格。客户自办物流时分别采购,由于批量小,价格优惠有限。第三方物流采购可以集零为整,批量大,价格上享受的优惠相对较多,以较低的价格为客户采购商品，增加客户市场竞争力，不仅使消费者满意，也使企业获得更可观的利润。此外，由于第三方物流与供应商建立了稳定的供应关系，能够保证产品质量，杜绝假冒伪劣产品的产生。

总之，专业的第三方物流提供者利用规模生产的专业优势，通过提高各环节资源的利用率实现费用节省；借助精心策划的物流计划和适时运送手段，最大限度地减少库存；减少了企业的现金流量，实现成本优势。

2. 第三方物流的服务价值

在市场竞争日益激烈的今天，高水平的顾客服务对现代企业来说是至关重要的，物流服务水平实际上已成为企业实力的一种体现。它是企业优于其同行的一种竞争优势。第三方物流企业拥有专门的物流管理人才和先进的物流设施、设备，具备高度系统化、集成化和信息化的管理体系，通过自建或整合社会资源，建立企业间、跨行业、跨区域的物流系统网络，为企业的业务拓展提供了空间，提高了企业市场占有率，促进了企业的销售，提高了企业的利润率。

（1）第三方物流企业利用信息网络和结点网络，将原材料生产企业、制品生产企业、批发零售企业等生产流通全过程上下游相关企业的物流活动有机结合起来，形成企业间物流系统网络，加快订单处理速度，缩短从订货到交货的时间，进行门对门运输，实现货物的快速交付，同时，通过其先进的信息和通信技术，加强对在途货物的监控，及时发现、处理配送过程中的意外事件，保证货物及时、安全送达到目的地，帮助企业提高自身顾客服务水平。

（2）提供专业化服务、个性化服务。第三方物流企业面向社会众多企业，不同的企业在产品特性、市场策略、采购策略、生产计划、客户服务水平等方面都不相同，从服务内容到服务方式，从实物流动到信息传递，各具特色，物流体系呈现很强的个性化特征。第三方物流企业在系统策划的基础上为客户提供量身定做的个性化服务方案，使客户的客户满意。

3. 第三方物流的社会价值

物流专业化分工产生社会效益。在第三方物流应用广泛的发达国家，物流成本占 GDP 比例一般为 8%～10%，而我国 2012 年社会物流总费用占 GDP 比例为 18%，远超发达国家。而发展第三方物流，可以大大提高运输效率、减少车流量，从而减少运输能源消耗、减轻环境污染，促进社会持续发展。例如，在物流发达的德国，通过第三方物流，运输效率提高 80%，车流量减少 60%。此外，第三方物流高效率、低成本的物流服务，能为消费者提供更多的便利，提高消费者的消费质量和水平。

1.4 第三方物流企业

1.4.1 第三方物流企业的定义

由于目前对第三方物流企业尚无明确定义，因此一般沿用国家标准 GB/T 18354—2006《物流术语》中对物流企业的定义：从事运输（含运输代理、货运快递）或仓储等业务，并能够按照客户物流需求对运输、储存、装卸、搬运、包装、流通加工、配送等进行组织和管理，具有与自身业务相适应的信息管理系统，实行独立核算、独立承担民事责任的经济组织。

1.4.2 物流企业的分类

根据 2005 年 3 月 24 日由国家质量监督检验检疫总局和国家标准化委员会批准发布，5 月 1 日起实施的国家标准 GB/T 19680—2005《物流企业分类与评估标准》，根据以物流服务某项功能为主要特征，并向物流服务其他功能延伸的不同状况，物流企业分为以下三种类型。

1. 运输型物流企业

运输型物流企业应同时符合以下要求：

（1）以从事货物运输服务为主，包括货物快递服务或运输代理服务，具备一定规模。

（2）可以提供门到门运输、门到站运输、站到门运输、站到站运输服务和其他物流服务。

（3）企业自有一定数量的运输设备。

（4）具备网络化信息服务功能，应用信息系统可对运输货物进行状态查询、监控。

2. 仓储型物流企业

仓储型物流企业应同时符合以下要求：

（1）以从事仓储业务为主，为客户提供货物储存、保管、中转等仓储服务，具备一定规模。

（2）企业能为客户提供配送服务以及商品经销、流通加工等其他服务。

（3）企业自有一定规模的仓储设施、设备、自有或租用必要的货运车辆。

（4）具备网络化信息服务功能，应用信息系统可对货物进行状态查询、监控。

3. 综合服务型物流企业

综合服务型物流企业应同时符合以下要求：

（1）从事多种物流服务业务，可以为客户提供运输、货运代理、仓储、配送等多种物流服务，具备一定规模。

（2）根据客户的需求，为客户制定整合物流资源的运作方案，为客户提供契约性的综合物流服务。

（3）按照业务要求，企业自有或租用必要的运输设备、仓储设施及设备。

（4）企业具有一定运营范围的货物集散、分拨网络。

（5）企业配置专门的机构和人员，建立完备的客户服务体系，能及时、有效地提供客户服务。

（6）具备网络化信息服务功能，应用信息系统可对物流服务全过程进行状态查询和监控。

1.4.3 物流企业的评估

中国物流与采购联合会自 2005 年开展 A 级物流企业综合评估工作以来，制定了一系列物流企业评估的制度、办法和工作流程，建立了物流企业综合评估工作的体制、机制，组建了由政府部门、行业组织、研究机构、大专院校、企业组成的物流企业综合评估委员会，建立了 39 个地方评估机构，培养了一批专业的审核员队伍，按照"企业自愿、严格执行标准、突出物流服务特点、公开、公正、公平"的评估工作原则，履行了以自检、申报、初审、现场评估、提交评估委员会审定、统一公告、授牌、接受社会监督等规范的评估程序,并建立了 A 级物流企业动态管理制度。

按照物流企业综合评估的制度、办法和工作流程,从企业经营状况、资产情况、设备设施、管理及服务、人员素质、信息化水平等 6 个方面,按照 16~18 个指标及项目,及运输型、仓储型、综合服务型 3 种类型,依据各自的评估指标体系,综合评估出从 1A 到 5A 五个等级的物流企业,5A 级为最高级。截至 2012 年 8 月,全国 A 级物流企业已达 1766 家,其中:5A 级物流企业 110 家、4A 级物流企业 576 家、3A 级物流企业 751 家、2A 级物流企业 309 家、1A 级物流企业 20 家。

1. 等级评估原则

对于具备一定综合水平的 3 种类型的物流企业,按照不同评估指标分为 5A、4A、3A、2A、1A 五个等级。5A 级最高,依次降低。物流企业评估工作可由全国性物流企业组织设立评估机构具体实施。

2. 评估指标

(1) 运输型物流企业评估指标如表 1-1 所示。

表 1-1 运输型物流企业评估指标

	评估指标	级 别				
		5A 级	4A 级	3A 级	2A 级	1A 级
经营状况	1. 年货运总营业收入/元*	15 亿以上	3 亿以上	6000 万以上	1000 万以上	300 万以上
	2. 营业时间*	3 年以上	2 年以上		1 年以上	
资产	3. 资产总额/元*	10 亿以上	2 亿以上	4000 万以上	800 万以上	300 万以上
	4. 资产负债率*	不高于 70%				
设备设施	5. 自有运输车辆(辆)* (或总载重量/t)*	1500 以上 (7500 以上)	400 以上 (2000 以上)	150 以上 (750 以上)	80 以上 (400 以上)	30 以上 (250 以上)
	6. 运营网点(个)	50 以上	30 以上	15 以上	10 以上	5 以上
管理及服务	7. 管理制度	有健全的经营、财务、统计、安全、技术等机构和相应的管理制度				
	8. 质量管理*	通过 ISO9001-2000 质量管理体系认证				
	9. 业务辐射面*	国际范围	全国范围	跨省区	省内范围	
	10. 顾客投诉率 (或顾客满意度)	≤0.05% (≥98%)	≤0.1% (≥95%)		≤0.5% (≥90%)	
人员素质	11. 中高层管理人员*	80% 以上具有大专以上学历或行业组织物流师认证	60% 以上具有大专以上学历或行业组织物流师认证		30% 以上具有大专以上学历或行业组织物流师认证	
	12. 业务人员	60% 以上具有中等以上学历或专业资格	50% 以上具有中等以上学历或专业资格		30% 以上具有中等以上学历或专业资格	

续表

评估指标		级别				
		5A级	4A级	3A级	2A级	1A级
信息化水平	13. 网络系统*	货运经营业务信息全部网络化管理			物流经营业务信息部分网络化管理	
	14. 电子单证管理	90%以上		70%以上	50%以上	
	15. 货物跟踪*	90%以上		70%以上	50%以上	
	16 客户查询*	建立自动查询和人工查询系统			建立人工查询系统	

注：(1) 标注*的指标为企业达到评估等级的必备指标项目，其他为参考指标项目。
　　(2) 货运营业收入包括货物运输收入、运输代理收入、货物快递收入。
　　(3) 运营网点是指在经营覆盖范围内，由本企业自行设立、可以承接并完成企业基本业务的分支机构。
　　(4) 顾客投诉率是指在年度周期内客户对不满意业务的投诉总量与企业业务总量的比率。
　　(5) 顾客满意度是指在年度周期内企业对顾客满意情况的调查统计。

（2）仓储型物流企业评估指标如表1-2所示。

表1-2　仓储型物流企业评估指标

评估指标		级别				
		5A级	4A级	3A级	2A级	1A级
经营状况	1. 年仓储营业收入/元*	6亿以上	1.2亿以上	2500万以上	500万以上	200万以上
	2. 营业时间*	3年以上		2年以上	1年以上	
资产	3. 资产总额/元*	10亿以上	2亿以上	4000万以上	800万以上	200万以上
	4. 资产负债率*	不高于70%				
设备设施	5. 自有仓储面积/m²*	20万以上	8万以上	3万以上	1万以上	4000以上
	6. 自有/租用货运车辆/辆	500以上	200以上	100以上	50以上	30以上
	7. 配送客户点/个	400以上	300以上	200以上	100以上	50以上
管理及服务	8. 管理制度	有健全的经营、财务、统计、安全、技术等机构和相应的管理制度				
	9. 质量管理*	通过ISO9001—2000质量管理体系认证				
	10. 顾客投诉率（或顾客满意度）	≤0.05%（≥98%）		≤0.1%（≥95%）	≤0.5%（≥90%）	
人员素质	11. 中高层管理人员*	80%以上具有大专以上学历或行业组织物流师认证		60%以上具有大专以上学历或行业组织物流师认证	30%以上具有大专以上学历或行业组织物流师认证	
	12. 业务人员	60%以上具有中等以上学历或专业资格		50%以上具有中等以上学历或专业资格	30%以上具有中等以上学历或专业资格	

续表

评估指标		级 别				
		5A 级	4A 级	3A 级	2A 级	1A 级
信息化水平	13. 网络系统*	仓储经营业务信息全部网络化管理			仓储经营业务信息部分网络化管理	
	14. 电子单证管理	100% 以上	80% 以上		60% 以上	
	15. 货物跟踪*	90% 以上	70% 以上		50% 以上	
	16 客户查询*	建立自动查询和人工查询系统			建立人工查询系统	

注：(1) 标注 * 的指标为企业达到评估等级的必备指标项目，其他为参考指标项目。
(2) 仓储营业收入指企业完成货物仓储业务、配送业务所取得的收入。
(3) 顾客投诉率是指在年度周期内客户对不满意业务的投诉总量与企业业务总量的比率。
(4) 顾客满意度是指在年度周期内企业对顾客满意情况的调查统计。
(5) 配送客户点是指企业当前的、提供一定时期内配送服务的、具有一定业务规模的、客户所属的固定网点。
(6) 租用货运车辆是指企业通过契约合同等方式可进行调配、利用的货运专用车辆。

(3) 综合服务型物流企业评估指标如表 1-3 所示。

表 1-3　综合服务型物流企业评估指标

评估指标		级 别				
		5A 级	4A 级	3A 级	2A 级	1A 级
经营状况	1. 年货运营业收入/元*	15 亿以上	3 亿以上	6000 万以上	1000 万以上	300 万以上
	2. 营业时间*	3 年以上	2 年以上		1 年以上	
资产	3. 资产总额/元*	10 亿以上	2 亿以上	4000 万以上	800 万以上	300 万以上
	4. 资产负债率*	不高于 70%				
设备设施	5. 自有货运车辆/辆*（或总载重量/T）*	1500 以上（7500 以上）	400 以上（2000 以上）	150 以上（750 以上）	80 以上（400 以上）	30 以上（250 以上）
	6. 运营网点（个）	50 以上	30 以上	15 以上	10 以上	5 以上
管理及服务	7. 管理制度	有健全的经营、财务、统计、安全、技术等机构和相应的管理制度				
	8. 质量管理*	通过 ISO9001-2000 质量管理体系认证				
	9. 业务辐射面*	国际范围	全国范围	跨省区	省内范围	
	10. 顾客投诉率（或顾客满意度）	≤0.05%（≥98%）	≤0.1%（≥95%）		≤0.5%（≥90%）	
人员素质	11. 中高层管理人员*	80% 以上具有大专以上学历或行业组织物流师认证	60% 以上具有大专以上学历或行业组织物流师认证		30% 以上具有大专以上学历或行业组织物流师认证	

续表

评估指标		级别				
		5A级	4A级	3A级	2A级	1A级
人员素质	12. 业务人员	60%以上具有中等以上学历或专业资格	50%以上具有中等以上学历或专业资格		30%以上具有中等以上学历或专业资格	
信息化水平	13. 网络系统*	货运经营业务信息全部网络化管理			物流经营业务信息部分网络化管理	
	14. 电子单证管理	100%以上	80%以上		60%以上	
	15. 货物跟踪*	90%以上	70%以上		50%以上	
	16 客户查询*	建立自动查询和人工查询系统			建立人工查询系统	

注：(1) 标注*的指标为企业达到评价等级的必备指标项目，其他为参考指标项目。
　　(2) 综合物流营业收入指企业通过物流业活动所得到的收入，包括运输、储存、装卸、搬运、包装、流通加工、配送等业务取得的收入总额。
　　(3) 运营网点是指在经营覆盖范围内，由本企业自行设立、可以承接并完成企业基本业务的分支机构。
　　(4) 顾客投诉率是指在年度周期内客户对不满意业务的投诉总量与企业业务总量的比率。
　　(5) 顾客满意度是指在年度周期内企业对顾客满意情况的调查统计。
　　(6) 租用货运车辆是指企业通过契约合同等方式可进行调配、利用的货运专用车辆。
　　(7) 租用仓储面积是指企业通过契约合同等方式可进行调配、利用的仓储总面积。

1.4.4 第三方物流企业的服务内容

第三方物流企业所提供的服务内容范围很广。它可以简单到只是帮助客户安排一批货物的运输，也可以复杂到设计、实施和运作一个公司的整个分销和物流系统。第三方物流企业与传统运输、仓储企业的最大区别就在于传统企业所能提供的仅是单一、脱节的物流要素而第三方物流企业则能够将各个物流要素有机整合起来，提供系统化、系列化的增值服务。从具体的服务内容来看，主要有运输服务、仓储/配送服务、增值服务、信息服务和总体策划五大类。

1. 运输服务

(1) 运输和配送网络的设计

在第三方提供运输类业务中，从服务的复杂性和技术含量看，应该首推运输和配送网络的设计。对于一个大型的制造企业来说，它的采购、生产、销售和售后服务网络都非常复杂，因此设计一个高效并在某种程度上协同的运输物流体系是非常困难的，尤其是一些具有世界工厂的跨国公司，涉及国际运输、运输网络的设计，这就更需要专业人员来完成。在技术水平比较领先的第三方物流企业中，一般都有专门的专家小组来负责运输网络的设计工作，以帮助制造企业解决这类问题。

我国的第三方物流企业，基本上都不具备运输网络的设计能力，就是有这方面的业务，一般也是通过经验来完成，很少通过计算机模型来设计。就我国第三方物流发展的阶段性而言，第三方物流公司依靠自身的力量来培养网络规划能力是很困难的，最好同一些高校或物流研究机构合作来共同开发一些适合中国特点的运输决策模型。

(2) "一站式"全方位运输服务

"一站式"运输服务是由物流公司提供多种运输方式和多个运输环节的整合，为客户提供门到门的服务，如在国外非常流行的多式联运业务。在世界范围内，已经出现了海运公司上岸的热潮，这些海运公司可以提供国际海运、进出口代理、陆上配送等业务，将原来的港到港服务延伸为门到门服务，如中远物流、中海物流、马士基集团都有类似业务。

(3) 外包运输力量

在此类服务中，客户在运输需求上，不是完全的外包，而是采用第三方物流企业的运输能力，由第三方物流企业为客户提供车辆和人员，客户企业自己对运输过程进行控制和管理。

(4) 帮助客户管理运输力量

这是一类比较新型的物流业务，客户企业自身拥有运输力量，如运输工具和人员，但在物流业务外包时，将这些运输能力转给物流企业，由物流企业负责运输工具的使用和维护，以及运输人员的工作调配。

这类服务在国外比较常见，尤其是很多企业在采用第三方物流服务前，一般都拥有自己的运输部门，采用第三方物流服务后，原来的运输部门一般就没有必要设置，将这一部分能力交给第三方物流企业管理，是一种比较好的做法。实际上，在我国，企业"小而全"、"大而全"的现象十分严重，大多数制造类企业都有自己的运输部门，这些部门的存在往往成为企业采用第三方物流的障碍，采用由第三方物流管理客户企业运输工具和人员的做法，值得我们研究和推广。

(5) 动态运输计划

动态运输计划就是根据企业的采购、生产和销售情况，合理安排车辆和人员，保证运输的效率和低成本。在国外，动态运输计划一般由计算机自动完成。在我国，大多数企业运输计划仍然是采用人工调度的模式。例如，上海虹鑫物流有限公司就是通过两项运输调度，为10多家客户提供动态运输计划。

(6) 配送

严格来说，配送是仓储作业和运输的综合，是比较复杂的一类运输。在国内，由于我国整个物流网络还不健全，配送有时被作为一个独立的第三方物流服务项目提出来。以上海为例，消费类产品进入上海连锁零售系统，一般有几种模式，一种是直接将商品送至各个连锁系统的配送中心，由配送中心完成向各个门店的配送；另一种是将产品送至独立的第三方物流配送中心，由第三方物流配送中心完成向各个超市的配送。随着各大连锁超市越来越重视配送中心的地位和作用，他们有扩大自身配送能力的趋势，但第三方物流配送中心仍有很大的市场。

(7) 报关等其他配套服务

在国际物流业务中，还会涉及报关等业务。目前，在国内，提供报关业务的一般有专业报关公司、国际货代公司、进出口公司，第三方物流企业本身拥有保管权的并不多，一般都是通过和报关公司的合作来为客户提供报关服务。

2. 仓储/配送服务

(1) 配送网络的设计

配送网络的设计包括配送中心选址、配送中心能力和系统设计等，是仓储/配送类业

务中最具技术含量的领域之一。这一部分服务功能可以作为独立的咨询项目存在，也可以作为物流服务整体方案的一部分。

(2) 订单处理

订单处理是仓储/配送类业务中最常见的第三方物流服务项目。客户企业负责在取得订单后，通过第三方物流企业完成拣货、配货和送货工作。

(3) 库存管理

库存管理实际上是物流管理中最核心和最专业的领域之一，完整的库存管理包含市场、销售、生产、采购和物流等诸多环节，一般企业不会将库存管理全部外包给第三方物流企业，而是由客户企业自身完成库存管理中最复杂的预测和计划部分，但在库存管理的执行环节中，第三方物流却大有作为，如与仓储相关的库存管理主要涉及存货量的统计、补货策略等。

关于库存管理还有一种特殊的服务模式，在涉及商流的贸易类物流服务中，物流企业同客户企业制定库存策略，自行完成特定产品的库存管理。

(4) 仓储管理

仓储管理一般包括货物装卸、搬运、存储等活动，是最常见的传统物流服务项目。

(5) 代管仓库

代管仓库也是一种比较常见的合作形式。这种情况一般发生在客户企业已拥有仓库设施，在寻求物流服务商时，将自己仓库的管理权一并交给物流企业。

(6) 包装

包装是仓储业务中的重要服务内容之一。随着物流模式的创新，包装服务内容也更加丰富，如运输保护性包装、促销包装、单元化包装等。

3. 增值服务

(1) 延后处理

延后处理是一种先进的物流模式，企业在生产过程中，在生产线上完成标准化生产，但对其中个性化的部分，根据客户需求再进行生产或加工。

案例 1-3　第三方物流企业为 IBM 公司提供延后处理服务

IBM 公司生产的笔记本、服务器、台式机行销全世界，由于发往世界不同地方的产品在说明书、电源、包装材料等方面都有着不同的要求，如果在生产过程中就完成最终发送到客户的包装，往往会出现某些包装的产品缺货而另一些包装的产品货物积压的情况。为了解决这个问题，IBM 公司采用延后处理的分拣、包装模式，将此项工作外包给具有全球物流配送优势的跨国第三方物流企业。IBM 公司预先将货物发至物流公司设在全球的几个战略物流中心，将分拣、包装环节放在物流中心内进行，即 IBM 公司销售部门在收到客户订单后，通知第三方物流中心，物流中心再根据客户要求选择相应型号的机器、电源等备选件、说明书和包装材料，完成最后的包装工作后再配送给最终客户。

(资料来源：http://www.doc88.com/p-21463415972.html)

其实我国许多第三方物流企业提供的贴标签服务或在包装箱上注明发货区域等服务，都属于简单的延后处理。

（2）零件成套

零件成套就是将不同的零部件在进入生产线前完成预装配的环节，如汽车制造厂，一般委托第三方物流企业管理零配件仓库，在零配件上装配线之前，可以在仓库内完成部分零件的装配。

（3）供应商管理

第三方物流提供的供应商管理包括两类，一类是对运输、仓储等提供物流服务的供应商的管理；另一类是指由第三方物流企业对客户企业的原材料和零配件供应商进行管理。供应商管理一般包括供应商的选择、供应商的供货、供应商产品质量的检测、供应商的结算等内容。

（4）支持 JIT 生产

支持 JIT（Just In Time，准时制）生产是一种新型的第三方物流服务。在 JIT 生产中，第三方物流提供的服务有及时采购运输和生产新的及时供货。

（5）咨询服务

第三方物流企业提供的咨询服务有物流相关政策调查分析、流程设计、设施选址和设计、运输方式选择、信息系统选择等。

（6）售后服务

售后服务是第三方物流一个新的服务领域，一般包括退货管理、维修、保养、产品调查等项目。

（7）金融服务

物流金融服务是第三方物流企业联合银行为客户提供的一种增值服务。第三物流企业可以开展仓单质押业务，帮助客户从银行获得货物价值一定比例的贷款；可开展垫付货款业务，通过承担供应商和购买商之间的货物运输，在向供应商提货时，代购买商向其支付部分或全部的货款，帮助客户暂时缓解资金紧张问题；送货时可代替发货商向客户收取货款，为其提供代收款业务。此外，有实力的第三方物流企业还可以全资成立金融机构，或控股、参股金融机构，直接或间接向客户融资。

仓单质押融资

仓单质押融资又称为"仓单质押"，是指申请人将其拥有完全所有权的货物存放在商业银行指定的仓储公司，并以仓储方出具的仓单在银行进行质押，作为融资担保，银行依据质押仓单向申请人提供用于经营与仓单货物同类商品的专项贸易的短期融资业务。

仓单质押融资实质是一种存货抵押融资方式。通过银行、仓储公司和企业的三方协议，引入专业仓储公司在融资过程中发挥监督保管抵押物、对抵押物进行价值评估、担保等作用，实现以企业存货仓单为抵押的融资方式。

仓单质押融资对抵押物要求如下：

（1）所有权明确，不存在与他人在所有权上的纠纷。

（2）无形损耗小，不易变质，易于长期保管。

(3) 市场价格稳定，波动小，不易过时，市场前景较好。
(4) 适应用途广泛，易变现。
(5) 规格明确，便于计量。
(6) 产品合格并符合国家有关标准，不存在质量问题。

因此，仓单质押融资多操作于钢材、有色金属、黑色金属、建材、石油化工产品等大宗货物。

4. 信息服务

在发达国家，信息服务实际上是第三方物流非常重要的服务内容。而在我国，由于第三方物流信息化基础比较薄弱，这类服务内容还没有得到应有的重视。第三方物流的信息服务一般包括以下内容。

（1）信息平台服务

客户通过第三方物流的信息平台实现同海关、银行、合作伙伴等的连接，完成物流过程的电子化。我国部分城市已经实施的电子通关服务，使得大量的第三方物流企业都要实现同海关系统的连接，客户可以借助第三方物流企业的信息系统，实现电子通关。

（2）物流业务处理系统

有许多客户使用第三方物流企业的物流业务处理系统，如仓库管理系统和订单处理等完成物流过程的管理。随着物流复杂性的增加和物流业务管理系统的完善，这方面的信息服务还会加强。

（3）运输过程跟踪

信息跟踪是另一类信息服务。就目前的市场看，信息跟踪服务主要集中在运输过程的跟踪。在西方发达国家，通过GPS/GIS等跟踪手段，已经做到了运输过程和订单的实时跟踪，如联邦快递、UPS等快递公司，都为客户提供全程跟踪服务。在我国，对运输过程的信息跟踪也有大量的需求，而且国内已经具备了先进的跟踪技术和手段，但真正能够为客户提供实时信息服务的物流企业并不多，原因在于大多数企业还没有达到经济规模，而且一般客户也不愿意为信息服务提供额外费用。但不使用现代化的跟踪手段并不意味着不可以提供运输过程的跟踪服务，目前我国第三方物流企业普遍采用的是电话跟踪模式，一般选择关键点和例行跟踪相结合的办法。例如，司机在关键节点，如发车、到货、事故等时间向跟踪部门发回信息，同时，信息跟踪部门在固定的时间段对车辆进行例行跟踪，跟踪的信息一般定期发送给客户，也有一些物流企业通过网站向客户发布跟踪信息。

5. 总体策划

目前有一种倾向，就是将物流系统的总体规划内容作为第四方物流的服务范围，成为一个相对专业化和独立的领域。但在实际运作中，第三方物流企业一般也不同程度地具备为客户提供物流系统总体规划的能力。

以上从五个方面列举了第三方物流可能的服务内容，实际上第三方物流的服务内容远远不止这些，很多内容都是在合作过程中新开发出来的。

1.4.5　第三方物流企业经营模式类型

物流企业的经营模式是企业应用物流功能要素进行生产经营并获得收益的业务运作方式，是企业获得收益的基础，同时也是企业核心竞争力的体现。它与企业本身的资源类型、服务范围和服务内容息息相关。

1. 资产型与非资产型

根据企业拥有资产的多少,第三方物流企业的经营模式可以分为资产型和非资产型。资产型物流企业拥有固定资产,如仓库、船舶、车辆等,通过自身的物流设施设备为客户提供物流服务,投资成本较高,但可控性较强;而非资产型物流企业本身不拥有或少量拥有固定资产,需要通过整合社会闲散的物流资源为客户提供物流服务,投资少,但管理成本高,服务可控性较差。

2. 单一型与多行业型

根据提供服务的客户行业范围大小,第三方物流企业的经营模式可以分为单一型和多行业型。单一型物流企业只为一个或几个相关行业提供物流服务,如只为家电或者食品等某一个或相关的几个行业提供物流服务。这样更有利于物流企业发挥自身的特长,提升自身的核心竞争力。多行业型物流企业服务范围比较广,如家电、食品、服装、建材等都是其服务的行业。

3. 低集成型与高集成型

根据提供的服务内容的不同,第三方物流企业的经营模式可以分为低集成型和高集成型。在服务内容上,可以根据物流服务内容的集成度划分为四个层次,包括集成度较低的功能型物流和增值物流,集成度较高的综合集成服务和系统咨询设计服务。

集成度较低的功能型物流包括运输、仓储、配送等物流功能的一项或者几项物流服务。增值型物流服务是在功能型物流服务的基础上添加一些增值的物流服务。集成度较高的综合集成服务和系统咨询设计服务是物流企业的深层次物流服务内容,可以为客户提供物流资源整合、物流系统设计等物流服务。

本章小结

第三方物流是相对于自营物流而言的,它是指独立于供需双方为客户提供专项或全面的物流系统设计或系统运营的物流服务模式,具有关系契约化、服务个性化、功能专业化、管理系统化和信息网络化五个特征。第三方物流通过资源整合、专业化服务和发展客户运作等能创造成本价值、服务价值以及社会价值。第三方物流是现代物流发展的主流。

第三方物流企业是第三方物流服务的提供商。根据以物流服务某项功能为主要特征,第三物流企业可以划分为运输型、仓储型和综合服务型物流企业。为了规范第三方物流企业的管理,国家制定了《物流企业分类与评估标准》,将物流企业分为5A、4A、3A、2A、1A五个等级,5A为最高级别。第三方物流企业可以为客户提供运输、仓储等基本物流服务,增值物流服务以及供应链管理服务。根据资源类型、服务内容和服务范围,第三方物流企业的经营模式可以分为8种。选择合适的经营模式,是企业取得收益的基础,也是企业核心竞争力的体现。

传统道路运输企业向现代物流转型成功案例

佛山市汽运集团物流分公司的前身是一个零担货运站,在20世纪90年代初期,和省

内其他国有货运企业一样惨淡经营。当时营运货车从过去几十辆减至8辆,车辆工作率只有30%,年营业收入100多万元,企业严重亏损。1994年以来,公司通过发展零担货运业务、组建货运中心、开展货物配载业务等举措,延伸传统货运的服务领域,大力发展第三方物流,将一个陷入困境的传统货运站发展为现代物流企业。公司现有员工300人,其中物流专业管理人才45人,拥有高标准物流仓库4万多平方米和先进的物流信息管理系统,年货运量近30万吨,营业额7831多万元,是佛山市规模较大的物流企业。现是中国物流联盟企业和中国物流行业协会理事,佛山市政府拟将其列为本市的综合物流基地。

该公司从传统货运向现代物流转型的过程中的主要经验有如下。

1. 把握机遇,转换机制,建立货运中心

随着改革开放和道路运输业的蓬勃发展,货运市场出现了跨行业、跨区域经营,国有、集体、个体多种经济成份并存的新格局,竞争日趋激烈。许多国有运输企业由于未能及时转换经营机制,无法适应市场的竞争,大部分企业经营陷入困境。该公司也经历了与其他国有运输公司同样的痛苦。

1994年年初,佛山市汽运集团进行了经营机制改革,将原来的货运站进行重组,并调整了领导班子。当时摆在新领导班子面前的重要课题是如何发展货运。围绕这个问题,该公司对佛山市的货源及其运力情况进行了广泛的市场调查。调查结果表明:全市总营运货车2000多辆(其中个体车辆占25%),外省货车每天进出佛山近1000辆,共有运力3000多辆、2.5万吨位;而全市每天有公路货源1.5万吨,其中5000吨由各大型厂矿企业自备车辆运输,外省车每天从佛山运走货物近2800吨,共300多台次。这组数字说明佛山市货运市场货源充足,潜力很大。调查同时发现,由于外省车辆在市内自行配货,乱停乱放、阻碍交通、乱收费等冲击了货运市场;此外,有相当部分外省车辆回程空驶,运力浪费,据测算,每年因车辆空驶造成社会运力和能源浪费近千万元。

针对货运市场存在的问题,市政府主管部门为加强货运市场的宏观调控,提出了要建立一个统一、开放、公平、竞争、有序的货运市场,并着手大力开展货运市场的整顿。这为公司提供了一个很好的发展机遇,面对这样的机遇,建立一个体制健全、机制合理、功能完善、竞争公平的货运配载市场,让社会各种运力、货源进入市场配货、找车,便显得很有必要。于是,公司决定适应市场的变化,发挥本企业场地大、基础设施好、装卸能力强、业务基础好等优势,转换企业经营机制,开展货运配载业务。

在佛山市交通局的大力支持下,该公司于1994年5月,将原来零担货运站重组为货运中心(货运分公司)。该中心投资500万元,总面积2万多平方米,其中停车场1万多平方米、货仓2200平方米,集配载、出租铺位、汽车修理、加油、旅业于一体,在货运业务上以配载为重点,以零担和整车运输为补充,三者联为一体、互相促进。货运中心很快成为佛山市唯一的公路货车、货物的集散地,为公司发展现代物流打下了扎实的基础。

2. 建立物流配送中心,加强基础设施建设

传统货运企业的经营范围局限于运输、仓储、装卸等,服务功能狭窄,无法满足社会化大生产和客户的多元化服务要求,而物流才能适应社会化大生产的要求,且市场巨大,有着广阔的发展空间。面对新形势,要振兴货运业,将货运业做大做强,就必须转变观念,重新选择市场。基于这种认识,公司决定在原有货物运输的基础上,进一步拓宽业务,逐步形成运输、仓储、配送、搬运、包装、流通加工等一体化服务体系,开始向物流方向发展。1999年年底，公司提出了由传统货运向现代物流转变的战略构想，并将货运分公司更名为物流分公司，定位为提供全方位物流服务的第三方物流服务供应商。由于原有货运中心设备陈旧，管理模式落后，现代科技含量低，运作效率低，不能满足客户及货运经营者的要求，公司首先投资了1500万元，将原来总面积2万多平方米的货运配载中心改造为总面积近6万平方米的物流配送中心，拥有大型仓储配送平台、综合办公大楼、经营铺位、停车场、加油站、招待所等一整套适应物流发展的硬件设施。

为加强基础管理和规范化运作，提高经营管理水平，公司于2001年通过ISO9001质量管理体系认证，学习国内外成功物流企业的业务运作模式、规范服务标准和业务流程，业务操作实现了"五个统一"，即统一的经营理念、统一的操作平台、统一的服务标准、统一的业务流程及统一的单据表格。在此基础上于2001年按照现代企业制度的要求，成立了佛山货运贸易公司，发展国际运输业务。

短短几年间，公司的仓储面积从2000多平方米发展到目前的近4万平方米，并且配套了完善的仓储配送设施，采用世界最先进的林德叉车进行装卸作业。2003年6月，公司又投资1300多万元兴建了11000平方米的高标准物流仓库，采用钢筋混凝土结构建设，仓库设有自动升降平台、高台装卸区、停车场等。整个仓库利用电子监控器进行24小时监控管理，并配备自动智能消防系统，完全符合仓储管理消防安全条件。此外，新建仓库共有两层，按照食品、医药等特殊物品的要求，仓库分为恒温区、货架区和平面仓，是本地区最先进、功能最齐全的物流仓库。为满足公司仓储配送业务快速增长的需求，发展了多项异地仓储业务，如在北京设立了仓储配送中心，延伸了物流服务领域，在原有的业务功能基础上拓展第三方物流服务的能力。

3. 应用物流信息技术，提高企业物流质量

物流信息化是物流企业发展到一定阶段的必然选择。为加快向现代物流转变的步伐，公司一直很注重物流信息化的改造，早在1999年就拥有互联网站，建立了公司内部的局域网络；2002年6月，公司在物流运作逐步规范的基础上，基于互联网新技术，又开发了B/S（浏览器/服务器）结构的物流信息系统。这套系统的功能包括了客户端电子商务系统、业务管理信息系统、系统管理维护三大主模块。由于任何信息系统都离不开数据，物流企业的信息化也同样离不开大量的物流数据。所以公司在开发信息系统时，首要考虑的问题是要采用什么样的技术手段实现对大量数据进行采集、分类、识读和传递，以避免出现"重流程，轻技术"的现象。建立物流信息系统，其核心作用在于：通过系统可以全面观察及控制整个物流系统的运行情况，即使客户在异地下单，在其发出收发货指令直至货物送达终端用户手中，客户也可通过物流信息系统掌握货物在物流链中的相关信息，甚至在完成物流业务后系统能自动产生各种费用、配载和库存等报表，从而实现实时信息共享，大大提高物流系统运作的效率，降低运作成本。他们总结的经验是，物流企业在开发信息系统时，应客观准确地根据企业自身的运作特点进行设计，不可盲从，应采取局部的、分阶段的、循序渐进的方式进行开发。

企业发展物流，人才是关键。公司比较重视向社会吸纳物流相关专业的管理和技术人才，近年来，公司共吸收了30多名大专、本科层次的大学生，与此同时加强对企业员工的培养。采取了各种针对性、灵活性很强的培训方式，除了必要的岗前培训外，经常送一些业务骨干或管理人员到外地交流、学习。不仅加强了对员工物流领域知识与技能培训，培养物流管理、营销以及信息技术方面的人才，还侧重对员工的职业化素质的培养，从而

建立起一支适应物流发展需要的高素质员工队伍。

4. 与大型生产、流通企业共建，拓展现代物流

物流企业所追求的是和客户结成战略伙伴关系，而不是竞争关系。由于企业的"诚信度"是许多物流需求者在选择物流企业时首要评价的项目，所以要与客户建立长期的合作伙伴关系，就必须取得客户的信任和支持，必须持之以恒地向客户提供卓越的服务，并表现出企业的诚信品质。经过几年的努力，公司现已与超过100家知名企业建立了长期合作关系，其中有部分是国际的著名品牌企业，如丹麦新的宝食品（佛山）有限公司、日本江崎格力高食品（上海）有限公司、瑞典利乐华新包装（佛山）有限公司、深圳嘉景裕贸易有限公司等。在长期服务中，围绕客户的需求，以多批次、高时效、高附加值、小批量的物品为主，为客户群中60%的客户提供全过程（从产品下生产线—运输—仓储—配送—用户）的物流服务。例如，利乐华新产品下生产线后直接运送至物流分公司仓库，由物流分公司负责仓储管理，并配送到终端客户。又如，深圳嘉景裕贸易有限公司产品从入境报关开始，经过仓储管理并最终配送到用户，都由物流分公司负责。物流分公司在北京设立了仓储配送中心，为日本江崎格力高食品（上海）有限公司提供仓储配送服务。格力高食品公司是日本著名的品牌企业，主要生产销售饼干糖果，其生产基地和销售中心设在上海，产品分别通过上海、佛山及北京的仓储配送中心进行配送。格力高的产品下生产线后从上海通过汽车运输到物流分公司在佛山或北京的仓储配送中心，由物流分公司承担其货物的仓储管理和配送工作。目前，国内客户服务业务网络遍及全国各省40多个大中城市，对外运输可直达东南亚、美洲、欧洲等地，已形成以枢纽城市为中心，覆盖全国的网络体系。

近年来，该公司在探索传统货运向现代物流转变中做了一些工作，并取得一定成绩，但与先进的现代物流企业相比还有较大的差距，在前进的道路上，还有不少问题需要探索与研究，还有不少困难要去克服。公司决心加大科技投入，提高服务质量，努力创建企业品牌，不断拓展现代物流，把企业做大做强，为实现经济强省作出自己的贡献。

请问：（1）佛山市气运集团物流分公司转型成功的关键是什么？

（2）结合本案例，分析我国运输公司向物流公司转型的困难在哪里，应如何克服。

思 考 题

一、多项选择题

1. 第三方物流是独立于供需双方为客户提供专项或全面的物流系统设计或系统运营的物流服务模式，它强调（ ）。

  A. 个性化的物流服务　　　　　　B. 合作的长期性

  C. 是建立在信息技术基础上　　　D. 是合同导向的一系列服务

2. 第三方物流产生的主要原因有（ ）。

  A. 物流服务复杂性增强

  B. 没有足够的物流设施设备和物流作业能力

  C. 企业为了增强核心竞争力将非核心业务外包

  D. 是经济发展的必然趋势

3. 第三方物流企业可以创造（　　）。
   A. 成本价值　　　　　　　　B. 服务价值
   C. 社会价值　　　　　　　　D. 管理价值
4. 根据《物流企业分类与评估标准》，第三方物流企业可以分为（　　）。
   A. 资产型物流企业　　　　　B. 运输型物流企业
   C. 仓储型物流企业　　　　　D. 综合服务型物流企业
5. 物流企业的经营模式与企业本身的（　　）息息相关。
   A. 资源类型　　　　　　　　B. 合作企业
   C. 服务范围　　　　　　　　D. 服务内容

二、判断题

1. 第三方物流是现代物流发展的主流。（　　）
2. 第三方物流企业与传统运输、仓储企业的最大区别就在于第三方物流企业能够将各个物流要素有机整合起来，提供系统化、系列化的增值服务。（　　）
3. 运输型物流企业可以自有或租用必要的运输设备。（　　）
4. 仓单质押融资实质是一种单据抵押融资模式。（　　）
5. 按照不同评估指标，物流企业分为 5A、4A、3A、2A 四个等级。（　　）
6. 物流企业的服务范围是指物流企业提供物流服务的地域范围。（　　）
7. 物流服务范围较窄，如只为家电或者食品等某一个或者相关的几个行业提供物流服务，这样更有利于物流企业发挥自身的特长，提高自身的核心竞争力。（　　）
8. 很多物流企业同时为较多行业提供高集成的物流服务。（　　）

三、简答题

1. 谈谈你对第三方物流的理解。
2. 向综合服务型物流企业转型需要具备哪些条件？
3. 第三方物流企业可以提供哪些物流服务？
4. 某公司一直都是自营物流，但随着公司规模的扩大，现有的物流部门已经不能满足公司发展的需要了。有人提议将物流部门剥离出来，成立专业的第三方物流企业。你对此提议有何看法？

实训项目　关于物流企业现状的调查

一、实训目的

通过本次实训，学生能分析物流企业的经营模式，了解物流服务内容及企业的组织结构设置，巩固所学内容并为后期的学习奠定基础。

二、实训准备

1. 就近联系各类物流企业。
2. 布置调查内容。
3. 学生完成调查报告。

三、训练步骤

1. 学生 4~6 人一组，以组为单位到企业实际调查，收集相关资料。
2. 以组为单位整理调查资料，并做成 PPT。
3. 各小组推荐代表在全班进行交流，相互提问。
4. 老师进行实训总结。

四、注意事项

1. 调查过程中注意安全，注意行为举止。
2. 资料收集尽可能全面，包括企业经营模式、服务内容、组织结构、岗位设置、用人要求及相关管理制度等。
3. 幻灯片制作图文并茂，思路清晰。

第 2 章

第三方物流企业的设立

 工作任务描述

成为企业法人是我国内资进入物流市场的基本准入条件。设立第三方物流企业应具备什么条件,如何设立,需要准备哪些材料,这些是企业设立必须要弄清楚的问题。

本章涉及的工作任务和要求见下表。

工作任务	工作要求
能设立不同类型的物流企业	• 了解不同类型物流企业设立的条件 • 知晓物流企业设立的程序 • 会制作、准备设立物流企业应提交的各种材料

 知识概览

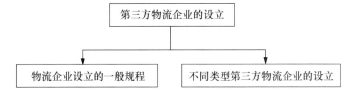

 **学习目标**

知识目标	能力目标	学习重点和难点
• 物流企业的设立方式 • 物流企业的市场准入 • 物流企业的设立登记 • 物流企业的设立程序	• 知晓物流企业设立的流程 • 会制作、准备设立物流企业应提交的各种材料	• 物流企业的设立登记 • 物流企业的设立程序 • 设立所需材料的制作与准备

 导入案例

张某是广州人,在广州某物流有限公司工作,这几年他看到自己的老板做物流赚了不少钱,短短的四五年时间,公司由原来的15名员工、7辆运输集卡发展到今天的36名员

工、18辆集卡。特别是近年来国家已将物流业作为重点扶持产业之一，电子商务的蓬勃发展也对物流末端配送产生了巨大需求。于是张某萌生了自己创办物流公司的想法，并得到了朋友李某的支持，两人决定共同出资1 000万元成立物流公司，主要从事公路运输配送业务。假设张某和李某共同委托你为他们办理公司的成立事宜，请你完成下列工作：

（1）列出成立运输配送公司需要提交的审批、注册材料来。

（2）为公司的成立制作并准备相关的审批、注册材料。

（3）绘制成立该公司的审批、注册流程图。

（资料来源：钱芝网. 第三方物流运营实务［M］. 北京：电子工业出版社，2011）

2.1　物流企业设立的一般规程

2.1.1　物流企业设立的含义与设立方式

1. 物流企业设立的含义

物流企业的设立是指物流企业的创办人为使企业具备从事物流活动的能力，取得合法的主体资格，依照法律规定的条件和程序所实施的一系列的行为。

按照法律规定和程序设立的物流企业，即依法取得中国的法人资格，具有法人权利能力和法人行为能力，可以法人的身份从事物流经营活动。

2. 物流企业的设立方式

物流企业的设立方式，也称设立的原则，是指企业根据何种法定原则，通过何种具体途径达到企业设立的目的。一般来说，企业设立的方式主要有以下几种：

（1）特许设立

特许设立是指企业必须经过国家的特别许可才能设立的一种方式，它通常适用于特定企业的设立，如涉及国计民生的企业及承担特殊公共职能、承担公共服务的公用企业。

（2）核准设立

核准设立又称"许可设立"、"审批设立"，即设立企业除需要具备法律规定的设立企业的各项条件外，还需要经主管行政机关审核批准才能申请登记注册的一种设立方式。

（3）准则设立

准则设立又称"登记设立"，即设立企业不需要经过有关主管行政机关批准，只要企业在设立时符合法律规定的有关成立条件，即可到主管机关申请登记，经登记机关审查合格后予以登记注册，企业即告成立的一种设立方式。

（4）自由设立

自主设立是指法律对企业的设立不予强制规范，企业的创立人可以自由设立企业的一种设立方式。

目前，我国物流企业的设立主要是核准设立和准则设立。

2.1.2　物流企业的市场准入

在我国设立物流企业需要符合相应的市场准入条件，市场准入条件内外资是不一样的，本书仅讲述内资设立物流企业的市场准入条件。内资物流企业市场准入是指我国内资在什么条件下可以进入物流市场、参与市场活动的条件。一般情况下,我国内资进入物流市场的基本准入条件是具备法人的条件,即内资应当在成为企业法人后才能从事物流经营活动。

1. 一般物流企业类型的市场准入

我国内资投资从事一般的物流业,如道路运输、货物仓储等,市场准入是没有特殊限制的,只要在设立相应企业时有与拟经营的物流范围相适应的固定的生产经营场所、必要的生产经营条件,以及与所提供的物流服务相适应的人员、技术等,就可以到工商登记机关申请设立登记。若依《中华人民共和国公司法》(以下简称《公司法》)设立公司形式的物流企业,则除满足《公司法》规定的设立条件外,还要满足最低注册资本的要求。依据《公司法》的规定,成立科技开发、咨询、服务性的物流企业的注册资本金最低为 10 万元人民币(一人有限公司为 3 万元);从事商品批发的物流企业,则最低注册资本金为 50 万元人民币。

当然,在公司设立登记时,根据经营业务情况,有些需要提供相应的行政许可,如《道路运输经营许可证》、《危险物品运输许可证》、《危险品储存资质许可证》等。

2. 特殊物流企业类型的市场准入

特殊物流企业类型是指成立此类企业时,需要相应主管机关审批后,才能到工商登记管理机关进行设立登记的物流企业类型。这类物流企业必须经过主管机关的审批才能进入市场从事物流经营活动。目前,我国大多数物流企业都必须经相应的行业主管部门审批核准。例如,根据《中华人民共和国海运条例》及其实施细则规定,在我国境内投资设立国际海上运输业务的物流企业,其经营国际船舶运输业务必须经交通部审批;根据《中华人民共和国民用航空法》等,设立从事空运销售代理业务、经营航空快递业务的物流企业经民航行政主管部门、中国民用航空局审查批准,才能办理工商注册登记。

另外,设立国有物流企业,按《中华人民共和国全民所有制工业企业法》第十六条规定,报请政府或者政府主管部门审核批准,经工商行政管理部门登记,取得法人资格;设立物流股份有限公司和国有独资物流公司需由国务院授权的部门或省级人民政府审批。同样,依照《公司法》的规定,设立股份公司必须经国家证券管理部门批准。

3. 对于关系国计民生的物流企业的市场准入

对于一些涉及我国经济命脉的特殊物流企业,如铁路运输、航空运输等企业,必须经国务院特许才能设立。此类物流企业由于对国家经济、军事、政治等各个方面影响很大,甚至涉及国家领土、领空主权的完整等,因此,其市场准入必然十分严格。

2.1.3 物流企业的设立登记

1. 物流企业设立登记的含义

物流企业设立登记是物流企业的创立人提出企业登记的申请,经登记主管机关核准,确认其法律上的主体资格,并颁发有关法律文件的行为。设立登记是物流企业取得法律上主体资格的必要程序,物流企业申请企业法人登记,经登记主管机关审核,准予登记并领取企业法人营业执照后,取得法人资格,方可从事经营活动,其合法权益受国家法律保护。未经企业法人登记主管机关核准登记注册的,不得从事物流经营活动。

2. 物流企业设立的登记机关和登记管辖

根据我国的法律规定,我国物流企业的登记主管机关是国家工商行政管理总局和地方

各级工商行政管理局。物流企业设立登记包括级别管辖和地域管辖,其级别管辖分为三级,即国家工商行政管理总局,省、自治区、直辖市工商行政管理局和市、县、区工商行政管理局。我国对企业的设立登记管辖实行分级登记管理的原则。根据《中华人民共和国企业法人登记管理条例》、《中华人民共和国企业法人登记管理条例实施细则》的规定,我国物流企业设立的登记管辖分为如下几种。

(1) 国家工商行政管理总局登记管辖范围

① 国务院批准设立的或者行业归口管理部门审查同意由国务院各部门及科技性社会团系设立的全国性物流公司和大型物流企业。

② 国务院批准设立的或者国务院授权部门审查同意设立的大型物流企业集团。

③ 国务院授权部门审查同意由国务院各部门设立的经营进出口业务的物流公司。

(2) 省、自治区、直辖市工商行政管理局设立登记管辖

① 由省、自治区、直辖市人民政府批准设立的或者行业归口管理部门审查同意由政府各部门及科技性社会团体设立的物流公司和企业。

② 由省、自治区、直辖市人民政府设立的或者政府授权部门审查同意设立的物流企业集团。

③ 由省、自治区、直辖市人民政府授权部门审查同意设立的物流企业集团。

④ 由省、自治区、直辖市人民政府授权部门审查同意由政府部门设立的经营进出口业务的物流公司。

⑤ 由国家工商行政管理总局根据有关规定核转的物流企业或者分支机构。

此外,由省、自治区、直辖市人民政府或者政府授权机关批准的及其呈报上级审批机关批准的外商投资企业,由国家工商行政管理总局授权省、自治区、直辖市工商行政管理局负责登记。

(3) 市、县、区工商行政管理局设立登记管辖

除了上述两项所列物流企业外的其他物流企业的设立登记管辖,均由市、县、区(指县级以上的市辖区)工商行政管理局负责。

3. 物流企业的设立程序

物流企业设立程序即物流企业的创立人向登记主管机关提出登记申请,登记主管机关对申请进行审查、核准及准予设立登记和发布设立公告等程序。

(1) 发起人发起并签订设立协议

发起人协议,也称为设立协议、投资协议或股东协议书,目的是明确发起人在公司设立中的权力、义务,其主要内容包括:公司经营的宗旨、项目、范围和生产规模;注册资金、投资总额及各方出资额、出资方式;公司的组织机构和经营范围;盈余的分配和风险分担的原则等。

按照《公司法》和《中华人民共和国公司登记管理条例》的规定,有限责任公司的设立人(股东)应达到法定人数,即应由两个以上五十个以下的股东出资设立,但国家授权投资的机构或者国家授权的部门可以单独投资设立国有独资的有限责任公司。设立股份有限公司,应当有五人以上为发起人,其中过半数的发起人在中国境内有住所,国有企业改建为股份公司的,发起人可以少于五人,但应当采取募集设立方式。

(2) 申请名称预先核准

根据《中华人民共和国公司登记管理条例》规定,设立有限责任公司和股份有限公司

应当首先申请名称预先核准，具体规定为：设立有限责任公司，应当由全体股东指定的代表或者共同委托的代理人向公司登记机关申请名称预先核准；设立股份有限公司，应由全体发起人指定的代表或者共同委托的代理人向公司登记机关申请名称预先核准。

申请名称预先核准，应当提交下列文件：

① 有限责任公司的全体股东或者股份有限公司的全体发起人签署的公司名称预先核准申请书。

② 股东或者发起人的法人资格证明或者自然人的身份证明。

③ 公司登记机关要求提交的其他文件。

公司登记机关决定核准的，会发给企业名称预先核准通知书。

（3）验资

由依法设立的验资机构对股东出资的价值和真实性进行检验并出具检验证明。验资机构通常包括会计师事务所、资产评估事务所等。

（4）向登记主管机关提出设立登记申请

设立登记的申请由企业的创立人提出。依照《中华人民共和国公司登记管理条例》的规定，有限责任公司的设立，应由全体股东指定的代表或者共同委托的代理人向公司登记机关提出设立申请；股份有限公司的设立，应由全体发起人指定的代表或者共同委托的代理人向公司登记机关提出设立申请。

企业设立登记必须向工商行政管理部门提交公司设立登记申请书，登记申请书应当载明法律要求说明设立登记的全部事项，包括：物流公司的名称、住所、经营场所、法定代表人、经营性质、经营范围、注册资金、从业人数、经营期限、分支机构等。设立物流公司除了提交公司设立登记申请书外，还必须提交其他文件。

拟成立有限责任公司的物流企业，应向公司登记主管机关提交下列文件：

① 公司董事长或执行董事签署的公司设立登记申请书。② 全体股东指定代表或者共同委托代理人的证明。③ 公司章程。④ 具有法定资格的验资机构出具的验资证明：应是会计师事务所或审计事务所出具的验资报告，应明确载明股东人数、出资方式、出资额及该公司在银行开设的临时帐户。其中以实物、工业产权、非专利技术或者土地使用权出资的，应同时提交经注册的资产评估事务所出具的资产评估报告。⑤ 股东的法人资格证明或者自然人身份证明：股东的法人资格证明是指具有法人资格的单位或企业能证明自己的法人资格的文件，如加盖企业登记机关印章的营业执照复印件，社团法人的社团法人登记证等。能证明自然人身份的，应当是居民身份证或其他合法的身份证明。⑥ 载明公司董事、监事、经理姓名、住所的文件及有关委派、选举或者聘用的证明。这里应提交两种文件：一种是载明公司董事、监事、经理的姓名、住所的文件；一种是有关委派、选举或者聘用为公司董事、监事、经理的证明文件。⑦ 公司法定代表人的任职文件和身份证明：有限责任公司的法定代表人的任职文件应是委任书、股东会决议或者载明国家投资部门或授权部门指定任职的文件；公司法定代表人的身份证明应提交其居民身份证复印件或其他合法的身份证明。⑧ 企业名称预先核准通知书。⑨ 公司住所证明：公司住所是租赁用房的，需提交房主的房屋产权登记证的复印件或有关房产权的证明文件及租赁协议；公司的住所是股东作为出资投入使用的，则提交股东的房屋产权登记证明或有关房产权证明的文件及该股东出具的证明文件。

除上述九种文件外，法律、行政法规规定设立有限责任公司必须报经审批的，还应当提交有关部门的批准文件。如设立国有独资公司的，需提交国家授权投资的机构或者国家

授权的部门的证明文件及对设立公司的批准文件。

拟设立股份有限公司公司的物流企业，董事会应当于创立大会结束后30天内向登记机关申请设立登记，向登记主管机关提交下列文件：

① 公司董事长签署的公司设立登记申请书。② 国务院授权部门或者省、自治区、直辖市人民政府的批准文件，募集设立的股份有限公司还应提交国务院证券管理部门的批准文件。③ 创立大会的会议记录：股份有限公司的创立大会是指以募集设立方式设立的股份有限公司成立之前，由认股人参加，决定是否设立公司并决定公司设立过程中的重大事项的会议。创立大会的决议事项应包括审议发起人关于公司筹办情况的报告；通过公司章程；选举董事会成员；选举监事会成员；对公司的设立费用进行审核；对发起人用于抵作股款的财产的作价进行审核。创立大会有权作出不设立公司的决议。④ 公司章程。⑤ 筹办公司的财务审计报告，即对发起人在筹办公司过程中所支出的费用进行财务审计的报告。⑥ 具有法定资格的验资机构出具的验资证明。⑦ 发起人的法人资格证明或者自然人身份证明。⑧ 载明公司董事、监事、经理姓名、住所的文件及有关委派、选举或者聘用的证明：证明公司董事、监事、经理姓名、住所的文件是其居民身份证，因此应提交其居民身份证复印件或其他合法身份证明；股份有限公司的董事、监事由股东大会选举产生，因此应提交股东大会关于选举公司董事、监事的股东大会决议，并由具有法定表决权的股东签名或盖章；公司经理由董事会聘任，因此应提交董事会关于聘任经理的董事会决议或聘任书。⑨ 公司法定代表人的任职文件和身份证明：公司法定代表人的任职文件即有关的董事会决议。公司法定代表人的身份证明为居民身份证复印件或其他合法身份证明。⑩ 企业名称预先核准通知书。⑪ 公司住所证明：住所如是租赁的，应提交房主的房屋产权登记证复印件和租赁协议。如是在建房，可以提交有关房产的投资证明、开工许可证等证明文件和租赁协议。住所是发起人作为股份投入使用的，应提交发起人的房屋产权登记证复印件及其他有关房产证明文件，并提交发起人出具的出资说明。⑫ 经营范围有法律、行政法规规定必须报经审批项目的，应提交国家有关部门的批准文件。

（5）登记机关对提交的申请进行核准、登记

登记机关对申请登记时提供的材料进行审查后，认为符合条件的，将予以登记并发给《企业法人登记执照》，公司即告成立。公司可凭企业法人营业执照刻制印章、开立银行账户、申请纳税登记，并以公司名义对外从事经营活动。

2.2 不同类型第三方物流企业的设立

第三方物流企业提供的基本物流服务主要是运输服务和仓储/配送服务等，因此，第三方物流企业的基本类型相应就有运输型物流公司和仓储型物流公司。

2.2.1 道路运输型物流公司的设立

1. 设立条件

（1）有与其经营业务相适应并经检测合格的运输车辆

① 车辆技术要求。车辆技术性能应当符合国家标准GB 18565—2001《营运车辆综合

性能要求和检验方法》的要求；车辆外廓尺寸、轴荷和载质量应当符合国家标准 GB 1589—2004《道路车辆外廓尺寸、轴荷及质量限值》的要求。

② 车辆其他要求。从事大型物件运输经营的，应当具有与所运输大型物件相适应的超重型车组；从事冷藏保鲜、罐式容器等专用运输的，应当具有与运输货物相适应的专用容器、设备、设施，并固定在专用车辆上；从事集装箱运输的，车辆还应当有固定集装箱的转锁装置。

如果运输剧毒、爆炸、腐蚀、易燃、放射性等危险货物的，根据 JT 617—2004《汽车运输危险货物规则》，车辆和设备有特殊的要求，在此不赘述。

(2) 有符合规定条件的驾驶人员

① 取得与驾驶车辆相应的机动车驾驶证。

② 年龄不超过 60 周岁。

③ 经设区的市级道路运输管理机构对有关道路货物运输法规、机动车维修和货物及装载保管基本知识考试合格，并取得从业资格证。

(3) 有健全的安全生产管理制度

有健全的安全生产管理制度，包括安全生产责任制度、安全生产业务操作规程、安全生产监督检查制度、驾驶员和车辆安全生产管理制度等。

(4) 取得相关的行政许可证

从事普通货物道路运输的，应从交通运管部门取得道路运输经营许可证，从事危险品运输的，应从消防部门取得危险物品运输许可证和化学危险物品准运证。

(5)《公司法》规定的其他设立公司的条件

如有符合规定的名称和注册资本，有固定的经营场所，有相应的管理机构和负责人等。

此外，申请从事国际道路运输经营的，还需要具备在国内从事道路运输经营满 3 年且未发生重大以上道路交通责任事故这一条件。

2. 应提交的审批材料

根据《关于修改 < 道路货物运输及站场管理规定 > 的决定（中华人民共和国交通运输部令 2012 年第 1 号)》，申请从事道路货物运输经营的，应当向县级道路运输管理机构提出申请，并提供以下材料：

(1) 道路货物运输经营申请表。

(2) 负责人身份证明，经办人的身份证明和委托书。

(3) 机动车辆行驶证、车辆检测合格证明复印件；拟投入运输车辆的承诺书，承诺书应当包括车辆数量、类型、技术性能、投入时间等内容。

(4) 聘用或者拟聘用驾驶员的机动车驾驶证、从业资格证及其复印件。

(5) 安全生产管理制度文本。

(6) 法律、法规规定的其他材料。

3. 设立流程

(1) 取得行政许可

从运输管理部门、消防部门等取得道路运输经营许可证或道路危险货物运输经营许可证。

(2) 核准企业名称

到工商行政管理部门领取企业（字号）名称预先核准申请表，填入拟取的公司名称（一共可填五个），工商行政管理部门经检索，如无重名，即可使用并核发企业名称预先核准通知书。

(3) 租房

若无经营场所，则需要租房，签订租房合同，并让产权人提供房产证复印件，再到税务部门买印花税，税率一般是年租金的千分之一，将印花税票贴在合同的首页。

(4) 编制公司章程

如拟设立的公司为有限责任公司，则要编制公司章程。可以找人代写，也可以从工商行政管理部门的网站上下载公司章程样本，修改后由所有股东签名。

(5) 刻法人名章

到刻章社刻法人名章，一般是方形的。

(6) 到银行开立验资账户

携带公司章程、企业名称预先核准通知书、法人名章、居民身份证到银行开立公司验资账户，将各股东的资金存入账户，隐含出具征询函、股东缴款单。

(7) 办理验资报告

拿着征询函、股东缴款单、公司章程、企业名称预先核准通知书、租房合同、房屋产权登记证复印件到会计师事务所办理验资报告。

(8) 注册公司

到工商行政管理部门领取公司设立登记的各种表格，填好后将公司章程、企业名称预先核准通知书、租房合同、房屋产权登记证复印件、验资报告一起交给工商行政管理部门，一般三个工作日后即可领到企业法人营业执照。

(9) 刻制公章

凭企业法人营业执照到公安局指定的刻章社刻公司公章、财务专用章。

(10) 办理企业组织机构代码证

凭企业法人营业执照到当地技术监督部门办理组织机构代码证。

(11) 开基本户

凭企业法人营业执照、组织机构代码证到银行开立基本账号，同时注销验资账号。

(12) 办理税务登记

领取企业法人营业执照后的30日内，到当地税务部门申领税务登记证。

(13) 领购发票

道路运输公司属于服务性质的企业，按照规定，使用地税发票。

至此，公司正式成立，可以营业了。

2.2.2 水路运输型物流公司的设立

1. 设立条件

(1) 取得水路运输经营许可证。

《国内水路运输管理条例》（国务院令第625号）第八条的规定："经营水路运输业务，应当按照国务院交通运输主管部门的规定，经国务院交通运输主管部门或者设区的市级以上地方人民政府负责水路运输管理的部门批准。

申请经营水路运输业务，应当向前款规定的负责审批的部门提交申请书和证明申请人符合本条例第六条或者第七条规定条件的相关材料。

负责审批的部门应当自受理申请之日起 30 个工作日内审查完毕，作出准予许可或者不予许可的决定。予以许可的，发给水路运输业务经营许可证件，并为申请人投入运营的船舶配发船舶营运证件；不予许可的，应当书面通知申请人并说明理由。

取得水路运输业务经营许可的，持水路运输业务经营许可证件依法向工商行政管理机关办理登记后，方可从事水路运输经营活动。"

（2）有稳定的水路运输客源、货源和船舶业务来源。

（3）有与经营范围相适应的组织机构和专业人员。

（4）有固定经营场所和必要的营业设施。

（5）有符合下列规定的最低限额的注册资本：①经营船舶代理业务的，为 20 万元人民币；②经营客货运输代理业务的，为 30 万元人民币；③同时经营船舶代理和客货运输代理业务的为 50 万元人民币。

根据《国内水路运输管理条例》第六条的规定："申请经营水路运输业务，除本条例第七条规定的情形外，申请人应当符合下列条件：

① 具备企业法人条件；

② 有符合本条例第十三条规定的船舶，并且自有船舶运力符合国务院交通运输主管部门的规定；

③ 有明确的经营范围，其中申请经营水路旅客班轮运输业务的，还应当有可行的航线营运计划；

④ 有与其申请的经营范围和船舶运力相适应的海务、机务管理人员；

⑤ 与其直接订立劳动合同的高级船员占全部船员的比例符合国务院交通运输主管部门的规定；

⑥ 有健全的安全管理制度；

⑦ 法律、行政法规规定的其他条件。"

国内水路运输管理条例（节选）

第七条　个人可以申请经营内河普通货物运输业务。

申请经营内河普通货物运输业务的个人，应当有符合本条例第十三条规定且船舶吨位不超过国务院交通运输主管部门规定的自有船舶，并应当符合本条例第六条第六项、第七项规定的条件。

第十三条　水路运输经营者投入运营的船舶应当符合下列条件：

（一）与经营者的经营范围相适应；

（二）取得有效的船舶登记证书和检验证书；

（三）符合国务院交通运输主管部门关于船型技术标准和船龄的要求；

（四）法律、行政法规规定的其他条件。

2. 报送文件

(1) 水路运输服务企业开业申请书和申请报告（原件 2 份）

(2) 可行性研究报告（原件 2 份）

(3) 企业章程草案（复印件 2 份及原件 1 份）

(4) 拟注册地方工商行政管理机关签发的《企业名称预先核准通知书》（复印件 2 份及原件 1 份）

(5) 资信证明（复印件 2 份及原件 1 份）

(6) 办公经营场所产权证明（或租赁承包证明、协议等）（复印件 2 份及原件 1 份）。

(7) 企业负责人和主要业务人员姓名、职务和身份证明（复印件 2 份及原件 1 份）。

(8) 主要出资单位同意设立企业的文件（董事会决议、联营协议或经济担保人证明）（复印件 2 份及原件 1 份）。

(9) 交通运输部要求的其他材料。

3. 设立流程

设立流程与道路运输型物流企业的登记办理程序基本相同。

2.2.3　航空运输型物流公司的设立

1. 公共航空运输公司的设立

(1) 设立条件

根据 2004 年 12 月中国民用航空总局（2008 年改为中国民用航空局）局务会议通过《公共航空运输企业经营许可规定》，设立公共航空运输企业，应当向国务院民用航空主管部门申请领取经营许可证，并依法办理工商登记；未取得经营许可证的，工商行政管理部门不得办理工商登记。

《公共航空运输企业经营许可规定》第七条规定。"设立公共航空运输企业应当具备下列条件：

① 不少于 3 架购买或者租赁并且符合相关要求的民用航空器。

② 负责企业全面经营管理的主要负责人应当具备公共航空运输企业管理能力，主管飞行、航空器维修和其他专业技术工作的负责人应当符合民用航空规章的相应要求，企业法定代表人为中国籍公民。

③ 具有符合民用航空规章要求的专业技术人员。

④ 不少于国务院规定的注册资本的最低限额。

⑤ 具有运营所需要的基地机场和其他固定经营场所及设备。

⑥ 民航总局规定的其他必要条件。"

(2) 经营许可程序

根据《公共航空运输企业经营许可规定》第四条规定，设立公共航空运输企业，应当按照其设立条件经所在地民航地区管理局对申请人的筹建申请初步审查，并由中国民用航空地区管理局报中国民用航空局办理企业的筹建认可手续。经中国民用航空局认可筹建的公共航空运输企业在规定期限内完成筹建工作后，申请人应向所在地中国民用航空地区管理局申请经营许可的初步审查，并由所在地中国民用航空地区管理局报中国民用航空局办理公共航空运输企业经营许可手续。

① 公共航空运输企业筹建认可。

申请人申请筹建公共航空运输企业，应当提交下列文件、资料一式三份：

A. 筹建申请报告，应当包括以下内容：拟经营航线的市场分析，拟选用的民用航空器型号、来源和拟使用的基地机场条件，专业技术人员的来源和培训渠道，拟申请的经营范围。

B. 投资人的资信能力证明。

C. 投资各方签订的协议（合同）及企业法人营业执照（或者注册登记证明）复印件或者自然人身份证明复印件。

D. 筹建负责人的任职批件、履历表。

E. 企业名称预先核准通知书。

F. 中国民用航空局规定的其他文件、资料。

筹建中外合资公共航空运输企业的，申请人应当按照国家有关规定报送拟设立企业的项目申请报告及其核准文件。

申请筹建认可办事程序如下：

A. 申请人填报筹建申请书，并准备上述相关文件、资料。

B. 将申请材料提交所在地中国民用航空地区管理局初审。

C. 中国民用航空地区管理局将申请筹建企业的有关情况上网公示，并在 20 个工作日内提出初审意见报中国民用航空局。

D. 公示中没有重大异议的，中国民用航空局作出准予筹建的初步决定，上网公示。根据公示情况作出最终决定。公示中提出重大异议的，申请人、利害关系人若要求听证，中国民用航空局按规定组织听证，根据听证结果作出是否准予筹建的初步决定。准予筹建的，上网公示后作出最终决定。以上工作在收到申请之日起 20 个工作日内完成（听证时间除外）。

E. 送达书面决定：准予筹建的，自作出决定之日起 10 个工作日内送达筹建认可决定，予以公告；不予筹建的，自作出决定之日起 10 个工作日内书面通知申请人，说明理由。

F. 筹建企业筹建期间基地机场、经营范围发生变更的，报中国民用航空局批准；筹建负责人、资本构成、企业地址、联系方式发生变更的，应在变更后 10 个工作日内报中国民用航空局备案。

② 公共航空运输企业经营许可。

申请人完成筹建工作后，应当经所在地中国民用航空地区管理局初审，向中国民用航空局申请公共航空运输企业经营许可。

根据《公共航空运输企业经营许可规定》第二十一条规定，申请人申请公共航空运输企业经营许可，应当提交下列文件、资料一式三份：

A. 《公共航空运输企业经营许可申请书》。

B. 《企业名称预先核准通知书》复印件。

C. 《企业章程》。

D. 具有法定资格的验资机构出具的验资证明。

E. 企业住所证明复印件。

F. 企业标志及其批准文件。

G. 购买或者租赁民用航空器的证明文件。

H. 客票、货运单格式样本及批准文件。

I. 与拟使用的基地机场签订的机坪租赁协议和机场场道保障协议。

J. 法定代表人、负责企业全面经营管理的主要负责人的任职文件、履历表、身份证复印件。

K. 投保地面第三人责任险的证明文件。

L. 企业董事、监事的姓名、住所及委派、选举或者聘任的证明。

M. 中国民用航空局规定的其他文件、资料。

拟设立的中外合资公共航空运输企业，还应当提交合同、章程的批准文件和外商投资企业批准证书。

筹建公共航空运输企业的组织形式为股份有限公司的，除应当按照第二十一条的规定提供文件、资料外，还应提交以下文件、资料一式三份：

A. 股东签订的投资协议（合同）。

B. 股东或者发起人的法人资格证明或者自然人身份证明。

C. 国务院授权部门或者省、自治区、直辖市人民政府的批准文件。

募集设立的股份有限公司，还应当提交国务院证券管理部门的批准文件。

申请经营认可办事程序如下：

A. 筹建企业填报企业经营许可证申请书，准备《公共航空运输企业经营许可规定》要求的文件、资料。

B. 将申请材料提交所在地中国民用航空地区管理局初审。

C. 中国民用航空地区管理局将筹建企业申请经营许可证的有关情况上网公示，并在20个工作日内提出初审意见报民航总局。

D. 公示中没有重大异议的，中国民用航空局作出准予经营许可的初步决定，上网公示后，根据公示情况作出最终决定；公示中提出重大异议的，申请人、利害关系人若要求听证，中国民用航空局按规定组织听证，根据听证结果作出是否准予经营许可的初步决定。准予经营许可的，上网公示后根据公示情况作出最终决定，予以公告。以上在收到申请之日起20个工作日内完成（听证时间除外）。

E. 送达书面决定：准予经营许可的，自作出决定之日起10个工作日内送达经营许可决定，颁发经营许可证，予以公告；不予筹建的，自作出决定之日起10个工作日内书面通知申请人，说明理由。

F. 申请人持经营许可证办理企业法人营业执照和公共航空承运人运行合格证后，方可投入航线运营。

G. 持有经营许可证的企业，在有效期限内，如企业名称、地址、法定代表人、注册资本、基地机场和经营范围等登记事项发生变更的，应向中国民用航空局申请变更。

H. 航空运输企业应在经营许可证有效期限届满前30个工作日，向中国民用航空局申请换证。

2. 航空运输销售代理企业的设立

（1）设立条件

根据中国航空运输协会（以下简称中国航协）《中国民用航空运输销售代理资格认可办法》第二条规定，销售代理企业，是指取得中国航空运输协会所颁发的中国民用航空运输销售代理业务资格认可证书（简称资格认可证书），接受航空运输企业委托，依照双方签订的委托销售代理合同，在委托的业务范围内从事销售代理活动的企业法人。

销售代理企业从事航空运输销售代理活动，应当取得中国航协颁发的资格认可证书。未取得资格认可证书的任何单位和个人，不得从事航空运输销售代理经营活动。

销售代理资格分为一类航空运输销售代理资格和二类航空运输销售代理资格。一类航空运输销售代理资格，是指经营国际航线或者香港、澳门、台湾地区航线的民用航空旅客运输和货物运输销售代理资格。二类航空运输销售代理资格，是指经营国内航线除香港、澳门、台湾地区航线外的民用航空旅客运输和货物运输销售代理资格。

申请销售代理资格的企业，应当依法取得经工商行政管理机关注册登记的企业法人营业执照。申请资格认可证书的企业，应当具备下列条件：

① 申请资格认可证书的企业，注册资本应当符合下列要求：从事一类航空运输销售代理业务的，其实缴的注册资本应不少于人民币150万元；从事二类航空运输销售代理业务的，其实缴的注册资本应不少于人民币50万元。

② 在中华人民共和国境内依法设立的中外合资、中外合作企业可以申请一类旅客运输和货物运输以及二类货物运输销售代理资格，外商投资及其比例应当符合国家有关法律、法规的规定。外资企业不得独资设立销售代理企业或从事销售代理经营活动。香港、澳门、台湾企业申请销售代理资格的，其投资比例按照国家有关规定执行。

③ 有至少三名取得航空运输销售代理人员相应业务合格证书的从业人员；

④ 有固定的独立营业场所；

⑤ 有电信设备和其他必要的营业设施；

⑥ 中国航协规定的其他必要条件；

⑦ 销售代理企业每申请增设一个分支机构，必须增加注册资本人民币50万元和至少三名合格的航空运输销售代理人员及本办法要求的其他条件。

（2）销售代理资格认可程序

① 一类、二类航空运输销售代理资格认可申请应当向地区代表处提出，由地区代表处进行初审。地区代表处接到航空运输销售代理资格申请后，应当在5个工作日内对申请文件或者资料是否齐全进行审核，并作出是否受理的决定。申请材料齐全的，应当作出受理决定，并出具书面凭证。申请材料不齐全的，应当一次性告知申请人需要补正的全部内容。

申请航空运输销售代理资格，应当提交下列文件、资料：

A. 航空运输销售代理资格认可申请表；

B. 企业章程、营业执照原件（副本）及其复印件；

C. 验资报告或近期审计报告；

D. 经济担保证明文件（含担保方企业法人营业执照及资信证明）；

E. 企业法定代表人或者主要负责人的身份证复印件及简历；

F. 电信设备、营业设施清单，企业住所、营业场所证明文件（包括详细地址、办公营业用房产权证明或者租赁合同复印件、场所内外照片）。申请货运销售代理资格的，还应提供货物仓储场所证明文件；

G. 至少三名销售代理人员的从业资格证书及复印件；

H. 企业投资方签订的股东投资协议及各股东法人营业执照（副本）或自然人身份证明；

I. 其他必要的文件和资料。

② 经审查材料齐全，符合本办法要求的，地区代表处应当自受理之日起 15 个工作日内作出初审认可的决定，并自作出决定之日起 5 个工作日内报请中国航协进行复审。

③ 中国航协应当在收到初审材料之日起 15 个工作日内作出复审决定，并制作资格认可证书及相关牌照。

3. 设立流程

航空运输型物流公司设立流程与道路运输型物流企业的登记办理程序基本相同。

2.2.4 国际货运代理公司的设立

1. 设立条件

根据《中华人民共和国国际货物运输代理业管理规定实施细则》（中华人民共和国商务部公告 2003 第 82 号），申请设立国际货运代理公司应具备以下条件：

（1）申请设立国际货代企业可由企业法人、自然人或其他经济组织组成。与进出口贸易或国际货物运输有关并拥有稳定货源的企业法人应当为大股东，且应在国际货代企业中控股。企业法人以外的股东不得在国际货代企业中控股。

（2）国际货运代理企业应当依法取得中华人民共和国企业法人资格。企业组织形式为有限责任公司或股份有限公司。禁止具有行政垄断职能的单位申请投资经营国际货运代理业务。承运人及其他可能对国际货运代理行业构成不公平竞争的企业不得申请经营国际货运代理业务。

（3）申请设立国际货代企业应具备下列营业条件：

① 具有至少五名从事国际货运代理业务三年以上的业务人员，其资格由业务人员原所在企业证明；或者，取得商务部根据本细则第五条颁发的资格证书。

② 有固定的营业场所，自有房屋、场地须提供产权证明；租赁房屋、场地，须提供租赁契约。

③ 有必要的营业设施，包括一定数量的电话、传真、计算机、短途运输工具、装卸设备、包装设备等。

④ 有稳定的进出口货源市场，是指在本地区进出口货物运量较大，货运代理行业具备进一步发展的条件和潜力，并且申报企业可以揽收到足够的货源。

（4）企业申请的国际货运代理业务经营范围中如包括国际多式联运业务，还应当具备下列条件：

① 从事有关揽货、订舱（含租船、包机、包舱）、托运、仓储、包装；货物的监装、监卸、集装箱装拆箱、分拨、中转及相关的短途运输服务；报关、报检、报验、保险；缮制签发有关单证、交付运费、结算及交付杂费；国际展品、私人物品及过境货物运输代理；国际多式联运、集运（含集装箱拼箱）；国际快递（不含私人信函）；咨询及其他国际货运代理业务三年以上。

② 具有相应的国内外代理网络。

③ 拥有在商务部登记备案的国际货运代理提单。

（5）注册资本最低限额应符合下列要求：

① 经营海上国际货物运输代理业务的，注册资本最低限额为 500 万元人民币。

② 经营航空国际货物运输代理业务的，注册资本最低限额为 300 万元人民币。

③ 经营陆路国际货物运输代理业务或者国际快递业务的，注册资本最低限额为 200 万元人民币。

经营前款两项以上业务的，注册资本最低限额为其中最高一项的限额。

国际货运代理企业每申请设立一个分支机构，应当相应增加注册资本 50 万元人民币。如果企业注册资本已超过最低限额，则超过部分可作为设立分支机构的增加资本。

2. 审批登记程序

（1）经营国际货运代理业务，必须取得商务部颁发的中华人民共和国国际货物运输代理企业批准证书（以下简称批准证书）。

申请经营国际货运代理业务的单位应当报送下列文件：

① 申请书，包括投资者名称、申请资格说明、申请的业务项目；

② 可行性研究报告，包括基本情况、资格说明、现有条件、市场分析、业务预测、组建方案、经济预算及发展预算等；

③ 投资者的企业法人营业执照（影印件）；

④ 董事会、股东会或股东大会决议；

⑤ 企业章程（或草案）；

⑥ 主要业务人员情况（包括学历、所学专业、业务简历、资格证书）；

⑦ 资信证明（会计师事务所出具的各投资者的验资报告）；

⑧ 投资者出资协议；

⑨ 法定代表人简历；

⑩ 国际货运代理提单（运单）样式；

⑪ 企业名称预先核准函（影印件，工商行政管理部门出具）；

⑫ 国际货运代理企业申请表 1；

⑬ 交易条款。

以上文件除③、⑪项外，均须提交正本，并加盖公章。

（2）地方商务主管部门对申请项目进行审核后，应将初审意见（包括建议批准的经营范围、经营地域、投资者出资比例等）及全部申请文件自收到之日起 45 天内要求，报商务部审批。

（3）商务部自收到申请设立国际货物运输代理企业的申请书和其他文件之日起 45 天内决定批准或者不批准；对批准设立的国际货物运输代理企业，颁发批准证书。

（4）申请人收到商务部同意的批复的，应当于批复之日起 60 天内持企业章程（正本），凭地方商务主管部门介绍信到商务部领取批准证书。

（5）国际货运代理企业应当持批准证书向工商、海关部门办理注册登记手续。

2.2.5 仓储配送物流公司的设立

1. 设立条件

（1）股东符合法定人数。

（2）股东出资达到法定资本最低限额。

（3）有符合仓储配送经营要求的场所和必备的储存、装卸搬运设施设备及其他专业工具。

（4）有与其经营业务相适应并经检测合格的运输配送车辆，并有一定数量年龄不超过60周岁、取得与驾驶车辆相应的机动车驾驶证的驾驶员。

（5）有公司名称，建立符合有限责任公司要求的组织机构。

（6）有股东共同制定的章程。

（7）有健全的安全生产管理制度。

（8）从事危险品仓储配送业务，还必须有与储存危险品相适应的库房场地，有与储存危险品相适应的检测、化验、养护设施设备，安全环保设施符合国家标准，主要负责人和保管、化验、安全生产管理人员经主管部门验收合格，企业要取得消防部门核发的危险品储存资质许可证。

（9）从事医药仓储配送业务，必须有符合GSP（Good Supply Practice，药品经营质量管理规范）标准的储存场所和管理规范。GSP在硬件方面要求企业应按经营规模设置相应的仓库，其面积（建筑面积）大型企业不应低于1 500平方米，中型企业不应低于1 000平方米，小型企业不应低于500平方米；企业有适宜药品分类保管和符合药品存储要求的库房，其中常温库为0～30℃，阴凉库温度不高于20℃，冷库温度为0～10℃，各库房相对湿度应保持在45%～75%。

（10）从事冷藏仓储配送业务，需要建有相适应的冷库，配备相应的冷藏物流作业设施设备，等等。

（11）如果是保税仓储企业，根据《中华人民共和国海关保税港区管理暂行办法》相关规定，应具备如下条件：

① 注册资本最低限额为500万人民币（或等额外币）；

② 在保税区内有固定的办公场所及专门存储海关监管保税货物的仓储场所；

③ 具备同海关联网的仓库信息化管理系统；

④ 国家法律、行政法规、海关规章规定的其他条件。

2. 设立流程

设立流程与道路运输型物流企业的登记办理程序基本相同。

 本章小结

我国物流企业的设立主要是核准设立和准则设立。我国内资投资从事一般的物流业，如道路运输、货物仓储等，市场准入是没有特殊限制的，只要在设立相应企业时有与拟经营的物流范围相适应的固定的生产经营场所、必要的生产经营条件，以及与所提供的物流服务相适应的人员、技术等，就可以到工商登记机关申请设立登记。特殊物流企业类型需要相应主管机关审批后，才能到工商登记管理机关进行设立登记。对于一些涉及我国经济命脉的特殊物流企业，如铁路运输、航空运输等企业，必须经国务院特许才能设立。

我国物流企业登记主管机关是国家工商行政管理总局和地方各级工商行政管理局。物流企业设立登记包括级别管辖和地域管辖。我国对企业设立登记管辖实行分级登记管理的原则。

物流企业设立程序即物流企业的创立人向登记主管机关提出登记申请，登记主管机关对申请进行审查、核准及准予设立登记和发布设立公告等程序。

案例分析

上海洁洛机床有限公司是一家坐落在浦东新区，由上海市工业局控股的专业生产各种机床的大型制造集团，公司年销售额达 56 亿元人民币，80% 的产品是出口到海外的，公司设有专门的物流部，负责原材料的采购、产品销售及出口的各项物流业务。经过几年来的运作，公司发现物流成本很高，而且物流部有自己的车队、仓库和相关作业设备，维修保养成本也很高，其每年还要报废、添置一些作业设备。车队在繁忙的时候车辆不够用，业务较为清淡时又大部分闲置。于是公司决定，将物流部剥离出来，成立一个专门的物流股份有限公司。物流公司在为本集团公司服务的同时，还可利用剩余运力及其他物流设施设备及人员为社会上其他的企业提供物流服务。物流公司有股东 9 名，注册资金为 2 000 万元，打算经营下列业务：

(1) 国内公路运输业务；
(2) 国内配送业务；
(3) 国内及沿海水上运输业务；
(4) 船舶代理业务和货运代理业务；
(5) 海员培训业务；
(6) 物流咨询及项目方案设计业务。

拟成立的物流公司决定将公司名称定为"中国上海浦东国际物流股份有限公司"，并决定向浦东新区工商局申请设立登记，申请设立登记的材料准备如下：

(1) 由公司全体股东签字的公司章程；
(2) 公司住所证明；
(3) 验资证明；
(4) 道路运输经营许可证；
(5) 拟投入车辆承诺书；
(6) 车船驾驶员名录及驾驶证复印件；
(7) 水路运输经营许可证；
(8) 发起人的法人资格证明和自然人身份证明。

请问：(1) 该公司的设立存在哪些问题？
(2) 该公司准备的设立登记材料全不全？如不全，材料还缺哪几项？请列出材料的具体名称。

思 考 题

一、多项选择题

1. 目前，我国物流企业的设立方式主要是（　　）。
 A. 特许设立　　　B. 核准设立　　　C. 准则设立　　　D. 自由设立
2. 下列（　　）属于国家工商行政管理总局登记管辖范围。
 A. 国务院批准设立的或者行业归口管理部门审查同意由国务院各部门及科技性社会团系设立的全国性物流公司和大型物流企业

  B. 国务院批准设立的或者国务院授权部门审查同意设立的大型物流企业集团
  C. 国务院授权部门审查同意由国务院各部门设立的经营进出口业务的物流公司
  D. 由国家工商行政管理总局根据有关规定核转的物流企业或者分支机构
 3. 成立有限责任公司的物流企业，向公司登记主管机关提交的材料有（　　）。
  A. 公司设立登记申请书   B. 公司章程
  C. 企业名称预先核准通知书 D. 验资报告

二、简答题

1. 申请设立有限责任公司应当具备哪些条件？
2. 申请设立股份有限公司应当具备哪些条件？
3. 申请设立道路运输型物流企业应具备哪些条件？
4. 申请设立道路运输型物流企业应提交哪些审批材料？设立流程有哪些？

实训项目　设立第三方物流企业

一、实训目的

  通过本次实训，学生学会设立第三方物流企业，并按照要求准备、制作相关审批及注册资料。

二、实训内容及要求

1. 列出设立物流企业需要准备和制作的资料清单。
2. 制作主要的审批、注册资料。
3. 绘制成立该公司的审批、注册流程图。
4. 学生4～6人一组，以组为单位完成实训任务。

三、注意事项

1. 按照要求认真填写相关资料，涉及个人隐私部分可以用 * 表示。
2. 组员之间注意分工合作，共同完成实训任务。

第三方物流企业市场分析及定位

 工作任务描述

每个企业都存在于一定的社会环境之中,同时它又从属于某个行业。一个企业是否具有良好的发展前景,除了与企业自身的资源条件与经营能力有关外,更为重要的是与企业所处的社会环境和行业发展潜力有关。因此,第三方物流企业在筹建之初,就应该进行市场调查,通过对客户需求、竞争对手及自身资源状况等进行分析,找准市场切入点,构建企业核心竞争力。

本章涉及的工作任务和要求见下表。

工作任务	工作要求
能组织物流市场调查活动	● 掌握市场调查的基本方法 ● 根据调查对象确定市场调查的主要内容
对调查资料进行全面分析	运用科学方法全面分析调查资料,并能形成调查报告
能正确进行第三方物流企业的市场定位	● 进行市场细分,确定目标市场 ● 正确进行物流企业市场定位

 知识概览

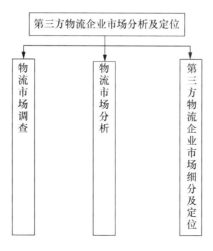

学习目标

知识目标	能力目标	学习重点和难点
• 物流市场环境调查 • 物流资源调查 • 物流市场分析 • 第三方物流企业市场定位	• 合理选择市场调查方法，根据不同调查对象确定主要调查内容并展开市场调查 • 运用合适的方法对调查资料进行全面分析并形成分析报告 • 能正确进行物流企业的市场定位	• 物流市场调查内容的确定及调查组织 • 物流市场分析 • 对物流企业进行精准定位

导入案例

在群雄逐鹿的国内物流业，顺丰速运（以下简称顺丰）已然成了行业的领导者、游戏规则的制定者。然而，顺丰当初也犯下了一些"低级错误"：定位在一些价值高昂、对可靠性要求较高的产品，错失了低端市场份额和利润；采用加盟制进行扩张，导致时效性和装卸质量都出现问题。然而，正是由于他们对细分市场的坚守，以及建立起了自己的直营网络，加上服务标准的统一和可靠性提高，使顺丰超越对手，并成为了"较可靠"快递的代名词。

与诸多同行相比，顺丰坚持只做快递，而且只做小件，不做重货，按照客户细分设计了自己的产品价格体系，与四大国际快递重叠的高端不做，同城低端也不做，剩下的中端客户被锁定为唯一目标。其服务产品的设计也非常简单，1千克内收不超过20元的邮费，上门送货，全国联网，36小时到达。

直到今天，除了收费标准逐步调高、取送件时间逐渐缩短之外，顺丰的产品定位一直没有任何改变。而这样的清晰定位，也成为顺丰与宅急送等直营快递公司拉开距离的重要原因。

3.1 物流市场调查

市场调查与分析是企业经营决策不可缺少的一部分。物流企业市场调查的目的是了解经济环境，识别行业发展趋势，洞察客户需求动态，了解竞争格局，从而挖掘市场机会，定位物流服务核心利益点，构建企业竞争优势。

第三方物流企业市场调查包括对市场环境、物流运作资源、客户需求、市场竞争格局等方面的调查。

3.1.1 物流市场环境调查

市场环境是各类企业都要面对的环境，市场环境的变化决定着企业的发展方向及应采取的措施。市场环境调查主要是通过各种途径和方法了解国家的经济发展状况、相关的经济政策法规、物流发展趋势、技术更新的前景、政治及生态的趋势问题、金融状况、可利用的社会资源等，大致可归纳为政治环境、经济环境、社会文化环境、技术环境和自然环境。

1. 政治环境

影响企业经营的政治环境包括三个因素：国家政治体制、政局的稳定性和政策的稳定性；一个国家与其他国家之间的政治关系；国家的法律体系，如宪法、民事诉讼法、公司法、破产法、劳动法、环境保护法、专利法、合同法、消费者权益保护法等。

多项政策利好推动物流业发展

物流业作为国民经济发展的基础产业之一，承担着桥梁和纽带作用。但是，长期以来，"重生产轻流通"的传统观念束缚了国内物流业的快速发展。直到2006年，现代物流业发展被写进"十一五"规划，终于明确了物流业在我国国民经济中的产业地位。2009年，物流业被列入十大产业振兴规划，物流业得到了前所未有的重视。为了促进其健康发展，2009年3月国务院颁布实施《物流业调整和振兴计划》，之后又于2011年6月份作了重大政策调整，出台物流"国八条"，同年8月又出台"国九条"，无疑是对其进一步的强化。

进入2012年后，政策面更是频现利好。先是上海2012年开始实行交通运输增值税改革，其后是财政部、国家税务总局联合发布《关于物流企业大宗商品仓储设施用地城镇土地使用税政策的通知》，自2012年1月1日起至2014年12月31日止，对物流企业自有的（包括自用和出租）大宗商品仓储设施用地，减按所属土地等级适用税额标准的50%计征城镇土地使用税。2012年7月，国务院常务会议讨论通过《关于深化流通体制改革加快流通产业发展的意见》，明确通过降低流通环节费用，加大流通业用地支持力度，税收优惠等措施，助推流通体制改革加快流通产业发展。

2. 经济环境

经济环境是指国家经济的总体状况，主要包括GDP及其增长速度、市场规模、市场体系和市场运行机制、经济政策及国家的货币和物价总水平的稳定性。

3. 社会文化环境

社会文化环境包括一个国家或地区居民的受教育程度和文化水平、宗教信仰、风俗习惯、审美观点、价值观念等。

4. 技术环境

现代科技促进企业物流装备的现代化，现代电子信息技术提高了物流企业的管理水平，给物流企业带来了新的发展机会和发展动力。

5. 自然环境

自然环境是指一个国家或地区的客观环境因素。自然资源包括地表资源、地下资源等。沿海有利于发展外向型经济，内地可充分利用资源；城市基础设施好，市场容量大，

乡村工业基础设施差，市场小；离交通干线近有利于原材料、产品的运输。对环境的研究可以提高物流企业决策的正确性、及时性、稳定性。

3.1.2 物流资源调查

1. 物流资源的含义

物流资源是一个广义与狭义相结合的概念。广义物流资源是指所有一切可用于现代物流生产和经营活动之中的后备手段或支持系统，包括运作资源、客户资源、人力资源、系统资源和合作伙伴（或供应商）资源、分销商资源等。狭义的物流资源是指物流运作的支持系统，如设施、设备等。

物流资源调查是企业进行市场定位的基础。第三方物流企业以所处区域或行业为中心，对物流资源进行科学、广泛的调查，有目的地收集相关信息，这是企业一切经营活动的出发点。

2. 物流资源调查的基本方法和范围

（1）物流资源调查的基本方法包括问卷调查、电话调查、访问调查、会议调查、网络调查等。

（2）物流资源调查的范围包括第三方物流企业内部物流资源调查和外部物流资源调查。第三方物流企业开展物流业务就是利用各种资源为用户提供服务。企业向哪些客户提供服务，提供什么服务，需以自身资源为基础，拥有和掌握的内部资源越多，可以选择的市场空间越大，企业就越有竞争力；发展第三方物流还要充分利用企业外部资源，通过整合外部资源弥补自身资源的不足。

3. 物流资源调查的基本内容

物流资源调查的基本内容如表3-1所示。

表3-1 物流资源调查的基本内容

调查项目	基本内容
物流基础设施设备	仓储设施、运输设施、装卸设备、搬运工具、分拣设备
企业物流组织结构	是否设置物流管理部门、物流管理机构的功能
物流从业人员	数量、基本素质、对物流人才的需求
客户资源	主要客户数量、客户行业分布、区域分布、客户的稳定性、客户物流需求、客户的计划
物流流量和调配	库存货物的数量、主要运输方式、主要仓储方式、货物的离散程度、货物的流向
潜在用户	数量、对物流服务的需求情况
信息技术资源和需求	计算机及辅助设备、物流信息系统应用情况、信息技术的需求情况
行业政策资源	与物流相关的政策、规划、产业发展计划、行业发展计划
相关企业资源	主要承运企业状况、主要仓储企业状况、第三方物流状况
竞争对手	主要竞争对手现有物流资源、客户资源、物流计划

3.2 物流市场分析

物流市场分析是指物流企业在对物流市场进行充分调查，取得大量翔实资料、数据的基础上，对其进行全面、科学、有目的的分析、论证，得出正确的结论，为下一步物流战略规划提供依据的过程。

物流市场分析一般包括运作资源分析、客户资源分析、市场供需分析、市场竞争分析、企业资源的优势劣势分析等。

3.2.1 运作资源分析

物流运作资源分析即对现有的物流设施、设备的数量、质量、布局和利用率，以及信息技术等进行全面的分析和评估。根据中国物流与采购网 2013 年 2 月发布的《2012 年仓储业发展回顾与 2013 年展望》一文介绍，我国专业仓储设施建设增长较快，主要表现在医药、烟草、食品仓库规模大、技术新、性能好。例如，国药集团布局了四大医药物流中心，其中湖北物流中心占地 105 亩，建筑面积 3 万平米，设有局部自动化立体库房、自动分拣设备，采用美国温控技术和计算机软件。又如，山西美特好超市物流中心，建于清徐县，占地 247 亩，建筑面积 5 万平米，主要从事农产品和生鲜食品加工、储存、配送，采用的是国际超市连锁机构 SPAY 技术。对当地物流运作资源进行分析，有利于物流企业对现有资源进行有效整合并加以充分利用，避免资源浪费和额外的支出。

3.2.2 客户资源分析

1. 我国第三方物流市场主要客户构成

客户资源包括现有客户和潜在客户。第三方物流企业的现有客户，主要包括尚未形成自身物流网络的外资企业；对物流网络建立及运营所需资源投入不足的公司；战略性地对重新构筑的物流体系进行外包的公司等。潜在客户主要来自以下企业：

（1）外商投资企业。跨国公司为了最大限度地获得竞争优势，积极实行物流本地化战略，在进入我国以后一般都不建立独立的物流部门，而是选取若干专业的物流提供商，通过合同物流、设施租赁等多种形式获得必要的服务，构成了目前物流市场需求的主体。

（2）高新技术企业、连锁经营企业和电子商务企业。这些企业的产品大多具有小批量、高增值的特点，对物流服务的及时性、准确性要求较高，面对激烈的市场竞争，为了最大限度地降低成本，对物流服务有迫切需求。

（3）部分国有大型工业企业。面对日益激烈的国内国际市场，这些企业也打破了"大而全"、"小而全"的传统观念，开始着手对企业传统物流活动进行重新改造，以最大限度地获得竞争优势。

（4）中小型民营企业。这些企业一般不具备自营物流的能力。

2. 我国第三方物流企业客户地域分布特点

第三方物流的发展与经济发展息息相关，我国第三方物流企业的客户主要来自东部沿海经济发达地区；物资高度聚集的交通枢纽地区，如我国内陆中心大城市；物流基础设比较齐备的临近港口、铁路、机场、高速公路的地区。

目前我国在东部地区已经形成了以沿海大城市群为中心的四大区域性物流圈格局：以北京、天津、沈阳、大连和青岛为中心的环渤海物流圈；以上海、南京、杭州和宁波为中心的长江三角洲物流圈；以厦门和福州为中心的环台湾海峡物流圈；以广州和深圳为中心的珠江三角洲物流圈。而中西部地区由于经济水平、区位条件、历史因素、国家经济政策等原因，物流业发展水平低，发展物流业的难度较大，使我国在全国范围内出现物流业发展的东、中、西差异，这种不平衡性减少了商品流通的相对规模，给东中西部地区物流业的合作带来了一定的难度。

3. 我国第三方物流企业客户行业分布特点

我国第三方物流的需求主要来自市场发育较成熟的几大行业，而且不同行业有着不同的个性化物流服务需求。例如，汽车、家电、电子、医药、烟草、图书等行业，基本上形成了物流配套服务能力。

3.2.3 市场供需分析

1. 企业外购服务的可能性

我国大中型工商企业多数拥有物流设施，相当多的企业物流主要靠自己组织，自营物流仍占比较大比例。但随着第三方物流企业服务水平的提高，企业自身经营观念的改变，物流外包将成为主流。根据 2012 年 12 月国家发展改革委、国家统计局和中国物流与采购联合会共同发布的《2012 年全国重点企业物流统计调查报告（工业、批发和零售业）》显示，2011 年工业、批发和零售业企业对外支付的物流成本为 844.1 亿元，比上年增长 17.5%，占企业物流成本 58.5%，同比提高 5 个百分点。从运输量看，2011 年工业、批发和零售业企业委托代理货运量比上年增长 23.4%，占货运量的 79.6%，同比提高 9.2 个百分点。有 46% 的企业选择运输环节全部外包给专业第三方物流企业。这说明我国第三方物流市场需求在逐步扩大，第三方物流企业有广阔的发展空间。

2. 客户物流服务需求特征

客户物流服务需求呈现如图 3-1 所示的层次性，并表现出以下特点：

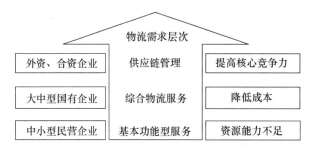

图 3-1　第三方物流的需求层次

（1）不同性质的企业对物流的需求层次也不同。我国第三方物流市场的需求主体是外资企业和中小型民营企业。前者注重培养企业核心竞争力，一般倾向于将物流业务外包，同时对物流服务范围和物流质量也提出了很高的要求；而后者由于自身实力有限，一般不具备自营物流的能力，只能选择把物流业务外包，对物流服务的需求层次也较低，大多停留在基本的功能型服务，如运输、仓储、装卸搬运等。但随着对物流认识的深化，越来越多的企业为了降低成本，提高物流运作的效率，对物流服务的层次和质量会提出更高的要求。

（2）不同类型的企业对物流服务的需求也各有侧重。生产企业对第三方物流服务的需求主要集中在干线运输，有的生产企业为了实现低库存甚至是零库存，也需要第三方物流企业提供 JIT 配送服务。流通企业对第三方物流服务主要集中在市内配送和仓储服务。

3. 物流服务的供给分析

（1）目标市场现有第三方物流企业服务能力分析。我国第三方物流企业间的经营水平差距很大，低水平运作占多数，整个行业能力呈金字塔结构，如图 3-2 所示。

（2）目标市场现有第三方物流企业数量，规模、竞争力分析。中国现有 80 余万家物流企业，数量惊人，但行业聚集度并不高，总体呈现"小、散、乱"的特点。未来几年，中国的第三方物流企业数量将以每年 16%～25% 的速度发展。中国物流企业不仅要面对国内同行小、乱、杂的竞争环境，同时又要面对国外巨头大、精、专的竞争。在燃油价格上升、人力成本高企、仓

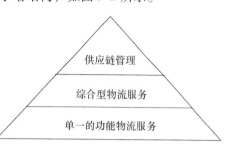

图 3-2 第三方物流服务能力金字塔

储租金上涨和税负仍比较高等压力下，物流企业经营压力依然较大。2012 年 1～11 月，全国重点物流企业主营业务成本同比增长 31.6%，高出主营业务收入增速 5.1 个百分点。主营业务收入利润率为 4.72%，扣除利润相对较高的港口企业后，利润率仅为 3.71%。

3.2.4 市场竞争分析

根据战略管理大师麦克尔·波特的竞争优势理论，一个行业的竞争强度和获利能力是由行业自身和行业环境等诸多因素决定的，这些行业相关因素可归纳为五种竞争力量：①进入行业的障碍力（潜在进入者）；②替代产品的威胁力（替代品生产者）；③客户的讨价还价能力（用户）；④供应商的讨价能力（供应商）；⑤现有竞争者的竞争能力（现有竞争者）。

1. 对现有竞争对手的分析

（1）对现有竞争对手基本情况的分析

竞争对手的数量有多少？他们分布在什么地方？他们在哪些市场上活动？他们各自的规模、资金、技术力量如何（衡量指标有销售增长率、市场占有率和利润率等）？其中哪些竞争对手对自己的威胁特别大？对现有竞争对手基本情况进行分析的目的是要找到主要竞争对手。

（2）对主要竞争对手的分析

找到主要竞争对手后，还要分析其之所以能对本企业构成威胁的主要原因，包括技术力量、资金、规模等状况。分析的目的是要找出主要竞争对手的竞争实力的决定因素，以帮助企业制定相应的竞争策略。

（3）对竞争对手发展动向的分析

对竞争对手发展动向的分析包括竞争对手的市场发展或转移动向，产品或服务的发展动向等。

2. 对潜在竞争对手的分析

一种产品或服务的开发成功，会引来许多企业的加入。这些新进入者既会给行业注入新的活力，促进市场竞争，也会给已有的物流企业造成压力，威胁它们的市场地位。新企业进入行业的可能性的大小，既取决于由行业特点决定的进入的难易程度，又取决于现有企业可能会作出的反应。进入某个行业的难易程度通常受三个因素影响：经济规模、产品或服务差别、现有企业的综合优势。

3. 对替代服务提供企业的分析

对替代服务提供企业的分析包括两项内容：第一，确定哪些服务可以替代本企业提供的物流服务（即确定具有哪些同类功能服务）；第二，判断哪些类型的替代服务可能会对本企业的经营造成威胁。

案例 3-1　华运通物流的发展

华运通物流有限公司（以下简称华运通），由沈绍基（现任华远物流实业公司总经理，中国仓储协会会长，曾在中央国家机关专业从事仓储运输管理工作 15 年）于 1998 年年底创办，1999 年在国家工商总局（现国家工商行政管理总局）注册。1999 年，沈绍基植根于国内传统商业储运体系，以北京、上海、湖南、新疆等 16 个省、自治区区商储企业为基点，建立起华运通经营网点，形成了覆盖全国的物流网络体系，完成了传统商储企业向现代物流发展的改造，使华运通在短期内成为国内物流企业的新贵，并被多家国际咨询公司或投资银行评价为"中国领先的第三方物流企业"，也是原国家经贸委确定的我国物流发展重点联系企业之一。但在网络的具体运作过程中，由于各个基点各自为政，同华运通物流只是松散型的合作关系，缺乏有效配合，华运通的作用发挥得并不好。加之华运通对市场的整体把握估计不足，客户量较小，导致公司发展缓慢。2002 年，华远集团等几家国资撤出股份，沈绍基回华远集团担任总经理。江玉生接手华运通，即华运通物流现任总裁。

这同样是一个业界既熟悉而又陌生的名字。"熟悉"，是因为这个名字曾经同宝供物流企业集团有限公司（以下简称宝供物流）的发展紧密相连。江玉生，广州市人，1961 年出生，1984 年毕业于华东理工大学，曾在某医药研究所任副所长，担任过国家"七五"计划课题组长和大企业的副总经理。1995 年加盟宝供物流，担任人事部经理；1997 年在宝供物流面临新的转折时期时，担任市场发展部的经理、总监，在宝供物流八年磨砺后，成为业内公认的物流专家；2003 年元月，向宝供物流总裁刘武递交辞呈。八朝元老江玉生当时已是宝供物流七巨头之一，担负着市场总监重任。

江玉生接手华运通后，首先对华运通的客户进行了重新整合。和其他企业不同的是，江玉生在整合中淘汰了许多华运通原有的客户。对此，江玉生的解释是："没有潜力的客户，只会造成成本增加和管理资源的浪费。"他的运营理念是经营有价值的客户，哪怕只有一个。目前，与华运通合作的客户数量虽然不多，但都是很有价值的客户。例如，在华运通的客户群中，有三十多家是全球"五百强"企业。客户群的数量虽然比以前减少了很多，但其手中却掌握了宝洁公司、飞利浦公司、联合利华公司等几家大客户，营业额连年翻番，已经成为长江三角洲、珠江三角洲地区紧随宝供物流、南方物流之后的又一个物流豪门。宝洁公司、飞利浦公司、联合利华公司早年曾经都是宝供物流业务量最大、最忠诚的客户，特别是宝洁公司。而宝洁公司在宝供物流业务量的缩减，以及对华运通物流的青睐，见证了华运通在市场上的竞争力。

其次是整合华运通原有的网络。对此，江玉生也采取拿来主义的态度。他指出："网络是因业务而宜的，并不是越大越好。网络没有业务支持，每天都在花钱；有业务支持，网络就每天在赚钱。"为此，江玉生精选网络，在北京、上海等地建立了由全国近30个分公司或办事处组成的物流网络，覆盖全中国地级城市和沿海地区的县级城市，并将业务定位于实现全方位供应链服务上，精耕细作，使服务内容和服务的深度广度上都有了新的开拓。

再次是建立华运通的IT系统。实施覆盖全国物流网络的先进信息网络，包括WMS、TMS和企业的ERP系统，与客户进行EDI，使物流管理实现了实时的信息管理，实现了采购、运输、仓储管理、配送一体化的电子化管理。

分析：华运通直逼宝供的做法并不是江玉生有意而为之，而是华运通的运作模式与宝供物流当年十分相似，这大概与江玉生在宝供八年的工作经历有关。同时，对于一个迅速扩张的第三方物流公司来说，宝供物流的经验也许是最值得借鉴的。如果说有什么不同的话，一方面在于江玉生对市场需求、物流公司的弱点更了解，并在此基础上建立了华运通管理体系；另一方面则在于江玉生是站在巨人肩膀之上。

3.2.5 企业资源优势和劣势、竞争力分析

1. 企业资源优劣势分析

第三方物流企业资源分为客户资源、运作资源和人力资源。

（1）客户资源

客户资源是指第三方物流企业所拥有的一定量的客户及合作类型、关系稳定性、业务量、收益等。客户资源的优劣势取决于与客户的合作类型、业务量、收益，而不是绝对数量。例如，中国远洋运输（集团）总公司（以下简称中远集团）与宝钢集团有限公司（以下简称宝钢）签订了为期20年的铁矿石运输合同，中远集团成为宝钢30万吨船型的全球最大合作伙伴。

（2）运作资源

运作资源是指企业在物流运作中可调动的各种物流设施、设备、信息技术等，包括企业自有专用性物流资产和技术，以及可以整合利用的外部物流设施、设备、信息技术资源。例如，远成集团拥有50多家全资公司，在中国香港及日本、新西兰、朝鲜等国家和地区设立了机构，拥有6条特快行邮专列、6条行包特快专列、10条"五定"班列、12条集装箱班列、30万平方米的仓储基地、300多个一级营业网点、1 000余台自有车辆和2 000多台可控车辆。

（3）人力资源

人力资源主要指第三方物流企业专业物流人才及管理技术能力。先驱型第三方物流企业具有业务水平高、经验丰富的物流人才，这是现代物流企业赖以生存的关键资源。例如，宝供物流就非常重视物流人才的培养和引进。早在 2000 年 8 月 18 日，宝供集团召开新闻发布会，独家发起并出资设立"宝供物流奖励基金"，每年出资 100 万元用于无偿奖励在物流科技、物流理论、物流管理工作及对物流宣传方面有突出贡献的各类人才。

2．企业核心竞争力分析

核心竞争力是无法模仿与复制的，是企业在市场竞争中立于不败之地的关键。现代物流服务中，最核心的竞争能力体现为物流运作能力、物流管理能力和物流体系规划能力。第三方物流企业核心竞争能力具体内容如表 3-2 所示。

表 3-2　第三方物流企业核心竞争能力

第三方物流企业核心竞争能力	具体内容
物流运作能力	订单完成率高；运作成本低；运作时效性好；服务柔性化强；意外处理能力强；适应新业务快
物流管理能力	订单管理；库存管理；运输优化；信息服务；客户关系管理
物流体系规划能力	物流网络规划能力；物流设施的设计能力；物流体系的构建能力

物流企业唯有集中资源，通过对市场定位的专注、忠诚和持续投入，苦心经营，精心培育核心竞争力，把它作为企业保持长期竞争优势的根本战略，才能把握客户的需求，作出正确决策。

案例 3-2　中铁快运的物流优势

中铁快运股份有限公司（以下简称中铁快运）是原铁道部直属大型国有专业运输企业。在国家工商行政管理总局注册，注册资金 26.08 亿元，公司设有 18 个分公司，拥有 8 个控股子公司。在全国 670 余个大中城市设有 2 030 个营业机构，门到门配送业务达到近 900 个城市，形成了国内覆盖范围最广、规模最大的专业快运经营网络。

中铁快运具有网络资源优势和铁路运输安全、准时、快捷、环保、全天候优势，拥有全国铁路行李包裹运输资源，承担全国铁路行李车和特快、快速货物班列的经营工作。公司共配属客车行李车 2 057 辆，快运专用货车 4 064 辆，公路运输及城市配送汽车 2 260 辆，各类拖车、牵引车、叉车合计 1.16 万辆。目前，在全国开行的铁路旅客列车上挂运行李车 616.5 对，形成覆盖全国各主要大中城市、1 000 多个车站的铁路旅客列车行李车运输网络。开行 48 列特快、快速货物班列，形成覆盖国内区域中心城市的铁路快捷运输网络。开行公路干、支线运输线路 80 余条，构成覆盖全国 140 多个大中城市的公路运输网络。日运送行李包裹约 170 万件，全年运量超 1300 万吨。

中铁快运可以为客户提供门到门运输服务、站到站运输服务、特快及快速货物班列及其他物流服务。中铁快运建立了大型的现代化物流作业基地,提供货物分拣、配送、仓储等作业服务。

中铁快运荣获"2012 中国十佳物流企业"及"2012 中国最具投资价值物流企业"、"2012 中国物流业品牌价值百强企业"荣誉称号。

3.3 第三方物流企业市场细分及定位

第三方物流企业正式开展业务之前,首先要明确为谁服务,提供什么样的服务,这就需要进行市场细分,在市场细分的基础上才能寻找目标市场,也才能进行市场定位。

3.3.1 第三方物流企业市场细分

物流市场细分是指第三方物流企业依据特定的标准,将物流市场上的客户分成若干个客户群,即细分为一个个子市场,然后针对这些不同的细分市场采取相应的市场营销组合策略,使第三方物流企业提供的物流服务更符合各个不同特点的客户需要,从而在各个细分的子市场上扩大市场占有率,提高竞争力,以达到第三方物流企业的营销策略目标。

根据物流市场的特点,一般按五个标准进行市场细分。

1. 客户行业

客户行业标准即按照客户所在的不同行业对市场加以细分。因为不同行业的产品构成具有较大的差异,不同的产品构成就会导致物流需求存在着较大的差异性。同样,同一行业内的客户对物流服务的需求具有一定的相似性。因此,客户行业可以是物流目标市场细分的标准之一,并且是一个比较重要的标准。

2. 客户规模

客户规模标准即按照客户对物流需求规模的大小来细分物流市场。对于规模大小不同的客户,第三方物流企业需要提供的物流服务也存在着很大的差异。一般可将客户分为大、中、小三类客户群。大客户是对物流业务需求最多的客户,是第三方物流企业的主要服务对象;中等客户对物流业务需求中等,是第三方物流企业的次要服务对象;小客户对物流业务需求较小,是第三方物流企业较小的服务对象。

3. 物品属性

物品属性标准即根据客户所需物流活动中物品的属性或特征来细分物流市场。由于物品属性不同,客户对物流活动的需求也会有很大的差别。通常按照三种物品属性细分物流市场:

(1) 生产资料,即用于生产的物资资料,其数量大,要求多且要求高。
(2) 生活资料,即用于生活消费的物资资料,其及时性要求高,地点分散。
(3) 其他资料,即在上述两种属性之外的所有物质资料。

4. 地理区域

地理区域标准即根据客户所需物流服务的区域不同来细分市场。物流活动所处的地域不同，就会有不同的经济规模、地理环境、需求程度和要求等。这样，物流活动中的成本、技术、管理、效率和信息等方面就会存在较大的差异。不同区域的消费者对物资资料的需求也各有特色，这就使得第三方物流企业必须根据不同区域的物流需求确定出不同的营销手段，以取得最佳经济效益。按照地理区域细分物流市场，一般可以分为三种：

（1）区域内物流，是指在一定范围内的具有某种相似需求物流的区域内进行的物流活动。

（2）跨区域物流，是指在不同的区域内进行物流活动。

（3）国际化物流，是指在国与国之间进行的跨国物流活动。

5. 服务方式

服务方式标准即按照客户的需求提供相应的物流服务时，根据服务方式的差异来细分市场。为了满足不同物流服务需求的客户，第三方物流企业要提供不同的物流服务，而不同的物流服务必然要求不同的物流成本。按照服务方式细分物流市场，可以分为两种：

（1）单一方式物流服务，就是需求方只需要提供某一种方式的物流服务。

（2）综合方式物流服务，就是需求方需要两种以上或多种功能组合而成物流服务。

3.3.2 第三方物流企业目标市场的选择

1. 选择物流目标市场的基本条件

物流目标市场是企业为满足现有的或潜在的消费需求而设定的细分市场。选择物流目标市场的基本条件如下：

（1）有一定的物流规模。物流需求规模直接影响现实市场和企业目标市场的形成。没有一定的物流需求规模，物流企业就无法体现其行业的趋势，该市场也就不能构成现实的市场和企业的目标市场。

（2）有物流发展潜力。该物流市场上需要有尚待满足的需求，有良好的发展前景来保证第三方物流企业的稳定发展。

（3）有足够的吸引力。所谓吸引力，主要指企业在该市场上长期盈利能力的大小。一个市场可能具有适当规模和增长潜力，但从获利观点看不一定具有吸引力。决定物流市场是否具有长期吸引力的因素主要有竞争者的数量和质量、物流专业能力、各类辅助手段的完善程度及其质量等。物流企业必须充分估计这些因素对长期获利率所造成的机会和威胁，以便作出明智的选择。

（4）与第三方物流企业的目标和实力相符合。目标市场的选择必须结合企业的目标与实力来考虑：有些细分后的市场，虽然也有一定规模，也具有吸引力，但如果不符合企业自身发展目标，就只能考虑放弃；如果符合企业目标，但企业在人力、物力、财力等条件上尚不具备相当的实力，无法在市场上夺得相当的市场占有率，也不应该选择该市场为目标市场。

2. 物流目标市场选择策略

针对不同的目标市场或不同的物流服务项目，第三方物流企业可以选择管理整个物流过程或者其中几项活动，可以制定不同的目标市场选择策略。

（1）产品—市场集中化型。第三方物流企业的目标市场无论从市场角度还是从产品角度分析，都是集中于一个市场层面的，企业只提供一种形式的物流服务，供应单一客户群。选择这种类型细分市场的条件是企业可能具备了在该细分市场获胜所必需的条件，这个细分的市场可能没有竞争对手，可能会成为促进企业服务得以延伸的起始点。这种模式一般适合于小企业或初次进入市场的企业采用。

（2）产品专业化型。第三方物流企业提供一种形式的物流服务，满足各类客户群的需要。该模式有利于企业发挥服务技能，在某一服务领域赢得较好的声誉。

（3）市场专业化型。第三方物流企业向同一客户群提供不同种类的物流服务，企业专门为这个客户群体服务。这一模式有助于发展和利用与客户之间的关系，降低交易成本，树立良好形象。

（4）选择专业化型。第三方物流企业决定有选择地进入几个不同的细分市场，为不同的客户群提供不同的物流服务。这是一种多元化经营模式，可以较好地分散企业经营风险。即使某个细分市场失去吸引力，企业仍可在其他细分市场上获利。但是，采用这种模式应当十分谨慎，要选择若干个细分市场，其中每个细分市场都要有吸引力，并且符合企业的经营目标和资源状况。

（5）全面进入型。第三方物流企业决定全方位进入各个细分市场，为所有客户群提供所需的不同种类的系列物流服务。这是实力雄厚的大企业在市场上取得领导甚至控制地位而通常采用的模式。

第三方物流企业在运用上述五种策略时，一般总是首先进入最有吸引力的细分市场，等条件和机会成熟时会逐步扩大目标市场范围，进入其他细分市场。

3.3.3 第三方物流企业市场定位

第三方物流企业的市场定位是确立第三方物流企业提供的物流服务产品在物流目标市场上的位置，它决定了第三方物流企业为什么样的客户服务，提供什么样的服务，关系到第三方物流企业的经营效果。

1. 第三方物流服务行业定位

第三方物流企业为特定的行业，如日用品行业、医药行业、烟草行业、化工行业、计算机行业和电子行业等提供物流服务有相当大的优越性。在一个相对成熟的物流市场上，第三方物流企业为了建立自身的竞争优势，一般要将主营业务定位在特定的一个或几个行业，并为这些客户服务，因为不同行业的物流运作模式是不相同的，专注于特定行业可以形成行业优势。例如，安吉天地物流有限公司主要为大众汽车（中国）、通用汽车（中国）及华晨金杯汽车有限公司提供全国范围内的整车、零部件物流服务，是国内目前最大的汽车物流服务供应商。

选择主导行业的出发点可以是以下几点：

（1）从企业资源优势出发，确定物流服务行业范围。例如，中国远洋物流有限公司凭借全国性的网络优势，在细分市场的基础上，重点开拓了家电物流、航空物流、会展物流、石化物流、农产品物流，为客户提供高附加值服务；着力建设铁路运输、驳船运输、城际快运和航空运输四个物流通道。

(2) 从当地核心产业入手,确定物流服务行业范围。围绕当地支柱产业开展物流服务业务,在中国地方保护主义壁垒还没有完全打破、第三方物流服务尚处于成长阶段的情况下,这是有中国特色的选择方式。

(3) 从市场供需角度,确定物流服务行业范围。在经过科学调查研究的基础上,确定物流服务行业范围。

2. 第三方物流服务区域定位

设定企业核心业务的覆盖范围,在这个范围内企业依靠自身的物流网络能够完成相关的物流服务。从地理边界来看,确定市场地理范围要考虑的几个因素是企业的投入能力、管理水平、运营成本和客户需求。例如,上海虹鑫物流公司,刚开始将业务范围定位在全国,但由于公司投入能力有限,综合分析后将主导区域定位在上海,在上海建立了配送中心,企业盈利能力显著提高,目前在上海已经具有较好的品牌。

3. 第三方物流服务内容定位

第三方物流服务的内容一般可划分为基本服务和增值服务。具体可以概括为五大类,如表 3-3 所示。

表 3-3 第三方物流服务内容分类

运输类	仓储类	增值服务	物流信息服务	物流系统策划
运输网络设计与规划; "一站式"全方位运输服务; 外包运输力量; 帮助客户管理运输力量; 配送	订单处理; 库存管理; 仓储管理; 代管仓库; 包装和流通加工	延后处理; 零件成套; 供应商管理; 货运付费; JIT 制造支持; 咨询服务; 售后服务; 报关、保险等	信息平台服务; 物流业务处理系统; 运输过程跟踪	物流系统规划; 物流模式设计; 供应链解决方案

第三方物流企业在为客户提供物流服务项目时,必须考虑自己具备的硬件基础和软件条件,以及第三方物流企业的运作能力和运作实力等。例如,宝供物流凭借自身资源和出色的管理能力,能为客户提供供应链一体化服务,包括运输、配送、仓库管理、国际货代、交叉理货等物流运作服务;存货控制、加工装配、再包装、报关、保险等物流增值服务;信息系统规划、信息管理、信息技术支持等物流信息服务;资金流服务和咨询、仓单质押、发货单质押、应收款质押等资金流服务;物流系统规划、物流模式设计、供应链解决方案等物流策划服务。

 本章小结

市场调查与分析是企业经营决策不可缺少的一部分。物流企业市场调查的目的是了解经济环境,识别行业发展趋势,洞察客户需求动态,了解竞争格局,从而挖掘市场机会,定位物流服务核心利益点,构建企业竞争优势。第三方物流企业市场调查包括对物流市场环境和物流资源等方面的调查。

物流企业在对物流市场进行充分调查，取得大量翔实资料、数据的基础上，还需要对其进行全面、科学、有目的的分析、论证。物流市场分析一般包括运作资源分析、客户资源分析、市场供需分析、物流市场竞争分析、企业资源的优势劣势分析等。

第三方物流企业正式开展业务之前，还需要以市场分析结论为依据进行市场细分，在市场细分的基础上寻找目标市场，进行市场定位。物流企业市场定位主要包括服务行业定位、服务区域定位和服务内容定位，它决定了第三方物流企业为什么样的客户服务，提供什么样的服务，关系到第三方物流企业的经营效果。

中远物流的高利润从何而来

国内物流行业的平均利润率约为7%，但央企中远集团全资子公司中国远洋物流有限公司（以下简称中远物流）的利润率却数倍于此。该公司2007—2009年的营业利润率均超过40%，自2002年1月成立以来年均利润增长达到20%。在竞争激烈、微利生存的物流业，这样的业绩让同行眼红。

目前国内物流市场的常见景象是，大量的仓储、运输、快递企业聚集在中低端市场，产品同质化，缺乏定价权，频打价格战，在大型客户和外资物流企业的供应链中扮演被整合、被挤压的角色。由于利润微薄，企业没有足够的资金支撑研发和升级，陷入低成本、低质量、低效益的恶性循环。

而中远物流正在尝试走出一条与众不同的道路。原中远集团副总经理、中远物流董事总经理叶伟龙在与媒体交流时说，理论上每个行业都有物流需求，物流公司可以做三百六十行，但如果中远物流也这么做，我们就没有发展前途，最终会被拖垮。

中远物流2002年成立之初，在咨询公司的帮助下制定企业发展战略时，选择了差异化和中高端的市场定位。其中，最值得业内外企业借鉴的，是该公司筛选细分市场的"方法论"，以及对"有所为有所不为"这一原则的坚持。

在筛选目标市场时，中远物流选择了四个评价要素，分别是行业发展趋势、物流需求水平、物流外包程度和市场竞争程度，每个评价要素都涵盖了多个数据指标和需要回答的问题。例如，在考察行业发展趋势时，需要通过评估市场容量、增长速度、行业利润率等指标，判断这一行业是否具有良好的成长前景。如果某个行业自身经济总量增长水平低于同期的GDP增幅，或者低于过去五年行业的平均GDP增长，则这个行业基本可被认定为没有太好的成长性，中远物流就不会进入。

使用前述四个评价要素对国内的主要行业进行筛选后，那些物流支出高、行业增速快、外包接受程度高、竞争不激烈且中远物流具备相应技术能力的行业，成为其重点开拓的细分市场，这些行业包括汽车、家电和电子、化工、航空、电力、会展和供应链等。而图书发行、食品饮料、零售、玩具等行业，由于四个评价要素中的某些要素不理想，尽管同样容量巨大，中远物流也选择了放弃。

应当看到，中远物流选定的化工、电力、航空等行业的物流市场，具有专业性强、技术含量高、附加值高等特点，而且行业龙头都是相对垄断的中央企业或外资企业，进入门槛较高，大部分物流企业很难进入，但进入之后能获得明显高于低门槛行业的利润。

中远集团过去几年的年报显示，中远物流2007—2009年的营业利润率分别为41.7%、

44.6%、44.0%，在中远集团的各项业务中数一数二，也明显高于物流行业的平均利润率。即便是在2008年金融危机中，该公司的众多大型客户受益于中国的经济刺激措施，反而带动中远物流实现了稳定增长。

尽管中远物流高起点进入高利润行业的路径不容易复制，而且其漂亮业绩不仅仅是因为选对了行业，但该公司值得国内企业参考的经验至少有两点：一是做好战略定位，选好细分市场；二是对选择的行业动态调整，但坚持既定战略不动摇。例如，中远物流曾经重点投入的汽车物流市场，最近两年竞争日趋激烈，利润开始下滑，而且主流汽车企业都把物流业务交给自己持有股份的物流公司，中远物流通过扩大业务规模增加利润的空间有限，因此选择了果断退出，转而进入航空制造业物流、精密仪器物流、高端白酒物流等利润更高的细分市场。另外一个例子是，曾有很多地方政府找到中远物流，希望其到地方投资物流业务，但中远物流的原则是，如果不在公司锁定的细分市场，即便条件很优惠，也不会去做。

2011年3月21日，叶伟龙介绍，中远物流在第二个五年战略规划中的定位是，做中国最具盈利能力的整合物流服务提供商，侧重于提供供应链的高增值及与海运业和跨国运输相关的物流服务，并明确要专注于家电和电子、化工、航空、电力、会展和供应链等六大细分市场。

请问：(1) 中远物流是如何进行市场定位的？主要考虑了哪些因素？
(2) 中远物流有哪些做法值得其他物流企业学习和借鉴？

思 考 题

一、多项选择题

1. 第三方物流企业市场调查包括（　　）等内容。
   A. 市场环境　　　　　　　B. 物流运作资源
   C. 客户需求　　　　　　　D. 市场竞争格局
2. 在现代物流服务中，最核心的竞争能力体现为（　　）。
   A. 物流运作能力　　　　　B. 物流管理能力
   C. 物流体系规划能力　　　D. 组织的学习能力
3. 第三方物流企业市场细分的标准有（　　）。
   A. 客户所处的行业　　　　B. 客户规模
   C. 地理区域　　　　　　　D. 服务方式
4. 选择的目标市场应该具备（　　）条件。
   A. 有一定的市场规模　　　B. 有物流发展潜力
   C. 有足够的吸引力　　　　D. 与企业自身实力相符
5. 属于仓储类物流服务的有（　　）。
   A. 订单处理　　　　　　　B. 库存管理
   C. 包装和流通加工　　　　D. 信息平台服务

二、简答题

1. 第三方物流企业可以从哪些方面做物流市场分析？

2. 什么是第三方物流企业市场定位？第三方物流企业如何进行市场定位？

三、论述题

深圳市提出要"依托珠江三角洲、衔接香港，面向国际，辐射内地，把深圳建设成为现代物流中心城市"；天津市提出"把天津建设成为我国和东北亚地区重要的国际性物流中心城市"。请对当地的物流市场环境进行分析，并试对其进行市场定位。

实训项目　物流企业市场定位

一、实训目的

通过本次实训，学生能在完成市场调查、市场分析的基础上，对第二章实训项目中设立的第三方物流企业进行市场定位。

二、实训内容

1. 制作市场调查表。
2. 根据调查内容完成市场分析报告。
3. 明确物流企业市场定位。

三、训练步骤

1. 学生 4~6 人一组，以组为单位完成市场调查。
2. 根据调查资料完成市场分析报告，并对物流企业进行市场定位。
3. 各小组推荐代表在全班进行交流，相互提问。
4. 老师进行实训总结。

四、注意事项

1. 实地调查过程中要注意安全，注意行为举止。
2. 幻灯片制作图文并茂，思路清晰。

第三方物流企业运作平台的构建

 工作任务描述

企业组织结构是企业业务运作的基础和保障,设计组织结构必须以企业的经营目标为出发点。而网络是物流企业实现低成本、高质量物流服务的保障,也是企业综合实力的体现。物流企业网络既包括由相当规模客户群和广泛覆盖业务区域的物流组织、设施构成的实体网络,也包括稳定实用的物流信息系统网络。它们共同构成了第三方物流企业的运作平台。

本章涉及的工作任务和要求如下。

工作任务	工作要求
能设计物流企业的组织结构	● 掌握几种主要的物流企业组织结构类型 ● 明确物流企业组织结构设计的基本步骤
设计与构建物流实体网络	● 选择合适的物流企业实体网络构建模式 ● 能对网点设施进行设计
设计与构建物流管理信息系统	● 掌握物流信息系统开发的基本流程 ● 熟悉第三方物流企业信息管理系统的主要功能模块

 知识概览

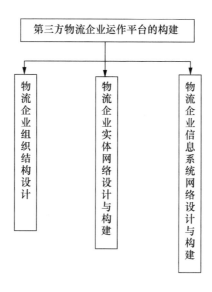

第4章 第三方物流企业运作平台的构建

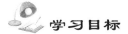

知识目标	能力目标	学习重点和难点
• 物流企业组织结构设计 • 物流企业实体网络的设计与构建 • 物流企业信息系统网络的设计与构建	• 能根据企业任务目标,设计物流企业组织机构 • 选择合适的物流实体网络构建模式,并对网点进行设计 • 掌握物流企业信息化建设的基本思路,并能根据企业业务确定信息系统的主要功能模块	• 物流企业组织结构的类型选择与设计 • 物流实体网络构建模式的选择 • 物流信息系统主要功能模块的确定 • 物流信息系统开发流程

 导入案例

锦程国际物流集团创立于1990年6月,注册资金3亿元人民币,是中国最大的国际物流企业之一。锦程国际物流集团是ISO9001质量管理体系认证单位,5A级综合物流企业及3A级信用资质企业。经国家工商行政管理总局审核批准,"锦程"被认定为中国驰名商标,成为物流行业首个中国驰名商标。凭借着出色的经营业绩和良好的商业信誉,2012年锦程国际物流集团被评为"综合服务十佳货运代理公司"、"全国先进物流企业"、"中国物流百强民营排名第一名"、"中国国际货代物流百强民营排名第一名"等一系列荣誉称号,彰显了锦程国际物流集团强大的行业地位和社会影响力。

本着"先做资源整合,再做产业整合"的发展战略,锦程国际物流集团以独特的经营理念和不懈的创新精神,在国内主要口岸城市、内陆城市及海外设有200多家分支机构及集团成员企业,与数十家国内外大型船公司和航空公司建立了战略合作关系,与海外300余家国际物流企业保持着长期稳定的业务合作关系,形成了覆盖全球的物流服务网络。

凭借多年物流行业经验、丰富的行业资源和全球的实体物流服务网络,锦程国际物流集团在行业内率先推出了资源整合、电子商务和集中采购的商业模式,降低了客户的物流成本,提升了锦程的优质服务,促进了集团的快速发展。

锦程国际物流服务有限公司通过分布在大连、天津、青岛、上海、宁波、厦门、广州、深圳、杭州、北京、哈尔滨、南京、长沙、武汉、重庆、西安、石家庄、苏州等沿海重要口岸及内陆物流节点城市的区域物流服务公司,为客户提供网络化和本地化相结合的专业物流服务,降低了物流成本,提升了客户企业的市场竞争力。

锦程国际物流在线服务有限公司致力于开展专业在线物流服务,依托锦程物流全球服务中心——行业内最大规模24小时呼叫中心和物流服务网站(www.ejctrans.com),通过资源整合,进行集中采购,实现在线受理、在线成交、在线结算和在线维护,为客户提供全面的物流解决方案和在线物流服务。

大连锦程物流网络技术有限公司投资建设了全球最大的网上物流交易市场——"锦程物流网"(www.jctrans.com),搭建了中国物流行业排名第一的电子商务平台,是中国物

流行业最大的网络传媒。目前,锦程物流网已经成为汇聚全球物流提供商资源、贸易商资源及行业相关资源的最大的行业资源集中地,拥有近千万的企业用户,在全世界拥有来自200个国家的数百万物流提供商和行业相关者,每天均有几十万家的物流供需双方企业发布供应、运价、招标、代理等重要信息。锦程物流网已经发展成为集信息查询、物流交易、金融结算于一体的物流行业综合服务平台。

锦程国际物流集团未来战略发展的总目标,是依托全球实体服务网点和在线服务电子商务信息平台,整合客户资源进行集中采购,为客户提供在线即时、低成本、全方位的"一站式"综合物流服务,成为在全球最具实力和竞争力的现代综合物流服务商之一。

4.1 物流企业组织结构设计

4.1.1 物流企业组织结构的主要类型

企业组织结构是企业组织内部各个有机构成要素相互作用的联系方式或形式,以求有效、合理地把组织成员组织起来,为实现共同目标而协同努力。物流企业的组织结构主要有三种:职能式组织结构、事业部式组织结构和矩阵式组织结构。

1. 职能式组织结构

(1) 职能式组织结构的含义

职能式(又叫垂直式)组织结构是企业最常见的组织结构形态,其本质是将企业的全部任务分解成分任务,并交与相应部门完成。组织的目标在于内部的效率和技术专门化。在职能式组织中,纵向控制大于横向协调,总经理对董事会和股东会负责,各部门经理对总经理负责,业务主管对其部门经理负责,一般员工对其主管负责。正式的权力和影响来自于职能部门的高层管理者,是集权式管理组织结构。职能式组织机构图如4-1所示。

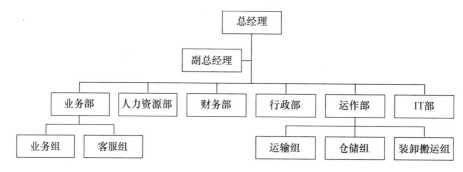

图4-1 职能式组织结构

(2) 职能式组织结构的优势和劣势

职能式组织结构的核心优势是专业化分工。部门和岗位的设置以业务种类和技术水平来划分,这样的组织结构、部门岗位名称非常稳定,很少变动,有利于专业能力和转移技术水平的提高。职能式组织结构的另一个优势在于其鼓励职能部门的规模经济。规模经济是指组合在一起的员工可以共享一些设施和条件。当外界环境稳定,技术相对例行,而不同职能部门间的协调相对容易时,这种结构是最有效的。区域性的中小物流企业采用这种组织结构比较多。

职能式组织结构的主要劣势是对外界环境变化的反应太慢，这种反应需要跨部门的协调。如果环境变化快，或者技术是非例行、相互依存的，则会出现纵向决策信息超载，高层决策缓慢的现象。在这样的组织，大家习惯等待高层决策，而缺少横向联系和自主地解决问题的意识。同时由于协调少导致缺乏创新，每个职员对组织目标的认识有限。

2. 事业部式组织结构

（1）事业部式组织结构的含义

事业部式（又叫扁平式）组织结构将各业务环节以产品、地区或客户为中心重新组合，每个事业部都有独立的运输、仓储等职能，在事业部内部，跨职能的协调增强了。此外，因为每个单位变得更小，所以事业部式组织结构更能适应环境的变化，是一种分权式管理组织结构。事业部式组织机构图如4-2所示。

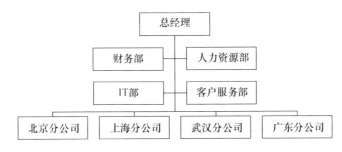

图4-2 事业部式组织结构

事业部式组织结构打破了职能式组织结构对资源的划分方式，将资源重新组合，常见的组合方式有三种：按产品或服务组合、按客户组合和按地域组合。

（2）事业部式组织结构的优势和劣势

事业部式组织可以很灵活地按产品或服务、按客户或按地域来划分，有迅速调节的功能以适应灵活多变的市场环境，使组织资源与外部环境的联系更加紧密。各事业部实行独立核算，更能发挥经营管理的积极性，更有利于组织的发展。应用事业部式的一个不足之处是组织失去了规模经济。另一个问题是如何协调各事业部与总部的关系。

实施事业部式组织机构的企业应该具备一定的规模。只有当企业的管理层过多，高层管理人员与市场的距离过大，无法及时作出正确决策时才可以考虑将职能式结构调整为事业部式。另外，如果企业的客户过多，区域性或行业性分布明显，无法资源共享，也可以考虑实施事业部式。事业部式组织应保证每个事业部都可以自给自足，与总部和其他事业部没有过多的依存关系，这样事业部在决策上才有真正的主动性，而不受其他环节干扰。

3. 矩阵式组织结构

（1）矩阵式组织结构的含义

矩阵式组织是在职能式垂直形态组织系统的基础上，再增加一种横向的领导系统，它由职能部门系列和完成某一临时任务而组建的项目小组系列组成，从而同时实现了事业部式与职能式组织结构特征的组织结构形式。职能部门是固定的组织，项目小组是临时性组织，完成任务以后就自动解散，其成员回原部门工作。矩阵式组织结构如图4-3所示。

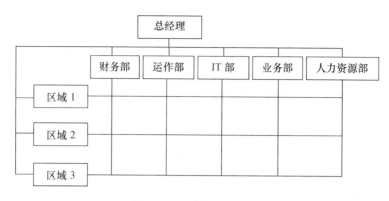

图 4-3 矩阵式组织结构

（2）矩阵式组织结构的优势和劣势

矩阵式组织结构具有灵活、高效、便于资源共享和组织内部沟通等优势，可以适应多元化产品、分散市场及分权管理等复杂条件。在矩阵式组织中，强调区域本地化及产品业务垂直化，各地分公司和产品线经理都可以更好地了解客户需求，提供差异化的产品及服务，赢得更多的订单和市场。

由于项目一般涉及较多的专业，而项目负责人对项目的成败具有举足轻重的作用，所以要求项目负责人具有较高的协调能力和丰富的经验，但优秀的项目负责人比较难找。项目负责人的责任大于权力，因为参加项目的人员都来自不同部门，隶属关系仍在原单位，所以项目负责人对他们管理困难，没有足够的激励手段与惩治手段，这种人员上的双重管理是矩阵式结构的先天缺陷。

4.1.2 第三方物流企业组织结构的设计内容

第三方物流企业组织设计的任务是设计清晰的组织结构，规划和设计组织中各部门的职能和职权，确定组织中职能职权、参谋职权、直线职权的活动范围并编制职务说明书。从内容上来看，第三方物流企业组织设计包括部门设计、层级设计和职权划分这三个方面。

1. 第三方物流组织职能与职务的分析与设计

第三方物流组织首先要将总的任务目标层次分解，分析并确定为完成组织任务究竟需要哪些基本的职能和职务，然后设计和确定组织内从事具体管理工作所需的各类职能部门，以及各项管理职务的类别和数量，分析每位职务人员应具备的资格条件、应享有的权力范围和应负的职责。组织设计的结果可以通过组织结构图和职务说明书来描述。

2. 第三方物流组织部门设计

第三方物流组织部门设计是对组织活动进行横向分解。根据每位职务人员所从事的工作性质的不同及职务间的区别和联系，可以根据组织职能相似、活动相似或关系紧密的原则，将各职务人员聚集在"部门"这一基本管理单位内，并确定每一部门的基本职能，每一位主管的控制幅度、职责与职权，以及各部门之间的工作关系。组织活动的特点、环境和条件不同，划分部门所依据的标准也不一样。

3. 第三方物流组织层级设计

第三方物流组织层级设计是对组织活动进行纵向分解，所涉及的内容主要包括组织的管理幅度、管理纵深、组织层级的分工及其相互的关系，还包括各个组织层级的职权划分、责任划分及影响管理层级划分的因素。层级设计确定了由上而下的指挥链，以及链上每一级的权责关系，这种关系具有明确的方向性和连续性。

课堂小练习：请为以下企业设计组织结构。

（1）A公司为中小型物流企业，主要面向华中地区，为客户提供运输、仓储、配送等方面的物流服务。

（2）B公司为大型的物流企业集团，能够为客户提供一体化的物流服务。公司打算在全国设五个分公司，分别负责东北、华北、华中、西南、华南地区的业务，每个分公司独立经营。

4.2 第三方物流企业实体网络的设计与构建

第三方物流企业的物流实体网络是企业综合实力的体现，也是企业实现低成本、高质量物流服务的保障。客户在选择物流合作伙伴时，很关注网络的覆盖区域及网络网点密度问题。第三方物流企业应根据企业经济实力、客户覆盖率、企业发展战略、当地经济环境等，决定物流实体网络覆盖面、网点密度和构建模式。

4.2.1 物流实体网络构建模式

1. 完全自建网络

对于一个第三方物流企业来说，业务量的积累和网络的铺设是企业发展的必经阶段。实体网络延伸与客户发展是相辅相成的关系，网络应因业务而宜。我国某些大的物流企业凭借经济实力，自行铺设全国性的货运网络或仓储网络，主要采用以下两种途径：

（1）在严密规划的基础上，采用较为激进的方式，先铺设业务网络和信息系统，再争取客户。这种方式较为冒险，只有资金实力非常强的企业才可能这样做。

（2）边开发客户，边铺设网络。这种方式比较稳妥、缓慢。但无论是"铺网"还是之后的"养网"，费用都是相当大的。

2. 采用联盟网络

除非有来自其关联企业的强大支持，第三方物流企业自建网络是不经济的，会给企业带来资金、管理等各方面的压力，采用联盟网络是比较明智的选择。

（1）与某些大公司结成联盟关系或成立合资物流公司。这样做一方面可以获取大公司的物流业务，另一方面可以利用企业原有的经销网络，实现与同业物流网络共享，这在国内家电业和汽车业都有相关案例。这种方式较为稳妥，能使企业在短期内获得大量业务，但这种联盟或合资物流由于与单一大企业的紧密联系，会在一定程度上影响其拓展外部业务的能力。

（2）通过整合社会物流资源，同业联合，形成战略联盟，共同发展。这是低成本拓展

的有效途径。

自建网络和采用联盟网络各有优缺点，如表4-1所示。

表4-1 自建网络和联盟网络优缺点比较

比较项目	自建网络	联盟网络
运营成本	较高	较低
控制力	强	弱
品牌形象	好	一般
柔性化能力	强	弱
经营风险	大	小
资金压力	大	小
服务质量	高	低

案例4-1 快递业并购风声四起：直营与加盟再现模式之争

星辰急便在三年内迅速壮大，却也在一夕之间陨落。回顾失败轨迹，无论是创始人陈平，还是业内同行，都不约而同将矛头对准了"加盟模式"。

有关快递业"直营"还是"加盟"的争论历时已久，虽然"加盟"这个具有中国特色、在特有时期、特定环境下的产物在民营快递发展初期缔造了顺丰、申通、圆通、中通、百世汇通、韵达等诸多巨头，但进入快速发展阶段，它已陆续点爆"小红马"、DDS、星辰急便等重型炸弹。

目前业内公认的是，顺丰、宅急送采用直营体系；百世汇通正着手转型，目前已完成对广东、重庆、湖南、浙江杭州、河北、山东等15个省市的直营；而申通、圆通、韵达及国内大部分异地、同城快递则坚守加盟阵营。

"单一的加盟体制，是总部之外按区域设立大的总包商，然后总包商下面继续划分给更小的加盟商分包，一直到最基层的网点，网点的加盟费只要2万~3万元。有些偏远盲点区域，甚至不用押金，可以先收件做起来。"但现在情况复杂的是，很多快递公司都采用"直营+加盟"的混搭模式，如从总部、分公司、站点到末端员工及分转中心，部分采用直营，部分采用加盟。

申通快递有限公司董事长陈德军认为两种模式各有优势，直营在管理方面相对要好，而加盟模式从整体趋势、发展速度来看比直营要快。

星辰急便成立之初，曾想通过直营和加盟的模式进行市场扩张，但三年下来，从其扩张版图来看，在全国范围内，陈平几乎全部采取了加盟模式进行网点铺设，这让它在短期时间内迅速扩张到150多个分拨中心、3 800多个网点。然而，加盟不易管理，服务质量无法控制。"星辰急便的快递几乎变成慢递，广州同城包裹都要四天才收到。"淘宝网一家皇冠级卖家说。陈平也坦陈，加盟模式让星辰急便的网络鱼龙混杂。

4.2.2 第三方物流网络设施结构设计

第三方物流企业网络设施的规划设计必须考虑网点所在地的物流基础设施及经济环境，如车站、港口设施、公路、铁路、水运、飞机，各种货物运输枢纽、货物集散、处理、分拨场地或仓储设施，各种运输工具，物流辅助性设施、设备等。

物流网络的设计需要根据区域内客户量及业务量确定承担物流工作所需的各类设施的数量和地点，即运能、储能、节点支持范围等的具体化，形成一种据以进行物流作业的结构，如表4-2所示。

表4-2 第三方物流网络设施的总量和结构

网络设施	总量和结构	功能指标
运输工具	各种专用运输工具的数量、承载能力、线路运行规划	承载量、运输工具的完好程度和运营保证能力、实载率、行驶率等
场站枢纽	货场、货站、仓库等的数量、种类、面积、布局	吞吐能力、储存能力、货物处理能力、周转能力
物流辅助设施设备	吊装设备、搬运设备、分拣设备、储存设备、包装设备的数量	作业能力、作业效率

4.3 第三方物流企业信息系统网络的设计与构建

4.3.1 第三方物流信息系统概述

1. 第三方物流信息系统的概念

物流信息系统是指由人员、设备和程序组成的，为物流管理者执行计划、实施、控制等职能提供信息的交互系统，它与物流作业系统一样都是物流系统的子系统。

物流信息系统是计算机技术、网络技术及相关的关系型数据库、条码技术、EDI（电子数据交换）等各种技术工具综合应用的产物，它的应用可以使得物流活动中作业人员的劳动强度大幅降低，作业错误发生率减少，效率增加，信息流转加快，使物流管理发生革命性的变化。例如，某医药流通企业的物流中心，在未信息化前采取人工表单作业，拣货的出错率在1%~2%，而使用信息化设备后，出错率降到0.1%以下，效果非常显著。

2. 第三方物流信息系统的分类

物流信息系统管理可以根据不同的标准进行分类，具体如表4-3所示。其中，比较实用的分类方法是按照系统所服务的物流范围进行分类，如WMS、TMS、CAPS、EOS、POS等，而其中又以WMS和TMS最为常用。

表4-3 物流信息系统分类

分类标准	常见系统
管理决策层次	● 物流作业管理系统 ● 物流协调控制系统 ● 物流决策支持系统

续表

分类标准	常见系统
应用对象分类	● 制造企业的物流管理信息系统 ● 面向分销商的物流管理信息系统 ● 面向专业物流企业的物流管理信息系统
系统采用技术	● 单机系统 ● 内部网络系统 ● 外部互联系统
系统架构	● 集中型信息系统 ● 分散型信息系统
服务物流范围	● 仓储管理系统（WMS） ● 运输管理系统（TMS） ● 电子拣货系统（CAPS） ● 电子自动订货系统（EOS） ● 销售时点信息系统（POS） ……

3. 第三方物流信息系统的特征

（1）可得性

第三方物流信息系统必须具有容易而又始终如一的可得性，所需信息包括订货和存货状况，当企业有可能获得物流活动的重要数据时，应该很容易从计算机系统中重新得到。

迅速地获得相关信息对于客户服务与改进管理决策是非常必要的，因为顾客频繁地需要存取货和订货信息。可得性的另一方面是信息系统存取所需信息的能力，无论是管理上的、顾客方面的、还是产品订货位置方面的信息。物流作业的分散化性质，要求能从国内甚至世界各地任何地方得到更新的数据，这样的信息可得性可以减少作业和制订计划上的不确定性。

（2）精确性

物流信息系统必须精确反映当前物流服务状况和定期活动，以衡量订货和存货水平。精确性可以解释为物流系统报告与实务技术或实际状况相吻合的程度。平稳的物流作业要求实际的数据与物流信息系统报告相吻合的精确性最好在99%以上。当实际数据与物流信息系统报告存在误差时，就要通过缓冲存货或安全存货的方式来适应这种不确定性。

（3）及时性

第三方物流信息系统必须能够提供即时的、最快速的管理信息反馈，及时性是指一系列物流活动发生时与该活动在物流信息系统可见时的耽搁时间短。例如，如果在某些情况下，系统要花费几个小时甚至几天才能将一个新的订货看作一个新的需求，因为该订货不会始终直接由客户数据库进入第三方物流信息系统，这种耽搁会使计划的有效性降低，而使存货增加。

此外尽管一些生产企业存在着连续的产品流，但如果第三方物流信息系统却是按每小时、每工班、甚至每天进行更新，则不能保证信息系统的及时性。显然实时更新或立即更新更具有及时性。实时更新往往会增加记账工作量，因此编制条形码、采用扫描技术和物流

EDI 有助于及时而有效的数据记录。全球卫星定位技术也有助于物流信息系统的及时性。

(4) 识别异常情况

物流作业要与大量的客户、产品、供应商和服务公司进行协作或竞争，要求物流信息系统应能有效识别异常情况。在物流系统中，需要定期检查存货情况、订货计划，这两种情况在许多物流信息系统中要求手工检查，尽管这类检查正愈来愈趋向自动化，但由于许多决策在结构上是松散的，并且需要人的因素参与判断处理，但人工检查需花费大量时间，因此要求第三方物流信息系统要结合决策规则，去识别这些需要管理者注意并作出决策的异常情况，因此计划人员和经理人员把他们的精力集中在最需要注意的情况上，集中在判断分析上。

第三方物流系统应该具备智能识别异常情况功能，使得在物流管理中能够利用系统去识别需要管理部门引起注意的决策。

(5) 灵活性

物流信息系统必须具有灵活反应能力，以满足系统用户和顾客的需求。第三方物流信息系统必须有能力提供能满足客户需要的数据，如票据汇总、实时查询、成本综合分析、市场销售汇总及分析等，一个灵活的第三方物流系统必须适应这一要求，以满足未来企业客户的各项信息需求。

(6) 界面友好规范

信息系统提供的物流报告应该界面友好和规范，以适当的形式对物流信息进行表述，建立正确和规范的物流信息表达结构，方便客户查询和阅读，方便客户打印和存档。物流报告的表现形式可以英语和传统报告相结合，便于企业报关及管理人员阅读和分析。

4. 第三方物流信息系统的基本功能

根据产生的领域和作用，物流信息可分为综合信息、运输信息、库存信息、配送信息、订货信息、进货信息等。根据信息系统及物流过程的特征，现代化物流信息系统应具备以下基本功能。

(1) 物流信息的收集功能

市场活动不断地更新物流的内容，同时物流环境也随时变化，环境信息的变化对物流将会产生新的影响。物流信息系统首先要做的是记录与物流有关的数据，并转化为物流信息系统能够接收的形式。

(2) 物流信息的存储功能

数据进入物流系统后，成为支持物流系统运行的重要信息。这些信息可能暂时或永久保存。物流信息的存储，有利于将有关信息进一步处理和加工成数据库、大容量光盘等，成为信息资源。

(3) 物流信息的加工功能

加工功能是信息系统最基本的功能。对原始信息进行分类整理，变成二次信息，再进行分析、整理、加工，形成更具有价值的信息，真正反映物流和市场活动的全过程，满足多元化的信息需求。

(4) 物流信息的传输功能

物流信息系统的不同层次是通过信息流紧密结合起来的，运输途中的票据、凭证、通知书、报表、文件的传递和交换，以及不同地区物流企业的信息共享，都需要物流信息系统具有快速的传输功能。

(5) 物流信息的检索查询功能

为解决因信息数量的迅速增大而给信息查询带来的困难，物流信息系统应具有较强的信息检索和查询功能，对检索结果应能以报表、文字、图形等多种形式提供给决策者或管理者。

4.3.2 第三方物流信息系统的开发与设计

1. 第三方物流信息系统开发与设计的基本原则

（1）可靠性原则

可靠性原则分为正常情况下系统的可靠性和非正常情况下系统的可靠性。

正常情况下系统的可靠性是指系统的正确性、稳定性。一个好的物流信息系统在正常情况下能够达到系统设计的预期精度要求，不管输入的数据如何复杂地变化，只要在系统设计的范围内，都能输出满意的结果。稳定性是指在系统的环境发生一定程度的变化时，系统仍能正常运行。

非正常情况下系统的可靠性是指系统的灵活性。即在硬件的个别电路或元器件发生不太大的故障、软件的某一部分受到病毒的侵袭和运行环境发生超出正常允许的变化范围的情况下，系统仍能正常运行的性能。一个灵活的管理信息系统在遇到上述情况时，能按某种预先设计的方式作出应急性的处理。

（2）完整性原则

完整性原则包括功能的完整性和开发系统的完整性。功能的完整性就是根据专业的实际需要，制定的目标功能是完整。为了保证开发系统的完整性，要制定出相应的规范，如数据格式规范、报表文件规范、文档资料规范等，保证系统开发过程中的完整性。

（3）经济性原则

经济性原则有两点：一是开发费用低，即软件的开发过程中所用的费用要低，效果要好；二是运行效益好，即系统运行维护费用低，由此能给用户带来经济效益，用户使用也比较满意。

2. 第三方物流信息系统开发流程

物流信息系统的开发实施分为五个阶段，各阶段的工作重点和主要成果如表4-4所示。第1期需求分析及设计阶段是系统开发的基础，决定了开发的方向和目标，需要项目各方成员的参与；第2～3期是程序的开发和测试阶段，主要由系统供应商进行，其他各方辅助；第4期系统的上线是整个开发实施的关键，需要各方通力配合，尤其是客户方现场的支持；第5期相关技术的转化，主要取决于系统开发商和客户间的协同。

表4-4 信息系统开发各阶段的工作重点和主要成果

开发阶段	工作名称	主要成果
第1期 需求分析及设计	项目启动会议 功能流程设计 系统接口设计 细部流程设计	项目合同 客户现状分析 工程说明书 时程计划 功能流程确认书

续表

开发阶段	工作名称	主要成果
第2期 系统配置开发	程序开发 硬软件环境准备 系统配置 主要用户培训 用户测试系统	软件产品 硬件配置说明 软件配置说明 操作手册 用户反馈意见表
第3期 系统测试	模块测试 集成测试 压力测试 最终用户培训	测试文档 培训文档
第4期 上线实施	基础资料准备 系统初始化 系统上线 现场协助 客户验收	客户验收报告
第5期 转至客户支持	系统交接 技术支援	

(1) 需求分析及设计

在进行信息化开发前,客户首先要明确信息化的目的,也就是所谓的功能需求分析,主要借此确定信息系统需要实现的功能。

在这个阶段,首先要明确客户当前的物流运作模式,这是需求分析的前提,据此形成客户现状分析文档。该文档一般由系统开发商提供样板,客户进行填写。客户除了要对流程进行描述外,还需对当前物流人力、使用设备、作业特性等进行介绍。

此外,客户还需要和咨询公司紧密合作、充分讨论,确定在信息化条件下客户企业最佳的物流运作模式。咨询公司需根据行业经验,结合客户作业特性,提出作业策略建议。在这个过程中,因为会对当前的作业模式进行调整,还需要征询现场作业人员的意见和建议,尽量避免不可见的运作风险。功能需求的确定,也需要系统供应商的参与,确保这些需求可以开发出来。最终,在各方取得一致建议后形成《功能流程确认书》。《功能流程确认书》文档内容主要包括信息化条件下的组织架构、流程说明、相关报表、接口说明等。该文档需要各方签字,作为后续开发的依据。

应当注意的是,物流信息系统的功能模块并非越多越好,模块越多系统越复杂,就越容易出错。好的系统应当可以支持企业多种物流业务模式。例如,物流中心的出货模块,既可以支持先进先出,也可以支持先进后出,还可支持人工指派储位出货。

(2) 系统配置开发

系统的开发环节基本上由系统供应商负责开发。一般上规模的系统供应商,其业务团队和开发团队是分开的,前者负责与客户的沟通,确定需求,并将需求转化为开发团队可以理解的"语言",开发团队根据业务团队提供的需求进行代码的编写和程序的开发。而对于国内中小型系统供应商,其业务团队和开发团队往往由同一批人组成,供应商服务团

队可以直接根据客户的需求进行程序编写。在开发工作结束后,程序开发员需填写相关文档,这些文档最终都将提交给客户。

(3) 系统测试

系统的测试环节主要由系统供应商负责,但是客户也需要参与其中。客户的角色主要是提供模拟数据,并一同检验系统运行的过程和运行结果是否满足预期。在系统测试中,一般先对每一个模块进行测试,检验数据的输入输出;然后是集成测试,即对系统进行整体的测试;最后是压力测试,即模拟实际运作中最复杂最困难的极端情况,测试系统能否正常运作。极端情况包括诸如所有的用户同时使用系统、同时有大量的订单数据进入系统、订单数据包括所有货品/客户类型、各种作业策略同时使用等。在测试环节,一般都会发现问题,无论大小、多少。这些问题需在测试文档中详细记录,其后续的解决方案也需记录。

(4) 上线实施

上线实施是物流信息系统实施的关键环节,上线的顺利与否决定了整个项目的成败。上线实施一般遵循以下流程:第一步,需要检查各项准备工作是否到位,这包括硬件软件是否可正常使用,现场培训工作是否完成等;第二步,进行静态库存的盘点,并将库存的数据导入信息系统;第三步,系统上线开始,各部门根据新的作业模式开始作业。

因为系统的上线需现场作业停止一段时间进行静态盘点,所以影响很大,应尽量将负面的影响降到最低限度,选择合适的上线时机尤为重要。例如,对于 WMS 的上线,一般选择在出库销售的淡季,同时上下游要提前做好准备,上游压货不发,下游提前囤货,为上线的切换准备充足的时间。

(5) 转至客户支持

在上线成功后,系统开发商需将系统转移给客户,包括系统的操作手册、各种权限等。系统开发商需保证客户在正常情况下能顺利使用系统,在常见的异常状态下客户可自行解决。在系统遇到大的问题时,如系统崩溃等,系统开发商需在规定的时间内(如24～48小时)予以回应或到达现场予以解决,当然这些都要在合同中注明。由于客户的状态在不断变化,因此需调整系统的一些模块功能,系统开发商一般需要配合客户的要求进行程序修改,但可适当收取费用。

4.3.3 第三方物流管理信息系统主要功能模块

1. 第三方物流信息系统功能结构

第三方物流管理信息系统是为现代物流企业提供的以物流信息管理为核心的现化物流管理平台,实现客户、供应商和物流公司信息充分共享、业务流程自动化。其信息系统功能结构如图 4-4 所示。

2. 第三方物流信息系统功能描述

(1) 决策管理模块

① 决策分析。该系统主要供第三方物流公司高层或各级主管领导作分析决策用,因此主要包括以下方面的内容:运输、仓储、配送、异常情况、财务数据分析及指标完成情况。

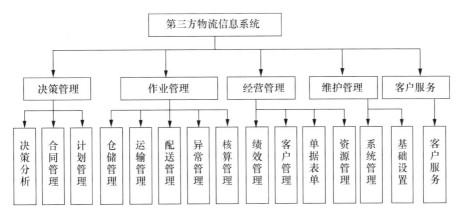

图4-4 第三方物流信息系统功能结构

② 合同管理：主要内容包括各种物流服务解决方案的价格设置、修改和审核；各种物流服务解决方案的设置、修改、审核和查询；对客户合同、供应商合同、承运商合同进行管理，同时对标准合同文本进行管理应用。

③ 计划管理：主要内容包括计划指标设置、计划分析和仓储调度中心。其中计划指标设置包括运输计划指标、仓储计划指标、回收款项等计划指标的设置、修改和审核。计划分析包括按客户销售分析、按区域销售分析、按产品细分销售分析等。仓储调度中心则具备指令管理系统中的仓储指令功能，一般由总部负责协调、管理与控制，运输调度中心具备指令管理系统中的配送、运输指令功能。

（2）作业管理模块

① 仓储管理：是第三方物流企业进行货物处理和管理的业务操作系统，主要包括仓储委托、入库业务、移库业务、出库业务、在库保养、盘点、仓储信息查询。

② 运输管理：包括运输委托、集货、运输订单、调度运输、运输监控、单据核销、运输信息查询。

③ 配送管理：包括配送派车管理、配送跟踪管理、拼车配载管理、线路管理、单据核销。

④ 异常管理：对第三方物流企业仓储、运输、配送等业务活动中发生的货损、货差、送达延误、服务态度等出现异常情况进行责任认定、损失处理、客户安抚等应用。

⑤ 核算管理：包括运输业务核算、仓储业务核算、配送业务核算、其他业务核算。

（3）经营管理模块

① 绩效管理：包括运输业务绩效考核管理、配送业务绩效考核管理、仓储业务绩效考核管理、绩效考核指标的自定义与设置管理。

② 客户管理：主要包括对客户基本信息、发货单位、收货单位、货物字典管理应用。

③ 单据报表：主要包括对各种单据进行审核、归档；通过各种业务信息生成报表。

④ 资源管理：主要包括仓储供应商管理、运输承运商的应用设置，对库房信息、车辆信息进行管理。

（4）维护管理模块

① 系统管理：主要包括数据维护、分支机构管理、系统角色管理、系统用户管理。

② 基础设置：主要包括编码档案、分类体系和其他设置。

(5) 客户服务模块

客户服务模块主要是指客户服务系统。客户服务主要包括为客户提供咨询服务；通过外呼服务进行客户回访；受理客户投诉；进行满意度调查以达到经常性的客户关怀，维系老客户。

4.3.4 第三方物流企业信息化成功的关键因素

系统的实施获得成功，主要标志是系统能够按照预期导入上线，并且在上线后能够在新的信息化作业模式下支持业务流程，并使流程的整体运作效率效益得以提升。上线能够成功主要取决于以下因素。

1. 企业需要物流信息系统

并非所有的企业，或者企业发展的任何阶段都需要物流信息系统。从发展阶段上看，刚起步的企业不建议上物流信息系统，因为各种物流作业模式尚未定型，草率上线可能把错误的流程固化，导致错上加错；企业在高速发展过程中，是最需要物流信息系统的阶段，可以借此提升效率；企业在稳定发展过程中，需要持续的优化物流信息系统。另外从管理的层面看，如果在当前及可预见的未来，现有作业模式的效率和成本都是令人满意的，则也无须信息系统。只有在企业真正需要信息系统解决作业和管理中存在的问题时，它才可能发挥应有的价值。

2. 配置合理的实施团队

物流信息系统的成功开发和实施上线，需要一个项目团队通力合作，这个团队一般由客户团队、系统开发商、第三方咨询公司组成。其中，客户团队需要物流管理层、企业高层的加入，物流管理层能够明确传达现场需求并做好相关支持工作，企业高层的作用是在上线物流信息系统对企业其他部门产生影响，或者需要资源支持时起到决策作用；系统开发商主要负责系统开发、测试、实施，是系统上线的最主要责任方；第三方咨询公司作为客户和系统开发商沟通的桥梁，将客户的需求明确分析和表达出来，并对两者产生的一些分歧进行仲裁，从而保证项目顺利推进。

3. 物流系统的合理规划设计

物流流程的顺畅运行必须以物流体系的整体科学规划为前提，如仓库内部的库区和储位设置是否合理，是否按照 ABC 原则对货品的摆放进行设置。如果规划的工作不到位，则物流系统本身已经限制了运作的效率，有没有信息系统并不会根本性地改变运作水平。

4. 严格做好需求分析

需求分析至关重要，这不是完全按照现有流程提出信息化的需求，很多企业会借助信息系统系统上线的机会对流程进行优化，进而通过系统上线将优化后的流程进行固化。流程优化的重点又在于一些运作的策略，如入库策略、补货策略等，这些策略对运作效率举足轻重。如果需求分析不到位，则信息系统支持的是一个有问题的作业流程，即便可以运行，也无法提升效率，甚至有可能因为效率的因素导致系统被迫下线，造成上线失败。

5. 充分考虑信息化作业对人力的影响

信息化的目的在于提升效率和效益，所以省力化和简便化也是考虑的重点，物流信息化要能够降低劳动强度，减少现场作业人员的数量。减轻作业人员的强度是比较容易做到的，主要是因为表单作业模式向 RF 等信息设备操作的转变。但由于信息化可能需要新增岗位，带来人力的增加，客户一般很难接受这样的事实，所以需要通过其他岗位人力的精简来对冲，或者在上线的初期适当增加人力，待系统运作顺畅后、人员操作熟练后逐步减少人力。

6. 对企业管理制度的调整

信息系统的上线会带来岗位的调整，如需最大限度地调动员工的积极性，则需要调整相应的管理制度，对新岗位的工作职责加以明确划定。各项制度中，关键是绩效考核制度。例如，某企业在上系统前拣货作业时每人一个客户订单，按拣货单数进行工资计算，而上系统后进行 CAPS 拣货，每个作业人员只负责所有订单的某一些品种的拣货，这时就要调整计费规则，制定合理的参数，稳定作业人员收入。

7. 完备的人员培训

优秀的系统也需要人工进行操作，人员对系统能够理解并熟练操作是系统上线成功的重要保证，这需要培训作为支持。软件的培训一般由程序开发人员负责，培训对象包括所有操作软件的作业人员、管理人员，以及工作性质和软件相关的其他人员。培训也可以采取种子教官的模式，即由系统开发人员对物流管理人员先行进行培训，然后由后者作为种子教官负责对作业层的员工进行培训。在上线前，作业人员不仅需要掌握操作的方法，还要尽可能地多次使用。对于一些作业繁忙的物流中心，新的系统模式需要在很短的时间内（一般最多 2 天）达到甚至超过原先作业模式的效率，否则就会因为发货太慢而上线失败。

8. 客户对系统开发的支持

在系统开发过程中，系统供应商和咨询公司一般会驻点在客户公司进行阶段性工作，客户需提供完备的后勤保障，包括：① 足够的办公空间、电脑硬件和软件、网络接入、必要的办公设备（包括电话、复印机、传真机等）；② 客户需提供可靠协助，使系统开发员不受任何限制地进入客户指定的测试环境，以确保项目成功；③ 客户也需要委派合适的技术人员和用户参与，系统供应商会请这些人员进行工作协助；④ 客户需负责为系统的开发实施准备文档/设备，系统供应商将提供足够的信息，并给予客户合理的前置时间。

案例 4-2　中海物流的信息化建设

中海物流（深圳）有限公司（以下简称中海物流）是中国海外集团有限公司（以下简称中海集团）的全资下属公司，于 1995 年在深圳市福田保税区注册成立，主要从事大型电子生产企业的 JIT 料件配送业务。目前已与几十家国际著名的跨国公司建立了长期稳定的合作关系，为其提供国际物流配送服务。

中海物流 1995 年注册成立时，只是一家传统的仓储企业，其业务也仅仅是将仓库租出去，收取租金。此时物流管理系统的建设对公司的业务并没有决定性的影响。1996 年，公司尝试着向配送业务转型，在最初接触的几家客户中，客户最为关心的并不是仓库和运输车辆的数量，而是了解其物流管理系统，关心的是能否及时

了解整个物流服务过程,能否将所提供的信息与客户自身的信息系统实现对接。可以说,有无信息系统,是能否实现公司从传统物流向现代物流成功转型的关键。从另外一个角度来说,公司在提供JIT配送业务过程中所涉及的料件已达上万种,没有信息系统的支撑,仅凭人工管理是根本无法实现的。因此,信息系统的实施是中海物流业务的需要,是中海物流发展的必然选择。

中海物流信息系统的实施经历了三个阶段:第一阶段为1996～1997年实施的电子配送程序,以实现配送电子化为目标,功能比较单一;第二阶段为1998～1999年实施的c/s结构的物流管理系统,实现了公司仓储、运输、配送等物流业务的网络化;第三阶段始于2000年,以基于互联网的物流电子商务化为目标,开发出了现正在中海物流有限公司运行的中海物流管理信息系统(2000年版),并专门成立了中海资讯科技公司进行该系统的商品化工作。

中海物流管理系统的总体结构由物流管理系统、物流业务系统、物流电子商务系统和客户服务系统四个部分组成。物流管理系统主要应用于物流公司的各个职能部门,实现办公、人事、财务、合同、客户关系、统计分析等的管理;物流作业系统应用于物流操作层,主要功能有仓储、运输、货代、配送、报关等;电子商务系统使客户通过互联网实现网上数据的实时查询和网上下单;客户服务系统为客户提供优质的服务。

通过信息化的实施,中海物流在管理、业务范围、经营规模、服务能力、服务效率、经济效率等各方面均发生了巨大的变化,目前信息系统已成为中海物流的核心竞争力,对公司物流业务的发展起着支柱作用。

(资料来源:牛鱼龙.中国物流百强案例[M].重庆:重庆大学出版社,2007)

 本章小结

合理的组织结构是实现组织目标,提高组织效率的保证。第三方物流企业常见的组织结构类型有职能式组织结构、事业部式组织结构和矩阵式组织结构三种。

第三方物流企业的物流实体网络是企业综合实力的体现,也是企业实现低成本、高质量物流服务的保障。客户在选择物流合作伙伴时,很关注网络的覆盖区域及网络网点密度问题。第三方物流企业应根据企业经济实力、客户覆盖率、企业发展战略、当地经济环境等,决定物流实体网络覆盖面、网点密度和构建模式。

物流信息系统是计算机技术、网络技术及相关的关系型数据库、条码技术、EDI等各种技术工具综合应用的产物,它的应用可以使得物流活动中作业人员的劳动强度大幅降低,作业错误发生率减少,效率增加,信息流转加快,使物流管理发生革命性的的变化。物流信息系统的开发实施分为五个阶段,即第1期的需求分析及设计阶段、第2～3期程序的开发和测试阶段、第4期系统的上线和第5期相关技术的转化。物流企业应该根据业务发展需要进行信息化建设。

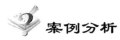

案例分析

某物流企业是从事铁路、公路多种运输及大宗货物仓储的专营企业，具有相当强的运输及物流仓储能力，拥有各种类型货车百余辆，市内拥有专用物流货场、两条铁路专用线、五栋办公楼，专业吊装设备齐全。该物流企业从事物流服务多年，在管理与实际的业务流程处理上都具有丰富的实践经验，对单据的交接、发货清点、货物去向等方面都进行严格管理，在货物装卸、码放及包装方面也严格遵守客户的要求。该物流企业现有的物流业务有仓储、运输及配送业务，其中运输方式又包括整车、零担、集装箱、行包专列、铁路快件及公路运输，并且根据客户的要求负责打包及送货上门等服务。

该企业在全国几个重要城市都拥有分公司负责门到门的配送服务。经过几十年的发展，其经营活动有其科学、合理的一面，但客户对各种业务的时效性要求越来越高，而不断满足客户个性化需求是企业成功的关键。对于物流企业，准确把握客户需求，根据需求定制产品与服务，通过有效的渠道让种类繁多的商品按需求进行合理流动成为关注的焦点。物流企业要达到上述目的，必须依据科学的管理思想和先进的管理手段，而企业信息化建设是必不可少的组成部分。

在实行信息化之前该企业的经营活动存在下列问题：
（1）业务流程不规范、职权不明确。
（2）车辆、人员无法精确监控。
（3）总部不能准确及时了解分公司业务、财务、运力等信息。
（4）日常库存管理随意性较大，不能掌握每一货物的进出与流向，提货、送货、仓储过程中手续繁多、雷同。
（5）在配货、配送、结算、运输过程中，相关人员抄写工作较多，不可避免地会出现很多人为错误。
（6）公司由于缺乏对各种单据的有效管理，导致总部对各部门业务员不能及时监督；信息反馈的不及时造成企业、用户、供货商不能对自己关心的内容进行监控或跟踪查询。

请问：（1）你认为该物流企业应该如何进行信息化建设？谈谈你的基本思路。
（2）该物流企业在信息化建设中应该注意哪些问题？

思 考 题

一、多项选择题

1. 物流企业的组织结构主要有（　　）。
　　A. 职能式　　　B. 事业部式　　　C. 矩阵式　　　D. 网络式
2. 物流实体网络的构建模式有（　　）。
　　A. 自建网络　　B. 联盟网络　　　C. 职能式网络　D. 矩阵式网络
3. 构建第三方物流信息系统的常用技术包括（　　）。
　　A. GPS　　　　B. EDI　　　　　C. GIS　　　　D. INTERNET
4. 物流信息的特点有（　　）。
　　A. 信息量大　　B. 更新快　　　　C. 不易收集　　D. 分析简单

二、判断题

1. 职能式组织结构的核心优势是专业化分工，部门职责容易明确规定。（　）
2. 事业部式组织结构更能适应环境的变化，有利于发挥规模经济效益。（　）
3. 为了加强控制力，保证服务质量，物流企业应优先考虑自建实体网络。（　）
4. 物流企业成立之初，就可以考虑通过信息化建设来帮助企业提高物流运作效率。（　）
5. TMS、WMS 是最常见的两种信息管理系统。（　）

三、简答题

1. 试比较职能式和事业部式组织结构的优缺点，并说明各适用于什么类型的物流企业。
2. 在企业组织结构设计中如何体现以客户为中心？
3. 物流企业信息化建设成功的关键因素有哪些？
4. 一位第三方物流企业的经理讲过这样的话："我手里最值钱的不是车辆和仓库，而是我的经营网络。"请说说你对这句话的理解和看法。

实训项目　物流企业运作平台的构建

一、实训目的

通过本次实训，学生能设计物流企业的组织结构，并合理选择物流实体网络和物流信息系统网络的构建模式，确定物流管理信息系统的主要功能模块。

二、实训内容

1. 根据物流企业目标设计企业组织结构，并说明各职能部门的主要职责。
2. 选择实体网络构建模式，并对网点设施进行设计。
3. 选择信息系统网络构建模式，并说明物流管理信息系统的主要功能模块。

三、训练步骤

1. 学生 4~6 人一组，以组为单位完成实训任务。
2. 形成文字资料，并做成 PPT。
3. 各小组推荐代表在全班进行交流，相互提问。
4. 老师进行实训总结。

第三方物流企业市场开发

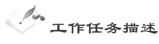 工作任务描述

新市场、新客户的开发,是每个公司和营销人员都必须面临和解决的问题,新市场开发的成效与质量的好坏,对一个企业的成长及营销人员的个人提升都至关重要。第三方物流企业及营销人员应能根据企业情况和市场环境合理选择市场开发战略,进行市场开发,并能编制在市场开发中涉及的主要物流文案,如物流项目投标书、物流合同及物流解决方案。

本章涉及的工作任务和要求如下。

工作任务	工作要求
合理选择第三方物流市场开发战略	掌握各种开发战略的内涵及适用条件
熟悉第三方物流市场开发的基本流程	掌握市场开发的基本流程
编制第三方物流市场开发中涉及的主要文案	● 编制物流项目投标书 ● 拟定第三方物流合同 ● 编制物流解决方案

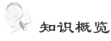 知识概览

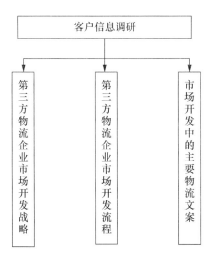

第三方物流

学习目标

知识目标	能力目标	学习重点和难点
• 第三方物流市场开发的主要战略 • 第三方物流市场开发的主要流程 • 市场开发中设计的主要物流文案	• 能根据企业情况、市场环境等选择合适的市场开发战略 • 能根据企业实力和行业特点等选择合适的市场开发途径,并进行市场开发 • 能编制物流项目投标书和物流方案,拟定物流服务合同	• 三大战略的内涵及适用条件 • 市场开发的主要途径及基本流程 • 物流项目投标书的主要内容;仓储合同的主要特点及各类合同的基本内容;物流方案的主要内容

 导入案例

从网上购买家电已经成为一种时尚流行趋势。然而,像冰箱、空调、洗衣机这样的大家电本身体积大,对安装服务的要求高,因此家电网购中的"送货不上楼、送到不安装、送货区域有限、售后无服务"等,成为制约消费者网购大家电的最大障碍。大件物流的最后一公里成为行业性难题。首先是网络覆盖不够,谁能配送到乡镇村?其次是配送速度慢,谁能按约送到家?最后是专业化程度不高,谁能送到货并同步安装?在此背景下,青岛海尔日日顺物流浮出水面,他们的口号是:按约送达、送装同步。

推出这项服务,日日顺物流的保证体系是什么?主要体现在以下5个方面。

1. 深网络——覆盖无盲区直配到终端

网络为王,谁拥有大而深的网络,谁就能在最后一公里市场站住脚。目前,日日顺物流已在全国建立了90个辐射带动力强的区域物流中心,实现了全国物流服务全网络覆盖。不仅支持"上网、进区、到村、入户"的多元化物流配送模式,还建立起虚实网融合、与用户零距离的物流网。

2. 高效率——从一日一配到一日三配

日日顺物流利用3 000多条循环班车专线、多元化配送模式、码头管理、仓库按单备货等管理手段,使配送效率由原先的一日一配,提高到区域内的一日两配、一日三配。日日顺物流不仅提升了车辆资源的周转效率,同时也降低了配送成本。

3. 专业化——送装一体化

配送速度慢,大件商品送货、安装得多次上门等问题直接影响到用户体验。日日顺物流创新的专业化"七定"配送模式,实现24小时按约送达的配送能力。同时,结合对用户大数据的分析,建立起以用户最佳体验为核心的交互平台、交易平台和交付平台竞争力,并提出用户下单即预约、送装同步等创新模式来满足用户的个性化需求。

4. 标准化——贯穿供应链始终

日日顺物流以满足客户需求为导向,搭建起贯穿供应链全流程的企业标准化体系,其标准化体系具有以下特点:

(1) 以客户及用户需求为中心,提供从用户需求出发到用户满意的全过程完美服务体验。

(2) 制造业与物流联动发展,有贯穿整条供应链一体化集成服务标准化的平台。

（3）关注社会化物流总成本降低，而不是局部环节（仓储或运输等）的服务资源、效率、成本及库存水平的优化。

（4）开放创新的标准化体系，不断跟踪国际标准和国外先进标准，搜集国家和行业最新标准，沿用国际物流先进管理理念，持续创新、优化企业标准。

（5）建立社会化物流服务可推广标准化平台，形成跨行业、跨区域、多渠道互动推广平台。

5. 信息化——全流程产品、订单可视化

日日顺通过先进的物流技术运用，建立起贯穿全程的服务可视化、社会化的开放物流平台。

（1）全流程透明追踪的社会化公共信息平台，这个平台可以让日日顺物流与客户、供应商进行信息交换，可实现全流程产品信息、订单信息、物流资源作业的可视化。

（2）跨区域、行业、部门的开放性物流平台，目前可为10 000余家各级渠道客户、300余家各行业的社会化客户提供标准的物流服务。

（3）虚实融合、线上线下用户差异化体验信息平台，为客户提供货票同步、送装同步的差异化体验。

（资料来源：http://info.10000link.com/newsdetail.aspx?doc=2013110690055）

5.1 第三方物流企业市场开发战略

5.1.1 以客户需求为导向的市场开发战略

对于第三方物流企业而言，有效的以客户需求为导向的物流市场开发，就是根据客户的特殊需求来相应调整自己的经营行为，提高企业竞争力，增加顾客的满意度。了解客户需求最直接而有效的操作方法就是走访调查，提出一些定性的、开放型的问题，使顾客能灵活、准确地表达他们真正的需求。例如：

（1）贵公司目前的物流运作模式是什么样的？
（2）贵公司目前在物流运作中主要存在哪些问题？
（3）贵公司客户主要分布在哪些地方？
（4）贵公司每年的业务量大概有多少？
（5）贵公司对目前的物流服务商有什么评价？哪些比较满意？哪些不满意？
（6）贵公司希望物流服务商为您提供哪些服务？

在交谈的过程中，业务人员要注意倾听客户的谈话，站在对方角度尽力去理解其所要表达的内容，同时也要注意观察客户的非语言行为来了解客户需求。

案例5-1　百利威物流签约中国移动提供第三方仓储服务

2013年11月，国内知名的第三方仓储服务供应商北京百利威仓储物流（以下简称"百利威"）与世界500强企业、中国最大的通讯运营商中国移动签订仓库业务托管协议，百利威为中国移动北京公司的仓储业务提供专业的第三方仓储运营综合服务。

据悉,百利威与中国移动合作已有两年之久,此次是二者合作的一次升级,百利威为中国移动提供的仓库面积不仅增加近万平方米,而且提供了更加全面的仓储运营和管理服务。

北京百利威仓储物流有限公司杨经理介绍,百利威单独组建了一个40多人的专业团队,专职负责中国移动仓库的运营管理工作。其中四名主任都是资深物流师,已有近10年及10年以上的仓储管理经验。两名库管主任更是经过严格的竞争上岗选拔上来的。鉴于此次合作,杨经理提出了更高更严格的服务要求,百利威为中国移动提供7×24小时的全天候出库入库服务,"下单后2小时出库,1分钟开票,20分钟手续办完,随时提货"。

据悉,百利威作为中国最早和华北地区最大的仓储物流企业之一,为契合市场的变化,特别是电子商务的迅速发展,其服务模式和水平正在加速升级和蜕变。根据自身的优势和特点,百利威将自身定位为中国领先的电商物流服务提供商和现代仓储物流第一品牌。在传统仓储服务基础上利用仓储资源、行业经验、品牌效应,采用先进的技术手段和管理经验,整合各类资源,打造适合快速成长的电商物流市场需求,专业、集成、高效的标准化仓配一体运营服务体系和面向大规模、高成长、高利润企业的现代仓储物流网络。

为适应电子商务对仓储物流的特殊需求,百利威致力于全国仓储物流网络的发展,推出"钻石模型"仓储物流网络布局战略。目前已在北京、沈阳建成,正在武汉、廊坊、马鞍山等地建立现代物流仓储基地。沈阳基地一期工程已完满竣工,北京二期、武汉、马鞍山基地正如火如荼地建设。百利威网络以北京为中心,将逐步扩展到沈阳、武汉、成都、上海、广州等枢纽城市,进而形成覆盖全国重点区域的网络化布局,成为行业领先的电商物流提供商和现代仓储物流整体解决方案专家。

(资料来源:http://info.10000link.com/newsdetail.aspx?doc=2013112790026)

5.1.2 以管理为重点的物流市场竞争战略

物流企业市场竞争战略主要有三种选择:一是成本领先战略,二是资源集中战略,三是服务差异化战略。这些竞争战略的核心在于加强企业经营管理,提供高质量、低成本的物流服务。

1. 成本领先战略

当企业与竞争对手提供相同的服务和产品时,只有想办法做到产品和服务的成本低于竞争对手,才能在竞争中最终获胜。在制造行业,往往通过推行标准化生产、扩大生产规模来摊薄管理成本和资本投入。而在第三方物流领域,则必须建立一个高效的物流操作平台来分摊管理和信息系统成本。在一个高效的物流操作平台上,加入一个具有相同需求的客户,对固定成本几乎没有什么影响,当然具有成本竞争优势。

成本领先战略适合于实力强大的物流企业。一般来说,选择成本领先战略的企业需要发展相当规模的客户群来保障稳定的业务量,同时应具备先进的物流信息系统和覆盖整个业务区域的物流服务网络。

案例 5-2　北京邮政南区物流公司实施"低成本扩张"战略

1. 打科技牌，降低运营成本

从简单运输、功能性运输，发展到今天的第三方物流和精益物流，依靠科技进步，北京邮政南区物流速递公司（以下简称南区物流）闯出了一条新路。南区物流新近引进了全自动封装流水线。如果一条封发线需要 20 名人工，上流水线后仅需 12 个人就能完成，剩余 8 个人的固定成本支出一年就是 10 万余元，而流水线的总成本仅为 17 万元，其使用年限将达到 8 年以上。同时，使用流水线作业，工作效率将大幅度提高。据悉，这条集全自动中封系统、全自动边封系统、热收缩机、恒速皮带输送机、制签机、称重机等多种成熟型产品装置为一体的钢轨滚动型传送带流水线是根据南区物流工作需要而特别制造的，目前在国内尚属首例。据测试，该产品每分钟处理能力为 5 件，一个小时就能完成 300 件的工作量，大大减轻了人工负担。

南区物流为位于首都国际机场的智能化仓储库房，配备了数字监控系统、报警系统及各种防护设施，不仅保证了货物的安全性和可控性，更可实现客户零库存，满足其降低仓储成本的需求。

在物流企业的运营成本中，与客户联络和信息交流的费用也是不可忽视的。传统的交流方法如传真、电话、长话等费用很高，南区物流管理系统因地制宜，采用了外部充分利用互联网的优势与客户联络和交流信息，内部采用局域网技术进行内部处理，不仅节约了订单运转送达的时间，而且避免了手工操作容易发生的各种错误，提高了管理水平，降低了费用的支出。同时，南区物流管理系统实现了利用条码技术对每件产品的实时跟踪，率先为通信类企业解决了销售环节一直受困扰的难题。

2. 打市场牌，通过横向联合降低成本

青岛海尔公司是国内知名企业，2002 年南区物流竞标海尔手机物流配送业务成功后，客户要求异地分拨。面对海尔这一大客户，南区物流没有盲目将业务上马，而是在充分市场调研的基础上进行了业务可行性研究。如果凭借南区物流自己的力量在各省建分拨中心，寻找库房、添置设备，粗算起来，每个外站大约需要七八十万元的前期投入，在物流资金严重缺乏的情况下，这种投入根本无法实现。南区物流及时调整思路，与社会优势力量全面合作，搭载社会成熟网络开展工作，根据实地考察，南区物流选择了中外运济南公司负责海尔手机的出港和省内配送业务。这样不仅保证了服务质量与时效，还节省了大量物流成本。

目前，南区物流成功代理全国四五十家企业外地分拨业务，他们在全国 168 个大中城市设立了外站、委托投递点等，其分拨能力覆盖全国。

在利用社会渠道开展业务的同时，南区物流发挥自身优势发展汽运快速网，以期降低成本。公司现已开通了数条长途干线，预计还要增加另外几条干线。新运输干线的开通将进一步提升原有的运输能力，使运输网络更加密集，从而有效地降低成本，增强核心竞争力。

3. 打精品牌，节约成本，提高利润

南区物流坚持盈利方针，把盈利作为邮政发展物流业务的一个重要指标。在物流业务发展迅猛的同时，南区物流加强管理，向管理要效益，把精益思想与物流相结合，优化物流业务流程，整合物流共享资源，精简机构，去除冗余的运作环节，与客户携手，创造新价值。"发展精益物流就是为客户节约物流成本，提高利润，这与传统的经营方式有本质的不同。"南区物流企划部经理李洁如是说。

在对诺基亚公司（已被微软公司收购）宣传品的物流运作过程中，南区物流抽调专门力量，收集相关资料，作出了具有针对性、前瞻性的营销方案。除对每个代理商提供不同种类、不同数量的配送业务外，还为其提供分拣、再包装等增值服务。针对通信产品的特性需求，南区物流利用条码技术解决了手机串号这一难题，同时还推出了KPI（关键性能指标）服务指标。各业务部门、职能部门全部参与KPI管理工作，从而使诺基亚的物流运作时限及服务达标率均保证在99%以上，破损率和误投率控制在0.1%以下，最终将诺基亚公司宣传品业务由部分代理变为南区物流独家代理。截至目前，南区物流已承接了国内外十余家大型通信企业的物流工程，以其优质的服务获得了客户的好评。

（资料来源：http://www.chinawuliu.com.cn/xsyj/200909/23/141300.shtml）

2. 资源集中战略

资源集中战略，就是把企业的注意力和资源集中在一个有限的领域，这主要是基于不同的领域在物流需求上会有所不同。资源集中战略追求的目标不是在较大的市场上占有较小的市场份额，而是在一个或几个市场上有较大的甚至是领先的市场份额。其优点是适应了本企业资源有限这一特点，可以集中力量向某一特定子市场提供最好的服务，而且经营目标集中，管理简单方便，使企业经营成本得以降低，有利于集中使用企业资源，实现服务的专业化，实现规模经济效益。第三方物流企业应认真分析自身的优势所在及所处的外部环境，确定一个或几个重点领域，集中企业资源，打开业务突破口。

案例5-3 安吉汽车物流

安吉汽车物流有限公司（以下简称"安吉物流"或"公司"）成立于2000年8月，是上海汽车工业（集团）总公司旗下的全资子公司。安吉物流是全球业务规模最大的汽车物流服务供应商，共有员工17 000人，拥有船务、铁路、公路等10家专业化的轿车运输公司以及50家仓库配送中心，仓库总面积超过440万平方米，年运输和吞吐量超过570万辆商品车，并且全部实现联网运营。安吉物流作为一家为汽车及零部件制造企业提供服务的第三方物流公司，下属业务包括整车物流、零部件物流、口岸物流等三大业务板块，客户包括上海大众、上海通用、上汽通用五菱、一汽丰田、广汽丰田、比亚迪等几乎国内所有主机厂。2011年汽车物流量达574万辆，营业收入达132亿元，取得了业务量、收入、市场占有率均排名国内同行第一的骄人业绩，在国际同行中也名列前茅。目前，安吉物流是中国物流与采购联合会汽车物流分会轮席理事长单位，5A 级物流企业，"安吉"品牌荣获上海市服务类现代物流名牌称号。公司历年来多次获得上海大众、上海通用、上汽通用五菱、一汽丰田、广汽丰田等客户授予的"最佳供应商"等奖项。

（资料来源：根据安吉汽车物流有限公司公司网站资料整理）

3. 差异化战略

差异化战略是指企业针对客户的特殊需求，把自己同竞争者或替代产品区分开来，向客户提供不同于竞争对手的产品或服务，而这种不同是竞争对手短时间内难于复制的。企业集中于某个领域后，就应该考虑怎样把自己的服务和该领域的竞争对手区别开来，打造自己的核心竞争力。如果具有特殊需求的客户能够形成足够的市场容量，差异化战略就是一种可取的战略。在实际市场拓展中，医药行业对物流环节 GMP 标准的要求，化工行业危险品物流的特殊需求，VMI 管理带来的生产配送物流需求，都给物流企业提供差异化服务提供了空间。其实，对于一个起步较晚的新企业，差异化战略是最为可取的战略。

物流企业差异化战略的选择中，定位差异化和服务差异化是可供参考的两种基本思路。

（1）定位差异化

定位差异化就是为顾客提供与行业竞争对手不同的服务与服务水平。通过顾客需求和企业能力的匹配来确定企业的定位，并以此定位来作为差异化战略的实质标志。差异化战略是以了解顾客的需求为起点，以创造高价值满足顾客的需求为终点。因此在企业决定其服务范围与服务水平时，首先要考虑的是顾客究竟需要的是什么样的服务和服务要达到何种水平。

企业可以先选出在物流行业内顾客可能比较关注的服务要素，如价格、准确性、安全性、速度等要素。然后根据这些要素来设计调查表，让顾客根据自己的期望和要求给各个要素打分。目的是找出大多数顾客普遍认为重要的要素、不重要的要素及企业提供的多余的因素。调查表的最后要设计两个开放性问题：① 您认为还应该提供哪些重要的服务项目？② 您认为应该去掉哪些冗余的服务项目？这样企业可以明确了解到顾客需要哪些服务，以及哪些服务要素对顾客来讲最重要。

接下来企业要对自身的能力进行评估，看看自己能为顾客提供哪些服务。满足顾客的需求必须要与自己的能力相匹配，否则要么满足不了顾客的需求，而这种提高了顾客的期望值又实现不了的承诺反而会让顾客感到更加失望，要么就是虽然是满足了顾客的需求，但成本却太高让企业得不偿失。根据顾客的需求与企业自身能力的协调匹配，让企业明确自己可以在哪些方面有所为和有所不为。

在决定企业的服务方向后，企业要制定自己的服务水准。服务水平的制定要根据顾客对服务要素重要性的感知程度和竞争对手所提供的服务水平相结合来考虑。如果顾客认为重要的关键的服务要素，企业就应努力把自己的服务提高到行业最高水平之上。顾客认为是必要的但不是关键的服务要素，企业就只需保持在行业的平均水平。对顾客认为是锦上添花的服务要素，企业可保持在行业平均水平之下，因为这些服务并非是顾客所看重的。而那些顾客认为是可有可无的服务要素，企业完全可以取消，以此来降低成本。因此，在决定整体定位差异化的时候，必须要把顾客的需求、企业自身能力与竞争对手的服务水平

三个要素综合考虑。要做到三者的协调统一。

案例 5-4　越海全球物流有限公司的转型升级之路

越海全球物流有限公司（以下简称越海）是一家全球性、创新型现代物流企业，在国内外设有八大基地、16 个分（子）公司及 30 个运营网点，总注册资金 5.2 亿元。越海从最初的运输商、货运代理公司，成功转型为综合型供应链管理服务商。

1997 年，越海凭借自身实力成为飞利浦的物流供应商，服务范围也随着飞利浦的业务转型而不断延伸。从最初的原材料进口运输、工厂内的临时周转仓库服务，到显示器成品出口运输，越海凭借高效率、高效益、高质量的服务而颇得飞利浦赞许。随后，越海以其良好的服务记录和雄厚的运作实力，被飞利浦选中成为其一般贸易进口代理商，提供进口报关服务。为支持飞利浦对资金流更高的管理需求，越海更进一步为其提供代缴关税、增值税及代垫货款等资金密集型服务，同时物流服务也从进出口运输延伸到部分国内物流配送。2005 年 8 月 26 日，飞利浦对外正式宣布，其深圳总代理更换为越海。作为物流商，越海出面为大名鼎鼎的飞利浦整合分销渠道，这在国内同行中还是闻所未闻的事情。紧接着，越海大刀阔斧，迅速整合了飞利浦下游的分销渠道，成功帮助飞利浦减少了供应链环节，提高了物流效率，节约了供应链成本。借助长期合作所掌握的丰富产品经验及雄厚的资金实力、良好的管理能力、先进的信息管理能力，越海一出手就收到了立竿见影的效果：整合首月，就成功创出销售新纪录，超出去年同期深圳原总代理的销量近 35%。

越海在 IT 行业物流与供应链管理服务领域的屡屡创新举措，改变了一直以来的 IT 行业物流及采购分销模式，使产成品到消费者手中多环节、多渠道、多个体的模式得到了大大的改变，使一体化供应链模式成为可行，同时，越海的成功转型，使一体化供应链模式不断为物流企业探索可持续健康发展的新路提供良好的示范和参考。

（资料来源：牛鱼龙. 中国物流百强案例 [M]. 重庆大学出版社，2007）

(2) 服务差异化

服务差异化就是对不同层次的顾客提供差异化的服务。定位差异化强调的是与竞争对手不同，而服务差异化则强调的是顾客的不同。对顾客再怎么强调他的重要性也丝毫不会过分。因为顾客是有差异的，想要以一种服务水平让所有顾客都满意是不可能的。顾客本身的条件是各不相同，对满意的期望自然也各不相同。因为每个顾客对企业利润的贡献也各不相同，所以不同的顾客对企业的重要性也不会完全一样。并且重要的顾客对企业利润贡献大，自然他们要求企业提供的服务水平也要高。由于企业选择差异化战略，因此企业差异化战略不同，它对重要顾客的认同也会不一样。每个企业都会因其差异化战略而确定其重要的顾客群。

企业在实施差异化服务中与不同重要性的顾客建立不同的客户关系，提供不同水平的服务。一般来说，物流企业依据其差异化战略可以把顾客分为三类：第一类是对企业贡献最大的前 5% 的顾客；第二类是排名次之的后 15% 的顾客；第三类是其余的 80% 的顾客。根据著名的帕累托 80/20 法则，20%的顾客创造了企业 80%的利润。所以保留住这两类顾客就可保留住企业大部分利润来源。可见第一类顾客是企业最重要的顾客，第二类顾客也是很重要的顾客，而第三类顾客则是相对次要的顾客。对于这三类顾客分别采取差异化的服务方针。

针对这三类顾客，为第一类顾客提供 VIP 服务，为第二类顾客提供会员制服务，为第三类顾客提供标准化服务，从而形成物流企业的服务差异化战略。对第一类顾客的 VIP 化服务就是企业与这类顾客保持最紧密联系甚至结成战略联盟，采取主动积极的服务甚至作出一些超前的服务设想和服务储备。企业可以在组织结构业务流程等多方面去适应对方，为对方提供专人专项的服务，尽最大的努力去满足对方的需求。可以为顾客提供一体化的物流服务，从顾客角度出发为顾客设计系统的物流流程，来降低总的物流成本和提高顾客满意度。

案例 5-5　深圳华鹏飞物流的精准定位与差异化服务

深圳市华鹏飞现代物流股份有限公司（以下简称"华鹏飞"）是国内电子信息产业领域的专业物流服务商，主要为电子信息产业客户提供"一体化、一站式、个性化"的第三方物流服务。

华鹏飞总部位于我国电子信息产业极发达的珠三角地区，公司在与 FedEx、DHL、TNT、UPS 等跨国物流巨头以及中国对外贸易运输集团总公司等国内大型物流企业多年的竞争实践中，确立了以细分市场和专业路线为核心的公司发展战略。电子信息产业的物流服务市场具有"高端客户、高端市场、高端利润"的特点，华鹏飞一直定位于电子信息产业领域的专业物流服务商。目前，华鹏飞的主要客户包括联想、中兴通讯、富士康、华为、创维、方正、东芝等知名的电子信息企业，它是上述客户国内物流服务的主要提供商之一。

作为国内电子信息产业领域专业物流服务的骨干企业，华鹏飞通过嵌入客户生产、采购、分销及逆向等内部业务流程，提供综合物流整体解决方案。

针对特定的客户，华鹏飞成立项目小组，在收集、分析实时的物流信息的基础上，为客户量身设计个性化的物流服务方案，在提高客户满意度和忠诚度的同时，提升了物流服务的效率，降低了运营成本，形成服务标准化与需求个性化相互兼容的物流服务模式，体现了优质的物流整体方案策划能力。

对于重点客户，华鹏飞直接派出训练有素的客服人员进驻，并向客户开放物流信息平台端口，物流服务全程协同、流程可视；华鹏飞具有完整的区域性物流环境状况数据库、完备的特种货物保护措施指引、完善的节点服务覆盖面，确保客户物流需求在相对优化的物流环境下得到快捷执行。此外，华鹏飞信息管理系统具有全程监控能力，客户可对物流实施过程进行可视化监控，这是公司物流执行能力的完美体现。

除此之外，华鹏飞还可以应客户要求集成提供条码管理、补货、包装、仓储、库存分析、形式买断及供应商管理库存等多项增值服务。物流增值服务满足了电子信息产业客户快速响应市场、有效降低库存并减少存货持有成本的内在需求，有利于培养客户忠诚度，增强公司专业物流服务对重点客户的"黏性"。

（资料来源：http://finance.sina.com.cn/roll/20120816/012712861166.shtml）

5.1.3 以客户满意为目标的市场营销战略

1. 服务营销渠道策略

服务营销渠道策略是指第三方物流企业选择采用何种营销渠道销售现代物流服务的策略，具体有三个方面：

（1）自行建立直销服务网络。即第三方物流企业通过自己的电子商务网站或人员推销将现代物流服务直接销售给客户。

（2）利用他人服务营销网络。即通过他人的代理销售自己的物流服务。

（3）营销战略联盟。即通过与同业或其他行业的企业建立战略伙伴关系，共同推销双方的商品或服务，如第三方物流企业和工商企业相互介绍客户。

2. 关系营销策略

关系营销也叫"一对一"营销，是指在详细掌握客户有关资料的基础上，通过吸引、开拓、维持和增进与顾客的服务关系，以实现客户价值最大化的营销策略。具体就是不断识别客户，分析客户的变化情况；识别客户对企业的影响，抓住关键客户，发展潜力客户，利用价格杠杆保持一般客户的满意度；强化跟踪服务和信息分析能力，与客户协同建立起一对一关系，提供更快捷、周到的优质物流服务，提高客户满意度，吸引和保持更多的客户。

这一营销策略要求物流企业全面关注客户的需求和利益，培养开放的物流服务想象力，确立主动服务意识，全面考虑客户的价值取向和消费偏好，强调对于客户的服务承诺和服务质量的保障，对于客户的服务要有针对性地进行及时调整，拓宽服务面，在保证原有服务质量的基础上不断推出新的服务品种及增值服务，以提高客户满意度等。对于第三方物流企业而言，关系营销应该是整个营销策略组合的核心。采用这一营销策略可以使第三方物流服务企业与客户形成一种相互依存的关系，并通过这种依存关系获得长远的业务。

3. 服务促销策略

物流服务促销是物流企业在经营过程中，为了争取、维持和巩固适合自己的客户，扩大业务量，利用多种措施和手段把本企业所能提供服务的一切有用信息，诸如服务的内容、方式、特色、价位等，传递给客户的一种综合经营活动。通过物流服务促销活动，客户可以对物流企业有一定的认识，进而才可能享用企业提供的服务。

物流服务商与客户建立成功关系的十大关键因素

沟通（Communications）：物流服务商应与客户建立良好的沟通机制，增强相互理解，及时发现和解决问题；

灵活性（Flexibility）：物流服务商应对客户的需求变化具有灵活性；

创新（Innovation）：物流服务商应不断创造新的增值服务项目，改进对客户的服务；

诚信（Integrity）：物流服务商应以与客户实现双赢为目标，努力与客户建立相互信任的关系；

个性化服务（Personal Service）物流服务商应为客户提供量身定制的个性化服务；

生产率（Productivity）：物流服务商应努力提高物流运作效率，降低物流成本，缩短供货周期；

关系管理（Relationship Management）：物流服务商应从合作关系的建立到维护与发展中自始至终保持与客户的良好合作；

响应性（Responsiveness）：物流服务商应对客户的服务要求表现出良好的响应性；

技术竞争力（Technical Competence）：物流服务商应采用先进的物流与信息技术，为改进客户服务提供支撑；

价值（Value）：物流服务商应主动参与客户物流合理化空间的发掘，不断为客户创造新的价值。

5.2 第三方物流企业市场开发流程

5.2.1 第三方物流企业市场开发途径

1. 常见的市场开发途径

目前在物流企业中常见的客户开发途径主要包括以下几种：

（1）广告。通过广告营销进行客户开发，广告营销又分为电视媒体广告营销、平面媒体广告营销、户外广告营销等。

（2）电话。通过电话方式进行客户开发，该方式的客户开发通常与客户拜访同时使用，电话开发客户多用于前期客户资料的收集，通过配合客户拜访促成交易的完成。

（3）网络。基于互联网的客户开发，该方式是随着网络的兴起而产生的，既可以通过网络媒体的方式发布广告，也可以通过诸如专业物流广告发布网、专业物流论坛等网络渠道进行客户开发。

（4）品牌。是指物流企业通过各种渠道在消费者心目中建立起自身的品牌形象，再通过品牌形象进行客户开发的一种业务拓展方式。通常品牌开发是一个长期的过程，需要不断地为消费者提供特色性、高质量的物流服务才能建立起品牌效应。

（5）展会。是指物流企业通过在一些物流展会上向客户展示自身的服务网络、服务优势等内容获得客户认可的一种开发方式。在物流展会上，企业还可以更深入了解企业自身与同行企业的差异，接触丰富的潜在客户资源并借此掌握客户的普遍性需求。

（6）竞标。是指物流企业通过向物流招标方投标的方式获得物流业务的一种开发方式。通过竞标增加企业在重要商务场合的曝光率，可以使业界更多地了解企业的服务能力，并且竞标的成功将直接带来物流服务的业务。

（7）产业联盟。是一种新的业务开发模式。所谓物流产业联盟是指通过联合不同区域的物流机构，整合业界优势资源，突破恶性竞争瓶颈，形成良好的合作关系，以达到资源有效利用，优势有效放大，产业有效集聚，人力有效流动，为产业创造新优势，形成新合力的一种组织。而产业联盟开发则是建立在产业联盟基础上进行的，相对于单个物流企业的市场开发，产业联盟开发更具有竞争力，也更具有规范性。

2. 市场开发途径比较

在上述七种开发途径中,基于互联网的开发方式是成本最低的一种。而通过电话方式进行客户开发是最具时效性、最有针对性的一种,业务员可以通过这种方式第一时间了解客户的需求,以进行应变和需求挖掘。广告式的客户开发具有一定的延时性,而且初期投入成本也比较大,但其具有受众面广的开发效果。表 5-1 分别从成本、时效性、针对性、内容、适应性、易接受性和传播特点七个方面对所有开发途径进行比较。

表 5-1　市场开发途径比较

模式	成本	时效性	针对性	内容	适应性	易接受性	传播特点
广告	高	较快	一般	丰富	提高知名度	强	点对面
电话	低	快	强	单调	快速占领市场	弱	点对点
网络	最低	慢	一般	丰富	提高知名度	较强	点对面
品牌	高	慢	较强	—	提高知名度	—	点对面
展会	低	快	较强	丰富	快速占领市场	强	点对面
竞标	低	较慢	强	单调	快速占领市场	强	点对点
联盟	低	—	强	—	物流业务延伸	—	—

物流企业在选择市场开发途径时,要根据自身物流特点、市场占有率、市场知名度等多个方面进行分析,制定合理的市场开发策略。在实践中,如以快递业为例,像 DHL、UPS 及 Fedex 等全球性的快递公司会选择在影响范围广的频道播放电视广告来提高市场知名度,通过提高市场知名度来获得客户的认可。而对于中小快递企业来说,通过媒体播放电视广告来获得市场份额显然不恰当,一方面是成本因素,另一方面是电视广告的针对性不强,相对来说,中小快递企业选择电话开发比较合适。

5.2.2　第三方物流企业市场开发流程

1. 初步接洽

这是第三方物流企业市场开发的第一步,也是获得商业机会的前提。第三方物流企业通过各种沟通方式如面谈、电话、传真、电子邮件等与潜在客户联系,洽谈物流业务。第三方物流企业的业务人员应注意选择合理的沟通时间、地点,也应准备必要的文件资料,如公司简介、物流资源、技术条件、客户资源、业务设想、基本的费用方案等,以便向客户展示企业的优势和能力。在这一过程中,业务人员一定要注意语言和行为举止,以便给客户留下好的印象。

2. 需求识别与定位

客户表示出有接受第三方物流企业提供的物流服务的意向后,业务人员需要进一步与客户企业的相关部门和人员进行深入细致的沟通,准确识别客户的需求意图,并对客户需求进行定位,以便为客户设计个性化的物流服务,撰写物流方案建议书。

准确识别客户的物流需求是一项非常关键的工作。第三方物流企业的业务人员可以事先设计一份客户需求调查表来了解客户需求。表 5-2 列出了一些客户需求的类型。

表 5-2　客户需求类型

分类标准	物流需求
按照客户意图	推行新的物流战略以获取竞争力 尝试通过物流外包降低综合成本 补充和积累在新的市场缺乏的基础物流设备和操作经验 解决物流运作中遇到的困难……
按照客户需求	仓储、运输、包装、加工……
按照所属领域	供应物流、销售物流、生产物流……
按照客户类型	供应链主、供应商、同行业竞争者、同行业互补者

3. 撰写建议方案

这可以看作第一轮方案设计。主要任务是根据客户需求分析的结果，设计初步的物流服务方案，供客户考虑是否与第三方物流企业合作。建议方案是一份非常重要的文件，也是展示第三方物流企业服务水平和实力的工具。因此，第三方物流企业的业务人员应具备较强的方案设计能力。

案例 5-6　某第三方物流企业为客户撰写的建议方案提纲

1. 对任务的认识（现状描述和分析）
2. 主要解决方案
3. 预计成效
4. 预计费用
5. 实施步骤
6. 时间安排
7. 其他

附录 1：物流公司介绍
附录 2：项目开发时间进度安排

4. 再次接洽

再次接洽的目的是确认客户对进一步合作的诚意、物流方案建议书的可行性等内容，同时明确下一步合作的工作重点，使整个项目能有条不紊地开展。

5. 与客户共同进行作业规划

在客户基本明确进一步合作的意图，对物流方案建议书基本确认的情况下，第三方物流企业的业务人员应组织公司的管理专家、技术团队根据客户企业的具体情况和要求，与客户企业共同进行作业规划和详细的物流服务方案设计，提供详尽的物流解决方案。

案例 5-7　某物流企业为 H 客户制作的物流解决方案提纲

1. 引言
2. H 公司物流现状调研分析
2.1　物流组织
2.2　物流运作
3. H 公司项目物流解决方案内容
3.1　项目物流方案的设计策略
3.2　主要业务流程模块
3.3　主要业务流程物流作业
4. H 公司项目物流方案的实施
4.1　方案实施范围及阶段规划
4.2　方案实施成功要素
4.3　H 公司物流解决方案工作组
5. H 公司项目物流报价方案
5.1　项目全程物流业务流程图
5.2　物流服务内容
5.3　数据来源以及相关假设
5.4　对 H 公司需求
5.5　单据及付款条件
5.6　合同
6. 物流企业介绍

6. 签约

当客户企业认可第三方物流企业的物流方案，并就双方的物流合作事宜达成一致意见后，就可以签订第三方物流服务合同。合同签署前，双方一般会就合同条款进行多次谈判，合同内容最好能征求财务部、运营部和法律顾问的意见，以免出现瑕疵。

合同的签订意味着第三方物流企业的业务拓展取得了成果。

7. 内部作业设计

为了保证项目的完成，第三方物流企业内部也要进行相应的设计和安排，主要包括组织设计、人力安排、资金筹措、业务运营计划、服务保障、信息资源整理等。

8. 项目启动与实施

第三方物流企业业务开发的最后一步就是启动物流服务项目，按所签署的合同和设计的物流方案实施项目，并在实施中不断改进服务。

5.3 第三方物流市场开发中的物流文案

5.3.1 物流项目投标书

1. 第三方物流服务项目招投标的概念与流程

第三方物流项目招标就是招标人（一般为第三方物流服务需求方）在购买第三方物流服务前，按照公布的招标公告，公开或书面邀请投标人（一般为第三方物流服务提供方）在接受招标文件的前提下前来投标，以便招标人从中择优选择的一种交易行为。

第三方物流项目投标就是投标人在同意招标人拟定的招标文件的前提下，对招标项目提出自己的报价和相应的条件，通过竞争企图被招标人选中的一种交易方式。

物流项目招投标流程总体可以分为招投标前期准备、投标方评价和最终的商务谈判及合同签订三个阶段。具体的招投标流程如图5-1所示。

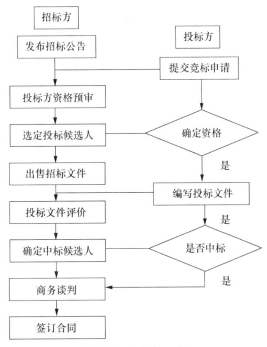

图 5-1　招投标流程

（1）招投标前期准备。招标方发布招标公告，投标方通过各种途径获得招标信息，向招标方提交竞标申请。一般情况下招标方会将招标公告发布在专业的招标网站或自身的门户网站上，投标方在获取招标信息时注意信息的收集和筛选。

（2）投标方评价。在投标方向招标方提交竞标申请后，招标方会根据投标方的企业实力进行投标方评价，通过该评价来确定投标方是否有竞标资格。如果投标方通过资格预审，则可以购买招标文件，据此编写投标文件，并在规定的时间和地点提交投标文件，参与竞标。招标方组织评标委员会对投标文件进行评价，确定中标候选人。

（3）商务谈判及合同签订。在最终确定投标方之后，招投标双方开始进行商务谈判，以确定最终的合同细节部分。

2. 物流项目投标书的编制

（1）物流项目投标书的一般性内容

物流项目投标书的主要内容一般应包括以下这些方面：

① 提案的基本目标。提案的基本目标包括方案的宗旨和服务的承诺，需描述客户所需的物流服务能力，如年配送华东地区 100 万箱易碎货品等。

② 企业物流资源和优势介绍。这部分主要介绍物流企业在物流设施设备硬件、软件方面的资源，在管理制度方法上的优势，还可介绍之前成功服务客户的经验以及被服务客户的介绍。

③ 企业物流服务模式。需要详细描述物流服务各子模块的具体运作方法，例如，配送子方案、仓储子方案等，该部分是整个提案的重点，需要充分体现物流企业的能力。

④ 物流信息服务模式。由于信息是物流的灵魂，尤其需强调为客户提供的信息服务，如在线下单、配送状态查询以及统计报表的导出和其他数据服务等。如果客户本身有物流信息系统，那么就可能会涉及双方信息系统的接口问题。

⑤ 服务报价。服务报价一般可以通过"成本＋利润"的方式计算，或者通过市场行情结合之前的经验来报价。如果客户需要，还要提出总体报价、分项报价和特殊操作费用等。

为避免后续的纠纷，在投标书中一般需要明确以下事项：第一，提供物流服务的绩效指标及考核方法，如准时送货率、差错率、货损率等，明确这些指标的含义和考核方法；第二，对于特殊服务所需收取的合同外费用也需明确提出并双方确认，如某些货品装卸困难，需要特殊装卸设备，又如某些货品需要进行额外包装加固等；第三，如有可能，可提供几套方案供客户选择，以增加提案成功的几率。

（2）物流项目投标书的制作原则

一般物流项目投标书制作应遵循详细、明确、真实三个原则。

① 详细：在企业进行物流招标时，除了物流企业的硬性指标外，招标方更关心物流企业的服务能力，有的企业会在招标文件中注明一些有关服务能力的说明，所以投标企业在制作标书时，要尽可能详细地告知客户自己可以帮助解决的问题。

② 明确：物流企业在做标书时，经常会涉及如运输时效、月盘点差异率、发货准确率等关键指标的制定，这些指标的制定要清晰明确，让招标方清晰地了解到投标企业的物流管理能力。

③ 真实：物流企业在制作标书时，一些指标的制定或者其他的物流能力要真实准确，不能为了获得投标方的认可而编造虚假信息。

（3）物流项目投标书举例

物流项目投标书举例见附录 2。

5.3.2 物流服务合同

1. 第三方物流服务合同的概念及特点

第三方物流一个重要特点就是物流服务关系的合同化，第三方物流通过合同的形式来规范物流经营者和物流消费者之间的关系。物流经营者根据合同的要求，提供多功能直至全方位一体化的物流服务并依照合同来管理其提供的所有物流服务活动及过程。因此第三方物流又叫合同制物流或契约物流。

所谓第三方物流服务合同，就是第三方物流服务活动的当事人之间设立、变更、终止权利义务关系的协议。

第三方物流服务合同具有以下特点。

(1) 双务合同

第三方物流服务合同的双方均既享有权利，也负有义务。例如，第三方物流服务商有完成双方约定服务项目的义务，并有收取相应费用的权利；而第三方物流服务商的客户有支付服务费的义务，也有获得完善服务的权利，一旦出现服务瑕疵，有向服务商索赔的权利。

(2) 有偿合同

第三方物流服务商以完成全部服务为代价取得收取报酬的权利，而第三方物流服务商的客户享受完善服务的权利是以支付服务费为代价的。

(3) 要式合同

第三方物流服务合同一般涉及运输、仓储、配送、流通加工等内容，运输中又可能包括远洋运输、公路运输、铁路运输、航空运输等，双方的权利、义务关系复杂。只有具备一定的形式，如书面形式，才能使合同得到更好的履行，才能更好地保护当事人的合法权益。

(4) 诺成合同

第三方物流服务合同的当事人各方意见一致，合同即成立。在第三方物流服务合同的标的物交付之前，物流服务需求方和第三方物流企业可能已经为履行合同进行了准备，支出了成本，如果以交付标的物为合同成立的条件，不利于保护双方当事人的利益。

(5) 有约束第三者的性质

第三方物流服务合同的双方是服务方和客户方，而收货方有时没有参加合同的签订，但服务商应向作为第三者的收货方交付货物，收货方可直接取得合同规定的利益，并自动受合同的约束。

2. 第三方物流服务合同的当事人

第三方物流合同当事人一般包括以下三种。

(1) 物流服务需求方

物流服务需求方一般作为物流合同的当事人之一，享有法律及第三方物流服务合同规定的权利，履行相应的义务，是物流法律关系中主要的一方。主要包括制造业和流通业中的物流服务需求企业或个人。

(2) 第三方物流经营人

第三方物流经营人是物流合同的另一当事人，通常是与物流服务需求方签订物流服务合同的第三方物流企业。

(3) 物流合同的实际履行方

物流服务需求方和第三方物流经营人是第三方物流法律关系中重要主体，但一般还包括物流合同的其他实际履行方，包括运输企业、仓储企业、加工企业、港口企业等。第三方物流经营人通过实施代理权或分包权使这些企业参与物流合同的履行，成为第三方物流法律关系不可或缺的主体。

3. 第三方物流服务合同的种类

第三方物流服务合同种类很多,有仓储合同、公路运输合同、租船合同、海上货物运输合同、航空运输合同、多式联运合同、设备租赁合同、承揽合同等。

(1) 货物运输合同

货物运输合同是承运人将货物从起点运输到约定地,托运人或收货人支付运费的合同。一般来说,货物运输合同的当事人有承运人和托运人两方,如果收货人不是托运人,则运输合同当事人有承运人、托运人和收货人三方。运输合同的标的是运送行为,而不是被运送的货物。公路货物运输合同样本可见附录3。

(2) 仓储合同

仓储合同又称仓储保管合同,是指由仓储保管人储存存货人交付的仓储物,由存货人支付仓储费用的合同。在仓储合同关系中,委托保管的人称存货人,实施保管的人称保管人,交付报关的标的物为仓储物。

仓储合同为诺成合同,即合同从成立时即生效,而不是等到仓储物交付才生效。这一点显著区别于实践性的保管性合同。附录4是一份仓储合同样本。

(3) 多式联运合同

多式联运合同是指多式联运经营人以两种以上的不同运输方式将货物从发运地运至目的地的合同。多式联运合同具有以下特点:

第一,承运人为两人以上,但合同只有一个;

第二,各承运人以相互衔接的不同运送手段承运;

第三,托运人一次交费并使用同一运送凭证。

多式联运合同样本见附录5。

5.3.3 物流解决方案

1. 物流解决方案的含义与形式

物流方案是指从事物流活动的物流项目方案和物流运作方案的总称。物流项目方案是企业为完成特定物流项目而制订的方案。它有两层含义:一是指某个具体物流活动的总概念形成,如受客户委托,从事某产品具体物流活动而作出的规划和实施计划,或针对物流市场中的目标市场作出的面向社会的物流运作模式;二是指解决物流活动问题的方法和具体运作的描述,如在某物流活动规划和实施计划指导下而作出的标准业务操作流程(Standard Operation Procedure,SOP)和具体规划制度等。

物流方案是针对企业物流和社会物流需求作出的物流服务的承诺、方法、措施及建议,既是计划书、可行性报告,更是作业指导书。物流方案主要有三种类型:一是向客户企业进行物流服务投标而形成的物流方案;二是针对客户的物流实际情况进行策划和设计,形成的物流服务方案;三是针对物流市场机会形成的社会物流方案。其形式主要有物流项目建议书、投标书、物流方案设计报告、物流规划书等。

(1) 物流项目建议书

物流项目建议书是一种简单的物流方案,它是在客户物流服务的框架要求下所作出的关于能基本满足物流服务要求的思想、概念和初步的服务承诺、服务模式及能达到承诺所具有的服务优势、初步的服务报价等。项目建议书是进行物流市场拓展的重要措施之一。

（2）物流项目投标书与合同

第三方物流企业参加物流项目招标活动，在经过详细分析、研究和评估招标文件后制作的物流项目投标书，以及中标后签署的合同也是一种物流方案。

（3）物流方案设计报告

物流方案设计报告是在合同签订后，对客户现有物流量、物流绩效等数据进行调研的基础上设计出来的详细解决方案，是最终的物流方案。这种方案针对性强，富有个性，能满足具体企业的物流需求。

（4）物流园规划方案

物流园是为了物流设施集约化和物流运作共同化，或者出于城市物流设施空间布局合理化的目的而在城市周边等区域，集中建设的物流群与众多物流业者在地域上的物流集结地。物流园既是企业概念，又是地域概念；既可由一个物流企业经营管理，也可由数个物流企业经营管理；面向社会，为广大客户提供全面的综合物流服务。对物流园区的规划设计也是一个物流方案。

2. 物流解决方案的基本内容

客户提出的物流服务要求不尽相同，客户的产品也千差万别，因此物流解决方案的内容也不尽相同。但无论什么样的方案，其基本条件是能够为客户提供合理的、低成本的、高效率的物流服务。基于这一点，物流解决方案的基本内容是有共性的。

（1）方案的基本目标

所有的物流解决方案都要以客户需求为中心，全心全意为客户服务，以与客户结成战略合作伙伴为宗旨。因此，这一部分应该把解决的具体目标阐述清楚，指明物流服务范围，作出物流服务承诺，并提出为达到承诺而采取的措施，使客户对方案的全貌有大概了解。

（2）企业物流资源和优势介绍

第三方物流企业为客户设计解决方案，必须把自己企业的资质、物流资源、物流服务优势等在方案中介绍清楚，如已有的车队、仓库类型、仓库数量、信息系统、管理团队、整合社会物流资源的能力、服务经验、已往的成功案例等。这部分内容也是服务承诺实现的基本条件。

（3）企业物流服务模式

物流解决方案的核心是物流服务模式设计，对物流服务两个主要环节——仓储与配送管理、运输方式及优化要进行详尽说明。一般可将物流服务模式分为几个主要环节，对这几个主要环节的业务流程、优化方法、控制手段、管理方式进行描述，使物流方案更加明确，更具操作性。在表达上，可以采用流程图加以说明，也可以设计多种方式供客户选择。

（4）物流信息服务模式

物流信息服务模式主要根据客户的物流需求而定，以实用、节约为设计原则。如果客户不要求高水平的动态实时监控，就没有必要设计 GPS 等高水平的信息系统，否则就会造成巨大投资，从而提高物流成本。

（5）服务报价

对物流方案的每个环节，要给予详尽的服务价格说明。通常服务报价一般可以通过"成本＋利润"的方式计算，或者通过市场行情结合之前的经验来报价。服务价格在物流方案中占十分重要地位，要谨慎对待。

(6) 物流服务建议

好的物流方案,不但能满足客户提出的物流服务需求,而且能提出许多有益的建议,使物流成本进一步降低,服务效率进一步提高。第三方物流企业是专业的物流公司,在为客户提供物流服务时应有自己独特的技术和方法,这些内容可以以建议的形式提出,供客户选择。

(7) 结束语

简单的结束语可以概括物流服务理念,表示进一步真诚合作的思想。

3. 第三方物流解决方案设计

(1) 仓储方案设计

仓储方案设计的流程如图 5-2 所示。

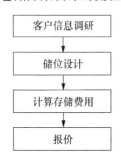

图 5-2 仓储方案设计流程

① 客户信息调研。主要是针对客户货品储存信息,如货物库存量、进出口频率、货物属性等,进行调查和研究。

② 储位设计。包括两个方面:一是需要多大的存储空间,包括总的需求空间和每个商品的需求空间;二是该种商品应该存放在仓库中的位置,即储位设计。

仓库总需求面积等于仓库存储区域面积加上其他功能区域和辅助功能区域面积。存储区域面积取决于在库货品的平均库存量和存储方式。其他功能区域包括发货区、收货区、理货区、加工区、配装区等功能区域及员工休息室、卫生间、设备存放区、办公室等辅助功能区域。

储位安排主要取决于货品存放的方法和原则。货品存放的方法主要有分类储存法、定位储存法、随机储存法等。

③ 计算存储费用。根据设计的仓储方案,依据货品的属性不同,计算其存储成本。

④ 报价。根据计算的仓储成本,在增加一定利润率的前提下,参照同类企业仓储成本,对客户进行报价。如果客户对价格提出异议,双方进行协商,得出令双方都满意的最终价格。

(2) 运输方案设计

运输方案设计的流程包括以下几个方面。

① 运输调研。主要包括物流需求方的客户地址、各条线路的路况、各条线路的运量及送货频率等。

② 运输设计。

运输时效。根据客户对运输时效的要求及物流供应方自身的运输能力,双方共同协商运输时效最终结果。另外对路况较差或者运输距离较远的地方,运输时效需要弹性较大一些,同时费用也相对高一些。

运输路径。为了保证运输时效并节约成本,物流供应方要根据调查的各运输线路的路况,选择合理的运输路径,以最短的时间、最低的成本完成运输任务。

运输工具。运输工具也影响着运输时间的长短。选择运输工具时要考虑货品属性、运输时效、货品数量和路况等因素。

③ 运输费用计算。运输费用在全部物流费用中占很大的比例,运输费用的高低在很大程度上决定了整个物流系统的竞争能力。物流企业要根据运输设计,依据运输路线、货

品数量、货品属性等计算运输费用。

④ 报价。根据运输费用的计算结果,在增加一定比例利润的情况下,对客户进行报价。

案例 5-8　浙江八方物流为 A 企业设计的物流解决方案

浙江八方物流有限公司(以下简称八方物流)是浙江省第一家注册的物流公司,也是浙江省生产性物流研究课题的牵头单位之一。永无止境的服务是八方物流始终追求的目标。下面将八方物流给某橡胶企业(以下称 A 企业)所设计的物流解决方案提供如下。

A 企业为一家大中型国有企业,随着服务竞争时代的到来,A 企业原本适用的经营方式和管理模式正在逐步显现出它的不足之外。主要表现在以下几个方面:

(1) 产品经销商对 A 企业的忠诚度不够,始终成为 A 企业销售上的一大隐患。

(2) 产品物流系统较为混乱,采购、生产和销售难以实现一体化运作,无法为客户提供更优越的物流服务,没有充分利用已经建立的物流渠道。

(3) 销售网络从广度来看覆盖面不够,较为狭窄,从深度来看渗透力不够,只涉及一级代理商,对终端客户没有形成控制力。

(4) 品牌知名度不够,市场影响力不强。这些问题的出现正是 A 企业公司的管理体制、销售模式和经营理念与服务性经济不适应的具体表现。

八方物流建议 A 企业进行了以下几方面的改革,逐步解决以上一系列问题。

1. 改造现有的物流系统结构

建立"以杭州物流中心为核心,各异地仓库配送中心为骨架"的物流网络。

1) 仓储设置

A 企业总体上形成以杭州为中心仓库,各异地仓库为配送仓库的总体格局。

(1) 中心仓库包括原材料仓库,轮胎仓库和车胎仓库。因为原材料和产品生产紧密相连,因此,考虑将原材料仓储设在厂区内,由 A 企业公司派人管理库存。由原材料供应商直接将原材料送到 A 企业。轮胎仓库和车胎仓库总面积估计需要 8 万~12 万平方米,外包给八方物流,由八方物流进行杭州中心仓库的建设和投资。根据 A 企业公司的需要和实际操作经验,八方物流计划按以下要求配备中心仓库:

① 所有库内地面均采用无尘漆处理,保证库内货物的清洁卫生。

② 装卸平台配备液压升降平台,提高集装箱车装卸货物的效率。

③ 建造 1 万平方米的高架辅助库,高度 7 米。

④ 库区内接通 DDN 专线,配备电子扫描无线传输系统。

⑤ 配备进行专业轮胎作业的叉车 2 辆或 3 辆。

(2) 各异地仓库设置。根据 A 企业公司的销售量,在全国划分六大异地仓库即六个区域配送中心,各配送中心负责本区块的产品配送。各地区仓库通过两种方式来设立:

① 整合、收编该大区内一级代理商的仓库,由八方物流进行管理和配送。

② 直接由八方物流在设库当地选择合适的仓库作为配送仓库，并由八方物流进行库存管理和配送管理。2）运输供应商管理

目前，A企业公司内有多家运输公司在共同承运A企业的货物，导致一方面A公司对运输公司管理困难，服务水平参差不齐；另一方面，由于订单分散化，难以实现规模经济，人为地增加了物流成本。改革后，A企业公司将所有干线运输和异地区域配送的业务统一外包给八方物流，由八方物流进行物流资源的整合。

2. 加强物流信息化，建立以条形码为核心的信息系统

为了配合A企业公司的发展，八方物流根据A企业公司对条码的要求，投资开发物流管理系统。该系统包括调度管理系统和仓储管理系统两大部分，适用于总部物流中心和各异地配送中心。

3. 改革现有销售模式，逐步取消一级代理商

A企业现有的销售渠道主要有两条，一条是由A企业直接送货到汽车配套厂或自行配套厂，另一条是A企业送货到各个一级代理商仓库，再由一级代理商仓库配送到下一级代理商或终端用户，这样的销售模式削弱了A企业的竞争力。鉴于以上原因，八方物流建议A企业建立集商流、物流为一体的销售模式。将销售点设在各异地配送仓库内，销售系统和物流系统相互独立，各异地销售处人员接受总部销售处的指令，各异地配送中心接受八方物流总部的指令，八方物流总部接总部销售处的指令。异地销售人员接受各代理商和终端客户的订单，由异地配送中心直接交货物到代理商的下一级客户或终端客户，在此过程中逐渐打响A企业品牌，做好A企业服务，最终实现终端客户直接向A企业下单，淘汰中间代理商。经过以上各项改革，A企业有关部门的功能实现了转换，出现了异地配送仓库为主的配送订单而存货，总部物流中心为各异地仓库的安全库存而存货，生产线为总部物流中心的安全库存而生产的状况。

4. 解决变革产生的遗留问题

任何的变革都会对原来的体系产生影响，对原来体系中的元素（即人和生产资料等）会进行重新分配和安排，A企业公司的变革当然也不能例外。八方物流作为这场变革的参与者，和A企业共同解决了这些问题。

1）富余的人员问题。

八方物流通过两种途径解决这个问题：

① 从中培训选拔出一批作为A企业的客户服务人员，来解决A企业因销售网络扩张而造成的销售人员不足问题。

② 其余人员纳入八方物流的管理体系，由八方物流进行重新招聘、培训，由八方物流解决其就业问题。

2）富余的生产资料

八方物流采取买断或租赁的方式将这些生产资料转移到八方物流。

3）在A企业运作的其他运输车队

能淘汰的淘汰一批，由于某种原因难以淘汰的，将这些运输车队纳入八方物流的管理，由八方物流来保证其业务量。

5. 实施效果评估

（1）由于在各地建立了商流和物流一本化的异地配送中心，实现了以下效果：

① A 企业的服务可以直接影响到终端客户，可以使 A 企业摆脱代理商的制约，将生命线牢牢控制在自己手里。

② A 企业的物流效率更高。对所有客户基本可以实现自确认客户订单后 2 天内到货的承诺，部分客户甚至可以实现当天到货，这将大大有利于 A 企业的销售，有利于缩短资金周转周期；同时，有效提高了对高频率、小批量的零散订单的履行能力，为改革现行的代理制度奠定了基础，使 A 企业向终端客户的配送成为可能。

③ 为解决 A 企业销售通道浅而狭窄的问题提供了现实条件，有利于 A 企业的销售渠道从广度和尝试上进行拓展，从而达到 A 企业的直销网络覆盖至终端客户的目的。

④ 通过稳定部分车源进行异地配送，在车辆上和各异地配送中心做广告等方式，使 A 企业的品牌深入人心，从而在全国范围内打响 A 企业的品牌。

⑤ 将异地配送仓库设在配套厂周边，大大提高了 A 企业公司对配套厂的配套能力，缩短 A 企业的服务响应时间。

（2）由于建立了高效的、以条形码为核心的物流系统，各异地配送中心和总部物流系统形成了点到点的对接。一方面使 A 企业公司决策层可以随时了解总部物流中心和异地配送中心的实时库存，从而保证部库存的最小化，降低库存资金积压；另一方面最大程度缩短了信息交流时间，减少了信息交流成本。

（3）由于实现了销售物流统一外包给八方物流，一方面降低了 A 企业公司的管理难度，另一方面有利于实现物流的规模化效应，为降低物流成本提供了有利条件。

（资料来源：http：//www.chinawuliu.com.cn/xsyj/200409/06/132082.shtml）

本章小结

第三方物流企业要生存和发展，就必须不断拓展市场，开发客户。本章首先介绍了第三方物流企业市场开发的三大战略，即以客户需求为导向的产品开发战略、以管理为中心的市场竞争战略和以客户满意为目标的市场营销战略。第三方物流企业应该根据企业实力、市场环境等选择合适的开发战略。

接着介绍了市场开发途径、开发流程和主要的物流文案。第三方物流企业常见的市场开发途径有广告、电话、网络、品牌、展会、竞标和产业联盟。在市场开发的过程中，涉及的物流文案主要有物流项目投标书、物流合同、物流解决方案。本章重点在于如何识别客户需求，并根据客户需求、企业资源设计物流解决方案。

某商行与某储运公司曾于 2008 年 4 月 3 日订立一份仓储保管合同，由储运公司为商行保管布料、旧自行车等物，该合同应于 2009 年 5 月 30 日终止。在该合同终止以前（2009 年 4 月 30 日），商行提出其 50 辆自行车因无处堆放，在合同到期后继续在储运公司处放存半年，为此商行向储运公司多支付保管费 3 000 元，储运公司表示同意。2009 年 7

月15日，商行与储运公司又订立了一份仓储保管合同，合同规定，由储运公司为商行保管衣服、布料等物品，时间为一年，从 2009 年 9 月 1 日至 2010 年 9 月 1 日，保管费为 3.5 万元。合同还规定："任何一方违约，应按保管费的 30% 向对方一次性支付违约金，并应赔偿对方的损失。"合同订立后，储运公司即开始清理其两个仓库，并拒绝了有关单位要求为其保管货物的请求。同年 9 月 4 日，储运公司突然接到商行的通知，称原定需保管的部分衣服、布料，因为他人没有供货，因此不能交给其保管。另有部分货物因其租到了仓位，也不再需要储运公司保管。储运公司提出如解除合同，则商行应支付全部保管费并支付违约金，否则将扣留储运公司先前寄存的 50 辆自行车。商行认为储运公司的要求极不合理。双方因不能达成协议，遂向法院提起诉讼。

请问：（1）商行是否负有违约责任？说明理由。
（2）储运公司要求商行承担支付全部保管费及违约金的要求是否合理？为什么？
（3）储运公司可否留置被告的 50 辆自行车？为什么？

思 考 题

一、多项选择题

1. 第三方物流企业市场开发经常采取的战略有（　　）。
   A. 以客户需求为导向的产品开发战略　　B. 以管理为中心的市场竞争战略
   C. 以客户满意为目标的服务营销战略　　D. 以成本为核心的战略
2. 以管理为中心的市场竞争战略主要有（　　）三种。
   A. 成本领先战略　　B. 资源集中战略
   C. 管理有限战略　　D. 服务差异化战略
3. 服务营销渠道一般有（　　）。
   A. 关系营销　　B. 营销战略联盟
   C. 自行建立直销服务网络　　D. 利用他人服务营销网络
4. 物流方案的表现形式主要有（　　）。
   A. 物流项目建议书　　B. 投标书
   C. 物流规划书　　D. 物流方案设计报告
5. 选择运输工具时要考虑（　　）因素。
   A. 货品属性　　B. 运输时效
   C. 货品数量　　D. 路况

二、简答题

1. 物流项目投标书一般包括哪些主要内容？
2. 如何设计仓储方案？仓储方案设计应该从哪些方面考虑？
3. 如何设计运输方案？运输方案设计应该从哪些方面考虑？

三、案例分析题

A 企业专门生产车用柴油机，其客户分为两大类，一类是汽车制造企业，另一类是分布在全国各地的 30 多个零部件经销商。第一类客户的需求主要是整机（柴油机），因客户订货的计划性较强，且批量大，易于组织物流活动。而第二类客户的需求是保修、维修、更换用的零部件，特点是品种多、型号多、批量小、随机性强，对客户的承诺是接到订单48小时内货物必须出运。公司目前的做法是：仓储业务由仓储服务商B承担，运输业务由运输服务商C承担。针对第二类客户，目前的服务流程大致如下：

A企业的备品科接到客户订单后通知仓储服务商B，由B在48小时内备好货物，并加以包装，再由运输服务商C将货物运送至客户处。近来，A企业发现这种运作方式的弊端越来越明显，客户经常投诉，不是运送时间过长，就是包装破损严重，而破损包装的零部件，经销商很难销售出去。就客户投诉的问题，A企业经常与B和C交涉，但问题得不到解决，原因如下：

A企业与运输商C交涉时获得的反馈意见是，C的车辆按时到达了仓储服务商B的仓库，但B经常没有按时完成发运货物的包装，导致不能按时发车；包装破损严重是因为B包装作业不规范造成的。而与仓储服务商B交涉时获得的反馈意见是，B按时备好了货物，运送不及时的原因是C的车辆不按时到达仓库，或者C在运送途中绕远"干私活"（司机自己承揽的配货业务），而且因在零部件的上面转载"私活"，导致零部件包装破损严重。

为此，A公司的物流经理非常苦恼。

请问：（1）你认为该公司的物流运作存在哪些问题？
（2）你认为该公司应如何解决目前存在的问题？请给出你的解决方案。

实训项目　模拟物流企业市场开发

一、实训目的

通过模拟物流企业市场开发流程，学生能够领悟物流市场开发的技巧，并能根据市场开发需要制作相关的物流文案。

二、实训要求

1. 4～6人一组，以组为单位模拟物流市场开发。
2. 小组内部自主决定市场开发背景，自由分配角色。
3. 要求根据市场开发需要，制作物流服务合同，物流项目投标书或者物流解决方案。
4. 根据模拟情况，分组完成实训报告。

第三方物流企业经营管理

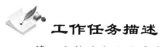 工作任务描述

第三方物流企业就是要通过专业化运作,帮助客户企业提高物流运作效率,降低物流成本,满足客户需求。物流企业如何保证物流运作的效率,如何保证物流服务的质量,是企业经营管理必须要解决的问题。而物流企业自身,也应该加强成本管理,保证效益最大化。

本章涉及的工作任务和要求如下。

工作任务	工作要求
能对运输、仓储、配送的作业过程进行有效管理	• 掌握运输、仓储、配送作业的一般流程 • 会填制相关表格和单证
运用质量管理方法加强并持续改进物流企业服务质量	• 掌握物流企业质量管理的主要内容 • 熟知物流企业服务质量管理的方法和持续改进服务质量的途径 • 能对第三方物流企业服务质量进行评价
在明确物流成本计算内容的基础上,分析并提出降低物流企业运营成本的措施	• 明确物流成本计算对象 • 能分析物流企业运营成本状况,并提出针对性意见和建议

 知识概览

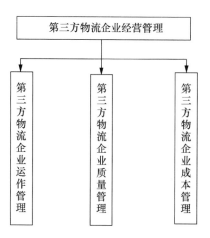

第6章 第三方物流企业经营管理

 学习目标

知识目标	能力目标	学习重点和难点
• 第三方物流企业运作管理的主要内容 • 第三方物流企业的质量保证体系及质量管理方法 • 第三方物流企业成本计算对象及成本管理	• 能绘制物流企业运作的流程图，填制各种单证 • 能运用质量管理方法加强物流服务质量管理 • 能采取各种举措降低物流企业的经营成本	• 第三方物流运作流程 • 第三方物流质量管理的主要内容及方法 • 物流成本的内容

 导入案例

随着人们与快递的联系越来越紧密和生活节奏的加快，快递速度时效也成了考验快递企业服务能力、质量与水平的一个重要指标。

韵达快递非常重视快件时效，长期以来，在"公平诚信、快捷安全、热情周到、服务一流"品牌理念的指引下，不断提高快件全程全网的运作时效和服务品质。除了在揽收、分拨操作和派送等环节提高快件操作时效之外，在快件运输环节，韵达快递还根据客户需求和快件种类采取陆路运输、航空运输等多种运输方式，努力形成企业的核心运输优势和能力。

由于客户对快递服务时效的要求越来越高，为了能够在承诺的时限内准时无误地将快件送达客户手中，快递企业需要整合调度各种地面和空中资源，实现高效率的多式联运，在短距离如省际和部分邻近区域内可以通过陆路运输的方式实现，但是在远距离如跨省、跨国区域内，则常常需要通过航空运输实现。随着业务规模的不断扩大，韵达快递为了进一步提升快递产品的核心竞争力、更好满足客户的时效要求，目前正在逐步将地面运输网络与空中运输网络结合起来，实现多种运输方式的"齐驱并驾"，致力于构建强大的立体运输网络"部队"，从而保证客户多样化的快件寄递需求的实现。

如何建立韵达快递强大的立体运输网络"部队"？

一是强化布局。陆运方面，在全国建立各级分拨中心；航空方面，在各枢纽机场建立航空运输平台。目前，韵达快递已经建设了能够贯通和连接全国各网点的各级分拨中心70余个，在全国各主要机场开辟航空运输通道，实现了地面运输与航空运输资源的融合，为进一步打造立体化运输网络奠定了坚实基础。

二是无缝对接。为了实现陆路运输与航空运输的无缝对接，韵达快递制定了主干线、次干线各个车辆的发车、到车时间，确保快件运输车辆在分拨中心至分拨中心、分拨中心至网点公司、分拨中心及网点至机场之间的发车、到车时间的准点。

三是加强管理。韵达快递通过全国各分拨中心调度平台和在各省会城市建立的航空部及时监控快件陆路、航空运输状态及陆路与机场航空的运输对接情况，对于突发情况，做到第一时间掌握并采取应急措施加以处置。在保证陆运快件和航空快件运输时效的前提下，韵达快递通过总部信息管理平台对快件发运和提货时间进行实时监控，并利用手持终

端设备对发运与提货信息及时扫描上传，确保快件运行信息的实时传递，方便客户查询快件运行状态。

（资料来源：http：//www.56856.cn/news/15013.htm）

6.1　第三方物流企业运作管理

6.1.1　第三方物流企业作业管理概述

物流企业作业管理是根据物流服务的需要，通过科学的方法对物流企业的活动要素运输、仓储、装卸、搬运、包装、流通加工、配送等进行管理，即计划和调度各种运输设备，规划运输路线，合理地进行储存和配送，使货物能够顺畅地到达目的地。

1. 第三方物流企业作业管理职能

（1）物流企业作业计划

作业计划是进行环境分析、目标确定、方案选择的过程。第三方物流企业作业计划包括运输作业计划、仓储作业计划、配送作业计划、装卸搬运及流通加工作业计划等。

（2）物流企业作业组织

物流企业作业组织是指按照一定的物流作业组织形式，运用一定的机械及配套工具，遵照规定的作业标准和规范，按一定的操作流程，以合理和经济的原则完成物流作业的方法。

物流企业作业组织的方法常用的是集装单元作业法。即应用不同的方法和器具，把有包装或无包装的物品，整齐地汇集成一个扩大了的、便于装卸搬运的并在整个物流过程中保持一定形状的作业单元，如托盘、集装箱、集装袋、料箱、容器等。

（3）物流企业作业协调

物流企业作业协调就是平衡在作业过程中人与人、设备与设备、人与设备之间的关系，使物流企业作业活动在投入最少的情况下，效益最大化。通过优化作业系统，降低作业总成本。具体方法如下：

① 作业消除（Activity Elimination）。作业消除主要是针对非增值作业而言的。经过作业分析，一旦确定某项作业为非增值作业，就应采取措施把它消除。例如，越库作业，用最少的搬运和存储作业，减少了收货到发货的时间，降低了仓库存储空间的占用，同时也降低了货物的保管成本。

② 作业选择（Activity Selection）。即从多个不同的作业方案中选择最佳的作业方案。例如，汽车零部件供应物流模式，有供应商直接送货模式、集配中心模式、作业现场配送中心模式、供应商园区模式和模块化模式等可供选择，汽车制造企业应根据零部件的特点、供应商的地理分布、物流企业的服务能力等要素选择最合适的物流模式。

③ 作业减少（Activity Reduction）。即通过改善已有物流作业的方式来降低物流活动所耗用的时间和资源。例如，装卸单元集装化，就可以充分利用机械设备提高装卸效率，减轻人工作业强度。

④ 作业分享（Activity Sharing）。即利用规模经济提高物流作业的效率。例如，通过

对多个零售店开展共同配送，提高货车的装载率，就可减少单位产品的运输成本，进而降低总物流成本。

（4）物流企业作业控制

物流企业作业控制是保证计划目标得以实现的重要手段，是要指出作业中容易出错的地方，引起注意。例如，配送中心作业有四个关键控制点：

① 货物遗失危害的关键控制点，易出现在暂存环节。

② 数据差错危害的关键控制点，易出现在到货预报、验收、订单处理和拣货环节。

③ 作业时间逾期危害的关键控制点，易出现在收货、订单处理、配送环节。

④ 货物损坏危害的关键控制点，易出现在搬运、装车、配送环节。

第三方物流企业通过对这些控制点的有效控制，可以减少危害的发生，提高作业效率，减少损失。

2. 第三方物流企业作业管理的内容

第三方物流企业作业内容包括运输作业、仓储作业、配送作业、装卸搬运作业、流通加工作业和包装作业。

3. 第三方物流企业作业管理的目标

第三方物流企业作业管理目标是物流企业作业管理活动所要达到的效果的具体体现。物流作业管理强调低成本、高质量和快速响应。具体如下。

（1）快速响应

这是物流作业目标中最基本的要求。是否能做到快速响应关系到一个企业能否及时满足客户的服务需求，能否与企业建立稳定的供求关系。物流网络化、物流信息的畅通、储存合理化、减少运输时间、提高装卸搬运的效率等都会影响到物流企业的响应速度。

（2）最低库存

这是物流仓储作业目标的核心。最低库存的目标同资产占用和相关的周转速度有关。最低库存越少，资产占用就越少；周转速度越快，资产占用也越少。存货周转率高、可得性高，也意味着投放到存货上的资产得到了有效利用。因此，要以最低的存货满足客户需求，从而实现物流总成本最低。

（3）集中运输

集中运输是物流作业中实施运输成本控制的重要手段之一。运输成本与运输产品的种类、运输规模和运输距离直接相关。随着经济的快速发展，消费需求呈现多样化、个性化特点，企业生产出现多批次、少批量的局面。为了降低运输成本，物流企业应大力发展集中运输，以充分发挥运输的规模经济效益。

（4）最小损失

这里的损失是指突发事件带来的损失。在物流企业作业过程中，破坏系统作业的突发事件可以产生于物流作业的任何环节，例如，空运作业因为天气原因受到影响，铁路运输作业因为地震、塌方等灾害受到影响。传统的应对解决办法是建立安全存货，或是使用高成本的运输方式。但这两种方式都将增加物流成本。为了有效地控制物流成本，目前多采用信息技术以实现主动的物流控制，使突发事件的影响在某种程度上可以被减少到最低。

（5）保证质量

物流作业就是在不断地寻求客户服务质量的改善与提高。因为一旦货物质量出现问

题,物流的运作环节就要全部重来。例如,运输出现差错或运输途中导致货物损坏,企业不得不对客户的订货重新操作,这样一来不仅会导致成本的大幅增加,而且还会影响到客户对企业服务质量是否认同。因此,物流作业对质量的控制不能有半点马虎。

(6) 生命周期支持

绝大多数产品在出售时都会标明其使用期限,若超过这个期限,厂商必须对渠道中的货物或正在流向顾客的货物进行回收。物流企业作业管理就是要有效地减少作业环节,缩短作业周期,避免资源浪费,及时、高质量地提供物流服务。

物流服务的价值是在一系列的物流作业活动中形成的。物流企业通过连续的物流作业活动为客户创造和提供价值,同时实现自身的价值增值。

6.1.2 第三方物流企业运输管理

物流企业的运输管理就是对整个运输过程的各个部门、各个环节及运输计划、发运、接运、中转等活动中的人力、物力、财力和运输设备进行合理组织,统一使用,实时控制,监督执行,以求用同样的劳动消耗,创造更多的运输价值,取得更好的经济效益。

1. 第三方物流企业运输管理的主要内容

第三方物流企业运输管理的主要内容包括运输决策、运输过程管理和运输后管理三部分。

(1) 运输决策

运输决策是指在运输作业进行之前所作出的有关运输方式、运输工具、运输线路、运输时间、运输成本预算、运输人员的配备和运输投保等多种方案和最佳方案的选择过程。这一过程还包括为作出决策所必须进行的客户资源、服务项目及运输源的管理等工作。它是整个运输管理的前期工作。

(2) 运输过程管理

运输过程管理包括对发运、接运、中转和运输安全的管理及对伴随货物流动而进行的人员流动、资金流动的管理。发运管理包括落实货源、检查包装标记、安排短途搬运、办理托运手续等工作。接运管理则包括对交接手续、接卸货物、储位准备、直拨等作业的管理。中转管理除注意中转的衔接外,还应在加固、清理、更换破损包装等方面加强工作,以提高运输质量。运输过程管理是整个运输管理的核心部分。

(3) 运输后管理

运输后管理包括运费结算和账务处理、索赔和处理他人索赔、运输设备的维修与回库等。

2. 第三方物流企业运输作业基本流程

物流企业运输方式包括公路运输、铁路运输、水路运输、航空运输、管道运输等。在此以某配送中心为例,介绍其运输作业的基本流程。

某配送中心的运输流程如图 6-1 所示。

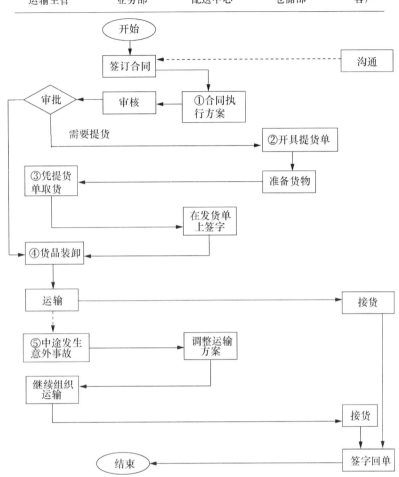

图 6-1 某配送中心运输流程

具体说明如表 6-1 所示。

表 6-1 运输流程图说明

任务概要	商品运输管理
节点控制	相关说明
①	配送中心根据业务情况，拟订合同执行方案
②	如需要提货，仓储部开具提货单
③	运输人员凭提货单提货
④	运输主管组织货品装卸，办理各种手续，进行货品运输
⑤	如果中途发生意外事故，如道路、天气等原因，配送中心根据实际情况调整运输方案

3. 第三方物流运输管理相关单据

为了加强运输管理，运输作业过程中会涉及货物托运单、运输记录表、交运物品清单、运输通知单、派车单等表格。

（1）货物托运单

货物托运单是托运人向承运人或其代理人办理货物托运业务的凭证。根据运输方式的不同，货物托运单有陆运托运单、海运托运单和空运托运单。表6-2为某物流公司货物托运单样本。

表6-2　某物流有限公司货物托运单

托运日期： 年 月 日					起运站：		到达站：		No.	
收货单位					联系人					第一联存根（白）第二联客户（黄）第三联跟车（蓝）
详细地址					电话/手机					
货物名称	件数	包装	重量	体积	保险(价)金额	保险(价)费	运费	合计		
总运费金额			人民币　　万　　仟　　佰　　拾　　元整　¥：							
付款方式	预付：		到付：	回结：			送货方式	送货〔 〕自提〔 〕		
备　注										
运输协议	1. 请托运方认真阅读以下运输协议，在您签字后说明您已无异议。 2. 托运人应如实申报货物名称和重量，不得夹带易燃、易爆、剧毒等违禁物品。否则所引起的一切后果由托运方全部负责。 3. 承运方不开箱验货，交接货物时以外包装完好为准，在外包装完好的情况下内包装缺损和丢失与承运方无关。 4. 收货人收获时应对货物认真清点验收，如发现货物丢失、损坏（不可抗力除外）应当场要求索赔，收货人在收到货物签收后，货损、丢失承运方概不负责。 5. 托运人或收货人不按时支付杂费，承运方有权拒运或留置其货物。若一个月后仍不提货，按无主货物处理。 6. 托运人需变更到货地点或收货人，应在货物未运达目的地之前书面通知承运方，并承担由此增加的费用。 7. 托运人对所托运货物必须参加保险，如不参加保险承运方在运输中若发生重大货损，其最高赔偿额按照运费的3倍理赔。									
托运单位 联系电话 托运方签章						承运人 签章				

（2）交运物品清单

凡不属同品名、同规格、同包装的货物，在一张货物运单上不能逐一填写的，可以填交运物品清单，详细记载货物名称与规格、包装形式、件数、体积、重量和价值等。表

6-3为某物流公司交运物品清单样本。

表6-3 交运物品清单

起运地点： 　　　　　　　　　　　　　　　　　　运单号码：

编号	货物名称与规格	包装形式	件数	新旧程度	体积（长×宽×高）	重量（千克）	保险（价）价格

托运人（签章）　　　　　承运人（签章）　　　　　　　　　年　　月　　日

（3）派车单

车辆调度人员根据货物数量和性质、客户地址、送货路线等内容，指派送货车辆与送货作业人员，安排具体的装车与送货任务。派车单是司机和送货人员执行出车送货作业任务的依据。表6-4为某物流公司派车单样本。

表6-4 派车单

顾客名称		需车时间	年　月　日　时　分	
需车类型		预计返回	年　月　日　时　分	
司机及送货人员				
需车事由	地点	货物名称及规格	数量	
顾客验收意见			顾客签名：	日期：
出入公司时间	出门	年　月　日　时　分	门卫签字	
	入门	年　月　日　时　分	门卫签字	

6.1.3 第三方物流企业仓储管理

1. 第三方物流仓储作业基本流程

仓储作业是仓储管理的核心内容，主要围绕产品的入库、在库保管、出库三个阶段展开。在此以某配送中心为例，介绍其仓储作业的基本流程。

某配送中心的仓储作业流程如图6-2所示。

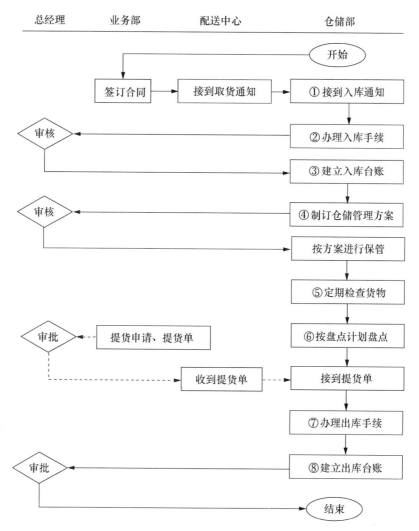

图 6-2 某配送中心仓储作业流程

具体说明如表 6-5 所示。

表 6-5 仓储作业流程说明

任务概要	仓储管理
节点控制	相关说明
①	● 业务部与客户签订合同后，收到对方的发货单，据此业务部开具取货通知 ● 配送中心根据取货通知安排车辆按时取货，同时向仓储部开具货物入库通知 ● 仓储部根据货物入库通知，开展入库前的准备工作，包括整理出货物存放场所、机械、人员、材料的准备等
②	货物运到后，仓储部组织人员按货物入库流程办理入库手续
③	仓储部入库手续经办人员建立相应的入库台账，更新库存台账
④	仓储部经理根据合同要求和货物的性质，组织制订仓储方案，该方案应详细规定保管办法、检查等事项，制订完毕后应报相关领导进行审核

续表

任务概要	仓储管理
节点控制	相关说明
⑤	• 仓储部按领导审批的仓储方案，对货物进行保管，并定期对货物存储情况进行检查 • 在检查过程中，若发现问题，及时向有关领导报告，并妥善进行处理
⑥	根据盘点计划，定期对仓库内的货物进行盘点
⑦	• 业务部根据合同要求，提出提货申请，开据提货单，并提交相关领导签章，然后交予配送中心准备提货事宜 • 配送中心凭签章完备、手续齐全的提货单到仓储部取货 • 仓储部检查提货单，按货物出库流程办理货物出库手续，包括备货、理货、记账等
⑧	仓储部出库手续经办人员建立相应的出库台账、更新库存台账

2. 第三方物流仓储作业规范

（1）入库作业

货物入库一般是指仓库根据货物入库凭证接收货物入库储存，并进行卸货、搬运、清点数量、检查质量、办理入库手续等一系列操作的总称。具体作业规范如下。

① 入库准备。

A. 加强日常业务联系。根据储存情况，经常与客户、仓库主管、运输承运商或运输部门联系，掌握入库货物的品种、类别、数量和到库时间，以精确安排入库的准备事项。

B. 妥善安排仓容。当接到进货单，在确认无误后，根据入库货物的性能、数量、类别，结合分区分类保管要求，核算所需的货位面积（仓容），确定存放位置及必要的验收场地。

C. 组织人力。根据货物进出库的时间和数量，做好收货人员和搬运、堆码人员等劳动力的安排工作。采用机械操作的要定人、定机，事先安排作业序列，做好准备。

D. 准备验收和装卸搬运的机具。根据入库货物验收内容和方法，以及货物的包装体积、重量，准备各种点验货物数量、质量、包装和装卸、堆码所需的点数、称量、测试机具等所有用具。

E. 准备苫垫、劳保用品。根据入库货物的性能、数量和储存场所的条件，核算所需苫垫用品的数量，据此备足所需的数量。对于底层仓间和露天场所存放的货物，应当注意苫垫货物的选择和准备。同时还应根据需要准备好劳动保护用品。

② 入库检验。

A. 验收准备。包括以下几方面内容：一是准备相应的检验工具，如磅秤、量尺、卡尺及需用的仪表等，所有检验工具必须预先检查，保证准确；二是收集和熟悉验收凭证及有关资料；三是进口货物或存货单位需要指定质量检验者，应通知有关检验部门会同验收。

B. 核对证件。凡入库货物必须具备下列证件：存货单位提供的入库通知单、订货合同等；供货单位提供的质量证明书或合格证、装箱单、磅码单和发货明细表等；运输单位

提供的运单。核对证件就是将上述证件加以整理并核对。同时供货单位提供的质量证明书、合格证、发货明细表等均应与合同相符。

C. 检验实物。为力求及时、准确地验收，检查每次（批）收货时，主要全面检查大件数量及包装标志与入库凭证所列是否相符，包装外部有无异状。对于货物包装内部的细数和质量的验收，通常根据货物的不同特点、业务部门的要求、仓库设备条件及人力情况，按一定的比例进行抽样验收。

③ 办理入库。

A. 货物入库签收。入库货物与入库凭证相符合且无异常的货物，收货保管员在入库凭证上签注本人姓名、收货时间、加盖保管专用章。签收完毕后，应及时将入库凭证副本及货损货差证明、货运记录等凭证交付存货单位。

B. 挂、记保管卡。按签收货物的品名、规格、数量、货号、入库凭证单号逐垛挂/记保管卡。保管卡必须挂在货垛醒目的位置。

C. 入库登记。货物入库验收后，当日未签注入库凭证的，应进行入库货物到货登记；当日签注入库凭证的，主管保管员应登记保管账。

（2）在库保管作业

在库作业是对货物进行清理的同时采取合理的堆码方式、苫垫，分区分类保管，按期盘点，以确保货物数量无误和在库期间的质量完好。

① 理货。在对货物进行堆码前，应先对货物进行整理，确保货物达到以下要求：商品的数量、质量已彻底查清；商品包装完好，标识清楚；外表的沾污、尘土、雨雪等已清除，不影响商品质量；对受潮、锈蚀及已发生某些变质或质量不合格的部分，已经加工恢复或者已剔除，与合格品不相混杂；为便于机械化操作，货物已经进行了合理的包装等。

② 堆码作业。为了便于保管并维护货物储存安全，必须根据货物的性能、数量、包装质量、形状及仓库条件，按照季节变化的要求，采取恰当的方式、方法，将货物堆放得稳固、整齐。货物堆码的基本要求是确保货物、人身与仓库安全，便于仓库作业，合理利用仓容。

通常的货物堆码法有三种：一是散堆法，适用于存放没有包装或不需要包装的货物，如煤炭、矿石等大宗货物；二是货架堆码法，适用于存放小五金、交电零件及工艺品等贵重、零星小件货物；三是堆垛法，适用于堆放有外包装的（如箱、桶、袋等）货物，或不需要包装的如大五金、木材等大件货物。常见的堆垛方式包括重叠式、纵横交错式、仰伏相间式、压缝式、通风式、栽柱式等。

③ 苫垫。苫垫分为苫盖和垫底。苫盖和垫底都要根据货物的性能、堆放场所、保管期限及季节、温湿度、光照日晒、风吹雨淋等情况，进行合理选择。

苫盖一般是针对堆放在露天货场的货物，为避免直接日晒和风、雨、霜、雪的侵损所采取的保护措施。库房、货棚中有些货物需要防尘的，也可作简单的苫盖。苫盖的基本要求是刮风揭不开，下雨渗不进，垛要整齐，肩有斜度。其主要方法有就地苫盖法、鱼鳞式苫盖法和活动棚苫盖法。

垫底一般是指在货垛下面用各种物料铺垫，为隔地面的潮湿，便于通风，防止货物受潮、霉变、残损所采取的保护措施。货物如何垫底，决定于储存场所和货物性能这两个基本条件。

④ 分区分类保管。分区分类保管是一种对仓储物进行科学管理的方法。实行分区分

类管理可以缩短收、发货作业时间,合理使用仓库,有利于保管员掌握货物进出口的活动规律,熟悉货物性能,提高货物保管技术水平。妥善安排好货物的分区分类,必须考虑以下因素:

A. 凡同类货物、性质相近且有消费连带性的,要尽量安排在一起储存。

B. 按货物性质和仓库条件安排储存。例如,怕热物品要放在低温库、地下室或其他阴凉场所储存;可以露天保管的货物,就存放在货场;地坪负荷量小的楼上库房,可存放轻泡货物。

C. 互有影响、不宜混存的货物,一定要隔离存放。例如,化学危险品不要与一般货物混存一库;相互串味、影响质量的货物不可混存。

D. 从作业安全、方便考虑分区分类。例如,进出频繁的货物,在分区上要尽量安排在靠近库门之处,或车辆出入方便之处;笨重的长、大五金物品,不宜放在库房深处和远离库门之处;重货避免和易碎品存放一起,以免在搬运操作时影响易碎品的安全。

E. 必须考虑货物的消防安全措施。消防灭火施救方法不同的货物应分别储存。例如,有些货物燃烧需用泡沫灭火器灭火,而有些货物则要用二氧化碳灭火器施救,这样两种货物就不易混存在同一货区。

⑤ 货位选择与货位编码。货位的选择是在分区分类保管的基础上进行的。分区分类保管是对库存货物的合理布局,货位选择则是具体落实每批入库货物的储存点。合理选择货位,就是要确保货物安全,方便吞吐发运,力求节约仓容。

货位编码是在货物分类分区储存的基础上,将仓库周围的房、棚、场及库房的楼层、仓间、货架等按地点、位置顺序编列号码,并作出明显标识,以便货物进出库可按号存取。实行货位编号能提高仓库收、发货效率,缩短收、发货作业时间,减少差错,也便于仓储物的统计和检查监督,做到账货相符。常见的货位编码方法有区段式、货品类别式和地址式。

⑥ 盘点。为了对库存物品的数量进行有效控制,并查清其在库中的质量状况,必须定期或不定期地对储存场所进行清点、查核,这一过程称为盘点作业。通过查数量、查质量、查保管条件、查安全,来查清仓库实际库存量和在库物品的质量状况,帮助发现仓库管理中存在的问题。常用的盘点方法有账面盘点法和现货盘点法。现货盘点法根据盘点时间频率的不同又可分为期末盘点法和循环盘点法。

(3) 出库作业

货物出库业务是仓库根据业务部门开出的货物出库凭证,按其所列的货物编号、名称、规格、牌号、单位、数量等项目,组织货物出库登账、备货、复核、包装、分发出库等一系列作业的总称。

① 核单。审核货物出库凭证,主要是审核正式出库凭证上填写的项目是否齐全,有无印鉴;所列提货单位名称、货物名称、规格重量、数量、码头、合约号等是否正确;单上填写字迹是否清楚,有无涂改痕迹;提货单据是否超过了规定的提货有效日期等。如发现问题,应立即联系或退请业务单位更正,不允许含糊不清地先行发货。

② 备货。按出库凭证所列的项目,核实并进行配货。属于自提出库的货物,不论整零,保管员都要将货配齐,经过复核后,再逐项点付给提货人,当面交接,以清责任。属于送货的货物,应按分工规定,由保管人员在包装上刷写或粘贴各项发运所需的标志,然后集中到理货场所待运。

③ 复核。为了保证出库货物不出差错，备货后应进行复核。出库的复核形式主要有专职复核、交叉复核和环环复核三种。除此之外，在发货作业的各道环节上，都贯穿着复核工作。例如，理货员核对单货，守护员（门卫）凭票放行，账务员（保管会计）核对账单（票）等。这些分散的复核形式，起到分头把关的作用，都十分有助于提高仓库发货业务的工作质量。复核的内容包括：品名、型号、规格、数量是否同出库单一致；配套是否齐全；技术证件是否齐全；外观质量和包装是否完好。只有加强出库的复核工作，才能防止错发、漏发和重发等事故的发生。

④ 包装。出库货物的包装必须完整、牢固，标记必须正确清楚，如有破损、潮湿、捆扎松散等不能保障运输中安全的，应加固整理，破包破箱不得出库。各类包装容器上若有水渍、油迹、污损，也均不能出库。出库货物如需托运，包装必须符合运输部门的要求，选用适宜包装材料，其重量和尺寸，便于装卸和搬运，以保证货物在途中的安全。包装完毕后，要在外包装上写明收货单位、到站、发货号、本批总件数、发货单位等，并在相应位置上印刷或粘贴条码标签。

⑤ 点交。出库货物经过复核和包装后，需要托运和送货的，应由仓库保管机构移交调运机构，属于用户自提的，则由保管机构按出库凭证向提货人当面交清。

⑥ 登账。点交后，保管员应在出库单上填写实发数、发货日期等内容，并签名。然后将出库单连同有关证件资料，及时交货主，以便货主办理货款结算。

⑦ 现场和档案的清理。经过出库的一系列工作程序之后，实物、账目和库存档案等都发生了变化。应按下列几项工作彻底清理，使保管工作重新处于账、物、资金相符的状态。

A. 按出库单，核对结存数。

B. 如果该批货物全部出库，应查实损耗数量，在规定损耗范围内的进行核销，超过损耗范围的要查明原因并进行处理。

C. 一批货物全部出库后，可根据该批货物入出库的情况、采用的保管方法和损耗数量，总结保管经验。

D. 清理现场，收集苫垫材料，妥善保管，以待再用。

E. 代运货物发出后，收货单位提出数量不符时，属于重量短少而包装完好且件数不缺的，应由仓库保管机构负责处理；属于件数短少的，应由运输机构负责处理。若发出的货物种类、规格、型号不符，由保管机构负责处理。若发出货物损坏，应根据承运人出具的证明，分别由保管及运输机构处理。在整个出库业务程序过程中，复核和点交是两个最为关键的环节。复核是防止差错的重要和必不可少的措施，而点交则是划清仓库和提货方两者责任的必要手段。

F. 由于提货单位任务变更或其他原因要求退货时，可经有关方同意，办理退货。退回的货物必须符合原发的数量和质量，要严格验收，重新办理入库手续。当然，未移交的货物则不必检验。

3. 第三方物流仓储管理相关单据

仓储作业的过程中，为了加强作业管理，方便作业人员和管理人员对数据进行统计分析，通常会涉及大量的单据和表格，如保管货物资料卡、入库单、入库验收单、出库单、库存管理卡、装箱单、发货明细表、货物拒收单、废料处理申请单等。表6-6至表6-10分别为某物流公司的相关表单样本。

表6-6 入库验收单

订单编号：　　　　　　验收单编号：　　　　　　填写日期：

货物编号	品名	订单数量	规格符合 是	规格符合 否	单位	实收数量	单价	总金额

是否分批交货	□是 □否	检查	抽样____%不良 全数____个不良		验收结果	1. 合格 2. 不合格		验收主管	验收员
总经理	财务部					仓储部			
	主管		核算员			主管		收货员	

表6-7 入库单

客户名称及编号：　　　　　　　　　　　　　　编号：

品名	规格	货物编号	发票号	入库数量 预计	入库数量 实际	单价	金额	储位	备注
备注	本单一式三联，分别为采购联、仓储联、财务联								

仓储主管：　　　　　仓管员：　　　　　入库时间：　　年　　月　　日

表6-8 实物管理卡

年度：　　　　　　　　　　　　　　　　编号：

货物名称		规格		最高存量			最低存量		
货物编号		存放位置		订购量					
日期（月/日）	收、发、退货凭单	入库记录			出库记录			积存数	核对
		数量	单价	金额	数量	单价	金额		

表 6-9 出库查验单

出库日期：   品名：

订单号码			发票号码		
库存数量			交货数量		
点收数量			实收数量		
检验项目	检验规格		检验状况	数量	制定
实际检验数量		不良品数量		不良率	
处理情况		□拒收	□让步接收	□全检	□特别采用
仓储主管		入库员	检验员		点收员

年   月   日

表 6-10 出库单

填写日期：

编号	品名	提货单位	发票号	数量	单价	金额	备注

仓储经理：   主管：   仓管员：

6.1.4 第三方物流企业配送管理

1. 第三方物流配送作业基本流程

配送作业就是按照用户的要求，将货物分拣出来，按时、按量地发送到指定地点的过程。配送作业是配送中心运作的核心内容。其基本作业主要包括进货作业、搬运作业、储存作业、盘点作业、订单处理作业、拣货作业、补货作业及出货作业等。图 6-3 为某配送中心的配送作业流程。

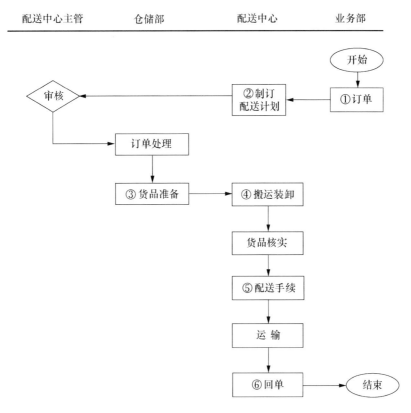

图 6-3 某配送中心配送作业流程

具体说明如表 6-11 所示。

表 6-11 配送作业流程说明

任 务 概 要	配 送 管 理
节点控制	相关说明
①	业务部将订单交给配送中心进行具体配送业务的执行
②	配送中心根据订单制订详细的配送计划，配送主管进行审核
③	配送主管审核后通知仓储部相关人员准备货品，办理出库手续
④	配送中心组织人员进行搬运装卸
⑤	运输人员办理相关运输手续
⑥	将运输回单交给业务部和财务部，以便办理相关结款手续

2. 第三方物流配送管理相关单据

配送作业中涉及的主要表单有订购单、拣货单、送货日报表、出货单、补货单等。表 6-12 至表 6-16 为某配送中心的相关表单样本。

表 6-12　订购单

客户名称：

客户地址：　　　　　　　　　　　　　　　　　订购单编号：

联系电话：　　　　　　　　　　　　　　　　　订购时间：

项次	货品编号	品名规格	单位	数量	单价	总金额

交货日期	
交货地点	
注意事项	交易条款

注：本单一式两联　　　　核准：　　　　审核：　　　　经办：

表 6-13　分户拣货单

拣货单编号		用户订单编号	
用户名称：			
出货时间		出货货位号	
出货时间：	年　　月　　日至　　年　　月　　日	拣货人：	
核查时间：	年　　月　　日至　　年　　月　　日	核查人：	

序号	储位号码	商品名称	规格型号	商品编码	包装单位			数量	备注
					箱	整托盘	单件		

表 6-14　品种拣货单

拣货单号		包装单位			储位号码	
商品名称		箱	整托盘	单件		
规格型号		数量				
商品编码						
生产厂家						
拣货时间：	年　　月　　日至　　年　　月　　日				拣货人：	
核查时间：	年　　月　　日至　　年　　月　　日				核查人：	

续表

序号	订单编号	用户名称	包装单位			数量	出货货位	备注
			箱	整托盘	单位			

表6-15　出货单

客户代号		出货单位名称				联系人		
卸货地点						联系电话		
承运单位			运输方式			出货类别		
序号	品名	单位	数量	金额	实装数量	客户实收数量		备注
	合计							

表6-16　补货单

类别				补货日期/时间			本单编号	
项次	存放储位	品名	货品编号	货源储位	单位	数量	实发数量	

6.2　第三方物流企业质量管理

　　第三方物流企业质量管理就是依据物流系统运动的客观规律，为了满足物流客户的服务需要，通过制定科学合理的基本标准，运用经济的办法开展的策划、组织、计划、实施、检查和监督、审核等所有管理活动的过程。第三方物流企业质量管理必须满足两个方面的要求：一方面是满足生产者的要求，必须保证生产者的产品能保质保量地转移给顾客；另一方面是满足客户的要求，按客户的要求将其所需的商品交给客户。

6.2.1 第三方物流企业质量管理的主要内容

第三方物流企业质量管理包括物流服务质量管理、商品的质量保证、物流工作质量管理和物流工程质量管理。

1. 物流服务质量管理

（1）第三方物流服务质量的特殊性

物流不同于一般的服务性行业，它具有其本身的特殊性。因此其服务质量也就有了其本身的特性。

① 影响服务质量因素的多样性。物流是一个服务性行业，并且这种服务实施过程中其质量的高低受到很多因素的影响。物流行业服务质量会受到服务对象、服务环境、服务者谈吐等方面的影响。例如，物流快递行业中快递员在派件时如果行动拖拉、形象邋遢，势必会让服务对象产生不信任感，也同样会影响服务对象的服务感受。

② 物流服务质量的全过程性。物流服务不同于其他的服务业务类型，它具有全过程性。例如，提供运输服务的运输企业，他们的产品就是提供货物运输服务。从货物运输委托到最终将货物运输到客户指定的地点这个过程就是物流服务产品的形成过程，这个过程既不能被储存，而且服务形成过程则是其消费过程，因此物流服务质量的监控就必须要贯穿其形成的全过程。

③ 物流服务质量的不可控制性。由于物流产品全过程的特殊性，在进行物流服务质量管理的时候往往会出现不可控制性的特点。以物流快递服务为例，在快递服务质量监控过程中，快递员外出收发派件整个过程都在快递公司控制范围之外，同时现阶段国内绝大多数快递公司在进行快递业务运作时都是采用运输外包形式，也就是说快递的收发由快递公司负责，而运输则是由专门的航空公司来承担。相对而言，航空公司的运作是独立于快递公司之外的，因此快递公司要想时时对快递服务质量进行监控在操作上就存在着不可控的特性。

④ 物流服务质量的不可感知性。这是物流行业服务最为显著的特点之一。它可以从三个不同的层次来理解。首先，物流服务是看不见、摸不着的一种无形产品，如仓储服务，它既无实际形态，只是一个过程，其过程也不能被储存，更不能被感知得到。其次，客户在表达物流产品诉求前，往往不能肯定他能得到什么样的服务。因为大多数物流服务都非常抽象，很难描述。再次，顾客在接受服务后通常很难察觉或立即感受到服务的利益，也难以对服务的质量作出客观的评价。

⑤ 物流服务质量的差异性。是指服务无法像有形产品那样实现标准化，每次服务带给顾客的效用、顾客感知的服务质量都可能存在差异。大致受以下三方面的影响：一是物流服务提供方的原因，如服务人员的心理状态、服务技能、努力程度等，也就是说同一个服务提供方在提供同一种服务产品时其服务质量也存在着差异性。二是服务对象的原因，如知识水平、习惯等，也直接影响服务的质量和效果。例如，同样都是中午十二点进行配送服务，有的客户感觉是非常满意，有的客户却是满脸的不愉快。三是物流服务提供方与客户沟通的问题，在沟通过程中可能双方对产品的理解存在一定的误差，从而导致在提供服务的时候存在顾客所得与所想之间存在差异性。

（2）第三方物流服务质量管理体系

物流服务的质量管理有两大基本职能：质量保证和质量控制。质量保证是以维护客户利益、让客户满意为目标的，这也是物流服务质量管理的根本目标。而质量控制是以保证物流服务的全过程达到既定的质量标准为目标的，是质量保证的基础。只有以健全的质量管理体系为依托，采用科学的管理方法，才能实现物流服务质量管理的两大基本职能。

按照全面质量管理的思想，物流服务质量管理体系应当具备以下要素：

① 质量管理体系结构。是进行物流服务质量管理的基本框架。在这个框架里面应当明确质量管理的层级关系，各部门的目标、职责和权限等，通过组织结构的形式将管理过程中的各个环节、各处资源协调起来，使其相互配合、协调，成为一个完整的质量管理体系。

② 质量政策。是企业进行物流服务管理的根本依据。应当明确企业物流服务水平、质量管理的方针和目标、质量保证措施及奖励制度等，同时采取有效措施保证全体员工能理解。

③ 程序文件。物流服务质量管理的每一个环节都应当形成程序文件。程序文件既是对物流服务和质量管理过程的描述，又是进行质量保证和质量控制的依据。通过严格执行程序文件，可以使服务质量始终在受控状态，降低各环节出现质量问题的可能性。程序文件没有固定的格式，应该根据企业的管理模式和企业开展物流活动的具体特征来制定。

④ 控制系统。由于环境的不确定，计划的执行情况与期望目标总是会有差异的。控制的过程就是要使二者保持一致，确保所期望目标实现的过程。设计的服务质量及标准要通过测评和监控输出，确保实施情况和标准相吻合，当测评结果超出允许范围时，应分析原因并采取纠偏措施。

⑤ 资源要素。构成物流服务质量管理体系的资源要素包括信息资源、人力资源和物质资源三部分。

(3) 物流服务质量的改进

① 营造持续改进服务质量的良好环境。这是实现服务质量持续改进的首要前提。要让员工通过学习和培训明确物流服务质量改进的目的和目标，让他们理解现在质量与质量管理的真正内涵，使他们知道服务质量是可以测量和评价的，是可以通过不断学习、改进和创新而达到客户满意标准的。同时，企业也应当建立良好的企业文化，形成相互尊重、相互合作、融洽的工作氛围，使追求更高品质的服务质量成为所有员工的共识。

② 设定服务质量标杆。以那些出类拔萃的企业作为基准，将本企业的产品、服务和管理措施等方面的实际状况与这些基准进行定量评价和比较，分析这些基准企业的绩效达到优秀水平的原因，在此基础上选取最优策略。

③ 改善服务流程。建立流程负责制，每一个流程的具体操作都应该有人负责；当局部的服务流程改善已经无法适应客户的需求时，就需要运用业务流程再造的思想对物流服务流程进行重新设计。

④ 改进服务方法。要实现让客户满意的目标，不但要对物流服务的开发、设计、作业等全过程进行质量控制和改进，还应当寻找更好的服务方法。要通过倾听客户、员工、竞争对手及社会公众的声音，了解客户喜欢或习惯的服务方式或方法，并能使之成为现实。

2. 商品的质量保证

物流的对象是具有一定质量的实体，具有合乎要求的等级、尺寸、规格、性质、外观，这些质量是在生产过程中形成的，物流过程在于转移和保护这些质量，最后实现对顾客的质量保证。因此，现代物流过程不单是消极保护和转移物流对象，还可以采取流通加工等手段改善和提高商品的质量。

3. 物流工作质量管理

工作质量是指物流各环节、各工种、各岗位的具体工作质量。工作质量和物流服务质量是两个相关但又不相同的概念。物流服务质量水平取决于各个工作质量的总和。工作质量是物流服务质量的某种保证和基础。抓好工作质量，物流服务质量也就有了一定程度的保证。

4. 物流工程质量管理

在物流过程中，将对产品质量产生影响的各因素（人的因素、体制的因素、设备因素、工艺方法因素、计量与测试因素、环境因素）统称为"工程"。很明显，提高工程质量是进行物流质量管理的基础工作，能提高工程质量，就能做到以"预防为主"的质量管理。

6.2.2 第三方物流企业质量管理方法

1. PDCA 质量管理方法

PDCA 质量管理方法是由美国著名质量管理专家戴明博士将其运用到质量管理中，总结出"策划（Plan）、实施（Do）、检查（Check）、处置（Action）"四个阶段，称为PDCA 循环，如图 6-4 所示。

（1）PDCA 循环实施步骤

PDCA 循环式质量管理的工作方法，也是做一般事情的规律。开展某项工作，必须进行策划，然后实施计划，再将实施的结果与计划目标进行检查比较，找出问题，最后根据检查的结果，把成功的经验加进来，将找出的问题作为下一个 PDCA 循环的处理目标，直至问题解决。PDCA 循环就是按照这样的顺序进行质量管理，按照顺时针转动，循环不止，直至解决问题的质量管理方法。在运用 PDCA 循环进行质量管理时，一般又将该方法划分为"四个阶段、八个步骤"。

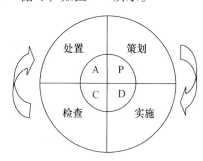

图 6-4 PDCA 示意

①策划阶段，包括四个步骤：第一步，分析现状，发现问题；第二步，分析质量问题中各种影响因素；第三步，分析影响质量问题的主要原因；第四步，针对主要原因，采取解决的措施。

在进行这一步时，要反复考虑并明确回答以下问题：为什么要制定这些措施（Why）？制定这些措施要达到什么目的（What）？这些措施在何处即哪个工序、哪个环节或在哪个部门执行（Where）？什么时候执行（When）？由谁负责执行（Who）？用什么方法完成（How）？以上六个问题，归纳起来就是原因、目的、地点、时间、执行人和方法，亦称5W1H 问题。

②实施阶段，该阶段包括一个步骤，即执行，按计划实施。

③检查阶段，该阶段包括一个步骤，即检查，把执行的结果与要求达到的目标进行对比，调查结果。

④处置阶段，该阶段包括两个步骤：第一步，标准化，把成功的经验总结出来，制定相应的标准；第二步，把没有解决或新出现的问题转入下一个 PDCA 循环中去解决。

(2) PDCA 循环的特点

① 大环套小环。对于企业来说，整个企业构成一个大的 PDCA 循环，而企业的各个部门或者各个分支机构又有各自的 PDCA 循环，依次又有更小的 PDCA 循环，从而形成一个大环套小环的综合管理体系。在这个综合管理体系中，上一级 PDCA 循环是下一级 PDCA 循环的依据，下一级 PDCA 循环是上一级 PDCA 循环的保证。通过大小 PDCA 循环的不停转动，就把企业的各个环节、各项工作有机地组织成一个统一的质量体系，实现总的质量目标，如图 6-5 所示。

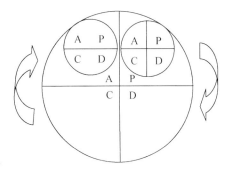

图 6-5 多层次 PDCA

② 螺旋式上升。每个 PDCA 循环，并不是在原地周而复始运转，而是像爬楼梯那样螺旋式上升，每一循环都有新的目标和内容，经过一次循环，解决了一批问题，管理能力和水平有了新的提高，如图 6-6 所示。

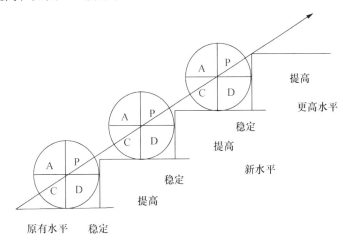

图 6-6 螺旋上升 PDCA

③ 是综合性循环。PDCA 循环的四个阶段是相对的，各个阶段之间不是截然分开的，而是紧密衔接成一体的，甚至有时是边计划边执行，边执行边总结，边总结边改进地交叉进行。

④ "处置"阶段是关键。在企业的质量管理中，往往是计划、布置多，实施、检查少，总结、处理更少。只有 PDC 阶段而没有 A 阶段，或者有 A 阶段但没有起到应有的作用，使 PDCA 循环不能顺利进行，工作质量和产品质量难以提高。因此，PDCA 循环的运转中 "处置"阶段十分关键，它具有承上启下的作用。只有很好地进行了 A 阶段的工作，才能切实把 PDCA 循环转完一圈，把成功的经验和失败的教训纳入标准中去，就可以防止同类问题的再发生，质量管理水平就可以不断提高。

以上四个过程不是运行一次就结束，而是周而复始地进行，完成一个循环解决一些问题，未解决的问题进入下一个循环，这样就形成了阶梯式上升。

2. 六西格玛质量管理方法

六西格玛质量管理就是以 6σ 值为目标，在增强顾客满意度，使经营资源的消费控制在最小限度，使用统计手段，改善日常的作业流程，提升企业经济效益的有效管理方法。

六西格玛质量管理总共分为五个阶段，即 DMAIC 模式：

（1）定义（Define）。定义阶段主要是找到问题的所在，确定改善的目标，在确定改善目标时，要注意改善目标在公司改善的控制范围内，即改善的是主观原因而非客观原因造成的问题。

（2）评估（Measure）。评估阶段的关键点是将客户反映的问题进行量化，如客户反映配送时效差，这里就需要将配送时效差进行量化，如配送准时率指标等。

（3）分析（Analyze）。分析阶段则是主要将客户反映的问题进行分解，找出造成这些问题的主观原因，并将这些原因进行量化排序，找出主要原因和次主要原因。六西格玛质量管理的分析方法是流程分析和数据分析两种分析方法的综合，通过收集的数据对每一个环节进行逐一诊断，直至找出问题环节。

（4）改善（Improve）。改善阶段则是设定改善目标值并根据分析结果组织相关人员实施改善方案。

（5）控制（Control）。控制阶段则是对改善方案进行监控，确保六西格玛质量管理的成果具有可持续性。每个阶段的主要工作和意义如表 6-17 所示。

表6-17　六西格玛质量管理五阶段主要工作及意义

阶段	主要工作	工作意义
定义	定义影响客户物流服务满意度的关键品质特性（Critical-To-Quality，CTQ）	明确六西格玛质量管理改善的方向和目标，如提高配送准确率，降低货损货差率等
评估	评估现阶段公司 CTQ 的实际指标	对指标进行量化，对工作改善的目标和成果清晰化
分析	分析影响 CTQ 的原因，并对影响原因进行排序，确定主要原因	确定对影响服务质量的关键因素进行改善
改善	确定 CTQ 的改善目标值并实施，该值的确定可以综合客户的期望及企业的实际情况，也可以参考同行业的服务水平	将之前的分析成果进行实施，达到六西格玛质量管理的目标
控制	将改善成果进行标准化，并运用相关工具对实施成果进行监控	使六西格玛质量管理具有可持续性

6.2.3　第三方物流企业的质量评价指标

第三方物流企业质量管理必须满足以下两方面的要求：一方面，满足生产者的要求，保证生产者的产品保质保量地转移给顾客；另一方面，满足顾客的要求，按顾客的要求将其所需的商品交给顾客。

1. 第三方物流企业质量管理评价的基本原则

（1）及时性原则：顾客等待的时间有多长；当顾客需要时是否可以提供服务。

（2）完整性原则：是否可以提供全面的、完整的服务。

(3) 系统性原则：是否可以提供一体化或一条龙式的服务。
(4) 一致性原则：每次提供的服务是否都是一致的、无差别化的和不降级的。
(5) 可得性原则：服务是否易于取得；服务是否在首次就操作正确。
(6) 快速响应原则：服务人员能否对意外问题快速反应并迅速解决。

2. 主要评价指标

(1) 物流目标质量指标

① 服务水平指标。

A. 相对指标包括服务比率和缺货率，计算公式为

$$服务比率 = 满足顾客要求次数/顾客要求次数$$

$$缺货率 = 缺货次数/用户要求次数$$

B. 绝对指标为未满足用户要求数量，计算公式为

$$未满足用户要求数量 = 用户要求数量 - 满足要求数量$$

② 交货水平指标。

A. 相对指标有交货比率，计算公式为

$$交货比率 = 按期交货次数/总交货次数$$

B. 绝对指标有交货期，计算公式为

$$交货期 = 规定交货期 - 实际交货期$$

③ 商品完好率指标包括商品完好率、缺损率、货差率和货损货差赔偿费率，计算公式为

$$商品完好率 = 交货时完好的商品量/物流商品总数量$$

$$缺损率 = 缺损商品量/物流商品总量$$

$$货差率 = 错装错卸量/物流商品总量$$

$$货损货差赔偿费率 = 货损货差赔偿费总额/同期业务收入总额$$

④ 物流费用指标为物流费用率，计算公式为

$$物流费用率（元/t） = 物流费用/物流总量$$

(2) 仓库质量指标

① 仓库吞吐能力实现率，计算公式为

$$仓库吞吐能力实现率 = 期内实际吞吐量/仓库设计吞吐量$$

② 商品收发正确率，计算公式为

$$商品收发正确率 = （某批吞吐量 - 出现差错总量）/同批吞吐量$$

③ 商品完好率，计算公式为

$$商品完好率 = （某批商品库存量 - 出现缺损的商品量）/某批商品的库存量$$

④ 库存商品缺损率，计算公式为

$$库存商品缺损率 = 某批商品缺损量/该批商品总量$$

针对企业仓库工作而言，仓库质量指标还包括仓库面积利用率、仓容利用率、设备完好率、设备利用率和仓储吨日成本，具体计算公式为

$$仓库面积利用率 = \sum 库房、货棚、货场占地面积/仓库总面积$$

$$仓容利用率 = 存储商品实际数量或容积/库存数量或容积$$

$$设备完好率 = 期内设备完好台数/同期设备总台数$$

设备利用率＝全部设备实际工作时数/设备总工作能力（时数）

仓储吨日成本（元/t 天）＝仓储费用/库存量

（3）运输环节质量指标

运输环节质量指标包括正点运输率、满载率和实载率等，具体计算公式为

正点运输率＝正点运输次数/运输总次数

满载率＝车辆实际装载量（t）/车辆装载能力（t）

实载率＝$\sum$实际运载的吨公里（即重车公里）/$\sum$运力的总运输能力（即总车公里）

（4）物流客户流失率指标

① 绝对指标为当期客户流失数量，计算公式为

当期客户流失数量＝期末客户数量－当期期初客户数量

② 相对指标包括客户流失率和合同到期客户再续约数量比例，计算公式为

客户流失率＝一定时期内的客户流失量/期初客户数量

合同到期客户再续约数量比例＝客户再续约数/合同到期总客户数量

另外，还可以通过把一定时期以内的客户流失率与该期的客户新增加数量比率加以比较或把客户流失量与客户新增加量加以比较，其结果可以看出企业能否在很好地维护老客户的前提下开发新客源。

6.3　第三方物流企业成本管理

6.3.1　物流成本的内涵及计算对象

1. 物流成本的内涵

物流成本（Logistics Cost）是指物流活动中所耗费的各种活劳动和物化劳动的货币表现。具体地说，它是产品在实物运动过程中，如包装、搬运装卸、运输、储存、流通加工等各个活动中所支出的人力、物力和财力的总和，以及与存货有关的资金占用成本、货物损耗成本、保险和税收成本。

2. 物流成本的计算对象

根据国家标准 GB/T 20523—2006《企业物流成本构成与计算》的规定，物流成本的计算对象可以从成本项目类别、范围类别和形态类别三个方面进行计算。

（1）成本项目类别物流成本

成本项目类别物流成本指以物流成本项目作为物流成本计算对象，具体包括物流功能成本和存货相关成本。其中，物流功能成本指在包装、运输、仓储、装卸搬运、流通加工、物流信息和物流管理过程中所发生的物流成本。存货相关成本指企业在物流活动过程中所发生的与存货有关的资金占用成本、货物损耗成本、保险和税收成本。具体内容说明详如表 6-18 所示。

表 6-18　成本项目类别构成

	成本项目	内容说明
物流功能成本	物流运作成本 — 运输成本	一定时期内，企业为完成货物运输业务而发生的全部费用，包括从事货物运输业务的人员费用、车辆（包括其他运输工具）的燃料费、折旧费、维修保养费、租赁费、养路费、过路费、年检费、事故损失费、相关税金等
	物流运作成本 — 仓储成本	一定时期内，企业为完成货物储存业务而发生的全部费用，包括仓储业务人员费用，仓储设施的折旧费、维修保养费、水电费、燃料与动力消耗等
	物流运作成本 — 包装成本	一定时期内，企业为完成货物包装业务而发生的全部费用，包括包装业务人员费用，包装材料消耗，包装设施折旧费、维修保养费，包装技术设计、实施费用及包装标记的设计、印刷等辅助费用
	物流运作成本 — 装卸搬运成本	一定时期内，企业为完成装卸搬运业务而发生的全部费用，包括装卸搬运业务人员费用，装卸搬运设施折旧费、维修保养费、燃料与动力消耗等
	物流运作成本 — 流通加工成本	一定时期内，企业为完成货物流通加工业务而发生的全部费用，包括流通加工业务人员费用，流通加工材料消耗，加工设施折旧费、维修保养费，燃料与动力消耗费等
	物流信息成本	一定时期内，企业为采集、传输、处理物流信息而发生的全部费用，指与订货处理、储存管理、客户服务有关的费用，具体包括物流信息人员费用，软硬件折旧费、维护保养费、通信费等
	物流管理成本	一定时期内，企业物流管理部门及物流作业现场所发生的管理费用，具体包括管理人员费用，差旅费、办公费、会议费等
存货相关成本	资金占用成本	一定时期内，企业在物流活动过程中负债融资所发生的利息支出（显性成本）和占用内部资金所发生的机会成本（隐性成本）
	货物损耗成本	一定时期内，企业在物流活动过程中所发生的货物跌价、损耗、毁损、盘亏等损失
	保险和税收成本	一定时期内，企业支付的与存货相关的财产保险费及因购进和销售货物应交纳的税金支出

（2）范围类别物流成本

范围类别物流成本指以物流活动的范围作为物流成本计算对象，具体包括供应物流、企业内物流、销售物流、回收物流和废弃物流等不同阶段所发生的各项成本支出。具体内容说明详如表 6-19 所示。

表 6-19　范围类别物流成本构成

成本范围	内容说明
供应物流成本	经过采购活动，将企业所需原材料（生产资料）从供给者的仓库运回企业仓库为止的物流过程中所发生的物流费用
企业内物流成本	从原材料进入企业仓库开始，经过出库、制造形成产品及产品进入成品库，直到产品从成品库出库为止的物流过程中所发生的物流费用
销售物流成本	为了进行销售，产品从成品仓库运动开始，经过流通环节的加工制造，直到运输至中间商的仓库或消费者手中的物流活动过程中所发生的物流费用

续表

成本范围	内容说明
回收物流成本	退货、返修货物和周转使用的包装容器等从需方返回供方的物流活动过程中所发生的物流费用
废弃物流成本	将经济活动中失去原有使用价值的货物，根据实际需要进行收集、分类、加工、包装、搬运、储存等，并分送到专门处理场所的物流活动过程中所发生的物流费用

（3）形态类别物流成本

形态类别物流成本指以物流成本的支付形态作为物流成本计算对象。具体包括企业内部物流成本和委托物流成本。其中，企业内部物流成本其支付形态具体包括材料费、人工费、维护费、一般经费和特别经费。具体内容说明详如表6-20所示。

表6-20 形态类别物流成本构成

成本支付形态		内容说明
企业内部物流成本	材料费	资材费、工具费、器具费等
	人工费	工资、福利、奖金、津贴、补贴、住房公积金等
	维护费	土地、建筑物及各类物流设施设备的折旧费、维护维修费、租赁费、保险费、税金、燃料与动力消耗费等
	一般经费	办公费、差旅费、会议费、通信费、水电费、煤气费等
	特别经费	存货资金占用费、货物损耗费、存货保险费和税费
委托物流成本		企业向外部物流机构所支付的各项费用

物流企业成本计算方式从成本项目和形态类别两个方面展开，可参照表6-21。

表6-21 物流成本支付形态表

编制单位： 　　　　　　　　　年　　月　　　　　　　　　　单位：元

成本项目		内部支付形态	材料费	人工费	维护费	一般经费	特别经费	合计
物流功能成本	物流运作成本	运输成本						
		仓储成本						
		包装成本						
		装卸搬运成本						
		流通加工成本						
		小计						
	物流信息成本							
	物流管理成本							
合计								

续表

成本项目	内部支付形态	材料费	人工费	维护费	一般经费	特别经费	合计
存货相关成本	资金占用成本						
	货物损耗成本						
	保险和税收成本						
	其他成本						
	合计						
物流成本合计							

6.3.2 物流成本管理的内容

物流成本管理是指对企业生产经营中产生的各项物流成本进行核算、分析、决策和控制等一系列科学管理行为的总称。

物流成本管理在物流管理中占有重要的位置。物流成本管理的意义在于通过对物流成本的有效把握，利用物流要素之间的效益背反关系，科学、合理地组织物流活动，加强对物流活动过程中费用支出的有效控制，降低物流活动中的物化劳动和活劳动的消耗，从而达到降低物流总成本，提高企业和社会经济效益的目的。物流成本管理的具体内容包括以下方面。

1. 物流成本核算

物流成本核算是指根据企业确定的成本计算对象，采用与其相适应的成本计算方法，按规定的成本项目，对物流成本费用进行归集和分配，按照不同的物流成本计算对象核算出总成本和单位成本。

物流成本核算可以如实反映生产经营过程中的实际耗费，同时也是对各种活动费用实际支出的控制过程。物流成本核算是物流成本管理和控制的起点，只有提供正确和详细的物流成本核算资料，才能进行物流成本管理和控制其他其他内容。

2. 物流成本预测

物流成本预测是指根据有关物流成本核算的数据和企业具体的发展情况，运用一定的技术方法，对未来的成本水平及其变动趋势作出的科学估计。例如，仓储中的库存量预测，运输中的货物周转量预测均属于物流成本预测的范畴。

物流成本预测是物流成本决策、物流成本计划、物流成本分析和控制的基础工作，能提高物流成本管理的科学性和预见性。

3. 物流成本决策

物流成本决策是指在物流成本预测的基础上，结合有关资料，运用科学的决策方法，从众多的方案中选择一个最优方案的过程。

常见的物流成本决策主要有：

（1）仓储中心外租和自建的选择、仓库的选址。

(2) 配送中心的新建、改建和扩建。
(3) 运输设备的更新改造。
(4) 包装设备的更新改造、包装材料的选用、包装技术的开发。
(5) 装卸搬运设备、设施的更新改造。
(6) 流通加工中如何合理下料。

4. 物流成本计划

物流成本计划是指根据物流成本决策方案、生产任务、成本惯例和控制的要求，运用一定的科学方法，以货币形式规定未来物流各环节成本费用的耗费水平，并提出保证物流成本计划实施的具体措施的过程。

通过物流成本计划管理，可以在降低物流各环节成本费用方面给企业提出明确的目标，推动企业加强物流系统成本惯例和控制责任制度，增强成本意识，挖掘降低物流成本的潜力，保证企业物流系统成本目标的实现。

5. 物流成本控制

物流成本控制是指根据物流成本的计划目标，对物流成本的发生和形成过程，以及影响物流成本的各种因素和条件进行的管理。物流成本控制是保证物流成本计划得以实现的一种有力措施。通过成本控制，可以及时发现存在的问题，采取纠正措施，保证成本目标的实现。

物流成本控制包括事前控制、事中控制和事后控制。事前控制是指在物流成本发生之前制定相应的措施保证物流成本计划目标的实现，事前成本控制活动主要有物流配送中心的建设控制，物流设施、设备的配备控制，物流作业过程改进控制等。事中控制是指对物流作业过程中实际耗费的控制，包括设备耗费的控制、人工耗费的控制、劳动工具耗费和其他费用支出的控制等方面。事后控制是对过去的成本控制数据进行总结并形成反馈信息。

6. 物流成本分析

物流成本分析是指在前面一系列成本管理资料的基础上，运用一定的科学方法，分析物流成本的变动情况，以查明影响物流成本变动的各种因素。

通过物流成本分析，可以为物流成本的管理提供积极可行的建议，利于管理当局采取有效的措施，合理管理和控制物流成本。

7. 物流成本业绩评价

物流成本业绩评价是指在物流成本计划执行中和执行后，通过物流成本分析，找出物流成本提高和降低的原因，并根据具体的原因进行奖惩的过程。

上述各项成本管理活动的内容是互相配合、相互依存的一个有机整体。成本核算为成本预测提供基础资料，成本预测是成本决策的前提，成本计划是成本决策所确定目标的具体化，成本控制是对成本计划的实施进行监督，以保证目标的实现。成本核算与分析又是对目标是否实现的检验。

6.3.3 物流作业成本核算——作业成本法

作业成本法（Activity Based Costing）是一种比传统成本核算方法更加精细和准确的成

本核算方法，是西方国家于 20 世纪 80 年代末开始研究、90 年代以来在先进制造企业首先应用起来的一种全新的企业管理理论和方法，在发达国家的企业中日益得到广泛应用。

作业成本法又叫作业成本计算法或作业量基准成本计算方法（ABC 法），是以作业（Activity）为核心，确认和计量耗用企业资源的所有作业，将耗用的资源成本准确地计入作业，然后选择成本动因，将所有作业成本分配给成本计算对象（产品或服务）的一种成本计算方法，如图 6-7 所示。

图 6-7 作业成本法概念模型

1. 作业成本法的基本概念

（1）资源

所有进入作业系统的的人力、物力、财力等都属于资源范畴。资源一般分为货币资源、材料资源、人力资源、动力资源等。

（2）作业

从管理角度看，作业就是指企业生产过程中的各工序和环节。但从作业成本计算的角度看，作业是企业为了提供一定产量的产品或劳务而消耗资源的各种活动或行为。

作业具备以下特征：

① 作业是以人为主体的。
② 作业消耗一定的资源。
③ 区分不同作业的标志是作业目的。
④ 作业可以区分为增值作业和非增值作业。
⑤ 作业的范围可以被限定。

（3）作业中心和作业成本库

作业中心是成本归集和分析的基本单位，它由一项作业或一组性质相似、相互联系、能够实现某种特定功能的作业组成。例如，原材料采购作业中，材料采购、材料检验、材料入库、材料仓储保管等都是相互联系的，并且都可以归类于材料处理中心。

把相关的一系列作业消耗的资源费用归集到作业中心，就构成了该作业中心的作业成本库，作业成本库即为作业中心的货币表现形式。

（4）成本动因

成本动因又称成本驱动因素，是引起成本发生的那些重要的业务活动或事件的特征。作业是企业生产经营活动中消耗资源的某种活动，由产品生产而引起其过程造成了资源的消耗。这些都是由隐藏在其后的某种推动力所引起的，这种隐藏的推动力就是成本动因。

① 资源动因。作业量的多少是由消耗资源量的多少决定的，资源耗用量与作业量的这种关系称为资源动因。资源动因成为衡量资源耗用量与作业量关系的计量标准，它是指资源被各种作业消耗的方式和原因，反映了消耗资源的起因和作用中资源的耗费情况，是耗用资源的成本分配到作业的依据。资源与资源动因的对比关系如表 6-22 所示。

表 6-22 资源与资源动因的对比关系

资源	资源动因
工资	作业中所消耗人工工时的百分比或作业中耗用的小时数
租金	作业使用设施占用的面积
设备折旧费	作业消耗的机器工时
公共事业费——电费	作业消耗的千瓦时数或者作用设施占用的面积

② 作业动因。是作业发生的原因,即各项作业成本被分配到最终产品或劳务的方法和原因。例如,"订单处理"被定义为一个作业时,"处理次数"就可成为一个作业动因。常见的作业和作业动因的对比关系如表 6-23 所示。

表 6-23 作业与作业动因的对比

作业	作业动因
产品质量检验	产品数量或者产品批次数
人工操作	直接工时
机器运行	机器工时
材料采购	采购次数
零部件管理	零部件种类

2. 作业成本法的基本原理

根据"作业耗用资源,产品(服务)耗用作业,生产导致作业的产生,作业导致成本的发生"的基本思想,以作业为成本计算对象,依据资源动因将资源的成本追踪到作业,形成作业成本,再依据作业动因将作业的成本追踪到产品(服务),最终形成产品(服务)的成本。

3. 作业成本法的基本程序

(1) 分析和确定资源。
(2) 分析和确定作业。
(3) 确定资源动因,分配资源至作业成本库。
(4) 确定成本动因,分配作业成本至成本对象。
(5) 计算作业成本。

 本章小结

物流企业作业管理是根据物流服务的需要,通过科学的方法对物流企业的活动要素,如运输、仓储、装卸、搬运、包装、流通加工、配送等进行管理,即计划和调度各种运输设备,规划运输路线,合理地进行储存和配送,使货物能够顺畅地到达目的地。第三方物流企业要根据自身业务,加强运输管理、仓储管理和配送作业管理。

第三方物流企业质量管理包括物流服务质量管理、商品的质量保证、物流工作质量管理和物流工程质量管理。其中,物流服务质量管理是第三方物流企业质量管理的核心。

物流成本是指物流活动中所耗费的各种活劳动和物化劳动的货币表现。根据国家标准 GB/T 20523—2006《企业物流成本构成与计算》的规定，物流成本的计算对象可以从成本项目类别、范围类别和形态类别三个方面进行计算。物流企业成本计算方式从成本项目和形态类别两个方面展开。作业成本法以作业为中心，通过不同作业环节的作业成本的确认和计量，对所有作业活动进行追踪和动态反映，清晰地说明物流成本增加的具体原因，明确降低物流成本的责任部门，从而尽可能消除不增值作业与改进可增值作业，为企业降低物流成本提供思路。

案例分析

联邦快递用质量驱动管理

联邦快递是全球最具规模的快递运输公司，为全球超过 220 个国家及地区提供快捷、可靠的快递服务。公司旗下拥有 30 多万名员工，有 688 架飞机，超过 9 万辆递送车，每天在世界范围内递送超过 900 万件货件，年营业收入达到 420 亿美元。

联邦快递今天的成绩和荣誉的取得，要归结于其独立的管理哲学：员工、服务、利润。它的基础是照顾好员工，员工就会很好的服务于客户，帮助公司获得利润，而公司将得到的利润又分配给员工，形成良性循环，这个模式持续下去又能提高公司操作的效率和利润。因此，就创造了员工、客户和公司之间三赢局面。因此，全球各地联邦快递团队成员每天为客户提供满意的服务，让客户每一次都享受到联邦快递良好的服务，这也是联邦快递对客户承诺的体现。正是全体员工每天为承诺所付出的努力，使联邦快递取得业务成长，从而赢得客户的忠诚度。

而推动联邦快递实现承诺的根本是质量驱动管理系统。通过这个科学、严谨又有创新的质量管理工具，保证公司完成对客户的承诺，提高客户服务的满意度，也就提升了客户对联邦快递的忠诚度。质量驱动管理，通过建立以质量为导向、将质量应用到日常操作中的理念，从而实现业内领先的客户体验、卓越经营和财务收益，联邦快递获得了高度的品牌忠诚度。联邦快递任务质量驱动管理不仅仅是一种方法，而是一门哲学。作为方法，它提供了一种通用工作语言，以及一系列的方法、技术和工具；作为哲学，倡导做任何事情首先要想到质量。它是一种原则，鼓励公司使用客观数据，避免凭直觉的猜测，让每一次行动、每一个决定要从客户期望和需求的角度出发。

联邦快递所遵循质量驱动管理的六大原则是：第一，客户定义质量，努力了解客户的需求和期望；第二，从科学角度出发，做决定要基于事实和数据，而不是基于猜测或舆论；第三，衡量—衡量—衡量，衡量失败，衡量变化，衡量成功；第四，优化绩效，将不必要投入的精力、时间和成本降至最低；第五，质量需要团队合作，视工作为一个合作的过程；第六，失败孕育机遇，寻求真理，而非推卸责任、相互指责。应用这六大原则可以合理化工作程序，从而优化企业的绩效。

请问：联邦快递的质量驱动管理系统给我们什么启示？

思 考 题

一、单项选择题

1. （　　）是运输管理的核心部分。
   A. 运输决策　　　B. 运输过程管理　　　C. 运输后管理　　　D. 运输前管理
2. 第三方物流企业质量管理的核心是（　　）。
   A. 物流服务质量管理　　　　　　　B. 商品的质量保证
   C. 物流工作质量管理　　　　　　　D. 物流工程质量管理
3. PDCA 质量管理方法中，"A"的含义是（　　）。
   A. 计划　　　　　B. 执行　　　　　C. 检查　　　　　D. 处置
4. 通过对多个零售店的共同配送，提高车辆的装载率，减少单位产品的运输成本，我们称之为（　　）。
   A. 作业分享　　　B. 作业选择　　　C. 作业消除　　　D. 作业减少

二、多项选择题

1. 第三方物流企业作业管理目标包括（　　）。
   A. 快速响应　　　B. 最低库存　　　C. 集中运输　　　D. 保证质量
2. 第三方物流企业质量管理包括（　　）。
   A. 物流服务质量管理　　　　　　　B. 商品的质量保证
   C. 物流工作质量管理　　　　　　　D. 物流工程质量管理
3. 物流功能成本包括（　　）。
   A. 物流运作成本　　　　　　　　　B. 物流信息成本
   C. 物流管理成本　　　　　　　　　D. 存货相关成本
4. 列入运输成本的有（　　）。
   A. 车辆的燃料费　　　　　　　　　B. 车辆的维修保养费
   C. 管理人员费用　　　　　　　　　D. 事故损失费

三、简答题

1. 请绘制第三方物流企业运作的总流程图。
2. 请阐述第三方物流企业该如何持续改善物流服务质量。
3. 请阐述 PDCA 循环的特点。
4. 请说明作业成本核算法的基本思想。
5. 第三方物流企业可以通过哪些途径来降低自身的运营成本？

实训项目　制定第三方物流企业标准业务操作流程

一、实训目的

为第二章设立的第三方物流企业制定标准业务操作流程。通过实训，让学生熟悉第三方物流企业的运作流程，并学会制作物流运作规范，以保证物流服务质量的稳定性和统一性，减少差错率。

二、实训要求

1. 绘制物流企业的作业流程图。
2. 制定各环节物流运作规范。

三、训练步骤

1. 学生 4~6 人一组，以组为单位完成实训任务。
2. 形成文字资料，并做成 PPT。
3. 各小组推荐代表在全班进行交流，相互提问。
4. 老师进行实训总结。

第7章 第三方物流企业合作伙伴管理

 工作任务描述

由于企业资源有限,单靠一个物流企业的力量很难满足客户物流服务综合化和全球化的需要。第三方物流企业应该充分利用社会物流资源,通过与其他企业合作,优势互补,提高物流服务一体化和全球化的能力。为了持续改进企业经营业绩,第三方物流企业应建立业绩评价指标体系对企业进行绩效考核。如果评价结果表明企业现有流程已经不能满足发展需要,则可以通过流程再造消除企业发展瓶颈,大幅度改善业绩。

本章涉及的工作任务和要求如下。

工作任务	工作要求
能根据一定的标准和流程选择第三方物流企业合作伙伴,并对其进行有效管理	• 明确第三方物流合作伙伴选择的标准和基本流程 • 掌握合作伙伴选择的基本流程和方法
能通过资源整合充分利用社会物流资源,提高企业竞争力和资源利用率	• 理解资源整合的基本含义和原因 • 掌握资源整合的内容和方法 • 明确物流资源整合的基本步骤
能建立业绩评价指标体系对第三方物流绩效考核进行考核,并能对流程进行再造	• 掌握第三方物流业绩评价指标体系 • 理解流程再造的含义,掌握流程再造的基本原则、对象及基本程序

 知识概览

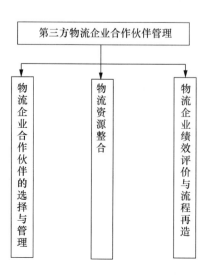

第7章 第三方物流企业合作伙伴管理

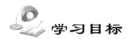 **学习目标**

知识目标	能力目标	学习重点和难点
• 第三方物流合作伙伴的选择与管理 • 物流资源整合 • 物流绩效评价与流程再造	• 能根据标准选择合适的合作伙伴，并进行有效管理 • 能有效整合利用社会物流资源 • 能评价物流绩效，并对企业流程进行优化	• 选择合适的合作伙伴，并进行有效管理 • 资源整合的内容和方法 • 评价物流绩效并优化企业流程

 导入案例

嘉里大通物流作为国内领先的第三方物流供应商，其国际货代业务也是集团发展的核心之一，在资源整合、报关通关、业务经验方面都有着自己独特的优势。

随着国际贸易的快速发展，国际货代业务涉及物流运输的多个环节，其业务范围也多种多样，如储货、报关、验收等，再如海、陆、空的多式联运方式等，这其中必然涉及物流公司对现有资源的整合能力。

嘉里大通物流国际货代业务能够提供目前国际上的所有服务项目，且依托其在国际范围内庞大的资源优势，为客户提供全面而个性化的定制化服务。通过自主研发的信息科技系统 KerrierVISION，嘉里大通物流实现了与客户系统的无缝对接，并且通过统一调配现有资源，使整个配送环节形成一个立体化的网络架构，从而保证嘉里大通物流能够为客户提供高效率、低成本的货代运输服务。

据嘉里大通物流的国际货代部总经理兼北区常务副总经理姜涛介绍，未来的国际货代业务之争必然是一个规模战，谁的网络构建"大而全"，谁手中的资源更加雄厚，谁就能在竞争中取得显著优势。而嘉里大通物流的母公司——嘉里物流则依托其在中国及整个东亚地区的丰富资源，一步一个脚印稳步拓展欧美地区的服务网络，并进而在全球范围内建立其优势的市场地位。"目前公司在亚欧两个板块拥有比较全面的物业网点或合作伙伴，并计划逐步拓展北美方面的业务网络，进一步完善全球资源的整合，完善配送环节的高效性。"姜涛介绍道。

（资料来源：http：//www.all56.com/www/34/2010-11/46389.html）

7.1 第三方物流企业合作伙伴的选择与管理

现代物流企业高效率运作，需要有优秀的物流合作伙伴提供资源支持。第三方物流企业合作伙伴主要是指提供物流作业运作资源保障的企业或个体，包括但不限于各种类型的运输企业或车主、仓库业主、装卸设备、包装设备拥有者、物流IT企业等。

7.1.1 第三方物流企业合作伙伴的选择

1. 选择合作伙伴的基本准则

选择合作伙伴的基本准则是"Q、C、D、S"原则,也就是质量(Quality)、成本(Cost)、交付(Deliver)与服务(Service)并重的原则。

(1)质量因素是最重要的,就是要确认合作伙伴是否建立了稳定有效的质量保证体系,能否保证物流服务的质量;

(2)成本因素即通过双赢的价格谈判实现成本的节约;

(3)交付因素即需确认合作伙伴是否具有物流所需要的特定设备设施和物流运作能力,人力资源是否充足,有没有扩大产能的潜能;

(4)服务因素即通过查看合作伙伴的物流服务记录,评估其服务水平和服务能力。

2. 合作伙伴的选择流程

物流企业合作伙伴的选择分为五个阶段,即初始准备、识别潜在的合作伙伴、合作伙伴初选与精选、建立合作关系及合作关系评估,如图7-1所示。

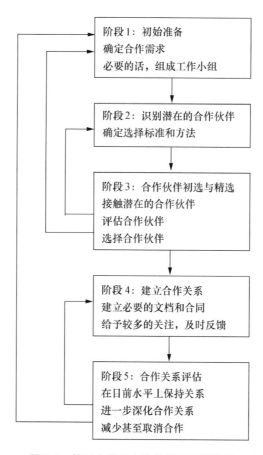

图7-1 第三方物流合作伙伴的选择流程

3. 合作伙伴的选择与评估

（1）合作伙伴的选择步骤

首先，第三方物流企业可以通过各种渠道获得合作伙伴的联系方式。这些渠道包括合作伙伴的主动问询和介绍、专业媒体广告、互联网搜索、招标等方式。

案例7-1　某中外合资物流企业利用物流研讨会收集信息

某中外合资物流企业，成立仅几年，业务开展得很出色。这个企业的一大与众不同的做法是国内举办的各种物流研讨会都会派人参加。一方面学习先进的物流管理理念，更重要的是收集各种物流信息，特别是与会各个企业的信息。这家企业认为这是收集相关企业信息的最经济、最好的方式。这家公司把参加研讨会的企业分为三类：一是竞争对手或潜在竞争对手；二是潜在合作伙伴；三是潜在用户。这家企业认为与会企业都是物流界的前卫企业，是现代物流的倡导者、响应者、参与者。几年来，这家公司收集了1 000多家物流企业的资料，当这家企业开发新市场和客户，需要合作伙伴时，首先在研讨会的通信录上查找曾经与会的企业。

（资料来源：姜春华. 第三方物流[M]. 2版. 大连：东北财经大学出版社，2010）

其次，审查合作伙伴的基本信息，寻找合适的合作伙伴。在这个步骤中，最重要的是对合作伙伴作出初步的筛选。建议采用统一标准的合作伙伴情况登记表来管理合作伙伴提供的信息。这些信息包括合作伙伴的注册地、注册资金、设备、人员、主要客户等。

（2）合作伙伴的评估

根据合作伙伴的选择标准，运用因素评分法等对合作伙伴进行评估，剔除明显不适合进一步合作的合作伙伴后，就能得出一个合作伙伴考察名录。然后派出由相关人员组成的团队对其进行现场审查，作详细的认证，最后得出选择结果。合作伙伴评估表如表7-1所示。

表7-1　合作伙伴评估表

评估指标（1）	评价等级（2） （分1～5等）	该指标相对重要性（3） （按0～5设定）	加权综合得分（4） （2）×（3）
服务质量			
服务价格			
运作能力			
供应的稳定性			
资源的可靠性			
综合竞争力			
总　　分			

7.1.2　第三方物流企业合作伙伴的管理

作为资源的整合者，第三方物流的服务质量很大程度上取决于其合作伙伴的服务水

平。如何管理和整合分散的合作伙伴将是考验第三方物流管理能力的主要方面。

1. 合同关系管理

对第三方物流企业合作伙伴可按行业、地区、资源类型等进行分类，而后确定合同关系管理制度。第三方物流企业合作伙伴的合同关系管理包括：合同与协议，合同管理，合同关系，法律关系，违约责任，赔偿损失条款，担保条款，保密条款，资产保存和维修条款，价格变动条款及赔偿条款等。

2. 网络化管理

网络化管理主要是指在管理组织架构配合方面，将不同的信息点连接成网的管理方法。网络化的管理也体现在业务的客观性和流程的执行监督方面。

3. 双赢关系管理

双赢关系已经成为供应链企业之间合作的典范，对合作伙伴的管理就应集中在如何与合作伙伴建立双赢关系，以及维护和保持双赢关系上。

案例7-2　戴尔公司的供应商管理

戴尔公司（以下简称戴尔）与供应商打交道的重要部门是戴尔全球采购中心。在管理生产资料供应商方面，全球采购中心有三个战略性任务：一是保证供应商供应的连续性，也就是戴尔在需要原料的时候，供应商能够按照戴尔的需求及时送到；二是保证供应商在生产成本方面有一定的领先性，戴尔需要持续地降低在原材料方面的成本以便给客户带来更多的价值；三是要保证供应商产品的品质，严格挑选供应商。为了保证这三个任务的完成，戴尔从一开始对供应商的选择就是非常慎重的。戴尔会从下面几个方面出发来选择供应商：

环保与员工福利——戴尔非常注重自身的环保和员工的福利待遇，所以也希望同其合作的供应商能够注重环保并且很好地对待自己的员工。这是一个基本前提。

成本领先——戴尔会将供应商与其他同类型的供应商做比较，看其在成本上是否具有优势。

技术产业化的速度——供应商的生产技术水平怎样？能否把新的技术迅速形成规模化的量产？

持续供应能力——戴尔会从供应商的财务能力、现在跟哪些厂家合作、供货的情况怎样、能够做到几天的库存量等方面来考察供应商是否有很好的持续供应能力。

服务——供应商能否满足戴尔在服务方面的需求也是很重要的。

品质——这是最核心的因素。戴尔会对供应商的产品品质在不同的环境进行评测，既会在供应商的工厂里，也会在戴尔的工厂里，还会在客户使用的环境里进行评测，来保证产品的品质。

戴尔管理供应商有一个重要原则，就是"少数及密切配合供应商"。戴尔把整体供应商的数量控制在一定范围内。这样的好处一是供应商可以从戴尔这里得到足够多的业务；二是可以保证戴尔以有限的人力和供应商密切配合。

不光全球采购中心，戴尔公司内的很多部门都要参与进来，和供应商紧密合作，在商品管理、质量和工艺管理等方面为供应商提供培训，帮他们改善内部流程。戴尔还把品质管理和计划流程等工具分享给供应商，使得供应商自身采购的管理水平也得到提高。

每个季度戴尔会对供应商进行考核，考核的要素包括上面提到的"成本领先"、"技术产业化的速度"、"服务"、"持续供应"、"质量"等。戴尔会根据这个结果来考虑给每家供应商下多大的单，如果有新的业务，给哪家供应商来完成。如果这家供应商的次品率比较高，下次戴尔可能就会把单下给另外一家次品率比较低的供应商。

在考核供应商的时候，戴尔非常注重用数据说话。这些数据是和供应商共享的。

（资料来源：http://www.docin.com/p-104486606.html）

7.2 物流资源整合

7.2.1 物流资源整合的含义及意义

1. 物流资源整合的含义

所谓物流资源整合就是为适应不断变化的市场环境的需要，在科学合理的制度安排下，借助现代科技特别是计算机网络技术的力量，以培养企业核心竞争力为主要目标，将企业有限的物流资源与社会分散的物流资源进行无缝化链接的一种动态管理运作体系。

2. 物流资源整合的意义

物流企业资源整合的效应非常明显，主要体现在以下几个方面：

（1）物流企业资源整合有利于企业之间实现合理分工，发挥专长，实现优势互补。能够帮助物流企业突出自己的核心业务和核心竞争力，真正取得 1+1＞2 的效果。

（2）物流企业资源整合有利于发挥优势，最大限度降低运作成本，提高企业经济效益。

（3）物流企业资源整合有利于社会资源的充分利用，进一步促进物流运作的社会分工，提高物流资源的运作效率，避免重复建设。

（4）物流企业资源整合有利于根据企业发展战略和市场需求对有关资源优化配置，并寻求资源配置与客户需求的最佳结合点。

7.2.2 物流资源整合的内容

1. 运作资源整合

物流运作资源整合是指对支持物流企业业务操作的设施设备和运作手段进行系统化整合，主要分为运输资源整合和仓储资源整合。

(1) 运输资源整合

物流企业在物流操作业务执行和实施的过程中,经常需要外部不同的运输工具予以支撑和配合。运输资源的整合就是要实现外部运输资源的可调用行、资源使用的有效性、服务质量的一致性和成本的可控制性。

① 运输设施整合。

A. 合同式。即与具有集团作业能力的运输合作伙伴——承运商签署长期的运力供应合同,租用成建制的车队或铁路车辆、航空容器,以支持规模化的物流业务操作。这种形式的运输资源支持采购主要表现在物流企业与承运商之间在明确一定的基础条款(主要为结算条款)之后承运商承诺为物流企业提供一定数量的运输能力支持,保证了运力在使用时的可及时调用。这些承运商一般均为有成建制的车队的独立企业,有较强的资源实力和业务操作能力,是物流企业稳定的合作伙伴。采用此种方式整合运输资源,保险责任及保险费用应事先明确。

B. "化零为整"。即通过租赁的方式将社会零散运力资源组合在一起,形成具有较大规模的运作基础资源系统。这种方式的整合一般仅局限于公路运输中对个体零散汽车或其他机动车的整合。物流企业通常通过向社会发布相关的信息,对有意向的车主和车辆进行信誉度和业务水平的评估,与符合条件的车主签订作业协议等方式,吸引社会零散车辆,支持其物流运作。此种方式整合运输资源,须以严格的档案管理为基础,既要保证车辆能在需要时有效征用,又要防止不法车主可能会给企业带来的各种损失。

案例7-3 四家重要物流龙头企业共同组建"苏盟物流"

2012年12月18日,由金陵交运、苏汽物流、林森物流、金南物流4家江苏省重点物流龙头企业共同组建的"苏盟物流"正式成立。与以往企业之间以联手、联盟的合作形式比较松散不同,此次4家物流巨头将物流主营业务——甩挂运输从原公司彻底剥离,相关业务资产和物流项目全部纳入苏盟统一经营管理。

新成立的苏盟注册资本为5 000万元,4家企业股份各占25%。成员单位统一联盟会员标识,剥离原有的专线对口业务,把运输各个环节联合起来,共享站场、挂车、客户信息等资源,在全国多地开展循环甩挂业务,最大限度聚集成员单位的各自优势和资源,完善内部物流系统。

(资料来源:http://www.gov.cn/gzdt/2012-12/19/content_2293748.htm)

② 运输路线整合。是在物流企业业务量较大的两个或两个以上城市间,以"定线、定班、定时"的方式开辟公路(或铁路、航空)的直达运输专线,一方面用于支持企业内部所需的业务运作,另一方面可以有效吸纳社会零散货源,以弥补固定货源不足、降低运作成本、提高运作效益。

专线运输包括公路专线、铁路专线和航空专线三种不同的方式,是物流企业针对其特定客户的货物流通需求和市场货运现状,实施资源整合的一种独特的形式。它不仅可以使物流企业的业务操作更具计划性和可控性,而且经济上的效益也是非常可观的。

由于客户业务可能会出现的波动性和运输市场潜在变化因素的影响,固定业务和临时业务相结合,是物流企业经常采用的操作方式之一。

③ 运输方式整合。物流企业的运输资源整合还体现在对不同运输方式灵活而有限地运用上，利用公路、铁路、航空和水运等不同运输方式在运输时间、运输距离、运输质量和运输价格等方面的不同优势，实现货物运输在各种不同方式间的最优匹配和衔接。例如，将时间性和直达性要求不高的货物尽可能转移或"化零为整"集合到铁路运输（或水路运输），将部分适合公路运输的航空货物分解到公路运输以保持完全的直达性，这样充分利用各种运输方式的联运功能，以促进整个运输过程在时间和成本上的系统最优。

④ 运输资源综合整合。不同承运工具在运输能力、装载数量上与货物种类、货物流量流向相匹配和衔接。由于货物的重量、尺寸和流量、流向不尽一致，物流企业在承运货物时对运输工具的选择，以及在对同流向货物的搭配运输上均有很大的操作空间，如表7-2所示。

表7-2 运输资源综合整合

整合点	主要方法	说明	作用
产品	低附加值+高附加值	薄利多销，加不确定性高利业务	提高资源利用率，降低成本，提高效率，增加利润
客户	大客户+小客户	以业务量大、稳定的大客户为主	
线路	去程+回程	避免空驶	
货物种类	重与轻搭配	货物体积和重量	
时间	高峰与低谷调节	运输、仓储时间交叉，业务均衡分布	

案例7-4 多家快递公司牵手铁总 快递成本比航空低1/4

2012年3月，广州铁路首次尝试高铁快递业务，开通了广州南至长沙南运输段的快递业务，首批与中国邮政（EMS）、顺丰快递、联邦快递、力进物流等知名企业签订了运输合同。从广州到长沙，航空方式约为2元/公斤，汽车方式约为0.3~0.4元/公斤，高铁运价为1.5元/公斤，成本较航空低25%。

韵达快递北京公司总经理方小金认为，高铁物流运输除了成本优势外，还比公路运输速度快。航空业容易受到天气影响导致航班延误，甚至是取消，而高铁运输所受的影响因素相对较小，准点率比较高，能保证快递时效性。

顺丰公司相关负责人也表示，不同的交通方式，对物流公司而言都有其最优半径。航空对于1000公里以上的长途快件最为合适，铁路在500~1000公里这个距离具有竞争力，而500公里以下公路汽运可能是最好的选择。各种运输方式有效衔接，可以有效降低物流成本。

有数据显示，目前国内快件80%是用汽车运输，15%是使用航空运输，依靠铁路等其他形式的还不足5%。

（资料来源：http://business.sohu.com/20130607/n378278227.shtml）

（2）仓储资源整合

仓储设施作为物流运作资源的重要组成部分，是物流的节点，是支撑和保障物流运作的关键因素之一。在第三方物流的经营中，由于仓库需求存在许多不确定性，大量的后备仓库资源是必不可少的。

第三方物流企业仓储资源整合的核心是以最小的仓库使用成本,储存和保管尽可能多的货物。通过对不同仓库之间、不同客户的货物之间进行存储地点、数量、时间等方面的调剂,以支持客户在当地的生产和经营活动,这是仓储资源整合的出发点。合理地利用外部仓库资源,或物流合作伙伴间实现资源的相互利用,调节由于时间、地点等因素导致的不均库存,使现有仓储资源得到充分、合理的利用,提高效益,这是仓储资源整合的目标。

2. 客户资源整合

第三方物流企业的运作强调个性化服务,但规模化经营也是现代第三方物流的重要特征,也是第三方物流的优势。多个不同客户共享第三方物流企业的运作资源,在资源承载能力范围内,通过对不同客户的物流业务整合会给第三方物流企业带来规模效益。

(1) 客户资源整合的类型

客户资源整合主要有两种:不同产业客户资源整合和不同区域客户资源整合。

不同产业客户资源整合要考虑的主要问题是不同产业的客户业务相互匹配和协调。第三方物流企业的客户主要来自制造业和流通业,不同产业物流需求的特点如表7-3所示。

表7-3 不同产业物流需求的特点

行业或产业	主要物流作业对象	物流需求的特点
生产制造业	日常消费品等	快速、大量易耗品产业,作业量大,运作频率高,利润空间小
	电器产品等	高附加值产品,业务量适中,运作频率平稳,利润空间相对较大
	机械、设备、车辆等	业务不均,运作利润与运作质量有较大的关系
商品流通业	生活日用品	面向超市、百货商场等,业务不均衡,物流服务及时性要求高

不同地区客户资源整合主要考虑的问题是区域的互补性和对不同区域客户资源的合理运用。同时,也要注意一个客户物流运作末端与另一个客户物流运作起点相衔接的问题。

(2) 客户资源整合的方式

在确定客户范围的基础上,引进一些客户,然后进行客户资源整合。客户资源整合方式包括客户资源匹配、运作资源匹配和信息资源匹配。

客户资源整合与运作资源整合紧密联系,但方式各异。有的在市场开发时就予以关注,有的是在具体业务操作中进行优化,如有意识地选择季节性互补的客户,避免淡季能力闲置,旺季能力不足。

案例7-5 某民营物流企业对其客户资源的整合

一家上海民营物流企业在市内配送上很有优势,一开始其客户都是大型的食品企业,这些企业的共同特点是天热时食品销售进入淡季,随着天气转凉,销售量逐步回升,因此物流活动也有明显的季节性。天热时物流服务能力闲置,该物流企业有意识地选择一些夏季进入旺季的产品。经过市场调研,确定了啤酒和饮料企业作为营销主攻方向。由于这些啤酒和饮料企业正在为这种季节性波动造成的物流成本和管理问题发愁,双方一拍即合,很快签订了合同。该物流企业实现了全年物流业务量的相对稳定,取得了明显的经济效益。

(资料来源:姜春华. 第三方物流 [M]. 大连:东北财经大学出版社,2010)

企业客户资源整合的实质是系统优化,关键要素是系统观念和整体观念,客户资源整合以第三方物流企业管理整体效益最大化为前提,即考虑整个物流系统的优化。当企业局部或个案运作最佳方式选择与总体效益最佳发生冲突时,以物流企业整体利益为重。

3. 信息资源整合

物流水平的提高离不开对信息技术及信息资源的充分利用。物流信息的来源,一是由物流企业内部专事物流信息收集的部门提供;二是与企业业已完成的各项物流业务相关的资源信息,由具体作业人员按照企业提供的标准格式,将相关数据录入数据库中,成为备选资源。

信息资源整合的关键就在于建立跨企业边界的信息共享机制。由于现代物流系统具有功能上的集成完整性、成员上的多元性、地域上的分散性和组织上的非永久性等显著特征,因而信息共享机制就成为现代物流企业与顾客和供应商之间建立相互信任、相互依赖、长期合作、共同发展的基石。正如威廉姆森认为信息共享能够有效缓解有限理性和制约机会主义,因此,在一个多利益群体当中,如果没有较充分的信息共享,就很容易出现机会主义行为,难以合作成功。只有当建立了信息共享合同制,成员间有了更多的信息时,决策就不得不照顾各方的反映,此时的决策便更为理性,更能利于实现合作。

信息资源整合离不开IT系统的支持。IT系统的技术支持包括网络技术、通信技术和软硬件技术支持。由于技术支持的保障,现代物流的协同可以实现企业之间、功能小组之间、人员之间,以及与顾客之间的一对一、一对多、多对一、多对多等多形态的协同方式,从而更好地将各自的优势资源整合起来,共同为顾客提供优良、快捷的物流服务。

7.2.3 物流资源整合的方法

全方位的整合包含两层含义:一是指整合企业自身的业务,通过纵向整合增强物流服务的一体化能力;二是通过横向整合实现规模扩张和物流网络化。

第三方物流公司属于综合物流服务商,其上层是第四方物流涉及的供应链管理规划及金融机构等,其下层是以运输、仓储等为主营的专业化功能型物流企业。纵向整合就是第三方物流企业同上层的第四方物流或第四方物流组织进行整合,或者同下层的功能型物流企业的整合;横向整合就是同类型的综合型物流公司之间的整合。具体整合方式详见第9章第2节内容。

7.2.4 物流资源整合的步骤

第三方物流资源整合应该遵循顾客导向和系统整合原则,分阶段、分步骤、分目标,逐步实现资源整合。整合过程分三步走:

第一步,实现局部仓储和运输资源的有效利用。目前,一方面社会上有大量闲置的仓储和运输资源,另一方面很多物流企业又不惜巨资重复建设。在有序竞争的前提下,以创建节约型社会为目标,第三方物流企业应加强经济预测和业务管理工作,对现有仓储、运输资源优化配置,减少资源闲置率。对于空闲的仓储和运输资源,以有偿租赁的方式实现共享。

第二步,建立战略联盟。在第一步整合的基础上,第三方物流企业之间通过更为广泛的合作,建立战略联盟。合作领域进一步扩大,从简单仓储和运输资源的利用,发展到运输路线的设计、价格体系的制定、信息平台的共建、客户资源共享、战略规划的制定等一

系列物流活动的联盟。

第三步，企业重组。随着整个市场的成熟发展，第三方物流市场结构也会出现分化，众多规模小、功能单一的企业在竞争中会被市场淘汰出局，规模较大、实力较强的企业通过企业兼并、资本联合等方式逐渐形成跨地区、网络化的物流集团，最终在全国范围内形成几个具有实力的、大型的第三方物流企业集团。

7.3 第三方物流企业绩效评价与流程再造

7.3.1 第三方物流企业绩效评价

1. 衡量物流效率的指标

企业绩效是指在一定的经营期间内企业经营效益和经营者的业绩。开展绩效评价能够正确判断第三方物流企业的实际经营水平，提高经营能力，改善企业管理，从而增加第三方物流企业的整体效益。衡量物流效率的指标可分为经济性指标、技术性指标和社会性指标。

（1）经济性指标

该指标主要涉及成本和效益两个方面，能够全面反映企业实施第三方物流的经济性。具体表述为：固定成本，包括基建投资及车辆、仓库、办公用房等固定资产占用的资金；可变成本，包括人员薪金如工资、津贴、奖金等；营运消耗，如燃油、材料消耗、物流设备折旧与维修等；物流企业外付费用，如港口费、养路费等，还包括事故损失、管理费开支及其他临时性物流费用支出；采用第三方物流服务模式后的直接经济收益；时间节约的经济效益；物流运作能力加强的经济效益。

（2）技术性指标

该指标主要从技术上衡量第三方物流实施后各项指标的表现程度，即快速性，指物流过程的迅速程度；便利性，指企业实施第三方物流后利用物流手段的方便程度；直达性，即货物从起点出发，无须办理中转而直接抵达目的地的特性，它包括单一物流方式的单运直达和多种物流方式的联运直达；安全性，即物流过程中不发生意外，正常运达目的地的特征；舒适性，指企业在接受物流服务过程中所感受到的舒适程度，这主要取决于物流方式、运载工具设备、运行时间长短及服务水平；灵活性，指运载工具对物流线路的非依赖程度及采取某种临时性紧急措施的可能程度。

（3）社会性指标

该指标主要从宏观的角度来衡量第三方物流的出现对整个社会的影响程度。包括社会节约程度，指社会全部资源的整体优化配置程度；社会综合发展程度，指第三方物流的出现与发展对社会整体综合发展状况的贡献程度；提高物流的整体服务质量，指第三方物流的出现与发展对整个物流行业服务水平的提升程度。

2. 物流绩效考核评估

（1）物流能力考核指标

① 库存周转率，计算公式为：

$$库存周转率 = \frac{年销售量}{平均库存水平}$$

库存周转率数值越高，则反映产品销售情况越好，库存占压资金越少。库存周转率主要考核的对象是仓储、配送部门。

② 订货的满足率，计算公式为：

$$订货的满足率 = \frac{现有库存能够满足订单的次数}{客户订货总次数}$$

订货的满足率是指对于客户订单中所要的货物，现有的库存能够履行订单的比率。各配送中心的存货应该达到95%的满足率。

③ 订货与交货的一致性。

订单与交货的一致性无论在生产性企业还是在服务性企业中都被认为是最重要的因素，主要的作业指标是无误交货率，其计算公式为：

$$无误交货率 = \frac{当月准确按照客户订单发货次数}{当月发货总次数}$$

在实际操作中，我们应该保证能够正确地按照客户的订单来交货。客户最关心的也是这一点，所以没有按照客户的订单发货对企业造成的损害是最大的，因此，发货前必须根据客户的订单反复审核所发货物是否符合客户的要求。配送中心有必要设有专人从源头来跟踪和保证订单的传输和准确，降低订单的出错概率，提高公司的服务水平。

④ 交货的及时率，计算公式为：

$$交货的及时率 = \frac{当月准时交货的次数}{当月交货的总次数}$$

很多产品目前的交货时间可以达到短途次日交货。解决方案是通过设立区域配送中心进行针对重点城市和地区的有能力接整车的一级批发商和二级批发商进行直运，在大区内其他省份设立二次分拨中心来支持县、乡、镇地区开展的深度分销策略，进行更小批量的配送。

⑤ 货物的破损率，计算公式为：

$$货物的破损率 = \frac{当月破损商品价值}{当月发送货物总价值}$$

这个指标用来衡量在向顾客配送过程中货物的破损率，一般最高限额是5%，破损情况很多是在货物的装卸过程中发生的。在出货高峰期，由于没有足够的装卸力量而导致发货速度慢和较高的破损率，建议的解决方式是在销售旺季的出货高峰期，配送中心租用叉车来降低破损率、提高装卸速度。

⑥ 客户投诉次数。主要是针对直接接触客户的管理部门和运作组织的考核指标。物流承运商帮助企业将货物送达客户，所以承运商在和顾客进行货物交接的过程中代表着企业的服务形象，在这一过程中提供尽可能多的服务将提高顾客对企业的忠诚度，但配送中心反映顾客投诉最多的还是承运商在和顾客交接过程中服务没有到位。针对客户的投诉我们的建议是企业应该细化和承运商的服务协议，在协议中明确提出帮助卸货、到货前通知顾客、及代收退货等基本服务，以及今后可能的代收货款。

（2）物流部门绩效考核指标

作为一个利润中心，物流部门的绩效考核主要是在一定的物流费用率下的物流销售收益和客户服务水平的考核。

① 物流部门收益考核，主要包括两个指标，即物流毛收益和物流费用率，计算公式分别为：

$$物流毛收益 = \frac{年物流服务收入总额}{年物流服务支出总额}$$

$$物流费用率 = \frac{年物流费用总额}{年销售额}$$

② 运营费用比率，计算公式为：

$$运营费用比率 = \frac{所支付的仓库租金和运费}{支出总额}$$

7.3.2 第三方物流企业流程再造

1. 流程再造的概念

企业流程再造（Business Process Reengineering，BPR）是 20 世纪 90 年代美国麻省理工学院教授迈克尔·哈默博士和 CSC 管理顾问公司董事长詹姆斯·钱皮提出来的。

流程再造是指通过对企业业务流程的根本性再思考和彻底性再设计，而获得在成本、质量、服务、速度等方面的大幅度的业绩改善。

物流企业流程再造就是运用基于价值链的业务流程再造理论，将系统论和优化技术用于物流的流程设计和改造，分析企业核心流程，找出流程中的障碍，抓住重点重新设计，循序渐进地再造物流企业业务流程，消除企业发展瓶颈，构建面向国际化的企业流程运作框架，建立现代物流企业。

2. 流程再造的基本原则

从理论上讲，所有企业的最终目的都应该是提升客户在价值链上的价值分配。重新设计新的流程以代替原有流程的根本目的，就是以新的业务运作方式为客户提供这种价值增加，并提升这种价值增加的程度。具体反映到流程设计上，就是尽一切可能减少流程中非增值活动及调整流程的核心增值活动。

流程再造的基本原则就是 ESIA。

E，即 Eliminate（清除）：主要是减少非增加价值活动。

S，即 Simplify（简化）：针对复杂的物流活动，利用计算机与网络技术使之简化。

I，即 Integrate（整合）：对充分简化后的各独立流程进行整合，使之更加紧凑、顺畅。

A，即 Automate（自动化）：配合上述三项措施的完成，可考虑采用自动化的方面主要有数据采集、传递和分析处理及其他大量复杂性的、机械性的工作。

3. 流程再造的对象

选择恰当的流程进行再造，能起到牵一发而动全身的拉动作用。由于对再造流程的选择是一项实践性很强的工作，根据流程再造的一般原则和思路，有必要将进行再造的流程划分为三类：

一是效率和效益低下的流程。这类流程一般不能产生预期中的增值活动。当然这种增值并不只是限定在资金的使用效益上，还表现在服务方面。

二是重要的流程。不同的业务环节有不同的重要流程，如计划环节重点是确保计划的可靠性和时效性；采购环节需要强化采购的准确性、经济性和及时性，并确保各项采购原则的贯彻；资金结算环节的核心在于数据的准确性和拨付过程的安全性等。总之，应该针对具体业务而定。

三是具有再造可行性的流程。流程再造需要具备一定的条件，如当前的技术水平、再造小组的整体素质、系统的风险承受能力等，因此理论上需要再造的流程，若当前条件不成熟，也就不具备再造的可行性。

4. 流程再造的操作程序

（1）营造适宜的环境。流程再造的对象是人们长期遵循的传统工作方式和程序，在其再造效益发挥出来之前，对这种新事物人们会存在一定的怀疑和抵触情绪与行为，因此首先要营造适宜的环境。

（2）流程分析与设计。这是流程再造的关键环节。

（3）流程测试与切换。新设计的流程能否发挥预期作用，还需要在实际运行中加以检验。运行新流程，以检验其成效，并及时发现不足加以改进。同时，对有关硬件、软件进行检测与调度，对人员进行新流程下业务开展的培训。最后，在充分试验和不断改进的基础上，按计划或渐进式地，或跃进式地完成新旧流程切换。

（4）新流程的监控与评价。新的流程开始运转后，接下来就是对其实施运行监控和效能评价，以便一方面对流程再造成效进行考评，另一方面也为下一步的改进积累数据。这项工作在新流程投入运转的早期尤为重要，因为这正是新流程与所使用的信息技术及操作人员之间的磨合阶段，特别需要有效的监控与客观的评价进行指导。

本章小结

现代物流企业要高效率运作，需要有优秀的物流合作伙伴提供运作资源支持。在选择合作伙伴时，要把握质量、成本、交付与服务并重的原则，并经过初始准备、识别潜在的合作伙伴、初选和精选、建立合作关系及合作关系评价五个阶段。作为资源的整合者，第三方物流企业可以通过合同关系管理、网络化管理、双赢关系管理来保证合作伙伴的服务水平。

为了实现资源成本的最低化和资源效益的最大化，第三方物流企业需要将合作伙伴的资源和自身资源从运作资源、客户资源和信息资源三方面进行有效整合，整合方法包括横向整合和纵向整合。资源整合需要分阶段、有步骤地进行。

为了正确判断第三方物流企业的实际经营水平，第三方物流企业需要通过一系列评价指标对物流企业经营绩效进行评价。评价指标包括经济性指标、技术性指标和社会性指标。如果企业经营绩效达不到预期的目标，企业需要对业务流程进行根本性的再思考和彻底性的再设计，从而获得在成本、质量、服务、速度等方面的大幅度的业绩改善。

案例分析

深圳市怡亚通供应链股份有限公司（以下简称怡亚通）成立于1997年，总部设在深圳，旗下现有150余家分支机构，全球员工3 000余人，为思科、通用、英特尔、联合利华、雀巢、宝洁等近100家世界500强及700多家国内外知名企业服务。多年来，怡亚通持续保持稳定快速发展，2012年业绩额达360亿元。历经15年风雨磨砺，怡亚通收获了一份优异成绩单。其卓越成绩的背后，是以"整合、创新、共享"为基因的强大平台、卓越的服务及优秀的企业文化，引领着怡亚通奔向更辉煌的未来。

第三方物流

(1) 智慧催生竞争力

有人认为,如今供应链之间的竞争已经成为商业社会竞争的核心,供应链管理被视为企业运营成功的关键。怡亚通洞察市场需求,在15年时间里经历了3次重大创新变革。从单一代理采购到IT物流运作,再发展到专业供应链服务商,最终成功打造了"中国第一供应链整合平台"。

这个一站式的供应链服务平台,智慧性地整合了全球优势商业资源,以及集商流、物流、信息流、资金流于一体,以生产型供应链服务、流通消费型供应链服务、全球采购与产品整合供应链服务、供应链金融服务为核心,专业承接企业非核心业务外包项目,可以为不同行业、不同产品提供全方位的供应链服务。

目前,怡亚通"整合平台"已在全国150多个中心城市、全球10多个国家设立服务平台,聚合了100余家世界500强及700多家国内外著名企业的优势资源。业务涵盖计算机、通信、医疗器械、快速消费品、服装、家电等10多个领域,形成了强大的资源整合能力和竞争优势。帮助客户实现资源最佳配置、严把产品质量安全关、控制总成本、降低市场技术等外部风险等,从而有效促进合作伙伴提高供应链效率,增强竞争实力。

(2) 创新塑造好品牌

曾有记者问怡亚通董事长周国辉:"为什么公司配备的专业服务团队比同类公司多很多?"周国辉回答:"我们不仅注重销售,更注重客户的优质服务,因为销售是骨,服务是血,血液贯达全身,才会有旺盛的生命力。"

怡亚通是如何提供高水平、高质量的服务的呢?关键在于怡亚通建立了创新的服务机制——贯通各环节、以客户为中心的快速响应机制。从上到下,从内到外,始终贯彻快速响应机制,遵循"敏捷服务、专注需求"服务理念,做到"流程快、反应迅、处事速"。

怡亚通的快速响应机制体现在全程供应链服务的各个环节,如24小时快捷通关、JIT实时服务、紧急投诉处理机制等,都有效提高了对客户服务需求的响应速度,带动了服务质量的全面提升,增强了怡亚通的竞争优势和整体竞争力。

多年来,怡亚通始终坚持不懈地创新,为客户提供专业、优质、诚信服务,赢得了政府各级部门的高度信任和大力支持。目前,怡亚通是深圳皇岗检验检疫局的局领导挂点服务重点企业。皇岗局领导定期到怡亚通走访调研,了解需求,为怡亚通解决发展过程中面临的问题和困难,切实为企业排忧解难。实施检企诚信合作,皇岗局充分考虑供应链服务企业通关时效要求高的特点,对怡亚通进口货物进行风险分析,降低口岸抽查比例,从而加快通关速度,帮扶企业增强竞争力。

在政府的支持和社会各界的信任下,怡亚通成功树立了良好的企业信用和品牌形象,连续10年荣列皇岗海关"纳税十佳大户",并获评《财富》"中国500强"、"海关AA企业"、"检验检疫诚信企业"、"广东省知名品牌"、"国家高新技术企业"、"全国制造业与物流业联动发展示范企业"等荣誉称号。怡亚通已成为名符其实的供应链服务行业领军企业。

(3) 共享成就大发展

"海纳百川,有容乃大"是怡亚通的经营哲学。怡亚通认为,其最大的意义就是以长远发展、诚信负责、质量至上的经营态度,建立无边界的"供应链整合平台",与客户共享平台,共同成长,实现共赢。

在怡亚通供应链整合平台上,各企业能够实现优势互补,优化资源配置,降低生产成本,提高劳动生产率,促进研究与开发,最终扩大市场份额。大企业可以吸收怡亚通在供应链管理上的长处，形成更大的竞争优势；小企业依托怡亚通强大的平台能力，也可以改变原有的弱势地位。

某位金融巨头曾经说过："竞争是浪费时间，联合与合作才是繁荣稳定之道。"在共享的价值观下，怡亚通与合作伙伴之间实现了资源优势互补，经营相互扶持，不断地实现加法效应，从而赢得可持续发展的竞争动力。怡亚通始终秉承"整合、共享、创新"经营理念，力求通过不断创新的商业模式、服务价值、品牌力量，让更多的中国企业因供应链管理、提升企业核心竞争力而走向世界，让更多的跨国企业因选择中国的供应链服务、树立本土化优势而深入中国。

请问：（1）第三方物流企业为什么要合理利用社会资源？
（2）怡亚通的成功给我们带来哪些启示？

思 考 题

一、多项选择题

1. 选择第三方物流企业合作伙伴的基本准则是（　　）。
   A. 质量　　　　B. 成本　　　　C. 交付　　　　D. 服务
2. 物流资源整合包括（　　）整合。
   A. 运作资源　　　　　　　B. 客户资源
   C. 信息资源　　　　　　　D. 政策资源
3. 下列评价指标属于技术性指标的是（　　）。
   A. 订单满足率　　　　　　B. 物流毛收益
   C. 交货及时率　　　　　　D. 入库准确率
4. 关于流程再造，说法正确的有（　　）。
   A. 流程再造是从根本上重新设计业务流程
   B. 只要是效率和效益低下的流程，就具备再造的可行性
   C. 流程测试与切换是流程再造的关键环节
   D. 流程设计要尽一切减少流程中非增值活动以及调整流程的核心增值活动

二、简答题

1. 第三方物流企业应该如何选择合伙伙伴？
2. 什么是资源整合？第三方物流企业为什么要对物流资源进行整合？
3. 第三方物流企业可以从哪些方面来整合运输资源？
4. 什么是流程再造？物流企业流程再造该如何操作？

三、案例分析题

新疆九洲恒昌物流有限公司成立于2009年，公司依托高速公路网，逐步建立了完善的城区干线快速通道，通过以城市为中心向全疆各地集中的物流服务体系、区域型的集中物流体系、点对点的城市公路干线运输和点对点的公路甩挂运输四种模式相结合，为客户提供集运输、信息化管理于一体的整套物流解决方案。公司通过这几年的快速发展已经成为集普通货物运输、危险货物运输、货运代理服务、装卸等服务为一体的大型综合性物流公司。

（1）大力发展甩挂运输。新疆九洲恒昌物流有限公司是交通运输部甩挂运输的第二批试点企业。公司大力发展甩挂运输，在提升运输效率、可持续发展、科学发展、节能减排等方面加大投入，成为公司下一步发展的重中之重。公司总经理王云章表示，甩挂运输作为一种高效能的运输组织模式，有效降低了企业的运营成本，提升了企业效益，促进了企业规模的扩张。

随着公司 GPS 的"天网"以及物流信息平台的物联网"地网"建设初具规模，公司自主创新的经营模式逐渐成熟，公司开展甩挂运输以来，投入 80 辆液化天然气（LNG）牵引车和 160 辆轻型挂车，通过运输效率对比分析，公司运营成本下降 25%。甩挂运输作为一种节能减排的运输方式，再利用 LNG 车辆，节能减排将形成叠加效应，对传统物流方式将产生革命性影响。

（2）与合作伙伴共成长。通过近几年的快速发展，公司已与新疆众多重量级的合作伙伴建立了稳固的合作关系，公司用心为客户服务，积极为客户排忧解难，在普通合作的基础上与众多客户达成了战略合作协议。这使公司规模化发展、网络化发展已具雏形。为了满足客户的需求，公司在甩挂中投入巨资引进 LNG 清洁能源车辆，既符合了环保要求，又大大提升了企业运输实力，同时更好地满足了客户需求。

在国家对口援疆政策下，公司与合作伙伴实现了共同高速发展，与合作伙伴更加紧密地结合在一起，与合作伙伴互利共赢的战略模式更加清晰。

未来，公司将加大车辆投入、信息化投入、大站场及配套设施的投入，不断开拓市场，加强与周边工业企业的合作，激活和满足各种客户的不同需求，努力推动与区内外各物流企业携手，建立一个新型、现代化的物流网络，迅速将企业做大做强。

（资料来源：http：//info.10000link.com/newsdetail.aspx?doc=2013071190021）

请分析：
（1）新疆九洲恒昌物流有限公司成功的因素有哪些？
（2）新疆九洲恒昌物流有限公司为什么要与合作伙伴共成长？具体是如何做的？

实训项目　物流企业合作伙伴的选择

一、实训目的

通过本次实训，使学生掌握第三方物流企业选择合作伙伴的基本标准和流程。

二、实训内容

为第二章设立的物流企业选择合适的运输承运商。

三、实训要求

1. 列出选择运输承运商的基本标准。
2. 设计一份运输承运商及其运输能力调查表。
3. 绘制选择运输承运商的基本流程图。

四、训练步骤

1. 学生 4~6 人一组,以组为单位完成实训任务。
2. 形成文字资料,并做成 PPT。
3. 各小组推荐代表在全班进行交流,相互提问。
4. 老师进行实训总结。

第8章 第三方物流企业客户关系管理

 工作任务描述

在市场经济条件下,客户是真正的上帝,它已成为物流企业之间竞争的焦点,谁拥有众多的优质客户,谁就能在激烈的竞争中处于领先的地位。因此,如何开发客户资源和保持相对稳定的客户队伍,如何赢得更大的市场份额和更广阔的市场前景,已成为现代物流业生存和发展的关键问题。

本章涉及的工作任务和要求如下。

工作任务	工作要求
理解第三方物流企业客户关系管理的含义、必要性和流程	● 理解客户关系管理的含义 ● 理解第三方物流企业客户关系管理的必要性和流程 ● 掌握第三方物流企业实施有效客户关系管理的策略
掌握第三方物流企业客户关系的建立与维护的基本技能	● 具备建立物流企业良好客户关系的能力 ● 能对客户满意度评价 ● 掌握提高客户忠诚度的手段 ● 掌握客户投诉的处理流程
了解第三方物流企业客户关系管理系统的构建	● 了解物流企业对客户关系管理的要求 ● 了解物流企业客户关系管理系统结构

 知识概览

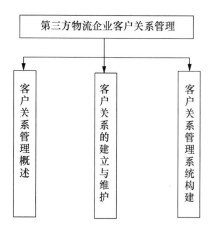

第8章 第三方物流企业客户关系管理

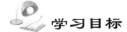

学习目标

知识目标	能力目标	学习重点和难点
• 物流客户关系管理的含义及必要性 • 第三方物流企业客户关系的建立与维护 • 第三方物流企业客户关系管理系统的构建	• 能有效实施客户关系管理的策略 • 具备建立与维护第三方物流企业客户关系的能力 • 能说明物流企业客户关系管理系统结构	• 物流客户关系管理的含义和必要性 • 建立第三方物流企业建立客户关系的方法 • 第三方物流企业评价客户满意度、提高客户忠诚度的方法 • 第三方物流企业处理客户投诉的流程和技巧

导入案例

近年来，我国物流行业发展迅速，目前从事物流行业的企业有2万多家，物流业市场已有2万亿元人民币的巨大规模。然而缺乏专业化、集约化的IT支持却成为制约物流企业发展的一道枷锁。

北方同程（北京）全球物流有限公司（以下简称同程物流）成立于2010年7月，是一个跨行业的集团型民营企业。公司提供集仓储、配送、商品展示、交易结算、售后服务于一体的全方位、现代化的物流服务。随着市场不断开放，服务精准化，快递产品细分，客户需求变化，相关产业链延伸及企业配套专业物流设计的种种要求，促进了快递行业的发展，也给快递企业带来巨大的挑战和压力。为提升用户体验，提高运营效率，同程物流决定改造信息化技术，加快IT全面改革。经过多番试用与对比，最终选定中国高端客户关系管理系统第一品牌CloudCC作为合作对象。

CloudCC是业界领先的中国信息化领域前沿技术与服务的供应商，致力于为客户提供专业、全面的客户关系管理系统和行业解决方案，在国内拥有3 000 +企业客户，在高科技、管理咨询、教育、医疗器械、医药保健、餐饮服务、家居、净水、传媒、汽车等领域拥有丰富的实践经验。

由于在线客户关系管理软件服务能够实现全球上线、后台统一管理、按需租用、按量付费，这种投入少、灵活、便捷的客户关系管理系统部署方式正越来越受有销售、客户管理需求企业的青睐。此次合作，同程物流无须购买任何硬件、软件设备，就可实现任何需求；同时，系统的运营、维护和升级工作由CloudCC完成。随着业务的发展，同程物流还可以随时增减账号，大大提高运营效率、降低运营成本。

针对于同程物流的特殊要求，CloudCC为其实现了呼叫中心与客户关系管理系统的对接工作。系统实施完成后，利用客户关系管理系统的服务工作台功能，可以根据各种条件快速查询客户信息，清楚展现与此客户已经签署过的服务合同、合同是否到期、合同的设备列表、服务历史信息，及常用联系人等相关信息，并可以在此界面直接创建请求单，提升工作效率。

思路决定出路。在物流市场竞争越来越激烈的今天，只有重视每一客户的每一反馈才

能在客户服务上精益求精，获得更多客户的认可。相信，通过 CloudCC 打造的行业领先的智慧物流管理信息平台，同程物流一定能以更优质的服务，全面提高企业核心竞争力。

（资料来源：http://www.56885.net/news/2013711/353278.html）

8.1 第三方物流企业客户关系管理概述

8.1.1 物流客户关系管理的含义

1. 客户关系管理的含义

客户关系管理（Customer Relationship Management，CRM）是指通过采用信息技术，使企业市场营销、销售管理、客户关怀、服务和支持等经营环节的信息有序地、充分地、及时地在企业内部和客户之间流动，实现客户资源有效利用。

客户关系管理包括两层含义：

（1）客户关系管理是一种管理理念，其核心思想是将企业的客户（包括最终客户、分销商和合作伙伴）作为最重要的企业资源，通过完善的客户服务和深入的客户分析来满足客户的需求，保证实现客户的终生价值。通过向企业的销售、市场和客户服务的专业人员提供全面、个性化的客户资料，强化企业与客户之间的跟踪服务、信息分析的能力，建立起良好的合作关系，从而使企业得以提供更快捷和周到的优质服务、提高客户满意度、吸引和保持更多的客户，从而增加营业额；并通过信息共享和优化商业流程来有效地降低企业经营成本。

（2）客户关系管理是一种管理软件和技术，它将最佳的商业实践与数据挖掘、数据仓库、一对一营销、销售自动化及其他信息技术紧密结合在一起，为企业的销售、客户服务和决策支持等领域提供了一个业务自动化的解决方案，使企业有了一个基于电子商务的面对客户的前沿，从而顺利实现由传统企业模式到以电子商务为基础的现代企业模式的转化。

2. 物流客户关系管理

物流客户关系管理就是在客户关系管理的理念框架基础上，将其方法、手段和技术具体运用到物流领域。把物流的各个环节作为一个整体，从整体的角度进行系统化的客户关系梳理，在第三方物流企业的层面上选择企业的客户，不断优化客户群，并为之提供精细服务。

8.1.2 第三方物流企业加强客户关系管理的必要性

物流企业是一个特殊的行业，它有着类型复杂、数量庞大的客户群体，不断创新的物流产品与服务，以及由物流行业本身特征决定的复杂运营模式。随着我国物流服务体制的进一步完善，以及加入 WTO 后一系列承诺的兑现，我国物流行业将面临前所未有的竞争压力。大批的外资物流企业与大量的国外物流领域的服务涌入，将迫使我国物流企业改进管理思想，转变经营理念，把握客户，深化服务。物流企业客户关系管理就是树立以客户为中心的发展战略，通过开展系统化的客户研究，优化企业组织体系和业务流程，提高客户满意度和忠诚度，与客户建立并维持良好的合作关系。

1. 客户关系管理有利于提升现代物流企业的核心竞争力

客户关系管理的出现，可以使中国物流企业把原来主要集中在业务增长方面的注意力转移到观察其外部的客户资源，并使企业的管理全面走向信息化，从而使企业全面地关注其核心竞争力的提升。

2. 客户关系管理有利于降低物流成本，提高利润率

客户关系管理是一种基于互联网的应用系统，它通过对企业业务流程的重组来整合用户信息资源，用更有效的方法来管理客户关系，在企业内部实现信息和资源的共享，从而降低物流企业的运营成本，为客户提供经济、快捷、周到的物流服务，保持和吸引更多的客户，使物流企业利润达到最大化。

3. 客户关系管理有利于提高物流服务水平，增加顾客满意度

物流活动的目的在于向顾客提供及时准确的产品递送服务，是一个广泛满足顾客时间效用和空间效用需求的过程。接受服务的顾客始终是形成物流需求的核心和动力，如果顾客的期望得不到充分满足，物流工作也就毫无意义可言，更没有存在的必要。所以顾客是企业的上帝，顾客的好恶决定着公司的未来，物流企业必须为顾客提供高品质的服务，让顾客满意。而客户关系管理的出现，使这种可能更好地转化为现实提供了条件。

4. 客户关系管理有利于改进和完善物流企业内部文化

客户关系管理作为一种新型管理思想和理念的代表，要求物流企业确实贯彻以客户为中心的企业战略，强调以人为本的理念，使全体员工围绕着客户这一中心而协调、合作，并强调集成的团队精神，从而使企业管理流程和机制发生重大的变化，突出管理者和员工的能动性、积极性和创造性，有利于企业树立追求超越、不断前进的企业精神，这种着眼于满足客户需求、尊重客户、对客户负责、精益求精的企业文化重塑将带动物流企业长期、稳定、快速地发展。

8.1.3 第三方物流企业客户关系管理流程

物流企业客户关系管理是一个将客户信息转化为客户知识，再通过高影响的客户互动将客户知识转化为客户关系，最终形成客户忠诚的循序过程。

1. 收集客户信息，建立客户信息档案

收集客户信息是对物流客户管理的第一步。企业所面对的客户市场是一个广泛而复杂的群体，物流企业在与客户群体的接触中，应通过各种途径如互联网、客户跟踪系统、呼叫中心档案等收集客户信息，包括客户资料、消费偏好、交易历史资料等，并将数据存储到统一的的客户数据库中。

2. 制订客户方案，提供个性化服务

对各类客户一视同仁，以客户关系管理观念看来是不合算的，客户关系管理要求为不同客户制订不同策略方案，提供针对性服务，提高物流企业在客户互动中的投资机会。首先应对物流客户进行细分，即将客户信息转化为客户知识。物流企业可通过参展商的个性化资料，如地理区位、客户的类型、客户的忠诚度、客户关系网等指标对客户进行细分；其次，在客户细分的基础上识别不同价值的客户或客户群。客户关系管理观念认为，并非所有客户都是企业的盈利客户，客户价值也有高低之分，企业应采用科学方法筛选出优质

客户,进而将企业资源投放到可能为企业带来高回报的优质客户群上;最后,物流企业在客户识别和客户筛选的基础上,针对不同客户的个性需求,制定不同的策略,提供针对性措施。

3. 实现客户互动

本阶段物流企业使用各种互动渠道和前端办公应用系统,如客户跟踪系统、销售应用系统、客户接触应用和互动应用系统,通过与客户互动,随时追踪物流企业供应商的需求变化及业务完成后的有关评价,不断修改客户方案。

8.1.4 第三方物流企业实施有效客户关系管理的策略

1. 调整物流企业的经营管理理念

物流企业要调整企业的多年管理理念,转变到以"以客户为中心"这个理念上来。现在大多物流企业还没有形成这种理念,或还仅仅停留在表面上,并没有形成企业自己的核心价值理念。现代物流企业要学习这种理念,重视客户的利益所在,关注客户的需求,同时在同行业中要积极地寻找企业间的合作与共赢,加强物流企业间的沟通和交流。现代物流企业要积极培训自己的员工,让他们认识到企业全新的经营理念。同时现代物流企业也应重视企业内部员工,尊重员工,培养员工对本企业的忠诚,这样才能够在企业经营中提高整体竞争力。

2. 对物流客户进行系统化管理

现代物流企业要建立起自己的客户关系管理系统,并以数据仓库、客户信息集合为基础来构建。物流企业应通过这个管理系统来对物流客户信息进行整合,在物流企业内部达到资源的共享,这样能够为物流企业客户提供更加迅捷周到的物流服务,以此来保持和吸引更多的客户。同时,物流企业通过对整个物流企业整体资源的统一管理,能有效地降低物流成本、减少服务成本,并通过这个高效的物流客户关系管理系统来提高物流企业的整体竞争力。

3. 针对不同客户需求实施不同的关系管理

在系统的数据仓库中,物流企业是将客户的数据都集中放到一起,建立一个比较全面、系统的数据模型,物流企业可在此基础上进行有效的分析和归类,为物流企业的客户关系管理提供及时的决策信息。物流企业要学会用系统去辨别物流企业客户的类型,从而进行差异化的服务。例如,可将客户分为成熟型客户和潜在型客户,结合业务员个人与客户的接触等方面信息来获得客户的详细需求信息;对客户进行有针对的区别对待,为物流企业客户提供切合实际的物流服务。

4. 建立战略联盟,提供高质量的物流服务

现代物流企业要善于利用自己经营多年的业务网络,联合其他物流企业(如专业提供存储、运输等方面的物流企业),和这些物流企业建立起战略联盟,这样可进行物流企业的优势互补,便于整合各种物流资源,为客户提供更加强大的物流服务,并能够进行有效的物流调配,为物流客户提供更加高效的优质的服务。当然这种战略联盟只是"动态联盟",物流企业找到合适的合作伙伴后原来的联盟也就宣告结束。通过这些物流企业能够作出快速反应,把握好企业的市场机遇。

5. 加强物流企业人才建设与加大资金投入

物流企业实施客户关系管理的关键在于人才，怎样培养高素质、高技能的物流人才是现代物流企业迫切需要解决的难题。一方面物流企业可选送部分员工到相关院校进行物流专业知识和技能的短期培训，让他们在短期内尽快了解并掌握物流企业客户关系管理的知识和技能。另一方面物流企业可根据需要同相关大中专院校实施订单培养，委托大中专院校培养适合自身需要的客户关系管理人才。另外，实施客户关系管理需要相关软件提供支持。一般情况下，此类软件需要几十万甚至上百万，同时，后期的软件维护、升级等费用也不是小数目。因此，物流企业高层领导应加大资金投入，为企业实施客户关系管理提供根本保证。

8.2 第三方物流企业客户关系的建立与维护

8.2.1 第三方物流企业客户关系的建立

物流企业是典型的服务型企业，物流企业生存首先要有客户支持，因此物流企业客户关系管理的第一步是获取客户，即建立客户关系。企业要与客户建立关系，必须本着"公平合理"的原则，一方面要努力寻找目标客户，另一方面要让客户了解企业，只有物流企业与客户双方都认为可以从对方的交换中获取合理的利益时，这种关系才有可能达成。

1. 收集、整合客户信息，建立客户档案

建立客户档案就要专门收集客户与公司联系的所有信息资料，以及客户本身的内外部环境信息资料。它主要有以下几个方面：

（1）有关客户最基本的原始资料，包括客户的名称、地址、电话，以及人员的个人性格、兴趣、爱好、家庭、学历、年龄、能力、经历背景等，这些资料是客户管理的起点和基础，需要通过销售人员对客户的访问来收集和整理归档。

（2）关于客户特征方面的资料，主要包括服务区域、销售能力、发展潜力、经营观念、经营方针与政策等。

（3）关于客户周边竞争对手的资料，如其对他竞争者的关注程度等。对竞争者的关系都要有各方面的比较。对于客户产品的市场流向，要准确到每一个"订单"。

（4）关于交易现状的资料，主要包括客户的销售活动现状、存在的问题、未来的发展潜力、财务状况、信用状况等。

2. 找出企业的真正客户，挖掘利用客户潜在价值

客户是企业的资产，但并不是每一位客户都是企业的重要资产。在资源约束条件下，只有那些为企业带来利润，因为满意的服务而推荐潜在客户的客户才是真正的客户。因此，按照帕累托80/20法则，那些经常、重复购买企业的产品和服务，并且对这些产品和服务有着深刻理解和认识的20%客户，将成为重要客户，它们理应得到更多的企业附加服务。企业要通过分析客户的行为、要求、购买倾向、购买能力，以及它们与企业整体发展的战略关系，利用这些客户的潜在价值。

3. 为客户提供互动、个性化服务

一个成功实施客户关系管理的企业，往往会让客户对企业了解其需求的全面而惊

讶。原因就在于企业对客户的需求及其变动通过客户关系管理系统完全处于一种互动的接收和反应之中,这种互动的个性化服务既让企业提高了经营效率,也让客户增强了对企业的信任。

8.2.2 第三方物流企业客户关系的维护

1. 客户关系维系的三个层次

以往的企业侧重于赢得新客户,这在一定的条件和环境下,对企业的生存和发展起着非常重要的作用。但是企业管理策略的中心必须随着市场环境的变化而变化。市场竞争日益激烈的今天,出于节约成本的考虑,企业必须改变策略,侧重于老客户的维系,发展与客户的长期合作关系。客户维系策略的专家提出了客户维系的三个层次,物流企业无论在哪一层次上实施客户维系策略,都可以建立不同程度的企业与客户间的联系,同时也意味着为客户提供不同的个性化服务。

第一层次,维系客户的手段主要是利用价格刺激来增加客户关系的财务利益。在这一层次,客户乐于和企业建立关系的原因是希望得到优惠或特殊照顾。例如,物流企业对客户实行一些奖励性手段。虽然这些奖励计划能改变客户的偏好,但却很容易被竞争对手模仿。因此不能长久保持与客户的关系优势。

第二层次,物流企业不仅为客户增加财务利益,还为它们增加社会利益,并且社会利益优先于财务利益。企业的员工可以通过了解单个客户的需求,使服务个性化和人性化来增强企业和客户的社会性联系。例如,与客户保持频繁联系,及时掌握其需求的变化,还可以与其共享私人信息,以长期维系。

第三层次,在增加财务利益和社会利益的基础上,附加了更深层次的结构性联系。所谓结构性联系是指提供以技术为基础的客户化服务,从而为客户提高效率和产出。物流企业在提供这类服务时,可以设计出一个传递系统,而竞争者要开发类似的系统可能需要一定的时间,不易被模仿。

2. 客户满意度评价与改进

营销大师菲利普·科特勒认为,顾客满意"是指一个人通过对一个产品的可感知效果与他的期望值相比较后,所形成的愉悦或失望的感觉状态"。满意水平是可感知效果和期望值之间的差异函数。如果效果低于期望,顾客就会不满意;如果可感知效果与期望相匹配,顾客就满意;如果可感知效果超过期望,顾客就会高度满意、高兴或欣喜。客户满意度就是客户满意的量化测评,它与客户的忠诚度有密切的关系。

(1) 建立客户满意度评价体系

要实现顾客满意,就必须有一套衡量、评价、提高顾客满意度的科学指标体系。第三方物流企业客户满意度指标体系如表 8-1 所示。

(2) 评价当前的服务和能力与客户要求之间的差距

首先,检查企业提供的服务与客户要求之间的差距。通过与客户的及时沟通,能及时掌握客户实际接受的服务水平与企业所提供的服务的差距,而且客户的评价有时也会偏离企业的实际动作。同时,通过分析客户需求,企业有可能通过提供给客户尚未意识到的服务进行某些服务质量的弥补。

表 8-1 第三方物流企业客户满意度指标体系

仓库管理和操作指标体系	运输服务指标体系	数据录入人工评价指标体系	进出口业务评价指标体系	费用结算评价指标体系
库存准确率 入库准确率 出库准确率 仓储破损率	发货及时率 到货及时率 返单及时率 客户投诉率 货物破损频率 订单完成率 急单完成率	数据录入及时率 数据录入准确率	报关及时性 单证处理及时性 订单处理正确率	费用结算及时率 费用结算准确率

其次，充分考虑竞争对手的客户服务水平，识别潜在的改进方法和机会。在考虑竞争对手的服务水平，结合更加详尽的客户调查与物流企业自身服务能力的分析之后，企业管理层通过对比能制定更加完善的客户服务策略，提高物流企业的客户服务能力与竞争能力。

（3）同步改进，持续提高服务水平

客户满意度评价必须是一个不断进行的过程，因为顾客要求随生产过程、产品和顾客基础的变化而变化，为了保持客户满意的水准，第三方物流企业必须跟上这些变化的要求。其具体方法和步骤如下：

① 原始信息收集。是对客户需要和满意程度的第一次正式接触。这种接触可以分为面谈、集中小组会谈、信件或电话调查等。这些活动的目的是衡量客户对企业在各种不同因素、不同细分客户群基础上的行动进行评价，以及决定初步改进。

② 持续性接触。持续的、专门的顾客交流对主要客户很重要，关于满意程度、客户拜访及其他交流方式的讨论为评估客户满意提供了迅速的反馈信息，使企业在变化及发生问题前预先觉察，客户和企业通过设计执行的改进计划都能受益。

③ 周期性调整。一旦企业明白客户的要求和期望，就必须周期性地检查满足客户要求的能力，作必要的调整。

3. 提高客户忠诚度

忠诚的客户不仅降低了企业留住客户的成本，而且使企业服务它们的成本比服务新客户低，因此它们比新客户了解企业，并且忠诚的客户对于企业所提供服务的价格不像新客户那样敏感。客户的忠诚直接为企业带来高额利润。所以，物流企业应该认识到对于企业而言，最宝贵的资产不是产品或者服务，而是企业所拥有的忠诚客户。

提高客户的忠诚度的手段有三个：

（1）识别自己的客户。将尽可能多的客户信息输入数据库，采集客户有关的信息。验证并更新客户信息，删除过时信息。

（2）对客户进行差异分析。企业应该认识到不同客户之间的差异主要有两点。

其一是不同的客户对于企业的价值不同，也就是人们常说的：企业80%的利润来自20%的客户。这20%的客户就是企业的"黄金客户"。因而，理所当然要对最有价值的客户给予最多的关注和投入。对于可以为企业带来一定利润的大多数客户，企业要做的就是将它们吸引到核心层客户中去。对于那些没有盈利潜力的客户，则可以"解雇"。

其二是不同客户对于产品和服务的需求不同，企业可以分别为它们提供不同的产品和服务。物流企业对客户的差异分析可以立足于这样几个问题：

第一，企业本年度最想和哪些企业建立业务关系？选择几个这样的企业。

第二，上年度有哪些大宗客户对企业的产品或服务多次提出了抱怨？列出这些企业。

第三，去年最大的客户是否今年也与本企业发生不少的业务来往？找出这个客户。

第四，根据客户对于本企业的价值（如市场花费、销售收入、与本企业有业务来往的年限等），把客户分为 A、B、C 三类。

（3）与客户保持良性接触。物流企业在进行客户关系管理时，一项重要的工作就是降低与客户接触的成本、增加与客户接触的收效。物流企业可以尝试通过开拓"自助式"接触渠道，如利用互联网信息交互代替人工的重复工作，来降低与客户接触的成本；通过更及时充分地更新客户信息，加强对于客户需求的透视深度，实现增加与客户接触成效的目的。

具体作法为：

① 与竞争对手的客户联系，比较服务水平的不同。

② 把客户打来的的每一次电话都看作是与客户接触的好机会。

③ 测试客户服务中心的自动语音系统的质量。

④ 对企业内记录客户信息的文本或纸张进行跟踪。

⑤ 分析哪些客户给企业带来了更高的价值，与它们更主动地对话。

⑥ 通过信息技术的应用，使得客户与企业业务来往更方便。

⑦ 改善对客户抱怨的处理。

（4）调整产品或服务以满足每一个客户的需求。改进客户服务过程中的纸面工作，节省客户时间，节约企业资金。

具体作法为：

① 使发给客户的邮件更加个性化。替客户填写各种表格。

② 询问客户，它们希望以怎样的方式、频率获得企业的信息。

③ 找出客户真正的需要所在。

④ 征求名列前十位的客户的意见，看企业究竟可以为他们提供哪些特殊的产品或服务。

⑤ 争取企业高层对客户关系管理工作的参与。

4. 客户投诉处理

在第三方物流服务过程中，差错和意外是不可避免的，对这些差错和意外的管理水平，有时比正常的服务更能显示一个公司的能力和素质。为了处理物流服务中的意外情况，一般物流企业都设有专门的客户服务部门。客户服务部一般负责以下工作：记录、处理和跟踪客户投诉，并提出改进服务的建议；进行客户满意度调查；组织召开客户服务协调会；建立并完善客户服务体系。

（1）客户投诉处理流程

面对客户投诉时，物流企业一般遵循如图 8-1 所示的处理流程。

① 倾听客户投诉。客户只有在利益受到损害时才会投诉，物流企业在接到客户投诉时，首先要耐心倾听客户投诉的内容，并做好投诉记录，待客户叙述完毕后，复述客户投诉的内容。在倾听客户投诉时，不要随意打断客户说话，也不要对客户的投诉表示不满意

甚至极力辩解。在与客户确认投诉内容之后，要分析投诉事情的重要程度，可以当场答应帮助客户解决问题当时就解决，对于比较重大的问题，如涉及经济纠纷的问题，当时无法解决的，要给客户一个明确的答复时间承诺，不管到时候有没有提出解决办法，都要给客户答复，让客户了解投诉处理进展情况，直至投诉解决。

② 向客户致歉。物流企业在接到客户投诉时，在倾听完客户投诉后，不管是不是因为物流的原因，都要向客户表示歉意，并及时告知正确的解决问题的途径。因为对于第三方物流企业来说，不管是货物所有人还是货物接收人都是物流企业的客户。能够帮助客户分担它的客户带来的投诉，可以加深客户对物流企业的良好印象。

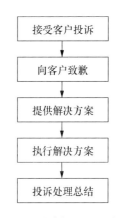

图 8-1　客户投诉处理流程

③ 提供解决方案

在对客户投诉提出解决方案时，一般会遵循一定的处理流程，如图 8-2 所示。

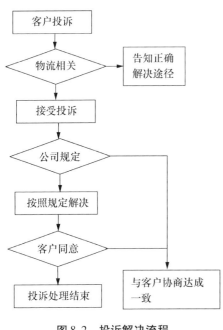

图 8-2　投诉解决流程

在作出客户投诉解决方案时，首先，要明确公司是否有处理此类投诉的方法和规定，如果有此类规定，应当按照公司规定为客户提供解决方案；其次，要掌握客户投诉问题的重点，分析投诉事件的严重性，是否对客户造成了经济上的损失，如果造成损失，客户希望的解决办法是什么，这些在倾听客户投诉时要记录下来；再次，在处理客户投诉时，要明确自身的职责范围，不能作出超出自身解决范围之外的方案，对于自己当时无法答复客户的，要尽快向上级领导汇报相关情况，由上级领导作出决定性解决方案。

④ 执行解决方案。双方就解决方案达成一致意见后，要立即执行，对于能够当时解决的，当场解决；当时不能立即解决的，要询问并记录下客户的公司名称、联系人姓名、联系方式、投诉内容等重要信息，在调查清楚客户投诉的内容之后应立即给予客户答复，告知公司处理投诉的流程，并随时保持联系，直至投诉解决。

⑤ 投诉处理总结。在处理完客户投诉之后，要做好投诉处理总结工作。一般包括以下两个方面：

一是做好客户投诉记录。客户投诉记录包括客户投诉登记表、客户投诉调查表、客户投诉处理表，以及每月、每季度或每年的客户投诉分析统计表。

二是与相关责任人沟通，确保今后类似事故不再发生。

案例 8-1　物流运输业处理客户投诉的五大技巧

（1）虚心接受客户投诉，耐心倾听对方诉说。客户只有在利益受到损害时才会投诉，作为客服人员要专心倾听，并对客户表示理解，并做好纪要。待客户叙述完后，复述其主要内容并征询客户意见，对于问题较小的投诉，自己能解决的应马上答复客户。对于当时无法解答的，要作出时间承诺。在处理过程中无论进展如何，到承诺的时间一定要给客户答复，直至问题解决。

（2）设身处地，换位思考。当接到客户投诉时，首先要有换位思考的意识。如果是本方的失误，首先要代表公司表示道歉，并站在客户的立场上为其设计解决方案。对问题的解决，也许有三四套解决方案，可将自己认为最佳的一套方案提供给客户，如果客户提出异议，可再换另一套，待客户确认后再实施。当问题解决后，至少还要有一或两次征求客户对该问题的处理意见，争取下一次的合作机会。

例如，某货运公司的 A、B 两名销售人员分别有一票 FOB 条款的货物，均配载在 D 轮从青岛经釜山转船前往纽约的航次上。开船后第二天，D 轮在釜山港与另一艘船相撞，造成部分货物损失。接到船东的通知后，两位销售人员的解决方法如下。

A 销售员：马上向客户催收运杂费，收到费用后才告诉客户有关船损一事。

B 销售员：马上通知客户事故情况并询问该票货物是否已投保，积极协调承运人查询货物是否受损并及时向客户反馈。待问题解决后才向客户收费。

结果 A 的客户货物最终没有损失，但在知道真相后，对 A 及其公司表示不满并终止合作。B 的客户事后给该公司写来了感谢信，并扩大了双方的合作范围。

（3）承受压力，用心去做。当客户的利益受到损失时，着急是不可避免的，甚至会有一些过分的要求。客服人员此时应能承受压力，面对客户始终面带微笑，并用专业的知识、积极的态度解决问题。

例如，某货运公司接到国外代理指示，有一票货物从国内出口到澳大利亚，发货人是国内的 H 公司，货运公司的业务员 A 与 H 公司业务员 D 联系定舱并上门取报关单据，D 因为自己有运输渠道，不愿与 A 合作，而操作过程中又因航班延误等原因对 A 出言不逊，不予配合。此时，A 冷静处理，将 H 公司当重要客户对待。此后，D 丢失了一套结关单据，A 尽力帮其补齐。最终，A 以自己的服务、能力赢得了 D 的信任，同时也得到了 H 公司的信任，使合作领域进一步扩大。

（4）有理迁让，处理结果超出客户预期。纠纷出现后要用积极的态度去处理，不应回避。客服人员应在客户联系自己之前先与客户沟通，让他了解每一步进程，争取圆满解决并使最终结果超出客户的预期，让客户满意，从而达到在解决投诉的同时抓住下一次商机。

例如，C 公司承揽一票 30 标箱的海运出口货物由青岛去日本，由于轮船暴舱，在不知情的情况下被船公司甩舱。发货人知道后要求 C 公司赔偿因延误运输而产生的损失。C 公司首先向客户道歉，然后与船公司交涉，经过努力船公司同意该票货物改装 3 天后的班轮，考虑到客户损失将运费按八折收取。C 公司经理还邀请船公司业务经理一起到客户处道歉，并将结果告诉客户，最终得到谅解。结果该纠纷圆满解决，货主方经理非常高兴，并表示："你们在处理纠纷的同时，进行了一次非常成功的营销活动。"

(5) 长期合作，力争双赢。在处理投诉和纠纷的时候，一定要将长期合作、共赢、共存作为一个前提，以下技巧值得借鉴：

① 学会识别、分析问题；
② 要有宽阔的胸怀、敏捷的思维及超前的意识；
③ 善于引导客户，共同寻求解决问题的方法；
④ 具备本行业丰富的专业知识，随时为客户提供咨询；
⑤ 具备财务核算意识，始终以财务的杠杆来协调收放的力度；
⑥ 有换位思考的意识，勇于承担自己的责任；
⑦ 处理问题时留有回旋的余地，任何时候都不要将自己置于险境；
⑧ 处理问题的同时，要学会把握商机。通过与对方的合作达到双方共同规避风险的共赢目的。

此外，客服人员应明白自己的职责，首先解决客户最想解决的问题，努力提升在客户心目中的地位及信任度，通过专业知识的正确运用和对公司政策在不同情况下的准确应用，最终达到客户与公司都满意的效果。

(资料来源：http://china.findlaw.cn/info/wuliu/wljq/20110308/221241_2.html)

(2) 处理客户投诉常用表格

表8-2～表8-5是某物流企业客户投诉相关记录表格样本。

表8-2　客户投诉登记表

投诉客户名称：	营业地址：
受理日期：	受理编号：
投诉方式：	
投诉理由：	
投诉要求：	受理人签字：

表8-3　客户投诉调查表

受理事件		发生原因	调查结果	处理建议	
编号	投诉客户			对策	改进

表 8-4 客户投诉处理表

客户名称		处理编号		处理部门		处理日期	
投诉处理结果							
客户意见							
受理人意见							
部门经理意见							

表 8-5 客户投诉月度分析统计表

投诉日期	编号	客户姓名	投诉内容	责任人	处理方式	损失

8.3 第三方物流企业客户关系管理系统的构建

8.3.1 第三方物流企业客户关系管理系统的要求

现代物流企业主要是接受生产企业和流通企业的委托，代其承担物流的功能。物流企业必须根据委托企业的生产经营和产品销售的情况，随时为其组织各种物资和产品的配送。因此，物流企业必须保持与客户的实时数据传送和信息交流，能够及时掌握每一个客户的生产经营和产品销售情况，并根据其需要为其安排物流配送。为此，物流企业与委托企业的信息系统要实行连接，通过企业内联网进行实时的数据传送。根据以上要求，物流企业的客户关系管理系统应具有以下功能。

1. 以功能强大的数据库为基础

由于物流业的客户构成复杂，涉及的商品种类和数量繁多，产生的信息量极大，因此，物流企业的客户关系管理系统需要有一个功能强大的数据库支持。数据库一方面要有较大的存储能力，要能够自动地将各种信息随时收集、储存起来，另一方面还要有较强的数据处理能力，通过数据处理，使这些数据成为企业经营管理的有用信息。

2. 与客户系统的无缝连接和实时通信

按照供应链理论，物流企业与客户都是供应链上的一个环节，只有相互紧密协调与配合，才能产生供应链的竞争优势。因此，物流企业与客户要按照供应链管理的原则，将二者的信息管理系统无缝连接，实行信息的共享。物流企业与客户应保持紧密的联系，使物流企业能够随时掌握客户的生产、经营和销售情况，以便为其安排物流活动，提供所需要的服务。

3. 对客户需求的快速响应能力

现代物流企业的价值不仅体现在它可以提供集成化的物流服务，而且还体现在它对客户需求的快速响应能力。客户关系管理系统要与物流企业内部的信息管理系统紧密结合,将客户的需求及时输入企业内部的作业管理系统,并通过企业的协调工作,以最快的速度使客户的需求得到满足。由于物流企业的客户不止一家,每天都会有大量的信息,这就要求系统具有较强的信息处理和分析功能,能够根据变化随时作出规划和安排。

4. 对最终客户的有效管理

对最终客户而言,他所获得的价值包括了客户的商品价值和物流企业提供的物流服务价值两个部分。而物流服务质量的好坏,与最终客户是否满意有着直接的关系。物流企业的服务,不仅要满足服务委托方的要求,还要满足服务接受方的要求。因此,物流企业的客户关系管理系统还要与最终客户建立起密切的联系,发展与最终客户的关系,通过企业的内部协调,对最终客户进行有效的管理和服务。

8.3.2 第三方物流客户关系管理系统结构

客户关系管理系统既是一种管理理念和管理机制,同时也是一套管理软件系统。这套系统从最终客户需求出发,以信息技术和网络技术为基础,通过客户信息分析、信息整合和具体运用的要求建立配套的功能层面系统来连接企业和客户间的关系,为企业收集、管理及利用客户信息提供一个基础平台。第三方物流企业实施的客户关系管理的流程如图8-3所示。

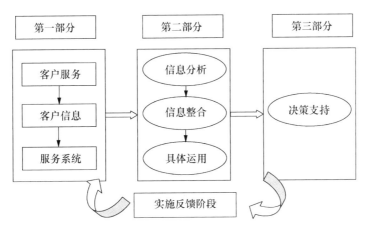

图 8-3 第三方物流客户关系管理流程

具体来说,第三方物流的客户关系管理系统根据不同部分的功能可以划分为信息来源层、信息处理层、基本功能层和决策支持层。其系统结构如图 8-4 所示。

信息来源层包括最终客户和合作伙伴,是客户关系管理系统的根本出发点和最终归宿。第三方物流企业具有最终客户的双重性,只有同时满足制造商和分销商或零售商等的物流需求,才能够发挥满意度扩散效应从而增强企业竞争力。所以在第三方物流客户关系管理系统中,信息来源层具有重要作用,对客户信息的收集是信息整合和利用的基础。

信息处理层是企业获取和整合客户信息的层面,主要利用 Web 门户和呼叫中心两个渠道,实现企业与客户、合作伙伴接触点的完整管理。

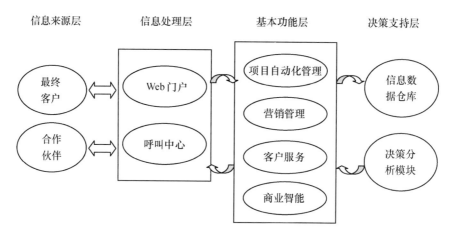

图 8-4　第三方物流企业客户关系管理系统结构

基本功能层主要包括项目自动化管理、营销管理、客户服务、商业智能等模块，实现物流活动的优化和自动化。项目自动化模块主要包括账户管理、报价管理等，通过该模块可以实现从报价、订货一直到付款、给付佣金的全程自动化；还能够提供基于互联网的自动销售功能，使客户能够通过互联网个性化定制产品或服务，真正实现定制的个性化服务。市场营销模块从客户需求和市场信息出发，对物流市场进行细分，发现高质量的市场营销机会，得到客户价值等重要的客户信息，为高价值顾客提供优质个性服务；为潜力客户充分挖掘价值；对有意向客户进行跟踪、分配和管理等。客户服务模块提供客户支持、售后服务的自动化和优化，是客户关系管理系统的重要组成部分。

决策支持层包括决策分析模块和信息数据仓库两大部分。信息数据仓库包括与客户关系管理相关的所有信息数据，它是整个客户关系管理系统运行的基础。决策分析模块则通过联机分析、数据挖掘等手段，对各种信息进行分析、提取、转换和集成，从而为物流企业新客户的获取、交叉销售、客户个性化服务、重点客户发现等操作应用提供有效支持。

客户关系管理系统是一个有机整体，第三方物流企业通过客户关系管理系统的有效实施，可以使企业获取充分的客户信息并为其提供个性化的服务，实现销售过程和营销过程的自动化，完善客户服务和售后服务的管理，最终使企业能够在最短的时间内提供统一、完整和准确的服务。

案例 8-2　联邦快递的客户关系管理体系

联邦快递的创始者弗莱德·史密斯有一句名言："想称霸市场，首先要让客户的心跟着你走，然后让客户的腰包跟着你走。"由于竞争者很容易采用降价策略参与竞争，联邦快递认为提高服务水平才是长久维持客户关系的关键。

1. 联邦快递的全球运送服务

电子商务的兴起，为快递业者提供了良好的机遇。电子商务体系中，很多企业间可通过网络的连接，快速传递必要信息，但对一些企业来讲，运送实体的物品是一个难解决的问题。举例来讲，对于产品周期短、跌价风险高的计算机硬件产品来讲，在接到顾客的订单后，取得物料、组装、配送，以降低库存风险及掌握市场先机，是非常重要的课题，因此对那些通过大量网络直销的戴尔公司计算机来讲，如果借助联邦快递的及时配送服务来提升整体的运筹效率，可为规避经营风险作出贡献。有一些小企业，由于经费人力的不足，往往不能建立自己的配送体系，这时就可以借助联邦快递。

要成为企业运送货物的管家，联邦快递需要与客户建立良好的互动与信息流通模式，使得企业能掌握自己的货物配送流程与状态。在联邦快递，所有顾客可借助其网站（www.fedex.com）同步追踪货物状况，还可以免费下载实用软件，进入联邦快递协助建立的亚太经济合作组织关税资料库。它的线上交易软件 Business Link 可协助客户整合包括订货、收款、开发票、库存管理一直到将货物交到收货人手中的线上交易的所有环节。这个软件能使无店铺零售企业以较低成本比较迅速地在网络上进行销售。另外，联邦快递特别强调，要与顾客相配合，针对顾客的特定需求，如公司大小、生产线地点、业务办公室地点、客户群科技化程度、公司未来目标等，一起制订配送方案。

联邦快递还有一些高附加值的服务，主要是三个方面：

（1）提供整合式维修运送服务。联邦快递提供货物的维修运送服务，如将已坏的计算机或电子产品，送修或归还所有者。

（2）扮演客户的零件或备料银行。扮演客户的零售商的角色，提供诸如接受订单与客户服务处理、仓储服务等功能。

（3）协助顾客简化并合并行销业务。帮助顾客协调数个地点之间的产品组件运送流程。在过去这些作业是由顾客自己设法将零件由制造商送到终端顾客手中，现在的快递业者可完全代劳。

综上所述。联邦快递的服务特点在于，协助顾客节省了仓储费用，而且在交由联邦快递运送后，顾客仍然能准确掌握货物的行踪，可利用联邦快递的系统来管理货物订单。

2. 联邦快递的客户服务信息系统

联邦快递的客户服务信息系统主要有两个，一是一系列的自动运送软件，如 Power Ship、FedEx Ship 和 FedEx interNetShip，二是客户服务线上作业系统（Customer Operations Service Master On-line System，COSMOS）。

（1）自动运送软件。为了协助顾客上网，联邦快递向顾客提供了自动运送软件，有三个版本：DOS 版的 Power Ship、视窗版的 FedEx Ship 和网络版的 FedEx interNetShip。利用这套系统，客户可以方便地安排取货日程、追踪和确认运送路线、列印条码、建立并维护寄送清单、追踪寄送记录。而联邦快递则通过这套系统了解顾客打算寄送的货物，预先得到的信息有助于运送流程的整合、货舱机位、航班的调派等。

（2）COSMOS。这个系统可追溯到 20 世纪 60 年代，当时航空业所用的计算机定位系统备受瞩目，联邦快递受到启发，从 IBM、Avis 租车公司和美国航空等处组

织了专家,成立了自动化研发小组,建起了COSMOS,在1980年,系统增加了主动跟踪、状态信息显示等重要功能。1997年又推出了网络业务系统VirtualOrder。

通过这些信息系统的运作,建立起全球的电子化服务网络,目前有2/3的货物量是通过Power Ship、FedEx Ship和FedEx interNetShip进行,主要利用它们的订单处理、包裹追踪、信息储存和账单寄送等功能。

3. 员工理念在客户关系中扮演的角色

我们都知道,良好的客户关系绝对不是单靠技术就能实现的,员工的主观能动性的重要性怎么强调也不过分。在对员工进行管理以提供顾客满意度方面,具体方案有三个方面。

① 建立呼叫中心,倾听顾客的声音

联邦快递台湾分公司有700名员工,其中80人在呼叫中心工作,主要任务除了接听成千上万的电话外,还要主动打出电话与客户联系,收集客户信息。

呼叫中心中的员工是绝大多数顾客接触联邦快递的第一个媒介,因此他们的服务质量很重要。呼叫中心中的员工要先经过一个月的课堂培训,然后接受两个月的操作训练,学习与顾客打交道的技巧,考核合格后,才能正式接听顾客来电。

另外,联邦快递台湾分公司为了了解顾客需求,有效控制呼叫中心服务质量,每月都会从每个接听电话员工负责的顾客中抽取5人,打电话询问他们对服务品质的评价,了解其潜在需求和建议。

② 提高第一线员工的素质

为了使与顾客密切接触的业务员符合企业形象和服务要求,在招收新员工时,联邦快递台湾分公司是少数作心理和性格测验的公司。对新进员工的入门培训强调企业文化的灌输,先接受两周的课堂训练,接下来是服务站的训练,然后让正式的业务员带半个月,最后才独立作业。

③ 运用奖励制度

联邦快递最主要的管理理念是,只有善待员工,才能让员工热爱工作,不仅做好自己的工作,而且主动提供服务。例如,联邦快递台湾分公司每年会向员工提供平均2500美元的经费,让员工学习自己感兴趣的新事物,如语言、信息技术、演讲等,只要对工作有益即可。

另外,在联邦快递,当公司利润达到预定指标后,会加发红利,这笔钱甚至可达到年薪的10%。值得注意的是,为避免各区域主管的本位主义,各区域主管不参加这种分红。各层主管的分红以整个集团是否达到预定计划为根据,以增强他们的全局观念。

(资料来源:http://www.chinawuliu.com.cn/xsyj/200407/26/131712.shtml)

 本章小结

第三方物流正处于发展的关键时期,与客户建立基于信任与合作的长期战略合作伙伴关系将是其发展的一个重要保证。第三方物流企业实施客户关系管理就是通过吸引、开拓、维持和增进与客户的服务关系，从而提高客户服务水平。客户关系管理既是一种管理理念和管理机制，同时也是一套管理软件系统。

物流企业客户关系管理的第一步是获取客户，即建立客户关系。企业要与客户建立关系，必须本着"公平合理"的原则，一方面要努力寻找目标客户，另一方面要让客户了解企业，只有物流企业与客户双方都认为可以从对方的交换中获取合理的利益时，这种关系才有可能达成。维系良好的客户关系必须要让客户满意，要努力提高客户忠诚度，妥善处理客户投诉。

客户关系管理系统从最终客户需求出发，以信息技术和网络技术为基础，通过客户信息分析、信息整合和具体运用的要求建立配套的功能层面系统来连接企业和客户间的关系，为企业收集、管理及利用客户信息提供一个基础平台。第三方物流的客户关系管理系统根据不同部分的功能可以划分为信息来源层、信息处理层、基本功能层和决策支持层。

案例分析

全球著名的家居产品供应商瑞典宜家（IKEA）是马士基集团（以下简称马士基）极其看重的一个全球协议伙伴，客户关系管理系统为其处理企业管理和产品供应增加了新的技术手段。

马士基承揽着宜家在全球29个国家、2 000多家供应商、164家专卖店、10 000多种家具材料的物流任务。宜家和马士基有牢不可断的"纽带关系"，因为宜家的"供应商家族"多年前就一直在和马士基合作。两家公司在生意模式、价值观、商业目的等方面多有相似之处。

1995年，宜家在中国设立办事机构，那时只是从中国采购少量的原料，并不在中国生产销售。不过，即便当时那么小的物流业务也曾让宜家大皱眉头。宜家对物流服务商要求苛刻：对方必须在透明度、成本、物流能力、效率、质量控制等方面满足其条件；甚至还必须有"环保意识"——选择不污染环境的设备、机器、物流工具和燃料等，而且在运输过程中，还要科学地处理污水和气体排放问题。然而中国的物流公司有几家能这样规范呢？

此时，宜家更加"怀念"马士基。当时，马士基在中国并不能设立物流公司，仅仅在上海注册有一个"马士基有利集运"中国办事处。不过马士基仍然快速部署了宜家中国市场的原料出口物流计划。马士基通过"有利集运"，经中国香港、新加坡等地为宜家提供物流代理服务。同时，马士基在中国内地的办事处扩充到了9个。

1998年，宜家感觉中国市场大有可为，其亚太战略重心开始向中国转移。同年，宜家在上海开了第一家家居商场，1999年又在北京开了第二家。随后，宜家风行中国，两年内在中国的销售额涨了43.6%，全球采购量的10%也转移到了中国。这时候，供应商的数量增加，地域分布拓宽，部署了在中国的生产网络和销售网络，使得物流业务量快速膨胀。包括原料采购、原料进口、产品和原料出口、国内运输、仓储、配送等等，这显然需要物流服务者能够对SCM（供应链）做整体计划。这时候，马士基的办事处显然已经不能满足宜家在中国的需要了。

就在宜家火爆中国的时候，马士基也没有闲着。经过层层努力，终于将"有利集运"注册成了独资公司。权限扩大后，该独资公司接着又在中国沿海城市设立分公司和办事处，迅速扩张网络。2000年4月，有利集运正式改为"马士基物流中国有限公司（独

资)",在13个城市设立了8家分公司和5家办事处,网络由沿海向内陆扩张。有人笑言:"马士基的物流服务几乎是随着宜家的扩张而扩张的。只要宜家在新的地区找到供应商,马士基就尽量扩张到那里。"马士基和宜家在物流领域的合作是经典的"点对点"链条关系。这种链条关系并不仅仅是业务需求,更关键的是,它们长期的合作使彼此相互促进。当然,马士基的"跨国链条"上,不可能只连着宜家一个,这个链条上源源不断地连接着马士基的全球协议伙伴,如耐克、米其林轮胎、阿迪达斯等公司。马士基是追随它们而来。

这种点对点的链条现象在各个行业的跨国公司是普遍存在的,它们显然更愿意携着自己的伙伴来中国开垦,而不是选择中国的小企业。像宜家这样的跨国公司更像是一艘旗舰,在它的"联合舰队"中,当然不希望有破旧的"机帆船"。

请问:(1)马士基在客户管理关系方面是如何做的?
(2)马士基与宜家的合作给予我们哪些启示?

思 考 题

一、单项选择题

1. 物流企业客户关系管理的第一步是（   ）。
   A. 建立客户关系　　　　　　　　B. 提高客户忠诚度
   C. 维护客户关系　　　　　　　　D. 提高客户满意度
2. 属于仓库管理和操作指标体系的是（   ）。
   A. 发货及时率　　　　　　　　　B. 到货及时率
   C. 货物破损率　　　　　　　　　D. 返单及时率
3. 基本功能层不包括（   ）模块。
   A. 项目自动化管理　　　　　　　B. 客户服务
   C. 商业智能　　　　　　　　　　D. 决策支持
4. 下列说法不正确的是（   ）。
   A. 物流企业可针对不同的客户实施不同的客户关系管理策略
   B. 个性化服务是提升客户忠诚度的有效途径
   C. 建立客户关系管理系统能够在短期内实现
   D. 信息技术为客户关系管理系统的实现提供了技术可能性
5. （   ）是客户关系管理系统的根本出发点和最终归宿点。
   A. 信息来源层　　　　　　　　　B. 信息处理层
   C. 基本功能层　　　　　　　　　D. 决策支持层

二、简答题

1. 什么是客户关系管理?第三方物流企业实施有效的客户关系管理有哪些策略?
2. 简述第三方物流企业处理客户投诉的基本流程。
3. 第三方物流企业如何提升客户忠诚度?
4. 第三方物流企业如何评价客户满意度?

三、案例分析题

2007年9月18日下午,辛女士拨通了东北风快运公司的电话,业务员徐峰上门服务。

辛女士要托运两盒山参、一个蜂制品礼盒，她反复叮嘱徐峰：托运的人参是经过国家中医院管理局鉴定的山参，蜂制品礼盒中的蜂胶、蜂蜡等也非常珍贵，是易碎品，不能倒置、积压，同时要求徐峰在人参盒、蜂制品礼盒外加一层厚纸盒包装，这些徐峰都答应了下来，承诺 9 月 19 日下午即可把货物平安送到北京收件人的手中，并收了 40 元费用。9 月 20 日下午收件人卢女士等来了快运公司的送货人员，她打开了一个破烂的塑料袋子，里面蜂制品礼盒已经被挤变形，而装人参的木盒包装已经散开，两棵山参已被压碎。当天辛女士与东北风快运公司的工作人员取得了联系。9 月 21 日，徐峰答复，已把事情汇报给公司李总，李总说 9 月 22 日会给辛女士答复。直到 9 月 27 日，辛女士也未等到答复，于是又拨通了东北风快运公司的电话，对方称此事已交由张经理负责，辛女士的朋友多次与张经理沟通，事情拖到了国庆节放假后，当再次拨通东北风快运公司的电话时，接电话的司机说："张经理回家了，啥时候回来不清楚，有事和我说就行。"

10 月 9 日，东北风快运公司一名姓宋的经理回复：业务员操作不规范，给辛女士造成了损失，公司可以退回辛女士的 40 元费用，最多赔付 2 倍的邮费 80 元。10 月 12 日，宋经理称，取辛女士包裹的业务员回到公司未说清楚，结果把辛女士的三个礼盒与一堆东西放在了一个编织袋里，用火车托运到北京。宋经理把赔偿金额提高到了 150 元，他的解释是："人参虽然断了，拿回家照样炖。"

问题：
（1）作为公司业务员应如何处理此业务？
（2）作为公司客户服务人员接到客户投诉后应如何处理此事？
（3）作为公司总经理，此事发生后应采取什么举措？

实训项目　物流企业客户关系管理

一、实训目的

通过本次实训，学生能设计一套提高客户满意度和忠诚度的实施方案，并以此为基础构建一个客户关系管理系统。

二、实训内容及要求

1. 根据第三章的物流企业定位，为设立的物流企业设计一套提高客户满意度和忠诚度的实施方案，措施要具体、详细，方法要可行。
2. 构建客户关系管理系统，画出系统结构图。

三、训练步骤

1. 学生 4~6 人一组，以组为单位完成实训任务。
2. 形成文字资料，并做成 PPT。
3. 各小组推荐代表在全班进行交流，相互提问。
4. 老师进行实训总结。

第 9 章

第三方物流企业的发展战略

 **工作任务描述**

战略是企业生存和发展的重要因素之一。随着我国物流服务市场的扩大开放、全球经济一体化趋势的增强,我国物流市场的竞争日趋激烈,这对尚处发展初期的我国第三方物流企业提出了严峻的挑战。这就需要第三方物流企业站在全球化的高度,制定切实可行的企业发展战略。

本章涉及的工作任务和要求如下。

工作任务	工作要求
学会分析第三方物流企业发展战略并能根据企业实际情况作出选择	● 理解我国第三方物流企业发展的总战略 ● 掌握第三方物流企业发展战略簇的主要内容
熟悉第三方物流企业的战略发展方向	掌握各种发展战略的内涵及具体措施

 **知识概览**

 学习目标

知识目标	能力目标	学习重点和难点
● 理解增长战略是我国第三方物流企业主流的战略选择 ● 掌握第三方物流企业发展战略簇的主要内容 ● 熟悉第三方物流企业的战略发展方向	能根据企业实际情况和外部环境选择合适的企业发展战略	● 第三方物流企业采用集中经营发展战略的必要性 ● 第三方物流企业发展战略簇 ● 第三方物流企业的整合战略、集成战略、个性化服务战略、品牌形象战略、人才战略、联盟战略、创新战略和风险防范战略

导入案例

宅急送公司于 1994 年在北京开办,目前在中国提供送货到家的国内速递业中位居前列。宝供物流是 1992 年从广州的铁路货物中转站发展而来的,是全国首家提供"送货到门"的服务公司,目前宝供物流正专注于提供供应链一体化物流服务。将宅急送公司和宝供物流放到一起进行一次全面比较,发现两者在发展战略和市场定位上均有很大差异。

1. 企业发展战略:"转基因型"VS"进化型"

宅急送的企业发展战略——转基因型。这一成立于 1994 年的公司在当时中国现代物流观念还没有形成的时候,就立志于挑起中国快运追赶世界水平的重任,宅急送的理想是做中国的"宅急便",公司从成立到战略目标、市场定位、业务模式、网络结构等,都借鉴日本"宅急便"这个原型,甚至连品牌的名字"宅急送"也与原型只有一字之差,难怪有人称"宅急送"是克隆出来的产业。"宅急送"在中国的发展,是注入了日本"宅急便"的优良基因,并不断适应中国市场环境的新企业,同时它也不断吸收了 UPS、联邦快递、中国外运股份有限公司(以下简称中外运)等先进企业的基因。这一模式的成功要点在于,企业发展战略要有前瞻性,在体制上、机制上确保战略目标的一致性。

宝供物流的企业发展战略——进化型。宝供物流的发展战略可以概括为储运—物流—供应链的三变。在宝供物流发展初期,我国现代物流理念和环境还不成熟,宝供物流并没有明确的企业发展战略,对物流市场没有明确的定位,宝供物流的发展是一种摸着石头过河的方法,这种方法,使得宝供不知不觉懂物流,不知不觉搞物流。就是这样一种最普通的方法,造就了我国最成功的第三方物流企业,这种企业发展战略可以概括为进化型,这种模式的要点在于不断发现市场需求,适应市场变化,不断修正战略目标和市场定位,不断改进服务水平,形成竞争优势,达到顾客满意,以获取高额回报。

2. 物流市场战略定位:"快速物流"VS"准时物流"

宅急送选择的市场定位是快速物流服务,即门到门快递服务,宅急送的定位是在公司成立之时确立的,首先是由于当时中国的国内快递行业还是空白,中国邮政 EMS 业务只限于信函;其次选择这一定位是日本"宅急便"的实践证明。宅急送的定位体现了市场差异化的战略,这种战略定位为客户提供了与众不同的物流服务,同时由于竞争者少,成熟度低,使得企业以较低的成本进入这一领域,并有可能成为行业规则的制定者。宅急送在发展过程中,对物流服务市场进行了更为精确的定位,一是将客户群由零散客户向大客户转变,这是为了适应中国市场环境和政策、法规的转变,二是放弃国际快递高利润的诱惑,专攻国内快递,使得宅急送在发展初期得以与国际快递大鳄和平共处,共同发展。

如果说宅急送的战略定位是"快",那么宝供物流的战略定位则是"准"。宝供物流的准时物流服务定位的选择是在宝供物流向现代物流企业转型中逐步确定的。由于宝供物流服务的企业大多集中在企业的生产、流通环节,其定位于企业供应链物流服务也是顺理成章的事。宝供物流从给宝洁公司当学生,到建立信息系统,再到建立物流基地,逐步体会到更准确、更敏捷、更及时、更高效的准时物流服务的精髓,宝供物流战略定位的变化自始至终都围绕着一个"准"字,从储运到物流,到供应链,从货运代理到物流资源整合,再到物流资源一体化,这种变化源于对"准"字的不断认识,不断理解和不断实践。这样一系列的准确,就使得宝供物流必须组织所有资源来满足这一要求,而只有建立起一

套基于信息系统的物流仓、储、运一体的，集商流、物流、信息流、资金流一体的现代化物流运作网络，才能在战略定位的差异化中取得竞争优势，从而连续保持中国第三方物流的领先地位。

(资料来源：http://www.gps110.cn/hqwul/2009/0329/article_42.html)

9.1 第三方物流企业发展战略分析

9.1.1 第三方物流企业发展总体战略

第三方物流企业的发展战略从不同角度可以有不同的划分方式。按发展方向可以分为增长（发展）战略、维持（稳定）战略和收缩（撤退）战略三大类。按业务相关性可分为集中经营战略和多样化经营发展战略两种。而多样化经营发展战略又可分为相关多元化战略和非相关多样化战略，如图 9-1 所示。由于我国的物流市场尚处于快速成长阶段，因此，企业增长战略将是我国第三方物流企业主流的战略选择。

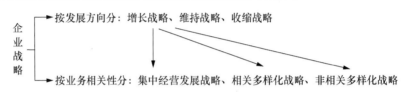

图 9-1 第三方物流企业发展战略

集中经营发展战略是指第三方物流企业将全部资源使用在某一特定的市场、服务或技术上。多样化经营又称为多元化经营，它的理性动因是主导业务所在行业的生命周期已处于成熟期或衰退期，物流长期稳定，发展潜力有限；主导业务已发展到规模经济，并占有较大的市场份额，市场竞争已处于均衡状态，不易消灭对手，即投资的边际效益递减效应已初步形成，再继续扩大业务规模反而会不经济。这显然与中国现阶段物流发展的状态不符。

因此，第三方物流企业应采用集中经营发展战略，这主要基于以下几点。

(1) 第三方物流企业在现阶段规模小，技术落后，多样化经营只会分散企业提高竞争优势所需的有限资源。第三方物流企业千万不要单纯为扩大企业规模而采取多样化经营发展战略，更不要随波逐流，不要做其他物流企业在做的事业。

(2) 第三方物流企业现阶段融资能力弱、管理经验不足，营销渠道少，应采取区域市场内的集中经营战略。在此期间，企业可以通过增加业务量、扩大市场份额及建立信誉等措施来改变实力弱小、竞争地位低下的局面。

(3) 集中经营发展战略可使第三方物流企业有明确的发展目标，组织结构简明，易于管理，只要有技术和市场优势，就能集中力量，随着品牌形象的形成而迅速成长。因此，只要第三方物流企业能及时捕捉到市场的有利时机，就有可能通过集中经营在短期内获取较大的发展。

(4) 集中经营发展战略的具体实施可以通过物流企业自身扩大再生产的形式，还可通过资本集中（兼并或联合）的形式实现横向一体化来减少竞争对手、降低成本。兼并和联合,是物流市场整合的主要形式,鉴于中国第三方物流市场目前小、散、弱的状况,在激烈的市场竞争中,整合将成为第三方物流未来几年内最重要的战略发展思路。

当然,第三方物流企业的集中经营发展战略也存在一定的风险,最主要的就是物流企业完全被行业兴衰所左右。当某一行业由于需求变化等原因出现衰退时,集中经营的物流企业必然受到相当大的冲击。因此,集中经营发展战略适合于在未完全饱和市场中占相对竞争优势的第三方物流企业。

集中经营的增长战略可以细分为更具体的战略,将这些细分的战略组合起来就形成了第三方物流企业发展战略簇,如图9-2所示。

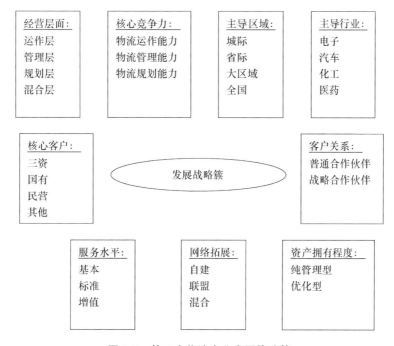

图 9-2 第三方物流企业发展战略簇

9.1.2 第三方物流企业发展战略簇分析

1. 经营层面定位

经营层面的定位,实际上是物流企业的产品定位。核心经营层面定位,并不代表企业不可以开展其他层面的业务,而是市场拓展的重点在核心经营层面,自身核心竞争能力的培养在核心经营层面。

根据提供服务集成度的高低,第三方物流企业可以选择以下几个经营层面。

(1) 运作层

运作层整合是比较初级的物流管理服务,物流企业本身不涉及客户企业内部的物流管理和控制,只是根据客户的要求,整合社会资源,完成特定的物流服务。运作层整合要求有规范的运作机制、快速反应的能力,以及大量的可供选择和调度的底层资源,如车队、空运代理、海运代理、仓库、报关公司、进出口代理商等。运作层整合由于可以做到资源的共享,如仓库、车队、报关代理等,企业可以同时为比较多的客户服务,并实现经营的规模效益。

(2) 管理层

管理层面的服务包括销售预测、库存管理和控制等专业的物流环节，对物流企业的管理水平要求很高，因此能够提供专业化物流管理的物流企业，往往可以得到比较大的利润空间。但由于管理层面的物流服务需要物流企业直接介入客户内部的管理，甚至深入企业的销售、市场、生产、财务等环节，因此，市场对此类服务的接受尚有一定的障碍。

(3) 规划层

现代物流能够成为一个行业，源于其技术含量和专业性越来越强。物流设施、物流体系和物流网络的规划，成为物流领域里独特的服务内容。在此类服务中，物流企业不仅提供管理和运作层面的服务，还参与或涉及物流体系的规划，这也是物流服务中最高端和最富技术含量的领域。

(4) 混合型

客户企业的物流需求是千差万别的，第三方物流企业有时要适应不同的客户需求，就必须不断完善和拓展自己的物流服务能力，否则就可能流失客户。混合型的经营模式就是企业不断拓展自己的经营层面，在核心能力得到加强的基础上，向其他经营层面延伸。例如，以运作为主的物流企业，在遇到新客户或老客户的新需求时，就不得不延伸自己的服务范围。

2. 核心竞争力定位

企业的核心竞争力定位是和企业的经营层面的定位相联系的，企业确立什么样的经营层面，就要致力于培养什么样的核心竞争力。在现代物流服务中，最核心的竞争能力有物流运作能力、物流管理能力和物流体系的规划能力，具体内容如表9-1所示。同以上能力相联系的分别是企业的运作层面、管理层面和规划层面。

表9-1 第三方物流企业核心竞争能力

第三方物流企业核心竞争能力	具体内容
物流运作能力	订单完成率高；运作成本低；运作时效性好；服务柔性化强；意外处理能力强；适应新业务快
物流管理能力	订单管理；库存管理；运输优化；信息服务；客户关系管理
物流体系规划能力	物流网络规划能力；物流设施的设计能力；物流体系的构建能力

3. 主导区域定位

第三方物流企业自身的投入能力非常有限，选择主导区域是非常关键的战略规划。主导区域的定位是设定自身核心业务的覆盖范围，在主导区域内，企业依靠自身的物流网络完成相关的物流服务。由于经济的全球化，跨国公司的物流和供应链可能分布在全球范围内，作为物流服务商，不可能在全球任何一个区域都有自己的网络，因此确定自身的主导区域是非常重要的决策。确定主导区域要考虑以下几个因素。

(1) 自身的投入能力。主导区域覆盖的区域大，投入的资金相应增加，物流企业必须考虑自身的投入能力。

（2）管理水平。主导区域覆盖面广，管理的难度就会上升。如果管理的能力不强，过快地拓展自己的网络覆盖范围，可能造成管理的失控和客户服务质量的降低。

（3）客户的需求分析。根据对现有客户群的需求分析，将业务比较多的区域设为主导区域。

（4）营运成本分析。通常，主导区域覆盖的面广，表明提供服务的能力比较强，有利于企业品牌的宣传，但另一方面，营运成本也会相应地增加，因此，在建立主导区域的过程中，不可贪大求全，而要有成本核算的意识。

就我国目前存在的物流企业而言，大多数企业规模小，管理还不健全，存在投入能力不足的问题，因此在确定主导区域时，要从多个角度来进行分析，对于主导区域不能覆盖的地方业务，可以通过联盟协作等方法解决。主导区域的设定，对物流企业的业绩影响很大。

4. 主导行业定位

第三方物流企业为了建立自身的竞争优势，一般将主营业务定位在特定的一个或几个行业中。不同的行业，其物流的运作模式是不相同的。专注于特定行业可以形成行业优势，增强自身的竞争力。

5. 客户关系定位

第三方物流企业在同客户的关系上，统一定义为合作伙伴关系，但根据伙伴关系的重要程度和合作的深入程度，可分为普通合作伙伴关系和战略合作伙伴关系。

（1）普通合作伙伴关系

普通合作伙伴关系对应于目前存在的较单纯的服务买卖关系，合作双方根据双方签订的合作文件进行业务往来，在合作过程中双方的职责有比较明确的界限。对于这一类客户，物流企业应该通过运用先进的客户关系管理系统，提高服务的质量和客户的满意度。普通合作伙伴关系的存在，是由我国物流发展所处的阶段性决定的。

（2）战略合作伙伴关系

与普通合作伙伴关系不同，战略合作伙伴关系双方职责不再有明确的边界，为了共同的利益，合作双方将在很大程度上参与对方的经营决策，如物流企业可以协助客户规划物流网络和建立客户关系网络，可以代替客户进行市场预测和库存控制决策，甚至可以协同客户共同制订生产计划。物流企业和其客户之间只有进行这种深度合作，双方才能成为战略合作伙伴，反过来，也只有建立了这种相互信任的战略合作伙伴关系，双方才能进行这种深度的合作。

6. 资产拥有程度

第三方物流企业可以不拥有资产，大多数的运作资源依赖于社会资源。例如，宝供物流最初基本上是采取无资产的运作模式，但发展到一定程度后，开始购置部分车辆，并且在广州和苏州等主导区域建立物流中心，形成基地。

一般称拥有部分运作资源的第三方物流企业为资产优化型物流企业，企业在确定拥有何种资产和资产的数量时，必须考虑诸多因素，以下因素是确定购置资产时首要考虑的。

（1）投入能力

购置资产实际上就是固定资产的投资。第三方物流企业在运作过程中对流动资金的需

求较大，因此，固定资产的投入要考虑企业的财务状况，尤其是现金流量的状况，切不可为了投资造成资金短缺，影响业务的正常运作。

（2）社会资源的可得性

是否购置资产，还取决于社会资源的可得性。对于市场上已经过剩的资源，非常容易获得，一般没有必要重复投资；对于不易得到的社会资源，如果是业务所必须使用的，一般考虑购置，如特种车辆、特种要求的仓库等。例如，马士基集团在中国基本上采取无资产的经营思路，但当客户提出使用立体仓库时，马士基集团在无法找到满意的立体仓库时，投资建设了立体货架仓库。

（3）自有资产和采用社会资产的经济性分析

是否购置资产，还取决于拥有资产和使用社会资产的经济性分析。如果自有资产可以获得比较好的经济效益，一般在资金充裕的情况下，可以选择购置部分自有资产，否则，还是以整合社会资产为宜。

（4）品牌推广等其他效益的考虑

一般来讲，固定资产可以展示一个企业的实力，也有利于同客户建立信任关系，对品牌推广和市场拓展有重要意义。因此，许多第三方物流企业选择建立自己的物流中心或拥有部分高标准的货运车辆。

7. 网络拓展方式

网络化是现代物流的一个重要特征。在物流企业铺设网络的过程中，网络再大，也不可能运作企业所有的业务。在网络化的决策中，比建立自身网络更重要的，是如何同其他网络接合起来。构建网络一般有两种方法，一种方法是自建网络，自建网络的节点可能是公司，也可能是办事处；另一种方法是使用其他物流网络的联盟策略。如何拓展网络，是自建还是联盟，与确定的主导区域有关。一般在主导区域内，都是自建网络；在非主导区域内，采用联盟的形式。

8. 服务水平

服务水平分为基本服务、标准服务和增值服务三种。服务水平的确定，是企业重要的战略决策。企业在确定服务水平时，一般要依据业务类型和客户属性，同时还要考虑竞争对手的服务水平及行业的最优服务水平。确定服务水平的一般性原则如下：

（1）对于重点客户，一般要提供增值服务。

物流企业的客户并不都是重点客户，在物流企业中，事实上还存在着客户的划分。重点客户的划分可以采用加权综合评估法，评估指标一般包括客户带来的利润空间、客户潜在的利润空间、客户的行业、合作关系定位等。经过综合评分后，可以采用帕累托80/20法则，将得分最高的20%客户列为重点客户，提供比较高级别的服务。

（2）对于可替代性强的业务也要提供增值服务。

一般的长途运输、仓储等业务，可替代性强，如果只是提供基本的服务，往往很难将自己同竞争对手区别开来，在此情况下，可以提供增值服务项目。例如，在长途运输业务中，可以开展分拨和配送等延伸服务；在仓储业务中，货物的保管和进出操作一般是标准服务，以此很难取得竞争，如果能够根据客户的产品，定期提供原材料和成品的库存报告，就是一种很好的有吸引力的增值服务。

（3）服务水平的确定是动态的过程，必须适时调整。

服务水平确定的动态性表现在以下两点：一是客户是动态的，重点客户也是不断变化的，有些非重点客户可能发展成为重点客户。因此，对重点客户的服务水平的确定，本身是动态的过程。二是增值服务是一个相对的概念，当该服务还没有推广普及时，可能还算是增值服务，但当该服务成为行业的普遍行为时，就成为标准服务或基本服务了，因此，物流企业必须不断开发新的增值服务项目，以保持持续领先的竞争优势。

9. 核心客户

每一个物流企业都有自己比较理想的客户标准，在市场定位中，客户定位是非常重要的内容。核心客户的选择同经营层面定位、行业定位、主导区域定位等密切相关，通常是在这些定位都明确后，才在企业层面定位自己的核心客户。核心客户的定位有以下几种方式。

（1）根据客户的所有制性质划分

根据所有制性质，一般将企业分为：三资企业、国有企业、民营企业和其他企业或组织。

所有制性质对市场开发的成本、合作的难易程度、客户的维护成本、合作层面的定位和利润空间等有比较直接的影响，具体的客户特性的比较如表9-2所示。

表9-2　三资企业、国有企业和民营企业客户特性的比较

比较项目	三资企业	国有企业	民营企业
对市场的认识	有认识	一般	一般
市场开发成本	较低	高	一般
合作的难易程度	容易	难	一般
客户维护成本	较低	高	较高
合作层面	较高	低	低
利润空间	较高	不确定	低
营销手段	品牌为主	品牌与关系营销	品牌与关系营销

现阶段，三资企业对第三方物流企业基本都有明确的认同。国有企业和民营企业对实体型的物流公司或传统的运输或仓储企业比较认同，对第三方物流企业还没有明确的认识。

（2）根据客户的物流业务规模划分

根据客户物流业务的规模，可以将客户分为大客户、中等客户和小客户。

表9-3为与不同规模的客户合作的特点比较。

表9-3　与不同规模的客户合作的特点比较

比较项目	大客户	中等客户	小客户
利润空间	较低	较高	高
对资金的要求	很高	一般	低

续表

比较项目	大客户	中等客户	小客户
对品牌的影响	很强	一般	弱
管理的难度	难	一般	容易
合作的风险	大	一般	小

由表 9-3 不难看出，在客户定位时并非客户越大越好。大客户一般对第三方物流企业建立市场形象和品牌有利，但在充分竞争的环境下，大客户往往是物流企业争相合作的对象。但是物流服务商谈判能力低，服务价格偏低。服务大客户的管理和运作难度很高，对资金的需求较大，合作风险较大。因此，对于大多数第三方物流企业而言，将目标定位在大客户未必是明智的。相反，有些中等规模的客户操作起来比较容易，而服务的利润空间也比较高，值得物流企业充分重视。

9.2 第三方物流企业战略发展方向

9.2.1 第三方物流企业的整合战略

1. 第三方物流企业整合的必要性

当前，我国第三方物流企业普遍存在着"小、少、散、弱"等问题。从市场需求来看，市场需要服务功能健全、技术含量高、网络覆盖面广的物流企业。需求与供给的脱节是促使我国第三方物流企业整合的内在原因。只有将分散的物流资源通过各种形式进行有效的整合，才能使国内物流企业摆脱目前的窘境，发挥其应有的作用。

第三方物流企业实施整合战略可以带来下列好处。

(1) 发挥"综合效果"。包括经济规模的扩张、技术的获取，以及服务种类和市场范围的扩大。企业寻求整合的原因，或是为了获得稳定仓储、运输供应来源，或抢夺市场，或是为了获得规模经济。

(2) 扩大产品市场规模。通过整合，除了可取得目标公司的现成物流设备及物流技术，其品牌及行销渠道往往更是整合者关注的焦点。

(3) 增强市场竞争力。整合是市场占有率扩张及竞争能力提高的最快速的方法。为提高竞争能力，世界航运界的龙头企业马士基集团与海陆轮船公司在几年前便成功实现了联合，不但削减了相互的恶性竞争，而且成功扩张了市场。联合后的轮船公司成为世界上当之无愧的巨无霸，业务领域实现了快速扩张，掌握了世界货运市场的主动权。

(4) 加强企业内部管理。通过整合，企业可发挥双方企业的优势，提高内部管理水平，使企业的优势资源得到充分利用。

(5) 增加对市场的控制能力。横向整合可减少竞争，增加市场份额；纵向整合可从某种程度上提高物流企业限制客户的讨价还价能力，形成对仓储、运输和配送的垄断等，提高企业的市场垄断性。

2. 第三方物流企业整合的思路

对于我国第三方物流企业而言，整合的目标有两个，一是通过纵向功能整合增强物流服务一体化的能力；二是通过横向整合实现规模扩张和物流的网络化、规模化。

不论是横向整合还是纵向整合，就整合方法来讲，有以产权的转移为标志的购并型紧密整合和以业务及市场为纽带的虚拟型松散整合。因此根据整合是横向还是纵向，整合手段是紧密还是松散，可以将整合方法分为七类，即纵向上行紧密整合、纵向上行松散整合、纵向下行紧密整合、纵向下行松散整合、横向购并紧密整合、横向联盟紧密整合和横向联盟松散整合。

（1）纵向上行紧密整合

所谓纵向上行紧密整合，是指第三方物流企业与以物流管理和技术咨询服务为核心的第四方物流之间通过购并的方式进行的整合。

① 整合对象。纵向上行紧密整合涉及的对象有第三方物流公司、第四方物流公司和相关研究机构。它们既可以是兼并者，也可以作为被兼并的对象。

② 整合方式。纵向上行紧密整合有两种整合方式：

一是第三方物流公司为整合主体，即为兼并者，第四方物流公司或类第四方物流组织为被整合的对象，即被兼并者。具体表现形式是第三方物流公司通过兼并第四方物流公司，将其业务层面上移，由操作层面的管理向物流管理和规划延伸，目的是增强增值服务能力，拓展服务领域和范围，更好地满足客户对供应链全球一体化的要求。

二是第三方物流公司为被整合对象，即被兼并者，第四方物流公司或类第四方物流组织为整合主体，即兼并者。具体表现形式是以物流管理和技术咨询服务为核心的第四方物流公司，通过兼并第三方物流公司，将其业务层面下移，延伸至物流管理和实际运作的领域，目的是在物流实际运作领域掌握更多的控制权，从而可以独立地向客户提供真正一体化、多层面的物流服务。

（2）纵向上行松散整合

所谓纵向上行松散整合是指第三方物流企业与第四方物流企业或类第四方物流组织以市场和业务为纽带的虚拟型整合。

① 整合对象。纵向上行松散整合涉及的对象有第三方物流公司、第四方物流公司和相关研究机构。它们既可以是整合主体，也可以作为被整合的对象。

② 整合方式。纵向上行松散整合有两种整合方式：

一是共同开发市场。所谓共同开发市场，是一种类似捆绑销售的概念。第四方物流公司和第三方物流公司共同开发市场，第四方物流公司可以向第三方物流公司提供一系列的服务，包括技术、供应链策略技巧、进入市场能力和项目管理专长；而第三方物流公司可以向第四方物流公司提供物流管理和运作方案及具体物流运作服务。无论是第三方物流公司还是第四方物流公司，都可以根据客户的需求，把对方作为整体的一部分推出。第三方物流公司在进行物流服务方案推广时，可以同时强调自己在构造物流体系、规划物流网络等方面的优势，以增加赢得客户的机会。而第四方物流公司在推广自己服务的同时也可以展示自己延伸服务的能力，即不仅可以提供咨询方案，还可以同时提供管理和运作方案。

共同市场开发可以采取多种形式，如第四方物流公司派出项目小组在第三方物流公司内工作；双方签有商业合同；双方结成战略联盟等。

二是业务层面协作。在业务层面上，第四方物流公司与第三方物流公司有很强的相互

依赖关系：第三方物流公司需要第四方物流公司提供的供应链管理和规划服务，而第四方物流公司需要第三方物流公司物流管理和运作业务方面的支持。这种相互依赖的关系决定了进行协作的重要性。业务层面的协作可分为两类：

第一类是在双方开展业务时，可以利用对方的资源完善自身的服务。第三方物流公司可以通过第四方物流公司取得更加专业的管理和运作方案，而第四方物流公司在开展物流咨询及规划时，可以利用第三方物流公司成功的管理和运作经验；

第二类是双方的业务可以明确分离出属于对方业务范围的，由对方负责完成相应业务。第三方物流公司获得的网络规划或物流设施规划业务，就需要由上端企业完成，而第四方物流公司取得的管理和运作层面的业务，则由第三方物流公司完成。

（3）纵向下行紧密整合

所谓纵向下行紧密整合是指第三方物流企业与功能型物流企业之间通过购并的方式进行的整合。

① 整合对象。纵向下行紧密整合涉及的对象有功能型第三方物流企业，包括运输企业、仓储企业、货代企业等。它们既可以是兼并者，也可以作为被兼并的对象。

② 整合方式。纵向下行紧密整合有两种整合方式：

一是第三方物流公司为整合主体，即为兼并者，功能型物流企业及客户企业的物流部门为被整合的对象，即被兼并对象。具体表现形式是第三方物流公司通过兼并功能型物流企业及客户企业的物流部门，将其业务层面下移，提升其业务操作能力和市场形象，目的是增强实体经营的能力，一定程度上减少对功能型物流企业业务上的依赖性。

二是第三方物流公司为被整合对象，即被兼并者，功能型物流企业为整合主体，即兼并者。具体表现形式是以提供功能性物流服务为核心的传统基础物流，通过兼并第三方物流公司，将其业务层面上移，延伸至物流管理领域，目的提高其综合物流服务能力和市场营销能力。

（4）纵向下行松散整合

所谓纵向下行松散整合是指第三方物流企业与功能性物流企业即传统基础物流之间以市场和业务为纽带的虚拟型整合。

① 整合对象。纵向下行松散整合涉及的对象有第三方物流公司、功能型物流企业及客户企业的物流部门。它们既可以是整合主体，也可以作为被整合的对象。

② 整合方式。纵向下行松散整合有两种整合方式：

一是共同开发市场。功能性物流企业和第三方物流公司共同开发市场，功能性物流企业可以向第三方物流公司提供一系列的服务，包括技术、供应链策略技巧、进入市场能力和项目管理专长；而第三方物流公司可以向功能性物流企业提供物流管理和运作方案及具体物流运作服务。无论是第三方物流公司还是功能性物流企业，都可以根据客户的需求，把对方作为整体的一部分推出。第三方物流公司在进行物流服务方案推广时，可以同时强调自己在构造物流体系、规划物流网络等方面的优势，以增加赢得客户的机会。而功能性物流企业在推广自己服务的同时也可以展示自己延伸服务的能力，即不仅可以提供咨询方案，还可以同时提供管理和运作方案。

共同市场开发可以采取多种形式，如功能性物流企业派出项目小组在第三方物流公司内工作；双方签有商业合同；双方结成战略联盟等。

二是业务层面协作。在业务层面上，功能性物流企业与第三方物流企业有很强的相互依赖关系：第三方物流企业需要功能性物流企业提供的供应链管理和规划服务，而功能性物流公司需要第三方物流公司物流管理和运作业务方面的支持。这种相互依赖的关系决定了进行协作的重要性。业务层面的协作可分为两类：

第一类是在双方开展业务时，可以利用对方的资源完善自身的服务。第三方物流公司可以通过功能性物流企业取得更加专业的管理和运作方案，而功能性物流企业在开展物流咨询及规划时，可以利用第三方物流公司成功的管理和运作经验；

第二类是双方的业务可以明确分离出属于对方业务范围的，由对方负责完成相应业务。第三方物流公司获得的网络规划或物流设施规划业务，就需要由上端企业完成，而功能性物流企业取得的管理和运作层面的业务，则由第三方物流公司完成。

(5) 横向购并紧密整合

所谓横向购并紧密整合是指第三方物流企业之间通过产权转移进行的购并型紧密整合。

① 整合对象。横向购并紧密整合的对象是第三方物流企业。

整合主体通常是由实力雄厚的大型物流企业充当。一方面，这类企业拥有进行横向购并紧密整合的雄厚资本，这是进行购并的前提条件。另一方面，它们虽然拥有全国性的网络资源和许多运输及仓储资产，但却往往冗员比例很高，运作效率低，内部管理不完善，缺少以客户和绩效为导向的意识。因而大型物流企业有必要借助自身广泛的网络和资产优势，通过横向购并紧密整合拓展服务功能，引进现代物流管理思想，提高效率。

被整合对象通常是由实力不强的中小型物流企业充当。一种情况是这些企业经营不善、缺乏核心竞争力或准备转行经营，导致被其他第三方物流企业兼并；另一种情况是企业虽经营良好，但缺乏持续投入资本的能力，因而希望通过被大型物流企业兼并在未来获得更好的发展。通过被整合，作为整合主体的一部分在更加有效率的运作中发挥更大的作用，相对于目前踯躅不前或濒于破产的困境，显然是更理性更有利的选择。

② 整合方式。横向购并紧密整合的的方式包括兼并和合并。

一是兼并。兼并主要是由大型物流企业来运作的。这些企业以其资金实力为后盾，根据自己的需要和目标，对竞争力不强的中小型物流企业实施兼并。

二是合并。合并主要是针对实力相当的第三方物流企业。它们可能是业务能力互补或服务区域互补，正是这种互补性促使它们通过横向合并达到资源共享，在此基础上进行进一步的业务拓展和创新。

(6) 横向联盟紧密整合

所谓横向联盟紧密整合是指通过共同投资建立联盟的共同管理机构——管理公司，由管理公司逐渐在联盟中实现五个统一（统一信息系统、统一操作流程、统一单证体系、统一服务标准、统一品牌形象），同时管理公司还负责开发全国性大客户，为联盟提供业务支持。

① 整合对象。一般为具备地域互补性，整合后可以拓展自己的物流服务网络和服务能力的第三方企业。

② 整合方式。是基于共同管理机构的紧密联盟。

(7) 横向联盟松散整合

① 整合对象。一般为具备地域互补性，整合后可以拓展自己的物流服务网络的第三方物流企业。

② 整合方式。是基于公共信息平台的松散联盟。

以上七种整合策略为未来物流市场主要的整合方式，第三方物流企业在发展过程中，可以根据实际情况选择恰当的整合模式，同时这些整合模式之间并不矛盾，可以组合使用。

9.2.2 第三方物流企业的集成策略

随着第三方物流及信息技术、计算机技术的发展，国外有咨询公司提出第四方物流的概念。第四方物流供应商是一个对公司内部和具有互补性的服务供应商所拥有的不同资源、能力和技术进行整合及管理，提供一整套供应链解决方案的供应链集成商。

第四方物流的内涵反映了现有第三方物流服务的不足，有许多可取之处，为第三方物流提供了完善服务和经营方式的方向。例如，第四方物流建议提供一整套完善的供应链解决方案；又如，第四方物流力图通过其对整个供应链产生影响的整合能力来增加价值。

第四方物流理论也为第三方物流的发展提供了集成思路。

网络技术与经济的发展使物流功能集成成为可能。网络平台在信息传递方面具有及时性、高效性、广泛性等特点，通过互联网很容易达成信息充分共享，通过互联网平台还减少了交易成本，实现了最大物流资源的整合。由于网络平台信息共享的优势，减少了信息不对称，使中小物流企业也能够获益。网络平台是一个虚拟的空间，不受物理空间的限制，也没有企业自身的利益面，容易组成第三方物流企业和其他物流企业都认可的形式，如联盟形式，并最终实现物流产业整合。

从理论角度分析，第四方物流发展能满足整个社会物流系统的要求，最大程度整合了社会资源，减少了物流时间，节约了资源，提高了物流效率，也减少了环境污染。新兴技术也会使第四方物流有能力为服务供应商、客户及其供应链伙伴，提供一整套集成的解决方案。但在实际运作中，还缺少可靠的组织和利益运行机制，所以，第三方物流企业、咨询公司、信息技术公司等结盟，为制造业提供供应链物流服务，可以看作是由物流运作、管理咨询和信息技术形成的第三方集成供应商的综合功能。

9.2.3 第三方物流企业的个性化服务战略

1. 第三方物流企业开展个性化物流服务的必要性

我国的物流企业多由传统的运输和仓储企业转变而来，整体上还处于起步阶段。随着物流热的兴起，第三方物流得到长足发展，物流服务功能显著改善，出现了一些既有规模又有效益的物流企业。然而从整体上看，我国第三方物流企业尽管数量很多，但规模小，市场集中度极低，规模效益难以实现，远远达不到现代物流企业的要求。根据中国仓储协会的调查，我国工商企业目前对第三方物流服务的需求层次还比较低，仍集中在对基本常规项目的需求上，企业对增值性高的综合物流服务（如库存管理、物流系统设计、物流总代理等）需求还很少，与发达国家相比存在较大差距。发达国家对第三方物流服务需求最多的也是仓储管理和运输管理，只不过这两项服务不再是单纯的储存保管和运输，是从基本的物流功能中延伸出来的。生产企业期望新的物流服务商提供的服务内容主要以物流总代理、市内配送、干线运输、仓储保管为主；商业企业期望新的物流服务内容为物流系统设计、条码采集和仓储保管服务。可见，生产企业的物流需求以物流运作为主，受地域跨距和管理幅度的影响，更强调集成化的物流服务；而商业企业对物流信息服务的要求更强烈，物流决策、数据采集等增值信息服务越来越受企业重视。这也表明，我国企业对增值物流服务的需求将进一步增加，需求水平将进一步提高，今后能提供更多信息增值服务的物流企业将具有更大的竞争优势。

面对这样的形势，个性化服务可以帮助第三方物流企业准确找到市场缺口，明确定位，进而迅速发展壮大。以个性化的服务凸显企业强大的竞争力将成为第三方物流企业生存的一个必要因素，这些企业拥有强大的规模经济效益，能够提供价格低廉的运输服务和内部专业信息技术。强大的核心能力可以为物流企业提供一个获利平台并在此基础上开发或收购相关的物流服务能力，而那些没有核心能力的企业则将被挤垮或兼并。

2. 第三方物流企业开展个性化物流服务的具体措施

（1）加强国际合作，增强竞争能力

随着我国服务业的对外开放，中外物流企业对决不可避免，激烈的竞争必将出现，这将是物流产业发展的一个转折点，中国物流将走上一条快车道。现在，不少外资把物流行业作为新的投资热点。

2003年年底，法国最大的汽车物流服务商捷富凯集团与我国知名物流企业大田集团组建捷富凯-大田物流有限公司。捷富凯集团将其先进的管理经验移植到捷富凯-大田物流有限公司，加上大田集团庞大的网络、广阔的配送范围、成熟的本土化发展模式，力争使其成为国内最好的专业汽车物流服务商。目前，国内的汽车物流服务商更多擅长整车物流这个较简单的领域，而专业的汽车物流服务商应提供整套服务，包括上线供货、仓储管理、中转运输直到经销商。目前，武汉神龙汽车有限公司是其最主要的客户，通过与神龙共享一套信息系统体系，为其提供仓储管理和生产线供货。

（2）开展横向合作，建立战略联盟

自建物流已经不再为明智的企业所采用，而选定一个可以充分信任的合作伙伴将是物流发展的趋势。物流服务的需求是高度个性化的，中小物流企业在创业时，选择合适的服务领域和企业至关重要。客户对服务的要求千差万别，一个物流企业不可能同时满足所有客户的所有要求，作为中小物流企业，服务资源有限，品牌可信度不高，在追求服务个性化的信息社会中，较好的选择就是收缩市场，以维持较高的客户服务标准。实施一对一营销，目标较为单一，易于掌握客户的真正需求，确定服务的战略重点，使得服务资源的配置向这些重点集中，从而提高服务的客户满意度。长春大众物流公司是国内成立较早的第三方物流企业之一，是汽车生产的第三方物流提供商，它主要为一汽大众提供服务。实践证明，一汽大众采用第三方物流系统管理后给各方带来了巨大效益，实现了双赢。这表明，要在物流市场中分得一杯羹，不妨采用一对一的营销方式，专注自己的特色服务，扩大知名度，以在业内取得骄人业绩。

（3）选择目标市场，实现个性化服务

在我国物流市场加紧对外开放的情况下，跨国巨头纷纷抢滩，国内绝大多数中小物流企业在资金、技术、经验方面无法与之相抗衡，但这并不意味着我国刚刚起步的中小物流企业没有发展空间。物流的复杂性和多样性决定了不可能由某个企业一统天下，而且由于国外大企业与我国的物流企业并不处于同一水平线上，市场定位也不尽相同，应该说，我

国中小物流企业与跨国企业之间的协作多于竞争。因此，中小物流企业不能自乱阵脚，而应在变化的市场环境中站稳脚跟，关键在于要合理评价自身的资源和能力，进行合适的市场定位，在专业化运营中提高自己的能力。大连盛川物流有限公司的第一个客户就是大连柴油机厂。在大连柴油机厂整个供应链流程中，大连盛川物流有限公司称自己扮演了"供应商组长"的角色。大连柴油机厂的一百多家、千余种柴油机零配件外协配套供应厂商都由大连盛川物流有限公司管理，供应商在其统一协调下按照大连柴油机厂的用料计划及时发货。目前，大连盛川物流有限公司的 EDI 系统、无线数据采集系统（POT）及高架货位已全面启动，成了能为多家国有大中型企业提供物流业务的专业物流基地。

（4）挖掘深度需求，拓展特色物流

一个物流企业能否成功在于其能否根据自身的比较优势和服务能力将有限的服务资源与市场服务需求进行有效匹配。那些健康和持续发展的企业有两个共同的特点，即都从小公司做起，且从不做超出自己能力范围的事。日本陆运产业株式会社经历了 60 年的发展，始终坚持专业化的发展方向，在日本危险品运输市场上占据了 70% 的份额。因此，小公司也可以利用有限的资源服务有限的客户群，对有限客户的需求进行深度开发，并对市场的变化保持敏锐的悟性。我国第三方物流企业应紧紧把握住自己的核心业务、核心地区、核心客户、核心流程、核心环节、核心技术、核心业务人员，特别注重对现有客户物流服务需求进行深度挖掘，捕捉每次客户需求变化信息，保证让客户获得增值的体验。

3. 第三方物流企业开展个性化物流服务应注意的问题

（1）注重专业化服务，适当收缩市场

在无法通过规模取胜时，就应通过专业化取胜。中小物流企业本身在资金、技术、人才等方面不占优势，应以客户价值为取向，变被动服务为主动服务，选定一家大型企业为依托，实施一对一营销，很好地服务重点客户，这样才能在保证老顾客忠诚度的基础上发展和争取新顾客，慢慢把市场做大。

在追求服务个性化的信息社会中，以降低服务标准来求得市场显然是行不通的，较好的选择就是收缩市场，以维持较高的客户服务标准。实行一对一营销更易于弄清客户的真正需求，确定服务的战略重点，使服务资源得到最合理的配置。

（2）细分物流市场，做到物尽其用

行业不同对第三方物流的要求也不同。汽车行业的主要关注点是利用第三方物流减少库存。生产模式和与之配套的第三方物流策略成为汽车企业大批量定制化生产的重要支撑，如福特汽车公司等利用第三方物流减少库存，行业最优水平可达 39%。服装行业的主要关注点是缩短产品生命周期循环时间，以应对潮流的快速变化，赢得顾客，战胜对手。由于行业残酷的价格竞争，降低物流成本成为消费电子行业获得利润的一个重要途径。我国的家电企业虽然在制造成本方面具有优势，但交易成本却很高。据统计，目前整个家电业的现状是，原材料的制造成本仅占总成本的 53%，而与流通、营销有关的成本则占46%。食品饮料行业受自身产品特性的影响，主要关注绿色物流、冷链物流，据统计，食品饮料行业做得好的企业应用现代物流，平均可节约物流成本 44%。

此外，还有众多行业对第三方物流有着各自的需求，无论是降低库存，缩短周转期，还是降低物流成本和交易成本，推行绿色物流，第三方物流企业部应该找到自己的优势，提高竞争力。

(3) 不断应用新技术

信息时代，层出不穷的新技术也不断推动着各行各业进行创新，以跟上时代的发展，物流服务业也是如此。各种信息系统及软件的应用使物流企业的服务效益不断提高。中小物流企业资金有限，在技术开发上也应根据客户需求，与客户共同合作，按照其需要进行技术开发创新，以避免盲目性与不必要的投资。

(4) 对物流过程进行有效监测

物流企业的服务质量归根结底在于其服务过程的实际效果，所以对于众多处于转型时期的传统中小物流企业来说，对服务过程进行监测才是至关重要的。在实施个性化营销的过程中，可与客户共同商定服务标准，开发物流解决方案，这样比较有针对性，易于取得顾客的信任，令顾客满意。

9.2.4 第三方物流企业的品牌形象战略

1. 第三方物流企业实施品牌战略的必要性

(1) 品牌价值是物流企业巨大的无形资产

任何一个企业的目标都不仅仅是为了获取短期的利润，而是渴望在未来成为一个大企业，有稳定的销售、利润与市场地位。有调查资料显示，我国中小企业的平均市场寿命是七年，只有极少数的企业能发展为具有品牌竞争力和凝聚力的企业。事实证明，在发展初期，就制定了长期的品牌战略目标、有品牌意识和长远品牌经营理念的企业，会有更大、更快的成长机会。对于中国众多物流中小企业来说，这无疑是个良好的启示：品牌建设，已不容忽视。品牌形象代表着物流企业所能提供服务的个性特征，它是能给物流企业带来经济效益和增值的资源。

(2) 品牌是在物流企业在国际市场中有力的竞争武器

国内物流企业要想在与国际知名物流品牌企业的竞争中立于不败之地，必须树立品牌意识。对于中小企业来说，由于规模与成本的限制，价格战是打不起的，品牌竞争尤为重要。在某些领域，市场形势已经尘埃落定，强势品牌业已形成，后来者的市场机会不多。而在没有形成强势品牌的领域，竞争者将面临大好的市场机会，受到的制约相对较少，如果选择了正确的细分市场，以自己的品牌进入，优势是显而易见的。产品可以很快被竞争对手模仿、超越，而品牌却难以逾越，所以真正持久的竞争优势往往来自于强势品牌。可以说，谁树立了品牌，谁就掌握了未来市场竞争的主动权。

(3) 品牌形象直接影响着客户对企业的忠诚度

国内物流市场竞争已经进入白热化的阶段，随着越来越多的国际物流品牌的加入，给物流服务的需求者提供了更多的选择余地，此时品牌就显得尤为重要，是物流服务商抢夺市场的有力武器。物流服务需求者在选择服务供应商时必定会在一定程度上优先考虑知名品牌物流企业。越来越多的消费者已开始深化品牌认识，并倾向于购买有品牌的产品，因为对消费者来说，品牌能反映消费者的生活理念，能节省消费者的购买成本，还能降低购买风险。现代意义的品牌，是指消费者和产品之间的全部体验。它不仅仅包括物质的体验，更包括精神的体验。产品是冰冷的，而品牌是有血有肉的，有灵魂有情感的，它能和消费者进行互动的交流。

2. 第三方物流企业的品牌建设策略

（1）强化品牌意识，树立正确的品牌理念

缺乏理念的企业形象是模糊的、不稳定的。UPS的"最好的服务，最低的价格"、中铁物流集团的"向社会提供高效率的专业物流服务"、海尔集团的"真诚到永远"的理念给其品牌注入了强有力的前进动力。正确的品牌理念是创建品牌、占领市场的向导，不致使企业盲目地前进。同时正确的理念还应该符合时代和顾客心理的要求。因为每个时代的人对品牌的认识也不一样，所以物流企业的品牌建设还应该注意跟着时代的脚步走，做好意识的转移。

（2）确定准确且个性化的品牌定位

要做好品牌定位，一般要遵循消费者导向原则、差异化原则、个性化原则和动态调整原则，最重要的是企业要对目前和未来市场有准确的定位。从企业的性质来看，物流企业应该把自己的公司定位在专业化、国际化的物流企业。海尔集团就是在满足自身物流需求的同时，定位其物流未来的发展方向是第三方物流企业，其第三方物流企业定位是以大型生产企业、商业企业和电子商务公司为服务对象，为包括原材料物流、生产物流、成品物流和销售物流在内的供应链过程提供物流支持，以提供物流能力评估、系统设计与咨询和全过程物流代理为服务方式。

（3）确立品牌的名称和符号

一个物流企业要做到后来居上，首先要重视品牌的命名和企业标识的确立。要在对品牌总体把握的基础上，创造出新颖生动的新品牌名称，以及方便识别和记忆的商标符号。在激烈的市场竞争中，面对众多的对手，企业想"脱颖而出"，必须借助于一个个性鲜明的商标，以在强手如林的市场上独树一帜。一个能赢得消费者好感的商标，其本身就是永久性的广告。同时还可以通过活动的口碑实现企业知名度的扩大。

（4）提高服务质量，管理服务内容

服务质量是物流企业参与市场竞争的法宝，是物流企业成为品牌企业的基本条件。物流企业应引进先进的软硬件设施，提高专业化物流服务质量，并要通过服务质量的改进和发展形成自己的一套质量文化，充分利用电子商务，加快物流网络化进程，力争为客户提供差异化的物流服务，形成自己的核心竞争力，降低服务成本。同时作为企业的一员，人人都应该树立服务质量第一的观念，同时企业本身也应该长期持久地开展质量教育，造就一支具有强烈质量意识、一丝不苟、精益求精的技能员工队伍。此外还应为客户提供导向服务和延伸服务等方面的个性化服务。

（5）重视人才与技术创新

随着我国物流业逐步进入快速发展的阶段，物流业的发展更依赖于供应链理论指导，更依赖于高科技支撑和人力资本的投入。企业必须重视人才和技术创新。物流企业除了内部必须的人才利用和激励机制外，还应该走向社会，重视后备人才的培养。可以充分利用自己的内部人才和高校、研究院所的力量，走一条产学研的道路。例如，宝供物流在高校设立的宝供物流奖学金就足以看出该公司对培养未来物流人才方面的重视，而且宝供物流与许多高校和研究院所建立了产、学、研的互利合作关系。同时物流企业要加强技术创新，包括自动化技术、系统集成技术、分拣技术、系统管理软件等等，这将为公司在更高的起点、更新的层次、更广阔的领域参与国际国内竞争创造更为有利的条件，并进一步提升企业的品牌形象。

9.2.5 第三方物流企业的人才战略

企业的竞争归根到底是人才的竞争,我们与物流发达国家的差距不仅是装备、技术、资金上的差距,更重要的是观念和知识上的差距,只有物流从业人员素质不断提高,不断学习与应用先进技术、方法,才能构建适合我国国情的第三方物流企业。要解决目前专业物流人才缺乏的问题,应该采取正规教育与在职培训相结合的方法,一方面,在高等院校加强物流相关专业的学科建设,培养中高级第三方物流人才;另一方面,加强第三方物流企业与科研院所的合作,使理论研究和实际应用相结合,加快物流专业技术人才和管理人才的培养,造就一大批熟悉物流运作规律并有开拓精神的人才队伍。物流企业在重视少数专业人才和管理人才培养的同时,还要重视所有在岗员工的物流知识和业务培训,提高企业人员的整体素质。

9.2.6 第三方物流企业的联盟战略

所谓战略联盟,从资源集合体的角度界定,是指参与企业根据各自已有资源的异质性,本互利互惠的原则,结合资源的互补性,追求共同利益的行为。战略联盟包括多种形式,既包括强强对等企业之间的合作,也包括强弱企业、弱弱企业之间的合作,既包括非股权参与型的松散合作,也包括股权参与型的紧密合作。

物流企业战略联盟指两个或多个物流企业为了实现资源共享、开拓新市场等特定战略目标而签订的长期互利的协定关系,联盟企业分享约定的资源和能力。物流服务由于运作的复杂性,加之一个企业的物流资源毕竟是有限的,某一单一的物流服务提供商往往难以满足物流服务的全球化与综合化发展需要,难以实现物流动作整体的有效控制与管理,难以实现物流全过程的价值和经营行为的最优化,难以实现低成本、高质量的物流服务,也无法给客户带来较高的满意度。通过与相关物流企业战略结盟,可以使物流企业在未进行大规模的资本投资的情况下,利用伙伴企业的物流服务资源,增加物流服务品种,扩大物流服务的地理覆盖面,为客户提供集海运、河运、公路运输、铁路运输于一体、货架到货架的"一站式"服务,实现一个系统一张单,负责到底,提升市场份额和竞争能力,进而从联合营销和销售活动中获益。目前,这已成为许多具有一定实力的物流企业的发展战略。物流业经营和研究人员认为,相同的文化背景和彼此相互依赖、有效而积极的信息沟通、共同的企业经营目标和凝聚力、技术上的互补能力、双方高层管理人员在管理方面的共同努力等,是物流企业战略联盟成功的关键因素。

9.2.7 第三方物流企业的创新战略

物流的发展过程就是一个不断创新的过程。第三方物流企业实施创新战略,首先要创新观念,打破传统思想,借鉴国际先进物流管理思想,与中小企业实践有机结合起来,探索具有中小企业物流特色的新思想和新方法。其次要创新组织,充分运用现代信息技术手段,借助中小企业数量大面广的特点,建立网络化物流新型组织。再次要创新服务,深入研究中小工业企业物流需求,通过引进、模仿和创新物流技术手段,不断设计、创新和提供有效的物流服务。最后要创新制度,既要建立以产权制度为核心的现代企业制度,也要

根据发展需要建立完善的合理的物流管理体制。

9.2.8 第三方物流企业的风险防范战略

1. 第三方物流企业风险分析

现代物流企业在攫取大量利润的同时,所面临的风险是有增无减的。根据风险管理的理论,现代物流风险不仅包括传统意义上的纯粹风险,还包括客户流失风险、合同风险、诉讼风险、投融资风险、财务流动性风险等各个方面。在此从第三方物流企业工作流程的角度来分析物流企业可能存在的风险。

物流企业的工作流程主要包括运输、储存、装卸搬运、包装、流通加工、配送、信息处理等环节,下面从以上几个环节来分析物流过程中可能发生的风险。

(1) 运输过程

运输环节是物流系统的核心,在这个过程中可能发生的风险主要是货物损毁和延时到达的风险。货物损毁发生的原因包括主、客观因素,客观因素主要是运输途中可能发生自然灾害、交通事故等;主观因素包括运输人员因违规操作,或因本职工作的疏忽,对风险发生的警惕性有所降低,导致偷盗情况的发生,使货物处于风险状态并受到一定的损坏。货物延时到达发生的原因在于承运人没有按照约定时间发运货物,运输路线选择不当或是中途发生事故导致运输时间延长等。

(2) 装卸搬运过程

装卸搬运活动在整个物流过程中占有很重要的位置。装卸搬运主要包括货物的装卸、货物的进出库,以及在库内进行的搬倒清点、查库、转运、换装等活动,使用的装卸机械设备有吊车、叉车、传送带和各种台车等。在这个环节中,因不断地对货物装上卸下,可能会出现操作人员疏忽、野蛮装卸,以及装卸设备质量问题等原因导致的货物毁损。由于装卸搬运活动频繁发生在物流过程中,因而是产品损坏的重要原因之一。

(3) 仓储过程

在仓储过程中物流企业要提供坚固、合适的仓库,对进入仓储环节的货物进行堆存、管理、保管、保养、维护等一系列活动。仓库的损坏、进水、通风不良,没有定期整理和维护,都会引起货物的灭损。

(4) 流通加工过程

流通加工是在物品从生产领域向消费领域流动的过程中,为了促进产品销售、维护产品质量和实现物流效率化,对物品进行加工处理,使物品发生物理或化学变化的过程。在这一环节中,如果使用的加工材料不合理,操作人员失误或技术原因等,会造成货物的灭损或达不到预期的价值,需要承担一定的责任。

(5) 包装过程

为使物流过程中的货物完好地运送到用户手中,满足用户和服务对象的要求,需要对大多数商品进行不同方式、不同程度的包装。如果对包装的容器、材料、辅助物使用不恰当,会造成货物灭损,需要承担一定的责任。例如,在运输玻璃制品的过程中,选用的包装材料如果不能减少颠簸带来的撞击,便有可能使货物受损。

(6) 配送过程

一般的配送集装卸、包装、保管、运输于一身,通过这一系列活动完成将货物送达的目的。特殊的配送还要以加工活动为支撑，涉及范围更广，在此环节物流企业面临的风险也更为广泛。除了货物损毁和延时送达的风险外，还有可能因种种原因导致的分拨路径发生错误，使货物错发错运。因为配送是以实现小批量、多品种物品的近距离位置转移为主，必须同时满足用户的多种要求。在这个过程中，因为品种批次都很多，可能会出现工作人员填写录入失误等情况，从而发生错发错运的现象。

（7）信息服务过程

现代物流是需要依靠信息技术来保证物流体系正常运作的。信息服务的主要作用表现为缩短从接受订货到发货的时间；库存适量化；提高搬运作业效率、运输效率；提高订单处理的精度；防止发货、配送出现差错；调整需求和供给等。如果信息系统程序出错、操作人员马虎等，使信息传递延迟出现差错，可能增加企业延时配送或发错运错等风险。此外，物流企业还可能面临因托运人故意行为产生的道德风险。

2. 第三方物流企业风险应对措施

风险是客观存在的，只要进行经营，就会有风险。因此，第三方物流企业要想获得经营活动的成功，必须树立风险意识，加强风险防范。除了识别物流系统各环节可能发生的风险外，还要进行风险衡量，即考虑该风险发生的概率和损失幅度。风险发生损失的概率越高，造成损失的幅度越严重，风险就越大。

（1）风险发生的概率很低，损失程度也很小

这种类型的风险一般很少发生，造成的损失不大。例如，公路运输中因临时交通管制导致的塞车，致使货物延时，需要按合同约定向托运人付违约金。在这种情况下，大多数企业会选择风险自留的方式，即面临风险的企业或单位自己来承担风险所致的损失，并做好相应的资金安排，也可以采取风险转移策略，这是借助于协议或合同，将损失的法律责任或者财务后果转由他人承担的一种方法。

（2）风险发生的概率很高，但损失程度很小

现实中，这种类型的风险让第三方物流企业颇感头痛。由于损失发生的概率很高，采取购买保险的方式转移风险往往是不经济的，保险公司也可能因为无利可图，不愿提供这种类型的保险。由于这种风险造成的损失程度很小，物流企业可以采取自留的方式来应对风险。实践中因为野蛮装卸、内部人偷盗等行为导致的货物损失风险就属于这种类型。虽然这种类型风险造成的单次损失并不大，但较高的发生概率造成的累积损失使物流企业难以承受。

这种类型风险的应对策略除自留外还需要进行风险预防和风险控制，即在采取风险自留的方法后，通过一系列有效的管理措施降低风险发生的概率和减轻风险发生后造成的损失程度，如提高员工素质和技术水平，建立有效的防盗报警系统等。

（3）风险发生的概率很低，但造成的损失很大

第三方物流企业在从事业务运营过程中，不可避免地面临着自然灾害、意外事故的威胁。这种风险发生的概率很低，但是一旦发生足以让物流企业遭受极大损失，这时可以采取风险转移策略，包括非保险转移和保险转移。例如，运输途中遇到的自然灾害事故，这类风险是传统保险可以承保的风险类型，由于发生的概率很低，保险便具有了可行性；由于造成的损失很大，成就了保险的必要性。这时就可以采用保险的方式来有效地分散风险，最大程度地降低物流企业的损失。

（4）风险发生的概率很高，造成的损失也很大

这种类型的风险一般不会发生。此时，理性的物流企业可能会采取避免的方法来应对

风险。避免风险是一个有效途径，但其机会成本却是可能获得的高额收益。

应对这种风险的最佳策略时管理加保险，即通过有效的管理降低损失发生的概率，使风险发生的概率降低后再通过保险的方式转嫁风险。

本章小结

企业增长战略是我国第三方物流企业主流的战略选择。考虑到我国第三方物流企业的发展现状，第三方物流企业应采取集中经营的扩张战略。这一战略可以细分为更具体的战略，将这些细分的战略组合起来就形成了第三方物流企业发展战略簇。

采取正确的战略决策，培育和提升核心竞争力成为我国第三方物流企业在竞争中获胜的关键。第三方物流企业可采取的战略有整合战略、集成战略、个性化服务战略、品牌形象战略、人才战略、联盟战略、创新战略和风险防范战略。

案例分析

在快递这个领域当中，顺丰速运（以下简称顺丰）的发展算是业内的一个奇迹。很多消费者来只是知道这个快递企业，并没有详细地去了解过。而顺丰也一直以低调的态度发展着，没有过度的宣传，更没有大肆地散播发展之路，但似乎就是这样的内敛的成才态度消费者才更喜欢。对于服务流程的发展方向，顺丰表示，有四点是其必须要做的。

第一，要抓住物流发展的契机，将顺丰的目标与国家政策结合起来，努力寻找未来发展的新出路。同时加大投资，尤其是信息技术方面的投资和物流设备方面的投资，并进一步巩固公司的客户资源和整合有形资产和无形资源，树立良好的公司形象。

第二，立足于现有的业务模式，对公司流程进行重组，不断把业务流程推向标准化、信息化和个性化。并且还要加强对现代物流人才的认识和培养，完善员工绩效制度，拓展物流增值业务的范畴，提高提供个性化服务的能力。

第三，要对物流系统的网络分布进行优化，增加公司物流运作的灵活性，降低成本，在此之上依托自身的各种优势，加快自身物流运作能力的发展，提升自身竞争力，提升市场的占有率，让更多消费者知道顺丰快递。

第四，要增强公司的物流营销能力，不断拓展客源，利用信息系统技术，提升运输、分拨，配送效益发挥现代快递企业规模经济的专业优势。加快公司资源的整合，提升竞争力，从而占据市场。综上所述，其实上面四大发展方向可以总结为一个指导未来发展的重要思路，那就是——快速性，信息性，服务性，高效性。这四大性质是顺风未来几年内重要的服务流程。

请问：顺丰在发展的过程中采用了哪些发展战略？

思 考 题

一、单项选择题

1. （　　）是我国第三方物流企业主流的战略选择。
   A. 增长战略　　　　B. 维持战略　　　　C. 收缩战略　　　　D. 稳定战略

2. 物流服务中最高端和最富技术含量的领域是（　　）。
   A. 运作层　　　　B. 管理层　　　　C. 规划层　　　　D. 混合层
3. 下列说法错误的是（　　）。
   A. 现阶段多样化经营只会分散企业提高竞争优势所需的有限资源
   B. 经营层面的定位实际上是物流企业的产品定位
   C. 企业确立什么样的经营层面就要致力于培养什么样的核心竞争力
   D. 运作层整合需要物流企业直接介入客户内部的管理
4. 通过（　　）可以增强物流服务的一体化能力。
   A. 纵向整合　　　　　　　　　　　B. 横向整合
   C. 横向联盟紧密整合　　　　　　　D. 横向联盟松散整合
5. （　　）是基于公共信息平台的松散联盟。
   A. 横向联盟松散整合　　　　　　　B. 横向联盟紧密整合
   C. 横向购并紧密整合　　　　　　　D. 纵向上行松散整合

二、多项选择题

1. 第三方物流企业开展个性化物流服务的措施有（　　）。
   A. 加强国际合作，增强竞争能力　　B. 开展横向合作，建立战略联盟
   C. 选择目标市场，实现个性化服务　D. 挖掘深度需求，拓展特色物流
2. 纵向下行紧密整合的对象有（　　）。
   A. 运输公司　　　　　　　　　　　B. 仓储企业
   C. 客户企业的物流部门　　　　　　D. 供应链咨询公司
3. 物流企业确定主导区域要考虑（　　）因素。
   A. 自身的投入能力　　　　　　　　B. 管理水平
   C. 客户的需求分析　　　　　　　　D. 营运成本分析
4. 物流企业在确定拥有何种资产和资产的数量时，必须考虑（　　）。
   A. 投入能力
   B. 社会资源的可得性
   C. 自有资产和采用社会资产的经济性分析
   D. 品牌推广等其他效益的考虑

三、简答题

1. 说明第三方物流企业采用集中经营发展战略的理由。
2. 说明第三方物流企业采用整合战略的必要性。
3. 第三方物流企业开展个性化物流服务应注意哪些问题。

实训项目　第三方物流企业发展战略

一、实训目的

通过此次实训，学生能分析物流企业所处的市场环境并据此确定企业的发展战略。

二、实训内容及要求

1. 为第二章设立的物流企业确定发展战略。
2. 所确定的发展战略要有针对性和可操作性。
3. 要有针对发展战略制定的具体实施办法。

三、训练步骤

1. 学生 4~6 人一组,以组为单位完成实训任务。
2. 形成文字资料,并做成 PPT。
3. 各小组推荐代表在全班进行交流,相互提问。
4. 老师进行实训总结。

第10章 新环境下第三方物流企业的发展

 工作任务描述

电子商务在井喷式发展,企业之间的竞争也演变为供应链之间的竞争,经济全球化下的物流国际化,都给第三方物流企业的发展提出了新的问题和挑战。第三方物流企业在新的经济环境下该如何加强经营管理,提高企业的竞争力成为企业要思考的关键问题。

本章涉及的工作任务和要求如下。

工作任务	工作要求
能顺应电子商务的发展,选择合适的发展战略	● 明确第三方物流与电子商务的关系 ● 分析电子商务企业的物流运作模式 ● 说明第三方物流企业的电子商务活动
能作为供应链的核心企业对供应链进行有效管理	● 理解第三方物流供应链管理的含义和特点 ● 了解第三方物流主导的供应链模式的演进 ● 掌握第三方物流供应链管理的实现途径
掌握跨国物流与国内物流的不同之处,熟悉国际货运代理的操作程序	● 能构建国际物流体系,完善国际物流网络 ● 掌握国际货运代理的业务范围和服务内容 ● 熟悉国际货运代理的业务操作程序

 知识概览

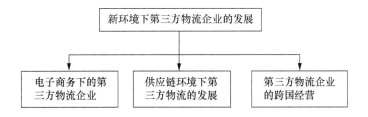

第 三 方 物 流

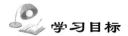

学习目标

知识目标	能力目标	学习重点和难点
• 电子商务环境下第三方物流的发展战略 • 第三方物流供应链管理的含义及实现途径 • 跨国物流与国内物流的差异 • 国际货运代理的业务范围及操作程序	• 能顺应电子商务的发展，选择合适的发展战略 • 能发挥供应链核心企业的地位，实现供应链有效管理 • 能根据国际物流市场环境，做一名合适的国际货运代理	• 电子商务下对物流的要求 • 第三方物流供应链管理的实现途径 • 海运和航空国际货运代理的进出口操作程序

导入案例

沃尔玛百货有限公司（以下简称"沃尔玛"）由美国零售业的传奇人物山姆·沃尔顿先生于 1962 年在阿肯色州成立。经过 50 余年的发展，沃尔玛已经成为美国最大的私人雇主和世界上最大的连锁零售商。目前沃尔玛在全球 27 个国家开设了超过 10 000 家商场，员工总数超过 200 万名。沃尔玛的业务之所以能够迅速增长，并且成为现在非常著名的公司之一，是因为沃尔玛在节省成本，以及在物流配送系统与供应链管理方面取得了巨大的成就。

1. 降低成本系列方法在物流配送中心的应用

采用低成本战略使物流成本始终保持低位，是沃尔玛这种廉价商品零售商的看家本领。在物流运营过程中尽可能降低成本，把节省后的成本让利于消费者，这是沃尔玛一贯的经营宗旨。沃尔玛在整个物流过程当中，最昂贵的就是运输部分，所以沃尔玛在设置新卖场时，尽量以其现有配送中心为出发点，卖场一般都设在配送中心周围，以缩短送货时间，降低送货成本。沃尔玛在物流方面的投资，也非常集中地用于物流配送中心建设。

2. 物流信息技术的应用

沃尔玛之所以成功，很大程度上是因为它至少提前 10 年（较竞争对手）将尖端科技和物流系统进行了巧妙搭配。早在 20 世纪 70 年代，沃尔玛就开始使用计算机进行管理；80 年代初，他们又花费 4 亿美元购买了商业卫星，实现了全球联网；90 年代，采用了全球领先 GPS 控制公司的物流，提高配送效率，以速度和质量赢得用户的满意度和忠诚度。沃尔玛所有的系统都是基于一个叫作 UNIX 的配送系统，并采用传送带和非常大的开放式平台，还采用产品代码，以及自动补货系统和激光识别系统，所有这些为沃尔玛节省了相当多的成本。沃尔玛一直崇尚采用最现代化、最先进的系统，进行合理的运输安排，通过计算机系统和配送中心，获得最终的成功。

3. "无缝"供应链的运用

物流的含义不仅包括了物资流动和存储，还包含了上下游企业的配合程度。沃尔玛之所以能够取得成功，很大程度上在于沃尔玛采取了"无缝点对点"的物流系统。"无缝"的意思指的是，使整个供应链达到一种非常顺畅的联结。沃尔玛所指的供应链是说产品从工厂到商店的货架,这个过程应尽可能平滑,就像一件外衣一样是没有缝的。在供应链中,每一个供应者都是这个链当中的一个环节,沃尔玛使整个供应链成为一个非常平稳、光滑、顺畅的过程。这样,沃尔玛的运输、配送,以及对于订单与购买的处理等所有的过程,都是一个完整网络当中的一部分,这样大大降低了物流成本。在衔接上游客户上,沃尔玛有一个非常好的系统,可以使供货商直接进入沃尔玛的系统,沃尔玛称之为"零售链接"。通过零售链接,供货商们就可以随时了解销售情况,对将来货物的需求量进行预测,以决定生产情况,这样它们的产品成本也可以降低,从而使整个流程成为一个"无缝"的过程。

4. 沃尔玛物流与供应链管理的启示

沃尔玛的成功既可以说是优秀的商业模式与先进的信息技术应用的有机结合,也可以说是沃尔玛对自身的"商业零售企业"身份的超越。

通过以上对沃尔玛的分析研究可以发现,沃尔玛给人们留下的最深刻印象,是它的一整套先进、高效的物流和供应链管理系统。沃尔玛在全球各地的配送中心、连锁店、仓储库房和货物运输车辆,以及合作伙伴(如供应商等),都被这一系统集中、有效地管理和优化,形成了一个灵活、高效的产品生产、配送和销售网络。为此,沃尔玛甚至不惜重金,专门购置物流卫星来保证这一网络的信息传递。

(资料来源:http://www.233.com/wuliu/anli/20071016/081536391.html)

10.1 电子商务下的第三方物流企业

10.1.1 电子商务与物流

1. 电子商务概述

(1) 电子商务的概念

电子商务是随着计算机网络、通信技术的迅速发展,特别是互联网的普及而出现并迅速发展起来的一种商务运作方式。通常是指在全球各地广泛的商业贸易活动中,在互联网开放的网络环境下,基于浏览器/服务器应用方式,买卖双方不谋面地进行各种商贸活动,实现消费者的网上购物、商户之间的网上交易和在线电子支付,以及各种商务活动、交易活动、金融活动和相关的综合服务活动的一种新型的商业运营模式。

电子商务有狭义和广义之分。从狭义上讲,电子商务是指通过使用互联网等电子工具(包括电报、电话、广播、电视、传真、计算机、计算机网络、移动通信等)在全球范围内进行的商务贸易活动,它是以计算机网络为基础所进行的各种商务活动,包括商品和服务的提供者、广告商、消费者、中介商等有关各方行为的总和。人们一般理解的电子商务是指狭义上的电子商务。从广义上讲,电子商务一词源自于 Electronic Business,就是通过电子手段进行的商业事务活动,即通过使用互联网等电子工具,使公司内部、供应商、客户和合作伙伴之间,利用电子业务共享信息,实现企业间业务流程的电子化,配合企业内部的电子化生产管理系统,提高企业的生产、库存、流通和资金等各个环节的效率。但无论是广义的还是狭义的电子商务的概念,都涵盖了两个方面:一是离不开互联网这个平

台,没有了网络,就不能称为电子商务;二是通过互联网完成的是一种商务活动。

电子商务是以商务活动为主体,以计算机网络为基础,以电子化方式为手段,在法律许可范围内所进行的商务活动交易过程。

(2)电子商务的模式

根据电子商务交易双方主体的不同,可将电子商务划分为以下五种模式:

① B2B(Business to Business),即企业对企业的电子商务。B2B包括两种基本模式:一种是企业之间直接进行的电子商务,如制造商通过自己的网站进行在线采购和在线供货等;另一种是通过第三方电子商务网站平台进行的商务活动。这些过程包括:发布供求信息,订货及确认订货,支付过程及票据的签发、传送和接收,确定配送方案并监控配送过程等。例如,阿里巴巴就是B2B电子商务平台。

② B2C(Business to Consumer),即企业对消费者的电子商务。这种模式的电子商务一般以网络零售业为主,主要借助于互联网开展在线销售活动,如经营各种书籍、鲜花、计算机、通信用品等商品。亚马逊、京东商城、苏宁易购、当当网等就属于此类站点。

③ C2C(Consumer to Consumer),即消费者对消费者的电子商务。消费者之间通过第三方在线交易平台或个人网站等来进行交易。国内著名的C2C商务平台如淘宝网。

④ G2B(Government to Business),即政府对企业的电子商务。这种模式主要应用于政府采购、征税、经济行政事务管理等。

⑤ G2C(Government to Citizen),即政府对公民的电子政务。这种模式是指政府通过电子网络系统为公民提供的各种服务,如教育培训服务、就业服务、电子医疗服务、社会保险网络服务、公民信息服务和电子证件服务等。

2. 电子商务与物流的关系

(1)电子商务能够有效的地提高物流效率,降低物流成本。

电子商务最大的优点就是通过信息技术的使用,能够最大限度地支持一条完整的供应链的建立。正是由于有信息技术的支持,才能实现上下游伙伴企业之间的信息共享,才能实现合作伙伴对其所需要的信息进行实时跟踪。电子商务技术在企业中的全面运用,有助于企业建立科学、合理的工作流程,挖掘隐藏在"冰山"下的物流成本,有效地提高物流效率。例如,南京国药医药有限公司通过尝试将电子商务技术引入日常业务中来,仅3个月时间物流成本即比往年同期降低了30%。而成本的降低换来的却是效率的提高,原来开一张销售订单最长需要1分钟,而现在开同样的销售订单仅需要十几秒就可完成。

(2)物流是电子商务的重要保证。

电子商务给经济交易各方提供的是虚拟的网络交易环境和便捷的事务处理手段,交易的最终完成仍需要物流这一中间环节。除了部分电子图书、声像资料、软件等可以通过网络的方式实现从生产地到消费地的转移,大多数商品的流通还需要物流系统的支撑。

企业物流按照采购、仓储、销售分成"进、销、存"三部分,电子商务在整个货物流转过程中涉及不同的经济实体,发挥着不同的作用。如果没有高效、完善的物流运作系统,电子商务的便捷、低成本就无从谈起,全流域的商业交易也不可能成功。可以讲,没有成功的物流系统,完全意义上的电子商务就不可能实现。

3. 电子商务下第三方物流的特点

（1）信息化

电子商务时代，物流信息化是电子商务的必然要求。物流信息化表现为物流信息的商品化、物流信息收集的数据库化和代码化、物流信息处理的电子化和计算机化、物流信息传递的标准化和实时化、物流信息存储的数字化等。因此，条码（Bar Code）技术、数据库（Database）技术、电子定货系统（EOS）、EDI、快速反应（QR）及有效的客户反映、企业资源计划等技术与观念在物流中将会得到普遍应用。信息化是一切的基础，没有物流的信息化，任何先进的技术设备都不可能应用于物流领域，信息技术及计算机技术在物流中的应用将会彻底改变世界物流的面貌。

（2）自动化

自动化的基础是信息化，自动化的核心是机电一体化，自动化的外在表现是无人化，自动化的效果是省力化，它可以扩大物流作业能力、提高劳动生产率、减少物流作业的差错等。

（3）网络化

物流的网络化是物流信息化的必然趋势。当今世界，由互联网提供的全球网络资源及网络技术的普及为物流的网络化提供了良好的外部环境。如果离开了网络，物流信息就只能在企业内部流转，信息传输与共享变得不可实现，整条供应链各个环节之间的沟通也将难以进行。

（4）智能化

智能化是建立在物流信息化、网络化之上的一种高层次应用。物流作业过程中大量的运筹和决策，需要借助于计算机精确的运算和智能安排才能得以解决。只有实现物流的智能化，才能使物流的效率得到提高，整条供应链能够根据客户需求灵活地安排供销，减少"牛鞭效应"（Bullwhip Effect），真正实现低库存，高效率。

知识链接

牛鞭效应，是供应链管理的基本原理之一，指的是供应链上的一种需求变异放大现象，是信息流从最终客户端向原始供应商端传递时，无法有效地实现信息的共享，使得信息扭曲而逐级放大，导致了需求信息出现越来越大的波动，此信息扭曲的放大作用在图形上很像很一根甩起牛鞭，因此被形象地称为牛鞭效应。可以将处于上游的供应方比作梢部，下游的用户比作根部，一旦根部抖动，传递到末梢端就会出现很大的波动。

（5）柔性化

柔性化本来是为实现"以顾客为中心"理念而在生产领域提出的，但要真正做到柔性化，即真正地能根据消费者需求的变化来灵活调节生产工艺，没有配套的柔性化的物流系统是不可能达到目的的。20世纪90年代，国际生产领域纷纷推出弹性制造系统（FMS）、计算机集成制造系统（CIMS）、制造资源系统（MRP）、企业资源计划及供应链管理的概念和技术，这些概念和技术的实质是要将生产、流通进行集成，根据需求端的需求组织生产，安排物流活动。因此，柔性化的物流正是适应生产、流通与消费的需求而发展起来的一种新型物流模式。这就要求物流配送中心根据消费需求"多品种、小批量、多批次、短

周期"的特色,灵活组织和实施物流作业。

另外,物流设施、商品包装的标准化,物流的社会化、共同化也都是电子商务环境下物流的新特点。

10.1.2 电子商务发展的物流瓶颈

1. 电子商务的物流配送瓶颈

电子商务是通过互联网进行商务活动的新模式,它集信息流、商流、货币流、物流为一身,贯穿了整个的贸易交易过程,是网络经济和现代物流一体化的产物。其内涵可以表述如下:电子商务=网上信息传递+网上交易+网上结算+配送。由此可以看出,一个完整的商务活动,必须通过信息流、商流、货币流、物流四个流动过程有机构成。然而,电子商务作为一个高速发展的行业,存在许多瓶颈问题,其中不可回避的瓶颈之一是物流瓶颈。主要表现是:在网上实现商流活动之后,没有一个有效的社会物流配送系统对实物的转移提供低成本的、适时的、适量的转移服务;配送的成本过高、速度过慢等。因而,即使商流、信息流、货币流可以有效地通过互联网络来实现,在网上可以轻而易举完成商品所有权的转移,但是这毕竟是"虚拟"的经济过程。以互联网为平台的网络经济可以改造和优化物流,但是不可能根本解决物流问题。

可见,物流配送的效率已经成为制约我国电子商务快速发展的一个重要瓶颈,如果没有一个高效、合理、畅通的物流配送系统,电子商务所具有的方便、快捷优势就难以得到有效的发挥。如何建立一个高效率、低成本的物流配送体系,已成为电子商务通畅发展的保证。

2. 电子商务企业的物流运作模式

面对物流瓶颈,不同的电子商务企业选择了不同的物流运作模式。

(1) 自建全套物流体系的纵向一体化模式

纵向一体化模式是指从配送中心到运输队伍,全部由电子商务企业自己整体建设,它将大量的资金用于物流队伍、运输车队、仓储体系建设,从产品、销售到配送环节构成上下游集成的完整供应链系统,实现一体化的运营模式。

2008年开始,京东商城自建物流配送系统,目前已陆续在全国购买1 200亩地作为物流仓储平台。计划未来3年投入50亿~60亿元在全国建20~40个大家电仓储中心,5年内还将投入100亿元发展全国物流网。另外,苏宁电器也采用纵向一体化方式。2011年,苏宁电器投入30亿元构建物流体系,并规划5年内建60个配送中心。

自建全套物流体系的纵向一体化模式改变了传统电子商务企业过于注重平台运营的状况,将更多的资金和精力转投物流体系建设,希望通过物流来提高电子商务企业的竞争。但此种模式也将彻底改变电子商务公司的轻资产模式,以现金高周转著称的电子商务公司最终会发现越来越多的资金被沉淀在固定资产上。

(2) 自建与外包相结合的半一体化模式

半一体化模式是指电子商务企业自建物流中心,掌控核心区物流队伍,而将非核心区物流外包。

卓越网自从被亚马逊收购后,也开始注重物流体系的管控,卓越亚马逊(现更名为亚马逊中国,以下简称卓越)采用了半一体化模式。卓越是国内电子商务公司中最早开始建立物流仓储中心的企业。截至2009年年底,卓越已在北京、苏州、广州、成都等地建立了 7 大物流仓储中心，总建筑面积 10 万平方米，其中北京中心的面积最大，达到 4.5 万平方米，而苏州中心和成都中心则是携手普洛斯中国共同开发的，当时计划 2010 年再建 3 个中心。不过，不同于亚马逊，卓越选择了核心地区自建配送体系的模式。卓越旗下有一家自己的配送公司"世纪卓越快递"，北京、上海、广州的货物主要采用自主送货方式，二、三线城市的货物则外包给第三方。从本质上说，卓越模式仍是一种"重资产模式"。

（3）租赁与外包相结合的轻资产模式

轻资产模式是指电子商务企业负责业务数据，物流信息，物流中心选址、租赁，而将配送环节全部外包给第三方物流企业。这是传统电子商务企业的运作模式，利用他人资源，以最低的投入实现价值最大化。

典型的电子商务企业有当当网和国美电器。当当选择了租赁物流中心，并把配送环节全部外包。目前当当网在全国有 10 个物流中心，其中北京有 2 个全国性物流中心，其他 5 个城市（上海、广州、成都、武汉、郑州）有 8 个地区物流中心，合计建筑面积 18 万平方米，日处理订单能力为 16.5 万件。通常订单被直接派送到就近物流中心，再由该物流中心对外派货，在附近没有物流中心或物流中心无法提供货物时，就会由总部物流中心重新分派。在运输配送环节，当当网与国内 104 家第三方物流企业建立合作关系，由第三方物流企业到当当网的物流中心取货外送。为了控制服务品质，当当网通常会收取一定押金，并对从物流中心派送出去的货物进行逐一检查。

与当当网相似，国美电器也采用轻资产的物流模式。国美电器从 2002 年开始就逐步用集中配送体系取代了厂商直供门店的配送体系，目前公司的配送中心已达到 131 个，配送中心面积 62.5 万平方米，但其配送中心以租赁为主、自建为辅，从而能够比苏宁电器更快速地铺建物流网络。在物流运输上，国美电器也尽可能采用第三方物流公司，自己的车队仅用于门店间的大批量配送。为国美电器服务的物流服务商有 500 多家，国美电器通过打分评价体系对第三方物流企业进行筛选，通过标准服务合同和配送中心把关服务质量。

轻资产模式虽然减轻了资金压力，加速了资产周转，但它要求有一个专业化的第三方服务平台，包括高效的第三方物流公司，以及能提供高品质物流中心的第三方物流地产企业，如果"第三方"的发展跟不上，轻资产模式可能会面临服务品质下降的威胁。

（4）整合物流平台的"云物流"模式

"云物流"模式是指采用直营和加盟相结合的模式，结合电子商务企业的需求，利用分散、不均的物流资源，通过某种体系、标准和平台进行整合，构建配套的网络技术平台。

阿里巴巴集团和旗下淘宝网一直是以交易平台身份参与电子商务运营的，所以，以往两家公司都没有建立自己的系统化物流平台。但随着阿里巴巴规模的扩大和淘宝商城的发展，物流瓶颈日益显现。2010 年马云开始了一系列整合物流平台的动作。3 月阿里巴巴入股北京星晨急便，4 月又确定德邦物流和佳吉快运作为它的推荐第三方物流，随后淘宝网在北京、上海、广州和深圳、成都建立了四大配送中心，在其他 20 个省市也建立了区域性配送中心，并提出 2 年内要在全国 52 个城市建立分仓中心。2013 年 5 月 28 日，阿里巴巴集团、银泰百货集团、复星集团联合"三通一达"等快递企业成立"菜鸟网络科技有限公司"，提出在 5~8 年内，打造一张让全中国任何一个地区做到 24 小时内送货必达的物流网络。

"云物流"本质上仍是一种"加盟"模式。即在需求一端,将阿里巴巴的大量客户发货信息汇总起来,并对订单信息进行初步处理;在供给一端,将小物流公司的分散运送能力通过信息化系统整合起来,使小快递公司通过访问"云物流"平台获得客户,并通过这个平台取货、送货。

阿里巴巴的上述模式可以概括为物流合作模式,或信息整合模式,它希望利用订单聚合的能力来推动物流产业的整合。如果这一模式真能实现,那显然是一个更轻资产的模式。但问题是,"云物流"只是提供了一个信息交换的平台,解决了供给能力的调配问题,而不能改变行业集中度低的根本问题。要提高行业服务品质,降低物流成本,仍需提高供给、需求两端的集中度,才能发挥规模效应。

3. 电子商务下第三方物流企业的发展战略

(1) 抓住机遇,提高物流企业自身竞争力

第三方物流企业应紧紧抓住政策机遇,大力提高物流企业自身竞争力,尤其是在电子商务条件下,与顾客或者下游客户真正相接触的只是物流企业及其员工,物流企业和员工的表现对电子商务的发展起着至关重要的作用。企业内部,企业要加强对内部链条的掌控和提升,优化业务流程,提升员工综合素质与能力,提高员工对企业待遇、文化氛围的满意度和对企业的忠诚度等。企业具备了足够的内功,则自然提升了外部链条的服务和掌控能力,员工的能力强、素质高、专业服务能力强,即提升了物流企业自身的产品价值和服务价值的"含金量",从而赢得了越来越高的客户满意度和忠诚度。

(2) 积极推进物流企业信息化建设

电子商务环境下,物流企业运营最关键的一点就是能够准确、快速地完成客户交付的业务。而要真正做到这一点,就一定要积极推进物流企业信息化建设。物流企业信息化建设,除了射频技术、条码技术、GPS、地理信息系统、EDI等物流技术在物流各作业环节中的运用,更重要的是针对整个物流企业的综合管理,实施企业级的信息系统建设,通过仓储管理系统、运输信息系统、订单管理系统、成本结算系统等,第三方物流公司可以跨越部门的信息界限,实现各个部门的数据和信息的互联互通,同时实现与上下游合作伙伴之间的信息整合,真正实现企业内部和外部的整体协同作业。

(3) 大力扩展供应链范围

我国的电子商务企业与国外电子商务企业相比,绝大部分规模较小,其运输、仓储、装卸、加工、整理及配送等环节都只能交付于第三方物流企业,为了更好地促进电子商务企业及物流企业自身的发展,大力扩展供应链范围成了国内物流企业的必然选择。大力扩展供应链范围不仅是传统意义上的物流供应链(产品运输、储存、产品流通环节加工,物资配送等),而且还应包括资金流供应链,以及信息流供应链。例如,帮助小型电子商务企业完成企业融资或者贷款,与电子商务企业结成战略合作伙伴,共享彼此的信息资源,帮助涉外企业完成报关、清关等业务。

(4) 推进品牌战略

电子商务时代下,客户的各种选择都得到极大的满足,包括物流企业的选择,如何让客户在众多的物流企业中选择自己并且固定下来,除了价格和质量上双方满意之外,用户的认知度和忠诚度也非常重要,因此,物流企业的品牌建设势在必行。品牌战略就是通过规划差异化、个性化的品牌核心价值与品牌识别,并以此去统率企业的一切营销传播活动,来创立市场良好品牌形象,增大市场份额。

10.1.3 第三方物流企业的电子商务活动

1. 建立基于互联网的电子商务网站

在电子商务环境下,第三方物流企业要想获得更多的业务,自己必须"电子商务化",也就是要建立自己的电子商务网站,开展物流服务的电子商务,并着力做好下列三项工作。

(1) 赋予电子商务网站强有力的客户服务功能

就第三方物流企业电子商务网站的客户服务功能来说,最起码应当具备以下功能:

① 客户登陆功能。电子商务网站首先应当具有客户登录功能。登录网站的基本方式有两种:一是任何一个客户都可以点击企业的网站,进入网站进行一般浏览和输入信息。这种登录不能够打开业务系统页面,不能获取业务信息。这种方式适用于一般客户和新客户。二是为用户设立权限和密码认证,他们登录网站后输入用户名和密码,获得系统认可后可以直接进入企业业务系统的某些功能模块,获取有关的业务信息。这种登录只适用于那些企业认可的老客户和有业务关系的客户。企业通常用"会员制"来管理他们。所谓会员制,就是那些已经列入企业的客户名册、具有详细可靠信息、已经进入企业客户管理范围因而享有一定的权利和义务的客户集合。一般客户要想成为会员客户,就得在作为一般客户登录网站,填写客户信息调查表、输入真实详细的信息后,得到企业认可就可以成为会员客户。一般客户如果想与企业发生业务关系,如想委托物流配送中心为自己进行仓储、运输和配送,就必然会填写详细真实的客户信息表,因而很自然就成为企业的会员客户。对于企业来说,客观上总是存在一般客户和会员客户,因此企业网站上这两种登录方式都是必要的。

② 客户信息调查和客户留言功能。这些功能,主要是为新客户和一般客户设置的。这些客户可以登录网站,但是不能够进入业务系统。如果他们想获取业务信息,可能的途径只有两条:一是填写客户信息表,说明自己的意向;二是只填写客户留言,说明自己的情况和意向,等待企业的答复。这两项功能是企业收集新客户和一般客户信息的重要途径,对于企业增加会员客户、了解市场信息、扩大客户市场,都有重要的意义。因此这两项功能也是必需的。

③ 客户呼叫和客户沟通功能。这是内容更广泛、更实用,也更复杂的功能。客户呼叫和客户沟通,除了包括登录网站、填写信息的单向文字操作功能外,还包括电话、传真、Email 等双向交互语音和文字操作功能,由于电话、传真的普遍使用,这种功能更加具有普遍性和实用性。客户呼叫,包括客户呼叫企业和企业呼叫客户两个方向,从呼叫形式上包括电话、传真和 Email 和信件等基本形式。客户沟通,也叫信息交互,包括信息往来和当面交谈两种形式。信息往来,可以通过信件、传真、Email、客户留言和答复等形式,这些形式的信息交互在时间上不连续,可以相互错开,交互双方不需要同时在场,当面交谈则可以通过电话、聊天室等形式进行,它们在时间上是连续的,交互双方同时在场。这两项功能,有的需要进入业务系统,留下记录或者执行业务系统的某些功能。例如,客户通过传真、信件、E-mail 等传来的订货合同与汇款信息等,通过电话等传进来的客户信息等都要在业务系统中留下记录,企业呼叫客户转送有关的业务信息,需要执行业务系统的有关功能、提取信息发给用户。因此,企业的网站应当具有多媒体转换功能,把

语音信息转换成文字信息,把非格式化信息转换为格式化信息,这样才能够留下记录。

④ 网站的广告宣传功能。主要是为宣传企业、宣传产品,扩大影响、扩大吸引力,招揽一般客户、开发新客户而设置的。

⑤ 客户信息储存和处理分析功能。网站的客户服务模式中,一个最重要的功能就是客户管理。基本内容,一是要开发新客户,二是要管好会员客户。管好会员客户,首先要管好会员名册信息。要妥善收集储存、维护客户信息,包括客户基本信息和客户业务往来信息。管好客户基本信息,就是要维护好客户基本信息表。管好客户业务往来信息,就是要维护好业务往来表。要按客户序号对业务往来表进行统计,求出各个客户的业务量、业务信誉程度。如果客户很多、管理不过来时,要根据客户的业务量和业务的信誉程度将客户分成 A、B、C 三类,进行分类管理,引入奖励竞争机制,防范客户风险。要根据客户的地区分布情况统计,制定企业的客户市场的开发策略,开发新客户、开发新市场。

(2) 赋予电子商务网站强大的网上业务处理功能

企业的网上业务处理,就是企业的物流管理信息处理系统,包括企业物资的进货、储存、出库发运业务的信息处理。企业不同,具体的业务有可能不同。对于一般的第三方物流企业来说,应当具备以下一些基本功能:物资编码管理、仓库货位管理、车队管理、司机管理、物资入库管理、物资出库管理、运输调度管理、运输业务管理、客户管理、供应商管理、结算与成本管理、经济效益管理、系统维护等。

企业物流管理信息系统的好处,就是不但可以做到信息共享、提高处理速度和处理效率,而且能够及时在网上进行数据更新,及时反馈给各个业务部门,反馈给客户,为前面的客户服务功能提供支持。因此物流管理信息系统是企业运作的基础工作。网上业务处理的结果能够随时提供客户查询,对于增强客户的信心、培养忠诚客户、扩大客户市场都是至关重要的。

(3) 把网上运作和网下运作结合起来,全方位地加强客户服务功能

电子商务环境为我们提供了有利的环境条件,充分利用网上资源、搞好网上运作是非常必要的,但是不可偏废,只重视网上运作而忽视网下运作,而要把网上运作和网下运作结合起来,充分发挥各自的优势,互相补充地共同实现企业的运作,获取最大的效益。网下的运作模式应该做到以下几点:

第一,特别注意物流业务作业的运作质量。承接的每一笔客户业务,一定要按照客户的要求不折不扣地圆满完成,不要出现差错。

第二,努力做好售前、售后服务工作。事前多联系、多协调,提供技术咨询,为货主客户着想,主动做好自己的协助服务工作;售后主动配合客户的装卸搬运落地的工作,提供技术咨询,征求客户意见,改进自己的工作。完成每一笔业务运作,都能够给客户留下美好的印象,达到客户满意。

第三,配合网上的客户服务手段,做好客户信息收集和反馈、咨询等方面的服务工作。

第四,文明开展业务,树立很好的企业形象。储运配送最容易给社会生态环境带来尾气、噪声等污染,造成交通紧张,物流配送企业要尽量提高技术水平,大力开展文明作业,把污染降低到最低程度,在社会中树立很好的企业形象。树立企业形象,还包括主动搞好和客户、供应商、政府主管部门、银行、社区街道、社会公益事业的关系,持公道、守信义等。

第五，配合网上的广告宣传，充分利用现实社会媒体的特点和宣传广告方式，做好宣传广告工作，宣传企业、宣传产品和服务，扩大企业的知名度。

总之，要把网上网下结合起来，充分发挥各自的特长，进行最有效的资源配置，形成一种适合电子商务环境的高效率的工作模式。

> **案例10-1 锦程物流打造现代电子商务平台**
>
> 在全国货物代理行业普遍低迷的情况下，2012年以来，锦程国际物流集团（以下简称锦程物流）致力于打造现代电子商务网络平台，加速实施"走出去"战略，成功实现逆势增长，在全国民营货代企业中保持领跑地位。
>
> 锦程物流是一家民营物流企业，经过20多年不断创新，逐渐摸索出电子商务网络平台运营模式，率先实现由"脚底板跑货代"到"网络营销"的成功转型。依靠在国内货代行业首创的全球呼叫中心和订舱中心，锦程物流现代电子商务网络平台日趋完善，可满足上千客户同时询盘和订舱需求。近期，锦程物流电子商务网络平台点击量突破单日5万次，前三个季度，企业净收入同比增长16%。
>
> 创新电子商务网络平台为企业增添了内生动力，加速实施"走出去"战略则让企业活力十足。目前，锦程物流全球订舱中心已在国内八大口岸建立了区域订舱中心，可辐射全国主要城市；通过与马士基、达飞等国际航运业巨头开展深层次合作，形成了全球300家代理机构的无缝营销网络。
>
> （资料来源：http://www.dltv.cn/xinwen/2012-11/07/cms151335article.shtml）

2. 开展电子商务业务

近年来，物流企业跨界开展电子商务业务日益增多，如"顺丰优选"。物流企业开展电商业务，一方面是受电商广阔的市场前景所吸引；另一方面则是成本的增长，倒逼物流企业寻找新的收入来源，向产业链上游发展。物流企业向产业链上游发展，能够增加收入，提高附加值，在一定程度上分摊单个快递网点的运营成本。

（1）物流企业发展电商的优势。快递企业发展电商的优势在于物流设施与递送队伍是现成的投入和生产力，同时在为大电商做配送服务中也比较了解电商客户类别与需求。例如，顺丰速运推出的顺丰优选平台将在物流配送上，共享顺丰速运板块的航空、干线等资源；而主要的终端配送，除去生鲜类产品外，仍然依托顺丰速运原有的快递业务网络。

（2）物流企业发展电商的劣势。快递行业进入电子商务不仅需要长期的前期投资，更为重要的是，物流仅仅是电子商务的下游环节，电子商务前期工作繁复，包括商品采购、营销、平台建设、团队管理、消费群维护等，都是需要大量的资金和精力的投入的，必须由专业的团队来操作。在激烈竞争下，既缺资金又缺电商人才的快递企业要想发展自己的电商业务难上加难。

（3）现代物流与电商的融合发展。《电子商务"十二五"发展规划》提出，将完善多元化的电子商务投融资机制，大力发展企业间商务。规划也提出，将支持快递服务与电子商务联动发展，鼓励邮政、快递、物流配送企业依托实体网络发展电子商务，加快建设适应电子商务发展需要的社会化物流体系，优化物流公共配送中心、中转分拨场站、社区集

散网点等物流设施的规划布局，积极探索区域性、行业性物流信息平台的发展模式。推动快递、零担、城市配送企业依托信息化提高社会化服务水平，增强对网络零售的支撑能力。随着电子商务企业的发展，快递业与电商的融合也将不断加速。

案例 10-2　顺丰优选的逆袭术

一颗荔枝从采摘下来，到送到消费者手中，中间不超过 30 个小时。这是顺丰优选引爆"荔枝大战"的速度，或许也是生鲜电商能给到的速度极限。但顺丰优选的"荔枝大战"并不仅限于此。

2013 年 5 月 30 日，顺丰优选在北京的十个地铁口派发第一批来自广东增城的荔枝，将京城这场"荔枝大战"推向高潮，也将线上的"荔枝大战"烧到了线下。引爆今夏的"荔枝大战"，顺丰优选已经酝酿很久。速度和品质决定了谁才能在这场京城荔战中取胜。为什么要在北方人消费量并不大、生长周期只有十几天的荔枝上大做文章？背后是顺丰优选做电商的逻辑。

2012 年 5 月 31 日，顺丰优选上线，顺丰速运的光环却让顺丰优选从一开始就饱受争议，但是顺丰优选关于电商的尝试从来没有停止过。2013 年，顺丰优选一方面是高举高打，将常温产品铺设到上广深等八个城市，增设天津的冷链配送服务；另一方面，它也在暗中耕耘，通过原产地直采、规划重点品类来打好基本功。

如果说，一年前的顺丰速运是看到"中高端食品"的空缺，而懵懵懂懂进入垂直 B2C 领域，那么经过近一年的低调运营，摸着石头过河的顺丰优选似乎已经找到了进入食品电商行业的入口：依靠顺丰速运大网的优势借力打力，用物流基因补齐电商的短板。

顺丰优选不仅仅依赖顺丰集团给予的资金和品牌支持，还在架构上与顺丰速运大网做更多的打通。借助顺丰速运大网的仓储和物流，顺丰优选在垂直 B2C 的竞争中具备了轻装上阵的优势，但是优势并不等于核心竞争力。对于顺丰优选来说，前途仍不明朗，一方面是优质的服务和产品赢得的"电商海底捞"的口碑，另一方面是巨大投入而造成的亏损，这或许是"快速扩充"市场后，现在的顺丰优选需要投入时间的"慢生长"。

（资料来源：http://classroom.eguan.cn/anli_166368.html）

10.2　供应链环境下第三方物流的发展

10.2.1　第三方物流供应链管理概述

1. 供应链和供应链管理的含义

（1）供应链的概念

供应链是围绕核心企业，通过对信息流、物流、资金流的控制，从采购原材料开始，制成中间产品及最终产品，最后由销售网络把产品送到消费者手中的将供应商、制造商、分销商、零售商直到最终用户连成一个整体的功能网链结构。它包含所有加盟的节点企业，从原材料的供应开始，经过链中不同企业的制造加工、组装、分销等过程直到最终用户。供应链的网链式结构模型如图10-1所示。

供应链的概念是从扩大的生产（Extended Production）概念发展来的，它将企业的生产活动进行了前伸和后延。譬如，日本丰田汽车公司的精益协作方式中就将供应商的活动视为生产活动的有机组成部分而加以控制和协调，这就是向前延伸。后延是指将生产活动延伸至产品的销售和服务阶段。因此，供应链就是通过计划（Plan）、获得（Obtain）、存储（Store）、分销（Distribute）、服务（Serve）等这样一些活动而在顾客和供应商之间形成的一种衔接，从而使企业能满足内外部顾客的需求。

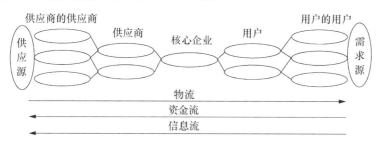

图 10-1　供应链的网链式结构模型

它不仅是一条连接供应商到用户的物流链、信息链、资金链，而且是一条增值链，物料在供应链上因加工、包装、运输等过程而增加其价值，给相关企业带来收益。

（2）供应链管理的概念

供应链管理是以市场和客户需求为导向，在核心企业协调下，本着共赢原则，以提高竞争力、市场占有率、客户满意度、获取最大利润为目标，以协同商务、协同竞争为商业运作模式，通过运用现代企业管理技术、信息技术和集成技术，达到对整个供应链上的信息流、物流、资金流、业务流和价值流的有效规划和控制，从而将客户、供应商、制造商、销售商、服务商等合作伙伴连成一个完整的网状结构，形成一个极具竞争力的战略联盟。

简单地说，供应链管理就是优化和改进供应链活动，其对象是供应链组织和它们之间的"流"，应用的方法是集成和协同；目标是满足客户的需求，最终提高供应链的整体竞争能力。供应链管理的实质是深入供应链的各个增值环节，将顾客所需的正确产品（Right Product）能够在正确的时间（Right time），按照正确的数量（Right Quantity）、正确的质量（Right Quality）和正确的状态（Right Status）送到正确的地点（Right Place），即做到"6R"，并使总成本最小。

供应链管理是一种先进的管理理念，它的先进性体现在它是以顾客和最终消费者为经营导向的，以满足顾客和消费者的最终期望来生产和供应的。除此之外，供应链管理还有以下几种特点：

① 供应链管理把所有节点企业看作是一个整体，实现全过程的战略管理。

传统的管理模式往往以企业的职能部门为基础，但由于各企业之间及企业内部职能部门之间的性质、目标不同，造成相互的矛盾和利益冲突，各企业之间及企业内部职能部门之间无法完全发挥其职能效率，因而很难实现整体目标化。

供应链是由供应商、制造商、分销商、销售商、客户和服务商组成的网状结构。链中各环节不是彼此分割的,而是环环相扣的一个有机整体。供应链管理把物流、信息流、资金流、业务流和价值流的管理贯穿于供应链的全过程。它覆盖了整个物流,从原材料和零部件的采购与供应、产品制造、运输与仓储到销售各种职能领域。它要求各节点企业之间实现信息共享、风险共担、利益共存,并从战略的高度来认识供应链管理的重要性和必要性,从而真正实现整体的有效管理。

② 供应链管理是一种集成化的管理模式。

供应链管理的关键是采用集成的思想和方法。它是一种从供应商开始,经由制造商、分销商、零售商,直到最终客户的全要素、全过程的集成化管理模式,是一种新的管理策略,它把不同的企业集成起来以提高整个供应链的效率,注重的是企业之间的合作,以达到全局最优。

③ 供应链管理提出了全新的库存观念。

传统的库存思想认为:库存是维系生产与销售的必要措施,是一种必要的成本。因此,供应链管理使企业与其上下游企业之间在不同的市场环境下实现了库存的转移,降低了企业的库存成本。这也要求供应链上的各个企业成员建立战略合作关系,通过快速反应降低库存总成本。

④ 供应链管理以最终客户为中心。

无论构成供应链的节点的企业数量的多少,也无论供应链节点企业的类型、层次有多少,供应链的形成都是以客户和最终消费者的需求为导向的。正是由于有了客户和最终消费者的需求,才有了供应链的存在。而且,也只有让客户和最终消费者的需求得到满足,才能有供应链的更大发展。

2. 第三方物流供应链管理的含义

如前所述,供应链管理的目的就是提高效率和整个系统的费用有效性,使系统的总成本达到最小,以保证供应链中所有节点企业都能取得相应的绩效和利益。这里的供应链是一个利益整体,是由供应商、制造商、分销商、零售商和用户组成的网络结构,链中各环节不是彼此分割的,而是环环相扣的有机整体。因此,如何提高供应链中物流的效率与效果,成了供应链管理要解决的关键问题之一。

为了解决这一问题,不少企业开始客观地识别自身的物流需求,认识到只有将供应链上的物流业务外包给第三方物流服务提供者,才能更有利于企业集中核心业务的经营管理,提高整个供应链运作的效率。第三方物流便成为这些企业实现供应链物流集成运作的一种有效方法和策略。

第三方物流供应链管理,是指第三方物流企业作为核心企业通过对信息流、物流、资金流的控制,将供应商、制造商、分销商、零售商,直到最终用户连成一个整体的管理模式。第三方物流企业在供应链管理下,为客户提供所有的或一部分供应链物流服务。

10.2.2 第三方物流供应链管理的特点

1. 第三方物流供应链管理是一种一体化、信息化的管理模式

第三方物流供应链管理是建立在现代电子信息技术基础上的物流服务管理,提高信息技术的运用,实施一体化、信息化管理是第三方物流供应链管理与传统管理的本质区别。

第三方物流企业利用电子化的手段，尤其是利用互联网技术来完成物流全过程的协调、控制和管理，实现从供应链网络最前端到最终端客户的所有中间过程服务，最显著的特点是各种软件技术与物流服务的融合应用。信息技术实现了数据的快速、准确的传递，提高了仓库管理、装卸运输、采购、订货、配送发运、订单处理的自动化水平，使订货、包装、保管、运输、流通、加工实现了一体化，供应链节点企业可以更方便地使用信息技术与第三方物流企业进行交流与协作，企业间的协调和合作有可能在短时间内迅速完成。

2. 第三方物流供应链管理是多功能、全方位的战略管理

在服务内容上，第三方物流为客户提供的不仅仅是一次性的运输或配送服务，而是一种具有长期契约性质的综合物流服务，最终职能是保证服务对象物流体系的高效运作和不断优化供应链管理。与传统储运企业相比，第三方物流的服务范围不仅仅限于运输、仓储业务，它更加注重供应链节点企业物流体系的整体运作效率与效益，供应链的管理与不断优化是它的核心服务内容。在西方的物流理论中非常强调"相互依赖"关系，也就是说一个企业的迅速发展单靠自身的资源、力量是远远不够的，必须寻找战略合作伙伴，通过同盟者的力量获得竞争优势。

3. 第三方物流供应链管理是具有增值功能的"一站式"管理

第三方物流供应链管理是一种以多品种、小批量为特征的高效物流服务管理，在提供运输、储存、物流信息加工与处理等传统物流服务产品的基础上，还能提供下列增值性的物流服务：

（1）推行一条龙门到门服务、提供完备的操作或作业提示、免费培训、维护、省力化设计或安装、代办业务、24小时营业、自动订货、传递信息和转账、物流全过程追踪等便利性服务。

（2）优化配送中心、物流中心网络，重新设计适合客户的流通渠道，以此来减少物流环节、简化物流过程，提高物流系统的快速反应能力。

（3）采取物流共同化计划，通过采用比较适用但投资较少的物流技术和设施设备，或推行物流管理技术，如运筹学中的管理技术、单品管理技术、条形码技术和信息技术等，提高物流的效率和效益，降低物流成本。

（4）运用计算机管理的思想，向上可以延伸到市场调查与预测、采购及订单处理；向下可以延伸到物流咨询、物流系统设计、物流方案的规划与选择、库存控制决策建议、货款回收与结算、教育与培训等延伸服务。

4. 第三方物流供应链管理以最终用户为中心

第三方物流企业作为核心企业参与供应链的管理，把制造、运输、销售等市场情况统一于产品价值链，从而提高了产品的消费效用，这符合现代物流以满足最终用户为目标的宗旨。以客户和最终消费者的需求为导向，让客户和最终消费者的需求得到满足，才能有供应链的更大发展。

第三方物流参与供应链的管理，并成为供应链的组织者时，各供应链节点企业与第三方物流进行信息交换，并由第三方物流组织物流实施，从而完成商流与资金流的传递。这样，供应链上的成员企业就能把时间和精力放在自己的核心业务上，提高了企业供应链管理和运作的效率及服务质量，保证了最终用户能够获得质优价廉的产品。

10.2.3 第三方物流主导的供应链模式的演进

第三方物流公司（包括资产型、非资产型的第三方物流公司）主导的供应链模式是一种适应新形势并有很大发展前途的供应链新模式。这种模式是受到环境影响而不断地改变的，是有层次性的，也就是说随着环境的变化第三方物流公司将从完全承担物流，到既承担物流又涉足第四方物流的领域，再到完全从事第四方物流的职能，因此第三方物流公司主导的供应链模式分为三个阶段。

1. 完全或主要提供物流服务的第三方物流公司主导的供应链模式

该模式可以说是最低级的一种，这种模式中第三方物流公司基本的业务是物流，也提供少量的供应链整合方案，但这种整合方案是由于其他企业需要而为其专门设计的，是作为一种独立的产品出售的，而物流企业本身也未真正地参与到供应链中去，只是作为一个辅助者存在的。第三方物流公司主要是依靠物流方面的特色服务来赢得消费者，在消费者中建立起一定的品牌优势，从而形成消费者对这种物流产品需求的拉动力，最终使得制造企业或零售企业对其产生一种依赖性。因为消费者已经将这种物流服务作为产品比较重要的一部分，所以制造商要想赢得消费者必须依赖于这种服务，各种产品也只能通过这种服务建立起差异化。这种主导模式称为被动的主导模式。

2. 既提供物流又提供供应链整合方案的第三方物流公司主导的供应链模式

在这种主导模式中，第三方物流公司不再处于被动的无意识地位，而是以一种积极的姿态借助于自己特色服务的核心地位优势去组织和管理整个供应链。但是该模式中第三方物流公司的主要业务还是物流服务，也就是说它所从事的供应链管理和组织主要是服务于物流活动的。这种模式的主要特点是物流公司已经将供应链的整合方案与自身的物流优势结合起来并发挥出更大的作用。因为如果没有统一的规划和调配将会出现很多不必要的交易费用，这样可能会削弱或抵消物流所带来的优势。应该说这种模式是真正主导的开始。但是这种模式必须有一个前提条件，那就是各企业（包括物流企业本身）必须首先改变物流企业作为供应链辅助者的观念，而应该将其认为是供应链的主要参与者。但在现实中由于辅助者的观念还处于主要地位，所以这种模式出现可能还需要一定的时间，但是出现的趋势却是必然的。

3. 完全提供供应链整合方案的第三方物流公司主导的供应链模式

这种模式实际上也可以称为第四方物流公司主导的供应链模式，因为它所从事的主要是第四方物流的职能。但是由于这种公司是由第三方物流公司转变而来，而且这种模式的品牌也是以原来第三方物流公司的品牌为基础的，所以仍称其为第三方物流公司主导的供应链模式。也正是由于这种原因，它凭借对物流领域的熟悉，再加上具有专业化组织和管理优势，最终能达到单一的第三方物流所达不到的结果。在这种模式中，将拥有强大的品牌力量，这种品牌不再像传统品牌那样，而是一种结合各方优势的供应链品牌，这种品牌预示的不仅是可靠的产品质量，同时还预示着完善的物流配送，所以它是一种全新的品牌。这种供应链模式是一种最高级的模式，在这种模式中处于主导地位的第三方物流公司通过运用各种先进的理论和信息技术真正达到了供应链的无缝连接，最大限度地发挥了供应链的整合优势。

10.2.4 第三方物流供应链管理的实现途径

1. 物流外包是实现第三方物流供应链管理的首要保证

物流外包通常有两种形式：一是第三方物流供应链管理上的节点企业为了改善企业的盈利状况，将更多的资源投放在企业的核心业务上，而将物流外包给第三方物流企业；二是第三方物流企业不可能完全利用自身资源实现所有物流功能，它也需要采用物流外包的形式将部分业务外包给其他第三方物流企业。

供应链上的节点企业将核心竞争力集中于制造、研发、市场和销售等，而将自身全部或部分的采购物流、生产物流和销售物流外包给专业的第三方物流企业，可以有效降低成本、提高效率，以更快的速度响应客户需求。而第三方物流企业为了弥补自身资源不足将物流外包，利用现代技术和经济关系，通过战略联盟等方式联合外部组织，从整体最优的系统观点出发，为整条供应链提供一站式的服务，从而可以更好地满足客户需求。由此可见，没有物流外包就没有第三方物流供应链管理，可以说物流外包是实现第三方物流供应链管理的首要保证。

2. 第三方物流流程重构是实现第三方物流供应链管理的重要保证

第三方物流发展的一般过程是，由简单的运输服务项目向网络性、系统性物流服务方向发展，需要按供应链管理要求对企业流程进行重新设计。流程重构理论认为，最有效的组织设计是按流程流动进行组织设置，并围绕着流程实现集中相关方面人员及活动的过程。第三方物流管理流程重构强调以供应链管理过程为基本线索，按物流流程、流向进行组织设计和技术设计，只有这样，才能真正实现第三方物流供应链的有效管理。作业流程的重构能极大提高物流系统的敏捷性，通过消除不增加价值的过程和时间，使供应链的物流系统进一步降低成本，这为实现供应链的敏捷性、精细化运作提供了基础性保障。

3. 注重综合集成管理是实现第三方物流供应链管理的有效保证

第三方物流供应链管理意味着对从原材料开始，经过供应链的各个环节，直到最终用户的整个活动的管理。由于供应链管理下物流环境的改变，以及物流管理的新要求，供应链上的节点企业必须采取供应链物流战略，即供应链的分销网络、运输方式、承运人选择、库存控制、仓库保管、订单处理，以及其他活动，应该从整个供应链的角度进行协调，而不是由供应链的各个成员独立地进行管理。这样，供应链管理使成员组织能够在跨组织的水平上优化物流作业，提高物流绩效。因此，可以说，第三方物流供应链管理就是将供应链上的节点企业结成物流联盟，以进行综合集成管理，并因此提高物流的效率和效益，提高整个供应链的竞争能力。

4. 重视客户需求是第三方物流供应链管理实现的有效途径

第三方物流供应链管理，实质上就是在客户满意的前提下，在权衡服务成本的基础上，向客户高效、迅速地提供物流服务。以客户服务为导向，强调客户价值，对于第三方物流来说，尤为关键的是理解客户的文化和环境，建立有效的客户关系。在关注客户关系中，第三方物流企业的主要精力应该集中在主要业绩因素和主要关系因素两个方面。主要业绩因素是从物流服务的质量角度对第三方物流企业提出的要求，而主要关系因素则衡量了第三方物流企业和客户之间的关系，如表10-1所示。

表 10-1　建立有效的客户关系的主要因素

主要的业绩因素	主要的关系因素
关系的质量	快速反应、服务导向
机动性	知识队伍的建设、行业经验、供应链管理
功能和战略能力	所获得的主要管理人员
流程和系统的可靠性	对服务内容和价格的谈判能力
服务连续性	提供整体解决方案
价值与价格	高附加值服务
运输方式和时间的可靠性	单一的联系方式/快速反应
有效率/及时的信息系统	迅速及时的信息反馈

在激烈的市场竞争环境下，第三方物流企业应从整条供应链的角度来寻求自身的发展，用供应链的思想提升自己的服务水平，以最小的成本为客户服务，并且强调提供高附加值的服务，从而实现第三方物流供应链的有效管理。

5. 重视电子信息技术的综合运用是第三方物流供应链管理实现的重要途径

物流信息技术是指在物流各个作业环节应用的信息技术，主要由以计算机技术和网络通信技术为核心的各种信息技术及管理系统组成，它包括移动通信技术、GPS、地理信息系统、销售时点信息系统、电子订货系统、计算机网络技术和信息交换技术等现代尖端技术。第三方物流是建立在现代电子信息技术之上的。

信息技术应用于第三方物流，首先表现在实现物流服务的信息化、网络化，提高物流服务的效率，从而提高自身的竞争能力。第三方物流企业应用现代电子信息技术对物流实行全程控制，简化交易流程和结算流程。而当企业之间的竞争逐渐转化为供应链之间的竞争时，第三方物流有时候又担任着制造商对外窗口的功能，它可以利用接近顾客信息源这一便利条件为制造商提供更多的高附加值服务，尤其是在有关顾客和竞争者的信息搜集、挖掘和分析上，第三方物流将会发挥越来越重要的作用。其次，第三方物流企业成为供应链的主导者离不开承担供应链集成的职能，必须借助于各种先进的信息技术和手段进行供应链整合。不仅如此，信息技术也可以成为第三方物流企业和客户之间关系的黏合剂。总之，电子信息技术的综合应用是第三方物流供应链管理实现的重要途径。

> **案例 10-3　中国物流公司的供应链解决方案**
>
> 沈阳某汽车制造公司是一家新型的汽车生产企业，其战略目标，是在未来 5～10 年，发展为国内重要的汽车生产集团，年销量达到 40 万～45 万台。自 2002 年 8 月份开始，企业产品已正式推向了市场，面对快速增长的生产量和因此产生的复杂而庞大的零部件采购、生产物料的备货和配送上线，以及产品售后服务所需的全国性的维修配件的配送。企业在生产物料的管理中主要存在不少问题：
> (1) 不具备设施完善的物料存储中心。
> (2) 没有完备的物料管理信息系统。

(3) 库存的分类管理没有实施。

(4) 没有同生产计划紧密结合的 JIT 生产线和物料供应线。

(5) 企业缺乏专业而经验丰富的生产物流管理团队。

为了有效的支持生产、集中企业资源，管理层经过认真的比较和筛选，中国物流公司最终被确定为其唯一的物流服务供应商，介入其生产流通环节的物流管理。

中国物流公司（以下简称中国物流）在对需求进行仔细分析后，确定了围绕着供应链的库存控制、客户服务水平（配送及时性和准确性）这两个重点，提供全面的第三方物流服务的工作思路。在整个项目的准备和执行过程中，中国物流着重进行了以下几个方面的工作，通过周密的策划和严格的管理措施，保证了企业的顺利生产。

1. 资源准备

中国物流很快完成了仓库的选址，其中售后服务配送中心面积近 4 000 平方米、距汽车制造厂仅 3 公里的路程；生产配送中心面积 5 000 平方米，距生产基地 5 公里。由于汽车配件对于仓库环境的严格要求，为确保客户的产品在储存的过程中不发生质量的问题，中国物流进行投资对原有仓库进行了大规模的改造。根据汽车物流的操作流程将仓库划分为不同的功能区，使用环氧树脂对全部仓库进行了地面硬化防尘处理；并在仓库内建立了多层立体货架和轻型检料架，使仓库的利用率到达最高。

通过对整个标准操作流程的了解和与客户的详细沟通，中国物流的专业 IT 人员完成了对原有大型物流系统的客户化改造，使该系统完全能满足汽车物流对大容量的库存信息的及时、准确的要求。通过系统对库位库存的跟踪，中国物流真正意义上达到了汽车配件先进先出的操作要求，使客户的库存控制达到最优化。

2. 库存管理和 JIT 配送管理

中国物流主要通过对库存状态的实时监控，以及对销售和生产需求的深入分析，进行库存的计划和管理。中国物流主要是通过与企业汽车生产部门合作，围绕生产计划所产生的物料需求分解，结合现有库存及在途库存情况，制订 JIT 的采购计划。同时，对库存结构进行了分析，按照物料的价值、供应周期、物料的物理性质、使用频率等多种因素，将库存分成 A、B、C 三类，分别给予不同程度的关注。在整个库存管理的过程中，中国物流充分利用成熟的物流管理信息系统，进行信息的实时查询和分析，为库存管理的决策提供了有力的支持。

3. 项目管理

中国物流委派了一名项目经理，并且由营运总监亲自进行支持，很快组建了专门的项目小组，并制订出了严密、完善的项目计划及时间表。项目小组的主要职责是充分地了解和分析该公司对物流服务的需求，制定出中国物流的服务战略，包括必需的硬件（仓储和运输设施）配置、同企业现有信息系统相兼容的物流管理信息系统、相应的人力资源，包括管理团队和操作工人的配置。根据该企业的实际情况，项目小组建议组建了一个运作团队，负责今后日常的物流服务管理。该运作团队由多名来自于大型物流公司、具有丰富的物流运作经验及良好的客户服务意识的人员所组成，并在较短的时间内完成了运作体系的建立及团队的磨合。

4. 客户服务水平的管理

中国物流在为客户提供第三方物流服务的过程中，自始至终把满足内部和外部客户的需求放在首要的位置去考虑，制定了一系列的客户服务标准及考核方法。主要体现在以下三个方面：

（1）采购订单处理。根据客户的采购计划，借助 IT 系统，在 1 小时内完成收货计划，包括仓位安排、收货人员安排、设备调配等工作，并通知客户及供应方。

（2）配送定单的处理。中国物流平均每天对生产线提供 15 次以上（约 16 500 件配件）的及时配送；保证在收到生产物料配送指令的 3 小时内，完成库内拣货、拆包装、组配专用器具、装车和配送上线等所有工作。对于紧急的生产拉动，中国物流能够在收到指令后 30 分钟内完成配送发运。

（3）库存信息共享。中国物流提供完善的 IT 管理服务系统，客户可以通过网络查询所有配件的库存及使用情况。

从中国物流同客户进行深入的合作，将服务延伸到客户供应链的核心部分的案例中，我们可以看到，第三方物流公司更加充分地利用了其自身在专业领域的知识和经验优势，作为客户的战略性合作伙伴，其功能早已不再局限于简单的执行客户的仓储和运输指令，而是从各个层面上帮助客户完成从物流战略策划、资源整合、管理体系建立、流程优化、人员培训、计划管理等一体化的物流功能。可以预见，这样的一种服务模式，将代表第三方物流服务的发展趋势，即作为客户的供应链中的一个重要的参与者，扮演一个物流服务的整合者，甚至是策划者的角色，与客户乃至整个供应链中上下游的相关企业，如客户的供应商和购买者之间，结成更加紧密的合作关系，通过所有参与者都认可的标准化业务流程的运用，以及相互之间的信任的建立，真正融入供应链的管理中。

（资料来源：http://info.10000link.com/newsdetail.aspx? ch = 2&doc = 2009102110025）

10.3　第三方物流的跨国经营

10.3.1　跨国物流概述

1. 跨国物流与国内物流

（1）跨国物流的概念

跨国物流就是组织货物在国际间的合理流动，就是发生在不同国家之间的物流。跨国物流的实质是按国际分工协作的原则，依照国际惯例，利用国际化的物流网络、物流设施和物流技术，实现货物在国际间的流动与交换，以促进区域经济的发展和世界资源优化配置。

（2）跨国物流的特点

跨国物流为跨国经营和对外贸易服务，因运输距离、汇率或利率变动等因素影响，具有国际性、复杂性和风险性等特点。

国际性是指国际物流系统涉及多个国家，系统的地理范围大。国际物流跨越不同的国家和地区，运输距离长，运输方式多样，这就需要合理选择运输路线和运输方式，尽量缩短运输距离，缩短货物在途时间，加速货物的周转并降低物流成本。

复杂性是指由于各国社会制度、自然环境、经营管理方法、生产习惯不同，因而在国际间组织货物从生产到消费的流动，是一项复杂的工作。具体包括法规环境的差异性、商业现状的差异性和国际物流通信系统设置的复杂性等。

国际物流的风险性主要包括政治风险、经济风险和自然风险。政治风险主要是指所经过国家的政局动荡，如罢工、战争等原因造成货物可能受到损害或灭失的风险。经济风险又可分为汇率风险和利率风险，主要指从事国际物流必然要发生资金流动，因汇率或利率变动产生的风险。自然风险则指在物流过程中，可能因自然因素如海风、暴雨等引起的风险。

（3）跨国物流与国内物流的差异比较

跨国物流与国内物流差异比较如表10-2所示。

表10-2 跨国物流与国内物流差异比较

比较项目	国内物流	跨国物流
成本	低	高
运输方式	以公路、铁路为主	以远洋运输、航空运输、多式联运为主
运输风险	较小	大，是由运输时间长、转运、装卸频繁，以及不同国家基础设施水平不同造成的
库存水平	较低，前置期短	较高，前置期长
代理机构	适当使用代理机构，主要是铁路和内河运输	对国际货代、报关行有较强的依赖性
财务风险	较小	较高，是由汇率、通货膨胀等因素造成的
管理	涉及的单据少	涉及大量单证，如报关单、报检单、商业发票、信用证、原产地证等
政府机构	主要是关于危险货物的重量、安全方面的法律及税收问题	许多机构介入，如海关、商务部、农业部、国家质检总局、交通运输部等
沟通	口头或书面，现在也越来越多的使用EDI	口头或书面的成本很高，EDI又因各国标准不同而受到一定程度的限制
文化差异	文化背景类似	文化差异大，要求对产品和市场作出较大的改动

2. 影响物流跨国经营的主要因素

物流企业进入国际物流市场要对影响物流系统的各种因素有充分的了解。在这些影响因素中，有些是物流企业可以控制的，有些是物流企业不可控制的，如图10-2所示。

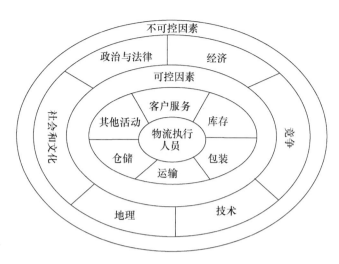

图 10-2　影响物流跨国经营的主要因素

(1) 不可控因素

任何一个影响物流企业的跨国运作战略，但又不能被物流管理人员直接控制的因素，都可称为不可控因素。主要的不可控因素包括：① 国外市场的政治和法律环境；② 经济状况；③ 每个市场上的竞争程度；④ 可获得的物流技术水平；⑤ 国外市场的地理结构；⑥ 不同目标市场的社会和文化因素。

不可控因素的主要特点是它的不确定性和频繁变动性，直接影响物流决策，它是规划、实施和控制全球物流网络必须考虑的因素。

(2) 可控因素

当一个物流企业介入国际市场时，管理人员必须努力管理物流各种可控因素，以降低物流成本，并为客户提供可以接受的服务水平。

① 客户服务。企业向国际市场提供与国内市场同等的物流服务水平是很难的，因为国际运输时间较长，而且通常需要不同类型的承运人，有时需要通过多个国界，转运时间长短不一。因此，许多跨国物流企业都在国外市场建立自己的物流网络设施，以确保客户要求得到满足。

另外，在不同的国家，同一水平的客户服务，成本也有很大的差距。竞争、特殊的客户需求及其他因素都可能导致企业支付较高的物流成本，从而使利润下降。因此，企业必须调查每个市场上的客户服务需求，并制定出最适合市场的物流服务策略。

② 库存。在国际市场上，供应商和客户之间通常要建立各种库存水平，多水平的库存系统比国内的系统要复杂得多，多个运送地点、较长的运送时间和较高的服务水平造成的转运库存要远远高于国内。了解国际市场与国内市场的库存管理系统的区别，进行库存控制，对跨国物流企业尤为重要。

③ 包装和集装化。国际运输比国内运输需要更强有力的保护，尤其是在没有集装箱化的情况下。其他需要考虑的因素还有商品搬运、气候、被偷窃的可能性、沟通、运费、海关政策、客户需求等。在国际运输过程中，商品的中间搬运次数越多，损坏的可能性越大。一般来讲，国际运输的损坏率会大大高于国内运输，因此，国际承运人必须比国内承运人更加关注包装的保护作用。

国际运输包装的最低要求是确保商品无损坏地运达目的地。为了在运输和储存过程中更好地保护商品，方便装卸搬运，集装箱在国际物流中广泛使用。大多数企业采用标准化集装箱，以便于联运。另外，包装上的标志对商品及时高效匀速、安全作业也十分重要。

④ 其他活动。在国际物流中，一体化物流管理、系统方法和成本权衡分析等概念都非常重要，而且随着市场的不同，每项物流职能的相对重要程度也不同。因此，每项物流职能发生的成本也不同，这就要求建立不同的成本-服务标准。另外，对初次进入国际物流领域的企业最好获取尽可能多的国际市场情况和运作程序方面的信息。

3. 构建国际物流体系

（1）国际物流体系的内涵

国际物流体系是在一定的时间和空间里（包括国内、国家间、区域间和洲际间）为进行物流活动，由物流人员、物流设施、待运物资和物流信息等要素构成的具有特定功能的有机整体。对国际物流系统进行系统综合、系统分析和系统管理等的一系列过程就是国际物流系统化。效率化和最优化是国际物流体系优化的两大目标。所谓效率化，也就是要把物流的上述功能作为一个系统来构造、组织和管理，物流各个子系统的共同目的是实现物流的效率化；所谓最优化，也就是应用物流系统的效率与费用分析使系统的构造、组织、管理的物流过程实现了最优化，以物流总体系统成本最低来提供物流服务。

（2）国际物流体系的构成

中国国际物流体系的构建要符合国内各区域内国际贸易份额的分担，按照现代物流的要求，由以下五个子系统构成。

① 运输子系统。国际货物运输是国际物流系统的核心。商品通过国际货物运输作业由卖方转移给买方。国际货物运输具有路线长、环节多、涉及面广、手续繁杂、风险性大、时间性强等特点。运输费用在国际贸易商品价格中占有很大比重。国际运输主要包括运输方式的选择、运输单据的处理及投保等有关方面。

我国国际物流运输存在的主要问题是：第一，海运力量不足、航线不齐、港口较少、布局不合理等，压货压港现象普遍存在，影响了进出口货物的及时流转；第二，铁路运输全面告急，海铁联运的能力没有发挥，内陆出口更困难；第三，航空运输力量也不足，快速空运体系还没有形成规模。要解决外贸进出口运输的困难，必须由国家和地方政府出台相关政策，在加大对水运、空运、几种运输方式连接部建设投入的基础上，形成大容量、快速化的国际货运通道，组织以大型运输企业为龙头的国际货运船队、专列和快递企业。

② 仓储子系统。国际贸易和跨国经营中的商品从生产厂或供应部门被集中运送到装运港口，有时须临时存放一段时间再装运出口，是一个集和散的过程。它主要是在各国的保税区和保税仓库进行的。主要涉及各国保税制度和保税仓库建设等方面。保税仓库的出现，为国际物流的海关仓储提供了既经济又便利的条件。从物流角度看，应尽量减少储存时间、储存数量，加速货物和资金周转，实现国际物流的高效率运转。

③ 商品检验子系统。由于国际贸易和跨国经营具有投资大、风险高、周期长等特点，使得商品检验成为国际物流系统中重要的子系统。根据国际贸易惯例，商品检验时间与地点的规定可概括为三种。一是在出口国检验，可分为两种情况：在工厂检验，卖方只承担货物离厂前的责任，运输中品质、数量变化的风险概不负责；装船前或装船时检验，其品质和数量以当时的检验结果为准。买方对到货的品质与数量原则上一般不得提出异议。二是在进口国检验。包括卸货后在约定时间内检验和在买方营业处所或最后用户所在地查验

两种情况。其检验结果可作为货物品质和数量的最后依据。在此条件下，卖方应承担运输过程中品质、重量变化的风险。三是在出口国检验、进口国复验。货物在装船前进行检验，以装运港双方约定的商检机构出具的证明作为议付货款的凭证，但货到目的港后，买方有复验权。如复验结果与合同规定不符，买方有权向卖方提出索赔，但必须出具卖方同意的公证机构出具的检验证明。

在国际贸易中，从事商品检验的机构很多，包括卖方或制造厂商和买方或使用方的检验单位，有国家设立的商品检验机构及民间设立的公证机构和行业协会附设的检验机构。在我国，统一管理和监督商品检验工作的是国家质检总局及其分支机构。究竟选定由哪个机构实施和提出检验证明，在买卖合同条款中必须明确加以规定。为此，有必要考虑构建适合我国产品进出口结构的快速商检子系统，最大程度地降低进出口产品的商检成本，提高产品的进出速度。

④ 商品包装子系统。现在我国出口商品存在的主要问题是：出口商品包装材料主要靠进口；包装产品加工技术水平低，质量上不去；外贸企业经营者对出口商品包装缺乏现代意识，表现在缺乏现代包装观念、市场观念、竞争观念和包装的信息观念；"重商品、轻包装"的思想普遍存在。

为提高商品包装系统的功能和效率，应提高广大外贸职工对出口商品包装工作重要性的认识，树立现代包装意识和包装观念；尽快建立起一批出口商品包装工业基地，以适应外贸发展的需要，满足国际市场、国际物流系统对出口商品包装的各种特殊要求；认真组织好各种包装物料和包装容器的供应工作。

⑤ 国际物流信息子系统。该子系统主要功能是采集、处理和传递国际物流和商流的信息情报。没有功能完善的信息系统，国际贸易和跨国经营将寸步难行。国际物流信息的主要内容包括进出口单证的作业过程、支付方式信息、客户资料信息、市场行情信息和供求信息等，具有信息量大、交换频繁、传递量大、时间性强、环节多、点多线长等特点。所以要建立技术先进的国际物流信息系统，把握国际贸易 EDI 的发展趋势，强调 EDI 在我国国际物流体系中的应用，建设国际贸易和跨国经营的信息高速公路。

上述主要系统应该和配送系统、装搬系统及流通加工系统等有机联系起来，统筹考虑，全面规划，建立我国适应国际竞争要求的国际物流系统。

4. 建立和完善物流网络，促进国际物流合理化

（1）建立和完善国际物流体系的原则

通过完善和优化国际物流网络，扩大我国国际贸易份额，提高我国跨国公司的竞争能力和成本优势，这是我国构建国际物流体系的目标。为此，首先在规划网络内建库数目、地点及规模时，都要紧密围绕着商品交易计划，乃至一个国家宏观国际贸易总体规划进行。其次，明确各级仓库的供应范围、分层关系及供应或收购数量，注意各层仓库间的有机衔接，诸如生产厂家仓库与各中间商仓库、港（站、机场）区仓库，以及出口装运能力的配合和协调，以保证国内外物流畅通，少出现或不出现在某一层仓库储存过多、过长的不均衡状态。再次，国际物流网点规划要考虑现代物流技术的发展，留有余地，以备将来的扩建。发展外向型经济，扩大国际贸易，增强商品在国际市场上的竞争力，建立健全高效、通畅的国际物流体系，实现国际物流合理化和国际贸易扩大化。

（2）国际物流体系合理化建议

我国的国际物流体系已经具有一定的规模，为了促进我国国际物流体系更加合理，应

该采取以下措施。

第一，合理选择和布局国内、外物流网点，扩大国际贸易的范围、规模，以达到费用省、服务好、信誉高、效益高、创汇好的物流总体目标。

第二，采用先进的运输方式、运输工具和运输设施，加速进出口货物的流转。充分利用海运、多式联运方式，不断扩大集装箱运输和大陆桥运输的规模，增加物流量，扩大进出口贸易量和贸易额。

第三，缩短进出口商品的在途积压，它包括进货在途（如进货、到货的待验和待进等）、销售在途（如销售待运、进出口口岸待运）、结算在途（如托收承付中的拖延等），以便节省时间，加速商品和资金的周转。

第四，改进运输路线，减少相向、迂回运输。

第五，改进包装，增大技术装载量，多装载货物，减少损耗。

第六，改进港口装卸作业，有条件要扩建港口设施，合理利用泊位与船舶的停靠时间，尽力减少港口杂费，吸引更多的买卖双方入港。

第七，改进海运配载，避免空仓或船货不相适应的状况。

第八，综合考虑国内物流运输。在出口时，有条件要尽量采用就地就近收购、就地加工、就地包装、就地检验、直接出口的物流策略。

10.3.2 国际货运代理

1. 国际货运代理的概念

国际货运代理的英文为"The Freight Forwarder"，各国对之称谓各不相同，有通关代理行、清关代理人、报关代理人等。在我国名称也不统一，但通常称为"货运代理人"、"国际货物运输代理企业"或简称为货代。尽管国际货运代理业有深远的历史渊源，但到目前为止，国际上没有公认的统一的定义，但一些权威机构的工具书及一些标准交易条件中对其都有一定的解释。

国际货运代理协会联合会的定义是：货运代理是根据客户指示，并为客户的利益而揽取货物的人，其本身并不是承运人，货运代理可依这些条件，从事与运输合同有关的活动，如储货、报关、验收、收款。

《中华人民共和国国际货物运输代理行业管理规定》的定义是：国际货运代理业是指接受进出口收货人、发货人的委托，以委托人的名义或以自己的名义，为委托人办理货物运输及相关业务并收取服务报酬的行业。

由此可见，"国际货运代理"一词具有两种含义：一是指国际货运代理人；二是指国际货运代理行业。

通常，国际货运代理人可分为两种：公共货运代理人和无船承运人。公共货运代理人没有自己的提单，只能接受货主的委托，代为处理仓储、运输、检验检疫、报关、代缴运杂费、制单寄单等业务；无船承运人除了接受上述业务外，还能以承运人的名义接受货主订舱、收取运费并签发自己的提单。

2. 国际货运代理的经营范围和服务内容

（1）国际货运代理的经营范围

国际货运代理企业可以作为进出口货物收货人、发货人的代理人，也可以作为独立经

营人,从事国际货运代理业务。国际货运代理企业作为代理人从事国际货运代理业务,是指国际货运代理企业接受进出口货物收货人、发货人或其代理人的委托,以委托人名义或者以自己的名义办理有关业务,收取代理费或佣金的行为。国际货运代理企业作为独立经营人从事国际货运代理业务,是指国际货运代理企业接受进出口货物收货人、发货人或其代理人的委托,签发运输单证、履行运输合同并收取运费以及服务费的行为。

根据《中华人民共和国国际货运代理业管理规定实施细则》的规定,国际货运代理企业可以作为代理人或独立经营人从事经营活动,经营范围包括:

① 揽货、订舱(含租船、包机、包舱)、托运、仓储、包装。
② 货物的监装、监卸、集装箱装拆箱、分拨、中转及相关的短途运输服务。
③ 报关、报检、报验、保险。
④ 缮制签发有关单证、交付运费、结算及交付杂费。
⑤ 国际展品、私人物品及过境货物运输代理。
⑥ 国际多式联运、集运(含集装箱拼箱)。
⑦ 国际快递(不含私人信函)。
⑧ 咨询及其他国际货运代理业务。

国际货代企业作为代理人接受委托办理上述业务,应当与进出口收货人、发货人签订书面委托协议。双方发生业务纠纷,应当以所签书面协议作为解决争议的依据。

(2)国际货运代理企业的服务内容

① 出口代理业务。

国际货运代理企业的出口代理业务主要是站在发货人的立场上,为发货人办理货物出口的运输安排和相关手续。主要业务有以下几个方面:选择运输路线、运输方式和适当的承运人,或向选定的承运人提供揽货、订舱服务;提取货物并签发相关单证;包装、储存、称重和量尺码;研究信用证条款和政府的相关规定;安排保险;待货物集港后办理报关及单证手续,并将货物交给承运人;支付运费及其他费用;收取已签发的正本提单,并转交发货人;安排货物转运;通知收货人货物动态;记录货物灭失情况,协助收货人向有关责任方进行索赔等。

② 进口代理业务。

国际货运代理企业的进口代理业务主要是站在收货人的立场上,为收货人办理货物接运事宜、发货地订舱的运输安排和清关的相关手续。主要业务有以下几个方面:报告货物动态;接收和审核所有与运输有关的单据;发货地订舱的运输安排;提货和支付运费;安排报关和缴付税费及其他费用;安排运输过程中的仓储;向收货人交付已结关的货物;协助收货人储存和分拨货物等。

③ 国际多式联运业务。

国际多式联运业务主要包括为货主设计最佳的联运路线,节省运输费用和时间;为货主提供"门到门"、"场、站到门"等多种联运业务,签发提单或多式联运提单;为客户提供迅速、准确的运输市场动态和运价行情等咨询服务。

④ 其他服务。

根据客户的特殊需要进行监装监卸、货物混装、集装箱拼装箱、运输咨询服务、特种货物运输服务及海外展览运输服务等。

3. 国际海运进出口货运代理业务程序

（1）海运出口货运代理业务程序

① 接受委托。货运代理企业接受发货人的货运代理委托，根据其委托书的要求，就签订租船合同或制作订舱单据进行谈判。

② 租船订舱。货运代理企业按照出口合同或信用证的最迟装运期，代表发货人向船公司或其代理人办理租船或订舱业务。如承运人或其代理在航线、港口、船舶、运输条件等方面能够满足发货人的要求，即可接受发货人的托运委托。对于租船运输，签订租船合同，按规定到达装货港；对于订舱应编制订舱清单，并送集装箱码头堆场、集装箱货运站，据以安排空箱及办理货运交接。

③ 准备单据。按照发货人的委托事项，协助发货人制作和领取相关业务单证，以备办理交接货物、报验、报关等手续时使用。

④ 货物交接。对于集装箱货物，整箱货和拼箱货的操作程序有一定的差异。

整箱货的空箱，通常由货运代理企业或其发货人到集装箱货运站或码头堆场领取，货物装箱后运至集装箱码头堆场。货物交接包括空箱交接和重箱交接两个步骤。

拼箱货由货运代理企业或发货人将货物运至集装箱货运站，由货运站负责整理装箱，货物装箱后，由货运站负责将集装箱运至集装箱码头堆场。对货运代理或发货人而言，拼箱货物不存在空、重箱的交接。

集装箱码头堆场在验收后，即在场站收据上签字，并将签署的场站收据交还给货运代理企业或发货人，据此向承运人或其代理人换取提单。

对于非集装箱货物，需将货物运至港口海关监管区域后，与港口交接，并由港口货运部门签发货物收据。

⑤ 报验。货运代理企业在检验检疫部门规定的时间内申报，取得出境货物通关单。

⑥ 出口报关。报验后，货运代理企业凭检验检疫机构出具的出境货物通关单报关，并配合海关审单、查验，纳税后办理海关放行手续。

⑦ 办理保险。在 CIF 条件下，应由出口商负责办理货物的海运保险，也可以委托货运代理企业代理其办理投保，投保一般是在货物离开发货人仓库之前办理。

⑧ 换取提单。货运代理企业凭盖有海关放行章的装货单向港口办理装船事宜；货物装船后，由货运代理企业凭经集装箱码头堆场签署的场站收据，负责向承运人或其代理人换取提单。

至此，货运代理业务结束，货运代理企业应与发货人交接提单，结算相关费用，业务单据存档。

（2）海运进口货运代理业务程序

海运进口业务从国外接货开始，包括安排装船、安排运输、代办保险，直至货物运到我国港口后的卸货、接运、报关、报检、转运等业务。下面以 FOB 和信用证成交条件为例，介绍进口货运代理的主要业务程序。

① 委托与单据准备。货运代理接受进口商的委托，代理其租船订舱，待完成租船订舱后，应及时将租船订舱信息通知委托人，以便进口商将其所预定的船期通知出口商，出口商根据船期情况准备出库货物。

出口商发运货物后，将单据通过议付行交到开证行或付款行。进口商及时向开证行或付款行赎单，并将相关单证尽早交给货运代理企业，由其向船公司或其代理公司换取提货

单,以备报验、报关和提货时使用。

② 接货准备。出口商装运货物后,会将装船通知发给进口商。进口商接到装船通知后应及时与货运代理企业联系,密切关注船舶运行情况,了解船舶到港时间,安排好港口接货工作。

进口商在接到装船通知后,应立即向保险公司办理投保事宜,或委托货运代理企业代理其办理保险投保事宜。

得到船公司或其代理关于船舶的确切到港时间后,货运代理企业应及时与港口落实船舶停靠的泊位及其相关手续(对于班轮集装箱运输,此项工作由船公司或其代理直接与港口联系)。

③ 检验检疫。在船舶卸货完毕后,办理检验检疫申报手续,并取得检验检疫放行。

④ 报关。待检验检疫放行后,凭检验检疫通关单或盖放行章的入境检验检疫报验单向海关申报,配合海关审单、查验并缴纳关税和相关费用后,办理海关放行。

⑤ 提取货物。凭海关盖放行章的提货单到港口货运部门办理提取货物。

⑥ 保险索赔。提取货物后,如果发现货物出现损失,应及时按照保险合同的规定准备相关索赔单证,向保险公司索赔。如果是在运输途中货物遭受损失,在得到船公司的海事证明后,即可向保险公司提出索赔。

4. 国际航空进出口货运代理业务程序

(1) 航空货运出口代理业务流程

航空货运出口程序的起点是从发货人手中接货,终点是货交航空公司或代航空公司在机场进行地面操作业务的机场货运站。

① 市场销售。货代企业需及时向出口单位介绍本公司的业务范围、服务项目、各项收费标准,特别是向出口单位介绍本公司的优惠运价,介绍本公司的服务优势等。

② 委托运输。由托运人自己填写货运托运书。托运书应包括下列内容栏:托运人、收货人、始发站机场、目的地机场、要求的路线/申请订舱、供运输用的声明价值、供海关用的声明价值、保险金额、处理事项、货运单所附文件、实际毛重、运价类别、计费重量、费率、货物的品名及数量、托运人签字、日期等。

③ 审核单证。单证应包括:发票、装箱单、托运书、报送单项式、外汇核销单、许可证、商检证、进料/来料加工核销本、索赔/返修协议、到会保函、关封。

④ 预配舱。代理人汇总所接受的委托和客户的预报,并输入计算机,计算出各航线所载货物的件数、重量、体积,按照客户的要求和货物重、泡情况,根据各航空公司不同机型对不同板箱的重量和高度要求,制定预配舱方案,并对每票货配上运单号。

⑤ 预订舱。代理人根据所指定的预配舱方案,按航班、日期打印出总运单号、件数、重量、体积,向航空公司预订舱。

⑥ 接收单证。接收托运人或其代理人送交的已经审核确认的托运书及报送单证和收货凭证。将收货记录与收货凭证核对,制作操作交接单,填上所收到的各种报关单证份数,给每份交接单配一份总运单或分运单。将制作好的交接单、配好的总运单或分运单、报关单证移交制单。

⑦ 填制货运单。航空货运单包括总运单和分运单,填制航空货运单的主要依据是发货提供的国际货物委托书,委托书上的各项内容都应体现在货运单上,一般用英文填写。

⑧ 接收货物。接收货物,是指航空货运代理公司把即将发运的货物从发货人手中接

过来并运送到自己的仓库。

接收货物一般与接单同时进行。对于通过空运或铁路从内地运往出境地的出口货物，货运代理按照发货提供的运单号、航班号及接货地点日期，代其提取货物。如货物已在始发地办理了出口海关手续，发货人应同时提供始发地海关的关封。

接货时应对货物进行过磅和丈量，并根据发票、装箱或送货单清点货物，核对货物的数量、品名、合同号或唛头等是否与货运单上所列一致。

⑨ 粘贴标记和标签。标记：包括托运人、收货人的姓名、地址、联系电话、传真；合同号等；操作（运输）注意事项；单件超过150千克的货物。

标签：航空公司标签上三位阿拉伯数字代表所承运航空公司的代号，后八位数字是总运单号码。分标签是代理公司对出具分标签的标识，分标签上应有分运单号码和货物到达城市或机场的三字代码。

一件货物贴一张航空公司标签，有分运单的货物，再贴一张分标签。

⑩ 配舱。核对货物的实际件数、重量、体积与托运书上预报数量的差别。对预订舱位、板箱进行有效利用、合理搭配，按照各航班机型、板箱型号、高度、数量进行配载。

⑪ 订舱。接到发货人的发货预报后，向航空公司吨控部门领取并填写订舱单，同时提供相应的信息；货物的名称、体积、重量、件数、目的地；要求出运的时间等。航空公司根据实际情况安排舱位和航班。货运代理订舱时，可依照发货人的要求选择最佳的航线和承运人，同时为发货人争取最低、最合理的运价。

订舱后，航空公司签发舱位确认书（舱单），同时给予装货集装器领取凭证，以表示舱位订妥。

⑫ 出口报关。首先将发货人提供的出口货物报关单的各项内容输入计算机，即计算机预录入。在通过计算机填制的报关单上加盖报关单位的报关专用章；然后将报关单与有关的发票、装箱单和货运单综合在一起，并根据需要随附有关的证明文件；以上报关单证齐全后，由持有报关证的报关员正式向海关申报；海关审核无误后，海关官员即在用于发运的运单正本上加盖放行章，同时在出口收汇核销单和出口报关单上加盖放行章，在发货人用于产品退税的单证上加盖验讫章，粘上防伪标志；完成出口报关手续。

⑬ 出仓单。配舱方案制定后就可着手编制出仓单，其中信息包括出仓单的日期、承运航班的日期、装载板箱形式及数量、货物进仓顺序编号、总运单号、件数、重量、体积、目的地三字代码和备注。

⑭ 提板箱。向航空公司申领板、箱并办理相应的手续。提板、箱时，应领取相应的塑料薄膜和网。对所使用的板、箱要登记、销号。

⑮ 货物装箱装板。注意事项：不要用错集装箱、集装板，不要用错板型、箱型；不要超装箱板尺寸；要垫衬，封盖好塑料纸、防潮、防雨淋；集装箱、板内货物尽可能配装整齐，结构稳定，并接紧网索，防止运输途中倒塌；对于大宗货物、集中托运货物，尽可能将整票货物装一个或几个板、箱内运输。

⑯ 签单。货运单在盖好海关放行章后还需要到航空公司签单，只有签单确认后才允许将单、货交给航空公司。

⑰ 交接发运。交接是向航空公司交单交货，由航空公司安排航空运输。

交单就是将随机单据和应有承运人留存的单据交给航空公司。随机单据包括第二联航空运单正本、发票、装箱单、产地证明、品质鉴定证书。

交货即把与单据相符的货物交给航空公司。交货前必须粘贴或拴挂货物标签,清点和核对货物,填制货物交接清单。大宗货、集中托运货,以整板、整箱称重交接。零散小货按票称重,计年交接。

⑱ 航班跟踪。需要联程中转的货物,在货物运出后,要求航空公司提供二程、三程航班中转信息,确认中转情况。及时将上述信息反馈给客户,以便遇到不正常情况能够及时处理。

⑲ 信息服务。从多个方面做好信息服务:订舱信息、审单及报关信息、仓库收货信息、交运称重信息、一程二程航班信息、单证信息。

⑳ 费用结算。

发货人结算费用:在运费预付的情况下,收取航空运费、地面运输费、各种服务费和手续费。

承运人结算费用:向承运人支付航空运费及代理费,同时收取代理佣金。

国外代理结算主要涉及付运费和利润分成。

(2) 航空货运进口代理业务流程

① 代理预报。

在国外发货前,由国外代理公司将运单、航班、件数、重量、品名、实际收货人及其他地址、联系电话等内容发给目的地代理公司。

② 交接单、货。

航空货物入境时,与货物相关的单据也随机到达,运输工具及货物处于海关监管之下。货物卸下后,交货物存入航空公司或机场的监管仓库,进行进口货物舱单录入,将舱单上总运单号、收货人、始发站、目的站、件数、重量、货物品名、航班号等信息通过计算机传输给海关留存,供报关用。同时根据运单上的收货人地址寄发提取单、提货通知。

交接时做到单、单核对,即交接清单与总运单核对;单、货核对,即交接清单与货物核对。

③ 理货与仓储。

理货:逐一核对每票件数,再次检查货物破损情况,确有接货时未发现的问题,可向民航公司提出交涉;按大货、小货、重货、轻货、单票货、混载货、危险品、贵重品、冷冻品、冷藏品、分别堆存、进仓;登记每票货储存区号,并输入计算机。

仓储:注意防雨、防潮;防重压;防变形;防温长变质;防暴晒;独立设危险品仓库。

④ 理单与到货通知。

理单:集中托运,总运单项下拆单;分类理单、编号;编制种类单证。

到货通知:尽早、尽快、尽妥地通知货主到货情况。

正本运单处理:计算机打制海关监管进口货物入仓清单一式五份用于商检、卫检、动检各一份,海关两份。

⑤ 制单、报关。

制单、报关、运输的形式:货代公司代办制单、报关、运输;货主自行办理制单、报关、运输;货代公司代办制单、报关,货主自办运输;货主自行办理制单、报关后,委托货代公司运输;货主自办制单,委托货代公司报关和办理运输。

进口制单:长期协作的货主单位,有进口批文、证明手册等放于货代处的,货物到达，发出到货通知后，即可制单、报关、通知货主运输或代办运输；部分进口货，因货主单位缺少有关批文、证明，亦可将运单及随机寄来单证、提货单以快递形式寄货主单位，由其备齐有关批文、证明后再决定制单、报关事宜；不需要批文和证明的，可即行制单、报关，通知货主提货或代办运输；部分货主要求异地清关时，在符合海关规定的情况上，制作转关运输申报单，办理转关手续，报送单上需由报关人填报的项目有进口口岸、收货单位、经营单位、合同号、批准机关及文号、外汇来源、进口日期、提单或运单号、运杂费、件数、毛重、海关统计商品编号、货品规格及货号、数量、成交价格、价格条件、货币名称、申报单位、申报日期等，转关运输申报单、内容少于报关单，亦需按要求详细填列。

进口报关：报关一切大致分为初审、审单、征税、验放四个主要环节。

报关期限与滞报金：进口货物报关期限为：自运输工具进境之日起的 14 日内，超过这一期限报关的，由海关征收滞报金；征收标准为货物到岸价格的万分之五。

开验工作的实施：客户自行报关的货物，一般由货主到货代监管仓库借出货物，由代理公司派人陪同货主一并协助海关开验。客户委托代理公司报关的，代理公司通知货主，由其派人前来或书面委托代办开验。开验后，代理公司须将已开验的货物封存，运回监管仓库储存。

⑥ 收费、发货。

发货：办完报关、报检等手续后，货主须凭盖有海关放行章、动植物报验章、卫生检疫报验章的进口提货单到所属监管仓库付费提货。

收费：货代公司仓库在发放货物前，一般先将费用收妥。收费内容有到付运费及垫付佣金；单证、报关费；仓储费；装卸、铲车费；航空公司到港仓储费；海关预录入、动植检、卫检报验等代收代付费；关税及垫付佣金。

⑦ 送货与转运。

送货上门业务：主要指进口清关后货物直接运送至货主单位，运输工具一般为汽车。

转运业务：主要指将进口清关后货物转运至内地的货运代理公司，运输方式主要为航空、陆运、水运、邮寄。

进口货物转关及监管运输：是指货物入境后不在进境地海关办理进口报关手续，而运往另一设关地点办理进口海关手续，在办理进口报关手续前，货物一直处于海关监管之下，转关运输亦称监管运输，意谓此运输过程置于海关监管之中。

 本章小结

现代物流是电子商务实现的根本保证。没有一个高效的、合理的、畅通的物流系统，电子商务所具有的优势就难以有效发挥。第三方物流企业应紧紧抓住政策机遇，积极推进信息化建设，大力扩展供应链范围，提高企业竞争力。同时第三方物流企业也要利用互联网积极开展电子商务活动。

第三方物流供应链管理是指第三方物流企业作为核心企业通过对信息流、物流、资金流的控制，将供应商、制造商、分销商、零售商，直到最终用户连成一个整体的管理模式。第三方物流企业在供应链管理下，为客户提供所有的或一部分供应链物流服务。物流外包是实现第三方物流供应链管理的首要保证，第三方物流流程重构是实现第三方物流供应链管理的重要保证，注重综合集成管理是实现第三方物流供应链管理的有效保证，重视

客户需求是第三方物流供应链管理实现的有效途径,重视电子信息技术的综合运用是第三方物流供应链管理实现的重要途径。

跨国物流就是组织货物在国际间的合理流动,就是发生在不同国家之间的物流。跨国物流的实质是按国际分工协作的原则,依照国际惯例,利用国际化的物流网络、物流设施和物流技术,实现货物在国际间的流动与交换,以促进区域经济的发展和世界资源优化配置。跨国物流对国际货运代理的依赖程度较高。国际货运代理是指接受进出口收货人、发货人的委托,以委托人的名义或以自己的名义,为委托人办理货物运输及相关业务并收取服务报酬的行业。国际货运代理企业可以作为代理人或独立经营人从事经营活动。

案例分析

给你的"中国制造"产品找一个国际仓库,是不是一个很酷的想法?不要以为这不可能实现,这只是为电子商务卖家提供的跨国物流解决方案里的一个环节而已。如果操作得当,运输不仅能省下20%左右的费用,还能提升在国外的销售额。

国内的一家物流公司正在实践这样一种新商业模式。

这家注册地在香港的公司 BFE International Limited(以下简称出口易)的创始人肖友泉曾是 eBay.com 上的卖家,和朋友创办了一套在国外租仓库,实现当地配送的销售模式。这种商业模式的实践,建立在网购用户对送货时间和物流费用的敏感度上。"如果你身处广州,购买同样的产品你会选择长沙还是当地的卖家?"肖友泉说,"无疑是广州,因为从价格和效率来说都是最经济的选择。"

这个逻辑也适用于 eBay 上的买家。如果要购买一款中国制造的 MP3,但却是要从深圳发货,买家也许会有所顾虑。最糟糕的是,如果在物流环节拖延太长,还有可能出现"卖家详尽评级(DSR)"较低的结果,从而影响销售额。

2008年,在 eBay 的建议下,肖友泉把这套跨国物流解决方案同样提供给了国内的卖家,把国外租用的仓库开放给国内客户,并从配送到仓储,提供全套服务,而国内卖家也能通过出口易的系统实时监控库存情况。

广州的一家电子公司负责人黄先生表示,之前通过 EMS 或香港物流公司发货,要10到15天才能到英国。"我们公司绝大部分的产品都在 eBay 上销售,国内生产手机的配件和笔记本电脑的配件在英国比较畅销。但由于送货时间过长和偶尔出现货物丢失的情况,使得网上店铺的信用有所降低。"这家公司在今年3月和出口易合作后,当地配送时间缩短到1到2天,库存周转在两周左右。

"但是,不是所有的产品都适合运到国外的仓库。我们会严格审核产品的类型和数量,它们的库存周转率一般在7天左右。"肖友泉也提示风险,并表示会根据数据的分析统计来决定是否提供服务。毕竟就这种商业模式而言,只有在合理的仓储成本控制下,产品的销售才能达到最优。

根据这家公司的计算,货物一般要在7~10天内出库,才能达到效益最大化。肖友泉表示,从中国到英国的发货周期在5天左右。如果按每天销售10件来计算,国内卖家每周应该备有70件的库存。同时,出口易也会根据商品销售的动态信息调整库存量。例如,每日的发货量增加到20件,出口易就会提示客户一周的库存要增加到140件左右。

据了解,如果卖家的网上店铺显示的是当地发货,关注度也会发生改变。从出口易服务的案例来看，一款同样的充电器，显示在当地发货和在中国发货的 eBay 店铺，前者日浏览量是 177 次，而后者则是 60 次，实现的日销售额也分别为 3447 元和 684 元。

不过，要实现在当地发货，租一个仓库有多贵？

根据出口易方面的统计，例如重量在 500 克左右的手机，如果通过 EMS 来发货，总运费在 110 元左右，航空小包裹的总运费在 68 元左右，如果是当地物流配送，成本包括国际的运输成本＋仓储成本＋当地运费，总费用是 54.5 元人民币。根据仓储成本的计算，单件产品所要支付的金额少至 0.05 元/天，多至 0.2 元/天，所以，如果产品销售不力，自然会造成仓储成本的增加。

据了解，尼尔森公司曾于 2008 年 9 月对 eBay 美国买家做过一项数据调查，发现美国买家最喜欢购买中国卖家的商品。成交量最高的中国卖家，平均每天产生 150 万美金的销售额，年销售额高达 5.48 亿美金，折合人民币 37 亿左右。

就出口易的分析，eBay 上的中国卖家，每天大约产生 12.5 万件商品的成交。"金融危机其实是一种机会，有更多的人愿意购买 made-in-china 的产品，因为价格优势非常明显。"在肖友泉看来，这种为物流"省钱"的生意模式，可以先从 eBay 上逐步扩大业务，再与更多的电子商务平台合作，把国内的产品销往更多的国家。

eBay 披露的数据是，在中国已有上万名卖家通过在 eBay 上开网店，将自己的产品销售往美国、加拿大、欧洲及澳大利亚等 38 个国家和地区，每天都有以百万计的中国产品在销售。这些无疑是出口易的潜在客户。

如今，出口易目前已达到日均 1400 单的业务量。对于这种模式的可复制性，肖友泉认为门槛并不低。因为较早的起步已让公司拿到 eBay 独家推荐的资格，"要把各个环节都理顺吃透，是一个时间积累的过程，并不容易"。

而在为中国卖家提供仓储物流服务后，肖友泉还在思考这种模式拓展的外延。"可能 3 年后我们会返回国内市场吧，那时物流通道应该完全顺畅了，我们也可以借助这个平台，把国外优势产品引入进来。"肖友泉觉得这些应该是水到渠成的事情，但现在他们最紧迫的目标，是要在更多的国家的中心城市租用仓库，把出口易的业务辐射更广。

请问：（1）电子商务下物流配送有哪些特征？

（2）请结合案例说明国际物流网络建设对跨国物流的重要性。

思 考 题

一、单项选择题

1. 全球卫星定位系统的简称是（   ）。
   A. GIS　　　　　　B. GPS　　　　　　C. POS　　　　　　D. EDI
2. 电子商务强调（   ），其核心在于提供服务、产品、信息和决策反馈的及时性。
   A. 便利性　　　　　B. 可靠性　　　　　C. 一致性　　　　　D. 时效性
3. （   ）改变了传统电子商务企业过于注重平台运营的状况，将更多的资金和精力转投物流体系建设，希望通过物流来提高电子商务企业的竞争。
   A. 纵向一体化模式　　　　　　　　　　B. 半一体化模式
   C. 轻资产模式　　　　　　　　　　　　D. "云物流"模式

4. 第三方物流供应链管理是指（　　）作为核心企业通过对信息流、物流、资金流的控制。
   A. 供应商　　　　B. 生产企业　　　　C. 销售企业　　　　D. 第三方物流企业
5. （　　）是实现第三方物流供应链管理的首要保证。
   A. 流程重构　　　B. 集成管理　　　　C. 物流外包　　　　D. 信息技术
6. 影响物流企业跨国运作战略的主要不可控因素不包括国外市场的（　　）。
   A. 政治和法律环境　　　　　　　　B. 竞争程度
   C. 地理结构　　　　　　　　　　　D. 客户服务
7. 影响物流跨国经营的可控因素包括（　　）。
   A. 运输和仓储　　　　　　　　　　B. 经济状况
   C. 可获得的物流技术水平　　　　　D. 社会和文化因素
8. 接受进出口收货人、发货人的委托，以委托人的名义或以自己的名义，为委托人办理货物运输及相关业务并收取服务报酬的是（　　）。
   A. 报关行　　　　B. 承运人　　　　　C. 货运代理　　　　D. 承运人代理

二、判断题

1. 电子商务的核心是电子。　　　　　　　　　　　　　　　　　　　　　　　（　　）
2. 电子商务时代，物流信息化是电子商务的必然要求。　　　　　　　　　　　（　　）
3. 物流配送的效率是制约我国电子商务快速发展的一个重要瓶颈，但目前已基本解决。
   　　　　　　　　　　　　　　　　　　　　　　　　　　　　　　　　　　（　　）
4. 供应链不仅是一条连接供应商到用户的物流链、信息链、资金链，而且是一条增值链。
   　　　　　　　　　　　　　　　　　　　　　　　　　　　　　　　　　　（　　）
5. 国际物流的风险性主要指政治风险、经济风险。　　　　　　　　　　　　　（　　）
6. 国际货运代理企业可以作为进出口货物收货人、发货人的代理人，也可以作为独立经营人，从事国际货运代理业务。　　　　　　　　　　　　　　　　　（　　）
7. 在 CIF 条件下，应由出口商负责办理货物的海运保险，也可以委托货运代理企业代理其办理投保。　　　　　　　　　　　　　　　　　　　　　　　　　　（　　）
8. 航空货运代理也可以是航空公司的代理。　　　　　　　　　　　　　　　　（　　）

三、简答题

1. 你如何看待电子商务企业自建物流体系？
2. 什么是第三方物流供应链管理？如何实现第三方物流供应链管理？
3. 说明国际货运代理的经营范围。
4. 说明海运进出口货运代理的业务流程。

实训项目　电子商务下的第三方物流企业

一、实训目的

通过此次实训，学生能进一步认识第三方物流企业的电子商务活动，并能为第三方物流企业设计电子商务网站。

二、实训内容及要求

1. 为第二章设立的第三方物流企业设计电子商务网站,写出网站的设计方案。
2. 电子商务网站要包含网站栏目、网站应具备的功能、网站整体设计采用的背景颜色、域名设计、网站名称设计、网站推广措施等内容。

三、训练步骤

1. 学生 4~6 人一组,以组为单位完成实训任务。
2. 形成文字资料,并做成 PPT。
3. 各小组推荐代表在全班进行交流,相互提问。
4. 老师进行实训总结。

附 录

附录1 中华人民共和国国家标准《物流术语》 GB/T 18354—2006

1 范围

本标准确定了物流活动中的物流基础术语、物流作业服务术语、物流技术与设施设备术语、物流信息术语、物流管理术语、国际物流术语及其定义。

本标准适用于物流及相关领域的信息处理和信息交换，亦适用于相关的法规、文件。

2 规范性引用文件

下列标准所包含的条文，通过在本标准中引用而构成为本标准的条文。本标准出版时，所示版本均为有效。所有标准都会被修订，使用本标准的各方应探讨使用下列标准最新版本的可能性。

GB/T 1992—1985 集装箱名词术语

GB/T 4122.1—1996 包装术语 基础

GB 8226—1987 公路运输术语

GB 12904—2003 商品条码

GB/T 12905—2000 条码术语

GB/T 13562—1992 联运术语

GB/T 15624.1—2003 服务标准化工作指南 第一部分 总则

GB/T 16828—1997 位置码

GB/T 16986—2003 EAN、UCC 系统应用标识符

GB/T 17271—1998 集装箱运输术语

GB/T 18041—2000 民用航空货物运输术语

GB/T 18127—2000 物流单元的编制与符号标记

GB/T 18768—2002 数码仓库应用系统规范

GB/T 18769—2003 大宗商品电子交易规范

GB/T 19251—2003 贸易项目的编码与符号表示导则

3 物流基础术语

3.1
物品 goods
经济与社会活动中实体流动的物质资料。

3.2
物流 logistics
物品从供应地向接收地的实体流动过程。根据实际需要，将运输、储存、装卸、搬运、包装、流通加工、配送、信息处理等基本功能实施有机结合。

3.3
物流活动 logistics activity
物流过程中的运输、储存、装卸、搬运、包装、流通加工、配送等功能的具体运作。

3.4
物流管理 logistics management
为以合适的物流成本达到用户满意的服务水平，对正向及反向的物流过程及相关信息进行的计划、组织、协调与控制。

3.5
供应链 supply chain
生产及流通过程中，涉及将产品或服务提供给最终用户活动的上游与下游组织所形成的网链结构。

3.6
供应链管理 supply chain management
对供应链涉及的全部活动进行计划、组织、协调与控制。

3.7
物流服务 logistics service
为满足客户需求所实施的一系列物流活动产生的结果。

3.8
一体化物流服务 integrated logistics service
根据客户需求对物流项目进行全过程、多功能的服务。

3.9
第三方物流 third party logistics（TPL，）
独立于供需双方为客户提供专项或全面的物流系统设计或系统运营的物流服务模式。

3.10
物流设施 logistics facilities
具备物流相关功能和提供物流服务的场所。

3.11
物流中心 logistics center
从事物流活动且具有完善信息网络的场所或组织。应基本符合下列要求：
a) 主要面向社会提供公共物流服务；
b) 物流功能健全；

c) 集聚辐射范围大;
d) 存储、吞吐能力强;
e) 对下游配送中心客户提供物流服务。

3.12
区域物流中心 regional logistics center
全国物流网络上的节点。以大中型城市为中心,服务于区域经济发展需要,将区域内外的物品从供应地向接受地进行有效实体流动的公共物流设施。

3.13
配送 distribution
在经济合理区域范围内,根据客户要求,对物品进行拣选、加工、包装、分割、组配等作业,并按时送达指定地点的物流活动。

3.14
配送中心 distribution center
从事配送业务且具有完善信息网络的场所或组织,应基本符合下列要求:
a) 主要为特定客户或末端客户提供服务;
b) 配送功能健全;
c) 辐射范围小;
d) 多品种、小批量、多批次、短周期。

3.15
物流园区 logistics park
为了实现物流设施集约化和物流运作共同化,或者出于城市物流设施空间布局合理化的目的而在城市周边等各区域,集中建设的物流设施群与众多物流业者在地域上的物理集结地。

3.16
物流企业 logistics enterprise
从事运输(含运输代理、货运快递)或仓储等业务,并能够按照客户物流需求对运输、储存、装卸、搬运、包装、流通加工、配送等进行组织和管理,具有与自身业务相适应的信息管理系统,实行独立核算、独立承担民事责任的经济组织。

3.17
物流模数 logistics modulus
物流设施与设备的尺寸基准。

3.18
物流技术 logistics technology
物流活动中所采用的自然科学与社会科学方面的理论、方法,以及设施、设备、装置与工艺的总称。

3.19
物流成本 logistics cost
物流活动中所消耗的物化劳动和活劳动的货币表现。

3.20
物流网络 logistics network

物流过程中相互联系的组织、设施与信息的集合。

3.21
物流信息 logistics information
反映物流各种活动内容的知识、资料、图像、数据、文件的总称。

3.22
物流单证 logistics documents
物流过程中使用的单据、票据、凭证等的总称。

3.23
物流联盟 logistics alliance
两个或两个以上的经济组织为实现特定的物流目标而采取的长期联合与合作。

3.24
企业物流 enterprise logistics
生产和流通企业在经营活动中所发生的物流活动。

3.25
供应物流 supply logistics
提供原材料、零部件或其他物料时所发生的物流活动。

3.26
生产物流 production logistics
企业生产过程发生的涉及原材料、在制品、半成品、产成品等所进行的物流活动。

3.27
销售物流 distribution logistics
企业在出售商品过程中所发生的物流活动。

3.28
军事物流 military logistics
用于满足平时、战时军事行动物资需求的物流活动。

3.29
国际物流 international logistics
跨越不同国家或地区之间的物流活动。

3.30
精益物流 lean logistics
消除物流过程中的无效和不增值作业，用尽量少的投入满足客户需求，实现客户的最大价值，并获得高效率、高效益的物流。

3.31
逆向物流 reverse logistics
反向物流
从供应链下游向上游的运动所引发的物流活动。

3.32
废弃物物流 waste material logistics
将经济活动或人民生活中失去原有使用价值的物品，根据实际需要进行收集、分类、加工、包装、搬运、储存等，并分送到专门处理场所的物流活动。

3.33

军地物流一体化 integration of military logistics and civil logistics

对军队物流与地方物流进行有效的动员和整合,实现军地物流的高度统一、相互融合和协调发展。

3.34

全资产可见性 total asset visibility

实时掌控供应链上人员、物资、装备的位置、数量和状况等信息的能力。

3.35

配送式保障 distribution-mode support

在军事物资全资产可见性的基础上,根据精确预测的部队用户需求,采取从军事物资供应起点直达部队用户的供应方法,通过灵活调配物流资源,在需要的时间和地点将军事物资主动配送给作战部队。

3.36

应急物流 emergency logistics

针对可能出现的突发事件已做好预案,并在事件发生时能够迅速付诸实施的物流活动。

4 物流作业服务术语

4.1

托运人 consigner

货物托付承运人按照合同约定的时间运送到指定地点,向承运人支付相应报酬的一方当事人。

4.2

托运 consignment

托运人与承运人签订货物运输合同,最终完成货物运输活动的过程。

4.3

承运人 carrier

本人或者委托他人以本人名义与托运人订立货物运输合同的人。

4.4

承运 carriage

承运人接受托运人的委托,提供货物运输服务,并承担双方所签订的货物运输合同中载明的责任。

4.5

运输 transportation

用专用运输设备将物品从一地点向另一地点运送。其中包括集货、分配、搬运、中转、装入、卸下、分散等一系列操作。

[GB/T 4122.1—1996,定义 4.4]

4.6

门到门运输服务 door to door service

承运人在托运人指定的地点接货,运抵收货人指定地点的一种运输服务方式。

4.7

直达运输 through transportation

物品由发运地到接收地,中途不需要中转的运输。

4.8

中转运输 transfer transportation

物品由发运地到接收地,中途经过至少一次落地并换装的运输。

4.9

甩挂运输 drop and pull transport

用牵引车拖带挂车至目的地,将挂车甩下后,牵引另一挂车继续作业的运输。

4.10

整车运输 truck-load transportation

按整车办理承托手续、组织运送和计费的货物运输。

4.11

零担运输 less-than-truck-load transportation

按零散货物办理承托手续、组织运送和计费的货物运输。

4.12

联合运输 joint transport

一次委托,由两个或两个以上运输企业协同将一批货物运送到目的地的活动。

4.13

多式联运 multimodal transport

联运经营者受托运人、收货人或旅客的委托,为委托人实现两种以上运输方式(含两种)或两程以上(含两程)运输的衔接,以及提供相关运输物流辅助服务的活动。

4.14

仓储 warehousing

利用仓库及相关设施设备进行物品的入库、存贮、出库的活动。

4.15

储存 storing

保护、管理、贮藏物品。

［GB/T 4122.1—1996,定义4.2］

4.16

库存 stock

储存作为今后按预定的目的使用而处于闲置或非生产状态的物品。广义的库存还包括处于制造加工状态和运输状态的物品。

4.17

存货成本 inventory cost

因存货而发生的各种费用的总和,由物品购入成本、订货成本、库存持有成本等构成。

4.18

保管 storage

对物品进行储存,并对其进行物理性管理的活动。

4.19

仓单 warehouse receipt

保管人（仓库）在与存货人签订仓储保管合同的基础上，对存货人所交付的仓储物品进行验收之后出具的物权凭证。

4.20

仓单质押融资 warehouse receipt loan

出质人以保管人的仓单为质物，向质权人出具的申请贷款的业务，保管人对仓单的真实性和唯一性负责，是物流企业参与下的权利质押业务。

4.21

存货质押融资 inventory financing

需要融资的企业（即借方），将其拥有的存货作为质物，向资金提供企业（即贷方）出质，同时将质物转交给具有合法保管存货资格的物流企业（中介方）进行保管，以获得贷方贷款的业务活动，是物流企业参与下的动产质押业务。

4.22

融通仓 financing warehouse

以周边中小企业为主要服务对象，以流动商品仓储为基础，涵盖中小企业信用整合与再造、实物配送、电子商务与传统商业的综合性服务平台。

4.23

仓储费用 warehousing fee

存货人委托保管人保管货物时，保管人收取存货人的服务费用，包括保管和装卸等各项费用；或企业内部仓储活动所发生的保管费、装卸费以及管理费等各项费用。

4.24

货垛 goods stack

为便于保管和装卸、运输，按一定要求被分类堆放在一起的一批物品。

4.25

堆码 stacking

将物品整齐、规则地摆放成货垛的作业。

4.26

拣选 order picking

按订单或出库单的要求，从储存场所拣出物品，并码放在指定场所的作业。

4.27

物品分类 sorting

按照物品的种类、流向、客户类别等对货物进行分组，并集中码放到指定场所或容器内的作业。

4.28

集货 goods consolidation

将分散的或小批量的物品集中起来，以便进行运输、配送的作业。

4.29

共同配送 joint distribution

由多个企业联合组织实施的配送活动。

4.30

装卸 loading and unloading

物品在指定地点以人力或机械实施垂直位移的作业。

4.31

搬运 handling carrying

在同一场所内，对物品进行水平移动为主的作业。

4.32

包装 packaging

为在流通过程中保护产品、方便储运、促进销售，按一定技术方法而采用的容器、材料及辅助物等的总体名称。也指为了达到上述目的而采用容器、材料和辅助物的过程中施加一定技术方法等的操作活动。

［GB/T 4122.1—1996，定义 2.1］

4.33

销售包装 sales package

直接接触商品并随商品进入零售店和消费者直接见面的包装。

4.34

运输包装 transport package

以满足运输、仓储要求为主要目的的包装。

4.35

流通加工 distribution processing

物品在从生产地到使用地的过程中，根据需要施加包装、分割、计量、分拣、刷标志、拴标签、组装等作业的总称。

4.36

检验 inspection

根据合同或标准，对标的物的品质、数量、规格、包装等进行检查、验证的总称。

4.37

增值物流服务 value-added logistics service

在完成物流基本功能的基础上，根据客户需求提供的各种延伸业务活动。

4.38

定制物流 customized logistics

根据用户的特定要求而为其专门设计的物流服务模式。

4.39

快递 courier

速递 express

特快专递 express-delivery

承运人将物品从发件人所在地通过承运人自身或代理的网络送达收件人手中的一种快速服务方式。

4.40

物流客户服务 logistics customer service

工商企业为支持其核心产品销售而向客户提供的物流服务。

4.41
物流服务质量 logistics service quality
用精度、时间、费用、顾客满意度等来表示的物流服务的品质。

4.42
物品储备 goods reserves
为应对突发公共事件和国家宏观调控的需要，对物品进行的储存。可分为当年储备、长期储备、战略储备。

4.43
订单满足率 fulfillment rate
衡量缺货程度及其影响的指标，用实际交货数量与订单需求数量的比率表示。

4.44
缺货率 stock-out rate
缺货次数与客户订货次数的比率。

4.45
货损率 cargo damages rate
交货时损失的物品量与应交付的物品总量的比率。

4.46
商品完好率 rate of the goods in good condition
交货时完好的物品量与应交付物品总量的比率。

4.47
基本运价 freight unit price
按照规定的车辆、道路、营运方式、货物、箱型等运输条件，所确定的货物和集装箱运输的计价基准，是运价的计价尺度。

4.48
理货 tally
在货物储存、装卸过程中，对货物的分票、计数、清理残损、签证和交接的作业。

4.49
组配 assembly
采用科学的方法进行货物装载。

4.50
订货周期 order cycle time
从客户发出订单到客户收到货物的时间。

4.51
库存周期 inventory cycle time
在一定范围内，库存物品从入库到出库的平均时间。

5 物流技术与设施设备术语

5.1
集装单元 palletized unit
经过专门器具盛放或捆扎处理的，便于装卸、搬运、储存、运输的标准规格的单元货件物品。

5.2

集装单元器具 palletized unit implements

承载物品的一种载体,可把各种物品组成一个便于储运的基础单元。

5.3

集装化 containerization

用集装单元器具或采用捆扎方法,把物品组成集装单元的物流作业方式。

5.4

散装化 in bulk

用专门机械、器具、设备对未包装的散状物品进行装卸、搬运、储存、运输的物流作业方式。

5.5

集装箱 container

一种运输设备,应满足下列要求:

a) 具有足够的强度,可长期反复使用;

b) 适于一种或多种运输方式运送,途中转运时,箱内货物不需换装;

c) 具有快速装卸和搬运的装置,特别便于从一种运输方式转移到另一种运输方式;

d) 便于货物装满和卸空;

e) 具有1立方米及以上的容积。

集装箱这一术语不包括车辆和一般包装。

[GB/T 1992—1985,定义1.1]

5.6

标准箱 twenty-feet equivalent unit(TEU)

以20英尺集装箱作为换算单位。

5.7

特种货物集装箱 specific cargo container

用以装运特种物品的集装箱总称。

[GB/T 4122.1—1996,定义2.2.2]

5.8

集装袋 flexible freight bags

柔性集装箱

一种集装单元器具,配以起重机或叉车,就可以实现集装单元化运输,适用于装运大宗散状粉粒物料。

5.9

周转箱 carton

用于存放物品,可重复、周转使用的器具。

5.10

自备箱 shipper's own container

托运人购置、制造或租用的符合标准的集装箱,印有托运人的标记,由托运人负责管理、维修。

5.11

托盘 pallet

用于集装、堆放、搬运和运输的放置作为单元负荷货物和制物的水平平台装置。

[GB/T 4122.1—1996,定义 4.27]

5.12

集装运输 containerized transport

使用集装单元器具或利用捆扎方法,把裸装物品、散状物品、体积较小的成件物品,组合成为一定规格的集装单元进行的运输方式。

5.13

托盘运输 pallet transport

将物品以一定数量组合码放在托盘上,装入运输工具运送物品的方式。

5.14

单元装卸 unit loading & unloading

用托盘、容器或包装物将小件或散装物品集成一定质量或体积的组合件,以便利用机械进行作业的装卸方式。

5.15

托盘包装 palletizing

以托盘为承载物,将物品堆码在托盘上,通过捆扎、裹包、胶粘等方法加以固定,形成一个搬运单元,以便用机械设备搬运的包装技术。

5.16

四号定位 four number location

用库房号、货架号、货架层次号和货格号表明物品储存位置定位方法。

5.17

零库存技术 zero-inventory technology

在生产与流通领域按照准时制组织物品供应,使整个过程库存最小化的技术总称。

5.18

分拣输送系统 sorting & picking system

采用机械设备与自动控制技术实现物品分类、输送和存取的系统。

5.19

自动补货 automatic replenishment

基于计算机信息技术,快捷、准确地获取客户销售点的需求信息,预测未来商品需求,并据此持续补充库存的一种技术。

5.20

直接换装 cross docking

越库配送

物品在物流环节中,不经过中间仓库或站点,直接从一个运输工具换载到另一个运输工具的物流衔接方式。

5.21

冷链 cold chain

根据物品特性,为保持物品的品质而采用的从生产到消费的过程中始终处于低温状态的物流网络。

5.22

交通枢纽 traffic hub

在一种或多种运输方式的干线交叉与衔接处，共同为办理旅客与物品中转、发送、到达所建设的多种运输设施的综合体。

5.23

集装箱货运站 container freight station（CFS）

拼箱货物拆箱、装箱、办理交接的场所。

5.24

集装箱码头 container terminal

专供停靠集装箱船、装卸集装箱用的码头。

［GB/T 17271—1998，定义 3.1.2.2］

5.25

基本港口 base port

指定班轮公司的船一般要定期挂靠，设备条件比较好，货载多而稳定并且不限制货量的港口。其货物一般为直达运输，无需中途转船；若船方决定中途转船则不得向船方加收转船附加费或直航附加费。

5.26

全集装箱船 full container ship

舱内设有固定式或活动式的格栅结构，舱盖上和甲板上设置固定集装箱的系紧装置，便于集装箱作业及定位的船舶。

［GB/T 17271—1998，定义 3.1.1.1］

5.27

公路集装箱中转站 inland container depot

具有集装箱中转运输与门到门运输和集装箱货物的拆箱、装箱、仓储和接取、送达、装卸、堆存的场所。

［GB/T 17271—1998，定义 3.1.3.9］

5.28

铁路集装箱堆场 railway container yard

进行集装箱承运、交付、装卸、堆存、装拆箱、门到门作业，组织集装箱专列等作业的场所。

5.29

专用线 special railway line

在铁路常规经营线网以外，而又与铁路营业网相衔接的各类企业或仓库或向铁路部门租用的铁路。

5.30

自营仓库 private warehouse

由企业或各类组织自营自管，为自身提供储存服务的仓库。

5.31

公共仓库 public warehouse

面向社会提供物品储存服务，并收取费用的仓库。

5.32

自动化立体仓库 automatic storage and retrieval system（AS/RS）

立体仓库

自动存储取货系统

由高层货架、巷道堆垛起重机（有轨堆垛机）、入出库输送机系统、自动化控制系统、计算机仓库管理系统及其周边设备组成，可对集装单元物品实现自动化存取和控制的仓库。

5.33

交割仓库 transaction warehouse

经专业交易机构核准、委托，为交易双方提供货物储存和交付服务的仓库。

5.34

控湿储存区 humidity controlled space

仓库内配有湿度调制设备，使内部湿度可调的库房区域。

5.35

冷藏区 chill space

仓库内温度保持在0℃～10℃范围的区域。

5.36

冷冻区 freeze space

仓库内温度保持在0℃以下的区域。

5.37

收货区 receiving space

对仓储物品入库前进行核查、检验的作业区域。

5.38

理货区 tallying space

在物品储存、装卸过程中，对其进行分类、整理、捆扎、集装、计数和清理残损等作业的区域。

5.39

叉车 fork lift truck

具有各种叉具，能够对物品进行升降和移动以及装卸作业的搬运车辆。

5.40

叉车属具 attachments of fork lift trucks

为扩大叉车对特定物品的作业而附加或替代原有货叉的装置。

5.41

称量装置 load weighing devices

针对起重、运输、装卸、包装、配送以及生产过程中的物料实施重量检测的设备。

5.42

货架 rack

用立柱、隔板或横梁等组成的立体储存物品的设施。

5.43

重力式货架 live pallet rack

一种密集存储单元物品的货架系统。在货架每层的通道上，都安装有一定坡度的、带有轨道的导轨，入库的单元物品在重力的作用下，由入库端流向出库端。

5.44

移动式货架 mobile rack

在底部安装有行走轮使其可在地面轨道上移动的货架。

5.45

驶入式货架 drive-in rack

可供叉车（或带货叉的无人搬运车）驶入并存取单元托盘物品的货架。

5.46

码垛机器人 robot palletizer

能自动识别物品，将其整齐地、自动地码（或拆）在托盘上的机器人。

5.47

起重机械 hoisting machinery

一种以间歇作业方式对物品进行起升、下降和水平移动的搬运机械。

5.48

牵引车 tow tractor

用以牵引一组无动力台车的搬运车辆。

5.49

升降台 lift table（LT）

能垂直升降和水平移动货物或集装单元器具的专用设备。

5.50

手动液压升降平台车 scissor lift table

采用手压或脚踏为动力，通过液压驱动使载重平台作升降运动的手推平台车。

5.51

输送机 conveyors

按照规定路线连续地或间歇地运送散装物品和成件物品的搬运机械。

5.52

箱式车 box car

具有全封闭的箱式车身的货运车辆。

5.53

自动导引车 automatic guided vehicle（AGV）

具有自动导引装置，能够沿设定的路径行驶，在车体上具有编程和停车选择装置、安全保护装置以及各种物品移载功能的搬运车辆。

5.54

站台登车桥 dock levelers

当货车底板平面与货场站台平面有高度差时，为使手推车辆、叉车无障碍地进入车厢内的装置。

6 物流信息术语

6.1

物流信息编码 logistics information coding

将物流信息用一种易于被电子计算机或人识别的符号体系表示出来的过程。

6.2

货物编码 goods coding

按货物分类规则以简明的文字、符号或数字表示物品的名称、类别及其他属性并进行有序排列的一种方法。

6.3

条码 bar code

由一组规则排列的条、空及其对应字符组成的标记，用以表示一定的信息。

6.4

二维码 two-dimensional bar code

在二维方向上都表示信息的条码符号。

6.5

贸易项目 trade item

从原材料直至最终用户可具有预先定义特征的任意一项产品或服务，对于这些产品和服务，在供应链过程中有获取预先定义信息的需求，并且可以在任意一点进行定价、订购或开具发票

[GB/T19251—2003，定义3.1]

6.6

物流单元 logistics unit

供应链管理中运输或仓储的一个包装单元。

[GB/T18127—2000，定义3.1]

6.7

物流标签 logistics label

表示物流单元相关信息的各种质地的信息载体。

6.8

商品标识代码 identification code for commodity

由国际物品编码协会（EAN）和统一代码委员会（UCC）规定的、用于标识商品的一组数字，包括EAN/UCC-13、EAN/UCC-8和UCC-12代码。

6.9

全国产品与服务统一代码 national product code（NPC）

全国产品与服务统一代码由13位数字本体代码和1位数字校验码组成，是产品和服务在其生命周期内拥有的一个唯一不变的代码标识。

注：国家标准《全国产品与服务统一代码编制规则》GB 18937—2003规定了全国产品与服务统一代码的使用范围、代码结构及其表现形式。

6.10

产品电子代码 electronic product code（EPC）

开放的、全球性的编码标准体系,由标头、管理者代码、对象分类和序列号组成,是每个产品的唯一性代码。

注:标头标识 EPC 的长度、结构和版本,管理者代码标识某个公司实体,对象分类码标识某种产品类别,序列号标识某个具体产品。

6.11

产品电子代码系统 EPC system

在计算机互联网和无线通信等技术基础上,利用 EPC 标签、射频识读器、中间件、对象名解析、信息服务和应用系统等技术构造的一个实物信息互联系统。

注:EPC 标签为含有电子产品代码(EPC)的电子装置;中间件为管理 EPC 识读过程并与相关应用或服务交换识读结果等信息的程序;对象名解析为解析给定的 EPC 并获得指向含有对应产品信息数据库位置的程序;信息服务为按照不同的应用服务要求,查询(或写入)产品信息,并把查询结果按要求组织后送回应用服务的程序。

6.12

全球位置码 global location number(GLN)

运用 EAN.UCC 系统,对法律实体、功能实体和物理实体进行位置准确、惟一标识的代码。

6.13

全球贸易项目标识代码 global trade item number(GTIN)

在世界范围内贸易项目的唯一标识代码,其结构为 14 位数字。

6.14

应用标识符 application identifier(AI)

EAN.UCC 系统中,标识数据含义与格式的字符。

[GB/T16986—2003,定义 3.1]

6.15

系列货运包装箱代码 serial shipping container code(SSCC)

EAN.UCC 系统中,对物流单元进行唯一标识的代码。

6.16

单个资产标识代码 global individual asset identifier(GIAI)

EAN.UCC 系统中,用于一个特定厂商的财产部分的单个实体的唯一标识的代码。

6.17

可回收资产标识代码 global returnable asset identifier(GRAI)

EAN.UCC 系统中,用于标识通常用于运输或储存货物并能重复使用的实体的代码。

6.18

自动识别与数据采集 automatic identification and data capture(AIDC)

对字符、影像、条码、声音等记录数据的载体进行机器识别,自动获取被识别物品的相关信息,并提供给后台的计算机处理系统来完成相关后续处理的一种技术。

6.19

条码自动识别技术 bar code automatic identification technology

运用条码进行自动数据采集的技术,主要包括编码技术、符号表示技术、识读技术、生成与印制技术和应用系统设计等。

6.20

条码系统 bar code system

由条码符号设计、制作及扫描识读组成的系统。

6.21

条码标签 bar code tag

印有条码符号的信息载体。

6.22

条码识读器 bar code reader

识读条码符号的设备。

6.23

条码打印机 bar code printer

能制作一种供机器识别的光学形式符号文件的打印机,它的印刷有严格的技术要求和检测规范。

6.24

射频识别 radio frequency identification（RFID）

通过射频信号识别目标对象并获取相关数据信息的一种非接触式的自动识别技术。

6.25

射频识别系统 radio frequency identification system

由射频标签、识读器、计算机网络和应用程序及数据库组成的自动识别和数据采集系统。

6.26

射频标签 radio frequency tag

安装在被识别对象上，存储被识别对象的相关信息的电子装置。

6.27

射频识读器 RFID reader

射频识别系统中一种固定式或便携式自动识别与数据采集设备。

6.28

电子数据交换 electronic data interchange（EDI）

采用标准化的格式，利用计算机网络进行业务数据的传输和处理。

6.29

电子通关 electronic clearance

对符合特定条件的报关单证，海关采用处理电子单证数据的方法，利用计算机完成单证审核、征收税费、放行等海关作业的通关方式。

6.30

电子认证 electronic authentication

采用电子技术检验用户合法性的操作。其主要内容有以下三个方面：

a）保证自报姓名的个人和法人的合法性的本人确认；

b）保证个人或企业间收发信息在通信的途中和到达后不被改变的信息认证；

c）数字签名。

6.31
电子报表 e-report
用网络进行提交、传送、存储和管理的数字化报表。

6.32
电子采购 e-procurement
利用计算机网络和通信技术与供应商建立联系，并完成获得某种特定产品或服务的活动。

6.33
电子商务 e-commerce（EC）
以电子形式进行的商务活动，它在供应商、消费者、政府机构和其它业务伙伴之间通过任意电子方式实现标准化的业务信息的共享，以管理和执行商业、行政和消费活动中的交易。

6.34
地理信息系统 geographical information system（GIS）
由计算机软硬件环境、地理空间数据、系统维护和使用人员四部分组成的空间信息系统，可对整个或部分地球表层（包括大气层）空间中有关地理分布数据进行采集、储存、管理、运算、分析显示和描述。

6.35
全球定位系统 global positioning system（GPS）
由一组卫星组成的、24小时提供高精度的全球范围的定位和导航信息的系统。

6.36
智能运输系统 intelligent transportation system（ITS）
综合利用信息技术、数据通讯传输技术、电子控制技术以及计算机处理技术对传统的运输系统进行改造而形成的新型运输系统。

6.37
货物跟踪系统 goods-tracked system
利用自动识别、全球定位系统、地理信息系统、通信等技术，获取货物动态信息的技术系统。

6.38
仓库管理系统 warehouse management system（WMS）
为提高仓储作业和仓储管理活动的效率，对仓库实施全面管理的计算机信息系统。

6.39
销售时点系统 point of sale（POS）
利用光学式自动读取设备，按照商品的最小类别读取实时销售信息以及采购、配送等阶段发生的各种信息，并通过通讯网络将其传送给计算机系统进行加工、处理和传送，以便使各部门可以根据各自的目的有效地利用上述信息的系统。

6.40
电子订货系统 electronic order system（EOS）
不同组织间利用通信网络和终端设备进行订货作业与订货信息交换的体系。

6.41

物流信息技术 logistics information technology

物流各环节中应用的信息技术,包括计算机、网络、信息分类编码、自动识别、电子数据交换、全球定位系统、地理信息系统等技术。

6.42

物流管理信息系统 logistics management information system

由计算机软硬件、网络通信设备及其它办公设备组成的,在物流作业、管理、决策方面对相关信息进行收集、存储、处理、输出和维护的人机交互系统。

6.43

物流公共信息平台 logistics information platforms

基于计算机通信网络技术,提供物流设备、技术、信息等资源共享服务的信息平台。

6.44

物流系统仿真 logistics system simulation

借助计算机仿真技术,对物流系统建模并进行实验,得到各种动态活动及其过程的瞬间仿效记录,进而研究物流系统性能的方法。

7 物流管理术语

7.1

仓库布局 warehouse layout

在一定区域或库区内,对仓库的数量、规模、地理位置和仓库设施、道路等各要素进行科学规划和总体设计。

7.2

ABC 分类管理 ABC classification

将库存物品按品种和占用资金的多少分为特别重要的库存(A 类)、一般重要的库存(B 类)和不重要的库存(C 类)三个等级,然后针对不同等级分别进行控制。

7.3

安全库存 safety stock

保险库存

用于应对不确定性因素(如大量突发性订货、交货期突然延期等)而准备的缓冲库存。

7.4

经常库存 cycle stock

为满足日常需要而设立的库存。

7.5

仓储管理 inventory management

对仓储设施布局和设计以及仓储作业所进行的计划、组织、协调与控制。

7.6

存货控制 inventory control

在保障供应的前提下,使库存物品的数量合理所进行的有效管理的技术经济措施。

7.7

供应商管理库存 vendor managed inventory（VMI）

按照双方达成的协议，由供应链的上游企业根据下游企业的物料需求计划、销售信息和库存量，主动对下游企业的库存进行管理和控制的供应链库存管理方式。

7.8

定量订货制 fixed-quantity system（FQS）

当库存量下降到预定的库存数量（订货点）时，按经济订货批量为标准进行订货的一种库存管理方式。

7.9

定期订货制 fixed-interval system（FIS）

按预先确定的订货间隔期进行订货的一种库存管理方式。

7.10

经济订货批量 economic order quantity（EOQ）

通过平衡采购进货成本和保管仓储成本核算，以实现总库存成本最低的最佳订货批量。

7.11

连续补货计划 continuous replenishment program（CRP）

利用及时准确的销售时点信息确定已销售的商品数量，根据零售商或批发商的库存信息和预先规定的库存补充程序确定发货补充数量和配送时间的计划方法。

7.12

联合库存管理 joint managed inventory（JMI）

供应链成员企业共同制定库存计划，并实施库存控制的供应链库存管理方式。

7.13

物流成本管理 logistics cost control

对物流活动发生的相关费用进行的计划、协调与控制。

7.14

物流战略管理 logistics strategy management

通过物流战略设计、战略实施、战略评价与控制等环节，调节物流资源、组织结构等最终实现物流系统宗旨和战略目标的一系列动态过程的总和。

7.15

物流资源计划 logistics resource planning（LRP）

以物流为手段，打破生产与流通界限，集成制造资源计划、能力资源计划、配送资源计划以及功能计划而形成的资源优化配置方法。

7.16

供应商关系管理 supplier relationships management（SRM）

一种致力于实现与供应商建立和维持长久、紧密合作伙伴关系，旨在改善企业与供应商之间关系的管理模式。

7.17

客户关系管理 customer relationships management（CRM）

一种致力于实现与客户建立和维持长久、紧密合作伙伴关系，旨在改善企业与客户之

间关系的管理模式。

7.18

准时制物流 just-in-time logistics

与准时制管理模式相适应的物流管理方式。

7.19

有效客户反应 efficient customer response（ECR）

以满足顾客要求和最大限度降低物流过程费用为原则，能及时做出准确反应，使提供的物品供应或服务流程最佳化的一种供应链管理策略。

7.20

快速反应 quick response（QR）

供应链成员企业之间建立战略合作伙伴关系，利用 EDI 等信息技术进行信息交换与信息共享，用高频率小批量配送方式补货，以实现缩短交货周期，减少库存，提高顾客服务水平和企业竞争力为目的的一种供应链管理策略。

7.21

物料需求计划 material requirements planning（MRP）

制造企业内的物料计划管理模式。根据产品结构各层次物品的从属和数量关系，以每个物品为计划对象，以完工日期为时间基准倒排计划，按提前期长短区别各个物品下达计划时间的先后顺序。

7.22

制造资源计划 manufacturing resource planning（MRPⅡ）

在 MRP 的基础上，增加营销、财务和采购功能，对企业制造资源和生产经营各环节实行合理有效的计划、组织、协调与控制，达到既能连续均衡生产，又能最大限度地降低各种物品的库存量，进而提高企业经济效益的管理方法。

7.23

配送需求计划 distribution requirements planning（DRP）

一种既保证有效地满足市场需求，又使得物流资源配置费用最省的计划方法，是 MRP 原理与方法在物品配送中的运用。

7.24

配送资源计划 distribution resource planning（DRPⅡ）

在 DRP 的基础上提高配送各环节的物流能力，达到系统优化运行目的的企业内物品配送计划管理方法。

7.25

企业资源计划 enterprise resource planning（ERP）

在 MRPⅡ 的基础上，通过前馈的物流和反馈的信息流、资金流，把客户需求和企业内部的生产经营活动以及供应商的资源整合在一起，体现完全按用户需求进行经营管理的一种全新的管理方法。

7.26

协同计划、预测与补货 collaborative planning, forecasting and replenishment（CPFR）

应用一系列的信息处理技术和模型技术，提供覆盖整个供应链的合作过程，通过共同管理业务过程和共享信息来改善零售商和供应商之间的计划协调性，提高预测精度，最终达到提高供应链效率、减少库存和提高客户满意程度为目的的供应链库存管理策略。

7.27

物流外包 logistics outsourcing

企业为了获得比单纯利用内部资源更多的竞争优势，将其部分或全部物流业务交由合作企业完成。

7.28

延迟策略 postponement strategy

为了降低供应链的整体风险，减少错误生产或不准确的库存安排，有效地满足客户个性化的需求，将最后的生产环节或物流环节推迟到客户提供订单以后进行的一种经营战略。

7.29

物流流程重组 logistics process reengineering

从顾客需求出发，通过物流活动各要素的有机组合，对物流管理和作业流程进行优化设计。

7.30

物流总成本分析 total cost analysis

判别物流各环节中系统变量之间的关系，在特定的客户服务水平下使物流总成本最小化的物流管理方法。

7.31

物流作业成本法 logistics activity-based costing

以特定物流活动成本为核算对象，通过成本动因来确认和计算作业量，进而以作业量为基础分配间接费用的物流成本管理方法。

7.32

效益背反 trade off

一种活动的高成本，会因另一种物流活动成本的降低或效益的提高而抵消的相互作用关系。

7.33

社会物流总额 total value of social logistics goods

一定时期内，社会物流的物品的价值总额。即进入社会物流领域的农产品、工业品、再生资源品、进口物品、单位（组织）与居民物品价值额的总和。。

7.34

社会物流总费用 total social logistics costs

一定时期内，国民经济各方面用于社会物流活动的各项费用支出。包括支付给社会物流活动各环节的费用、应承担的物品在社会物流期间发生的损耗、社会物流活动中因资金占用而应承担的利息支出和发生的管理费用等。

8 国际物流术语

8.1

国际多式联运 international multimodal transport

按照多式联运合同，以至少两种不同的运输方式，由多式联运经营人将货物从一国境

内的接管地点运至另一国境内指定交付地点的货物运输。

8.2

国际航空货物运输 international airline transport

货物的出发地、约定的经停地和目的地之一不在同一国境内的航空运输。

8.3

国际铁路联运 international through railway transport

使用一份统一的国际铁路联运票据,由跨国铁路承运人办理两国或两国以上铁路的全程运输,并承担运输责任的一种连贯运输方式。

8.4

班轮运输 liner transport

在固定的航线上,以既定的港口顺序,按照事先公布的船期表航行的水上运输经营方式。

8.5

租船运输 shipping by chartering

货主或其代理人租赁其他人的船舶、将货物送达到目的地的水上运输经营方式。

8.6

大陆桥运输 land bridge transport

用横贯大陆的铁路或公路作为中间桥梁,将大陆两端的海洋运输连接起来的连贯运输方式。

8.7

转关运输 tran-customs transportation

进出口货物在海关监管下,从一个海关运至另一个海关办理海关手续的行为。

8.8

报关 customs declaration

进出境运输工具的负责人、进出境货物的所有人、进出口货物的收发货人或其代理人向海关办理运输工具、货物、物品进出境手续的全过程。

8.9

报关行 customs broker

专门代办进出境报关业务的企业。

8.10

不可抗力 force majeure

人力不能抗拒也无法预防的事故。有由自然因素引起的,如水灾、旱灾、暴雨、地震等;也有由社会因素引起的,如罢工、战争、政府禁令等。

8.11

保税货物 bonded goods

经海关批准未办理纳税手续进境,在境内储存、加工、装配后复运出境的货物。

8.12

海关监管货物 cargo under custom's supervision

进出口货物,过境、转运、通运货物,特定减免税货物,以及暂时进出口货物、保税货物和其他尚未办结海关手续的进出境货物。

8.13

拼箱货 less than container load（LCL）

一个集装箱装入多个托运人或多个收货人的货物。

［GB/T 17271—1998，定义 3.2.4.3］

8.14

整箱货 full container load（FCL）

一个集装箱装满一个托运人同时也是一个收货人的货物。

［GB/T 17271—1998，定义 3.2.4.2］

8.15

通运货物 through goods

由境外启运，经船舶或航空器载运入境后，仍由原载运工具继续运往境外的货物。

8.16

转运货物 transit cargo

由境外启运，到我国境内设关地点换装运输工具后，不通过我国境内陆路运输，再继续运往境外的货物。

8.17

过境货物 transit goods

由境外启运、通过境内的陆路运输继续运往境外的货物。

8.18

到货价格 delivered price

货物交付时点的现行市价，其中含包装费、保险费、运送费等。

8.19

出口退税 drawback

国家为帮助出口企业降低成本，增强出口产品在国际市场上的竞争力，鼓励出口创汇，而实行的由国内税务机关退还出口商品国内税的措施。

8.20

海关估价 customs ratable price

一国海关为征收关税，根据统一的价格准则，确定某一进口（出口）货物价格的过程。

8.21

等级标签 grade labeling

在产品的包装上用以说明产品品质级别的标志。

8.22

等级费率 class rate

将全部货物划分为若干个等级，按照不同的航线分别为每一个等级制定一个基本运价的费率。归属于同一等级的货物，均按该等级费率计收运费。

8.23

船务代理 shipping agency

接受船舶所有人（船公司）、船舶经营人、承租人或货主的委托，在授权范围内代表委托人办理与在港船舶有关的业务、提供有关的服务或进行与在港船舶有关的其他法律行

为的经济组织。

8.24

国际货运代理 international freight forwarding agent

接受进出口货物收货人、发货人的委托,以委托人或自己的名义,为委托人办理国际货物运输及相关业务,并收取劳务报酬的经济组织。

8.25

航空货运代理 airfreight forwarding agent

以货主的委托代理人身份办理有关货物的航空运输手续的服务方式。

8.26

无船承运人 non-vessel operating common carrier(NVOCC)

不拥有运输工具,但以承运人身份发布运价,接受托运人的委托,签发提单或其他运输单证,收取运费,并通过与有船承运人签订运输合同,承担承运人责任,完成国际海上货物运输的经营者。

8.27

索赔 claim for damages

承托双方中受经济损失方向责任方提出赔偿经济损失的要求。

8.28

理赔 settlement of claim

承托双方中责任方对受经济损失方提出的经济赔偿要求的处理。

8.29

国际货物运输保险 international transportation cargo insurance

以运输过程中的各种货物作为保险标的,投保人(或称被保险人)向承保人(或称保险人)按一定金额投保一定的险别,并缴纳保险费,取得保险单据,承保人负责对投保货物在运输过程中遭受投保险别责任范围内的损失,按投保金额及损失程度给予保险单据持有人经济上的补偿。

8.30

原产地证明 certificate of origin

出口国(地区)根据原产地规则和有关要求签发的,明确指出该证中所列货物原产于某一特定国家(地区)的书面文件。

8.31

进出口商品检验 import and export commodity inspection

对进出口商品的种类、品质、数量、重量、包装、标志、装运条件、产地、残损及是否符合安全、卫生要求等进行法定检验、公证鉴定和监督管理。

8.32

清关 clearance

结关

报关单位已经在海关办理完毕进出口货物通关所必须的所有手续,完全履行了法律规定的与进出口有关的义务,包括纳税、提交许可证件及其它单证等,进口货物可以进入国内市场自由流通,出口货物可以运出境外。

8.33

滞报金 fee for delayed declaration

进口货物的收货人或其他代理人超过海关规定的申报期限,未向海关申报,由海关依法征收的一定数额的款项。

8.34

装运港船上交货 free on board (FOB)

卖方在合同规定的装运期内,在指定装运港将货物交至买方指定的船上,并负担货物在指定装运港越过船舷为止的一切费用和风险。

8.35

成本加运费 cost and freight (CFR)

卖方负责租船订舱,在合同规定的装运期内将货物交至运往指定目的港的船上,并负担货物在装运港越过船舷为止的一切费用和风险。

8.36

成本加保险费加运费 cost, insurance and freight (CIF)

卖方负责租船订舱,办理货运保险,在合同规定的装运期内在装运港将货物交至运往指定目的港的船上,并负担货物在装运港越过船舷为止的一切费用和风险。

8.37

进料加工 processing with imported materials

有关经营单位或企业用外汇进口部分原材料、零部件、元器件、包装物料、辅助材料(简称料件),加工成成品或半成品后销往国外的一种贸易方式。

8.38

来料加工 processing with supplied materials

由外商免费提供全部或部分原料、辅料、零配件、元器件、配套件和包装物料,委托我方加工单位按外商的要求进行加工装配,成品交外商销售,我方按合同规定收取工缴费的一种贸易方式。

8.39

保税仓库 boned warehouse

经海关批准设立的专门存放保税货物及其他未办结海关手续货物的仓库。

8.40

保税工厂 bonded factory

经海关批准专门生产出口产品的保税加工装配企业。

8.41

保税区 bonded area

在境内的港口或邻近港口、国际机场等地区建立的在区内进行加工、贸易、仓储和展览由海关监管的特殊区域。

8.42

A 型保税物流中心 bonded logistics center of A type

经海关批准,由中国境内企业法人经营、专门从事保税仓储物流业务的海关监管场所。

8.43

B 型保税物流中心 bonded logistics center of B type

经海关批准,由中国境内一家企业法人经营,多家企业进入并从事保税仓储物流业务的海关集中监管场所。

8.44

出口监管仓库 export supervised warehouse

经海关批准设立,对已办结海关出口手续的货物进行存储、保税物流配送、提供流通性增值服务的海关专用监管仓库。

8.45

出口加工区 export processing zone

经国务院批准设立从事产品外销加工贸易并由海关封闭式监管的特殊区域。

8.46

定牌包装 packing of nominated brand

买方要求在出口商品包装上使用买方指定的品牌名称或商标的做法。

8.47

中性包装 neutral packing

在出口商品及其内外包装上都不注明生产国别的包装。

8.48

海运提单 bill of lading (B/L)

用以证明海上货物运输合同和货物已经由承运人接收或者装船,以及承运人保证据以交付货物的单证。

附录2 H 公司 A 项目物流解决方案

一、引言

H 公司是 AP 公司在华成立的首家计算机领域的合资企业。公司投资额达 900 万美元,总部设在上海浦东陆家嘴金融贸易区。1996 年以来,H 公司连续荣获"上海市外商投资先进技术企业"称号,公司已在全国 23 个城市设有分支机构,目前仍在扩展之中。

H 公司不仅是 AP 的合资企业,是其在华代理商;而且还朝着代理多元化的方向发展。2002 年成为 A 产品在华一级代理商,并成立 A 事业部大力推进多元化代理的发展。

R 物流作为专业物流解决方案公司提出——H 公司需要一家高水准的物流服务商战略伙伴,分散独立的物流服务商很难理解 H 公司的整体商务发展战略目标。只有战略合作伙伴的物流服务商才能为 H 公司的商务发展提供全方位的物流保障,双方在战略合作中实现双赢长远发展。

在以下章节中将描述 R 物流专为 H 公司 A 项目制定的物流解决方案内容和实施。

二、H 公司物流现状调研分析

H 公司是一家 IT 运营商,其产品对物流服务的速度、质量要求很高,同时又要保证物流成本的合理化。

2.1 物流组织

物流组织隶属商务主管，专人负责一个或几个物流项目。

分析：H 公司物流自营状态，每个产品或项目由专人全职负责，并隶属商务部门管理；所以出现若干个物流人员负责不同的商务项目，但天天在向同一家仓库和车队进行物流作业联系，编制出的报表大同小异；或者一个物流人员负责几个物流项目，却同时接受着多个商务主管的指令。这种机构设置，不仅没有重视物流管理在现代企业的重要性，还在一定程度上造成了重复作业和多头管理。

2.2 物流运作

物流运作是分产品、项目来运作的。

分析：分散独立的物流作业在简单的物流要求下运行是可操作的，但随着业务的多元化进程，物流整体作业需求的提高，致使物流作业越加复杂，不同阶段的作业出现断层，各操作单位相互推脱物流责任；于是物流负责人大部分工作时间被浪费在各种协调工作上。或许，你今天卖出去的货物还在大洋彼岸与你隔海相望。

针对 H 公司当前物流现状，R 物流提出 A 项目一体化物流作业方案。

三、H 公司 A 项目物流解决方案内容

3.1 A 项目物流方案的设计策略

在 A 物流方案的设计之前，我们不仅要划分本次一体化物流方案的目标和范围，同时，也要对未来 H 公司总体物流做一个初步的规划。

由于前期 A 项目运作中国际运输段存在一定的问题导致整个物流过程出现阻滞，为了使整个流程更加流畅，我们设计的是从国外运输、报关、国内现已运作的物流部分全程物流一体化服务（图略）。

本次 A 项目物流解决方案涉及从 A 生产厂商所在地运输至北京报关，提货进入 R 物流北京 HMS 中心，进行仓储管理，再根据 H 公司的销售订单配送至全国各地。

在目标、内容明确的前提下，我们的物流解决方案设计策略体现了以下特点：

3.1.1 一体化的设计思路

根据 R 物流本身在国际采购、国际运输、报关、国内物流的多年运作经验，我们设计的是 A 项目的全程物流的一体化解决方案。

3.1.2 整合 R 物流优秀管理服务质量、先进的信息技术优势。

（1）经验丰富的项目管理团队和高质量的服务

由于 A 项目物流运作具有比较复杂的特性，R 物流派出以专家为首，包括信息系统设计实施小组、物流流程设计项目管理小组、物流业务运作项目管理小组在内的项目管理团队，为 H 公司提供高质量的物流流程设计以及物流实际运作服务。

（2）先进的物流信息系统对物流运作的支持

我们采用世界首屈一指的 SAP 公司设计，由惠普负责实施的 SAP/LES 物流执行系统，将运输管理、仓库管理以及订单管理系统高度一体化整合，针对 H 公司 A 项目中的对货物的单品管理的个性化需求，信息系统设计实施小组专门设计了适合产品特性的订单配置模块、仓库配置模块、保质期管理模块以及扫描程序的开发和系统特殊报表的开发。

3.1.3 R物流整体资源平台的统一规划

在R物流全国庞大的运输网络中可统一调配的车辆达17000多辆，在原有R公司产品销售网络基础上在全国设立了42个大型区域物流分拨中心，可使用的仓储资源面积达到300万平方米。

R物流有着每年上百亿的国际货物采购额和国内每年近十个亿的物流销售额，A物流项目在R物流整体资源平台上的统一整合，意味着可以获得最佳的物流成本效益和运作效益。

3.2 主要业务流程模块

R物流针对A项目的需求，提供以下业务流程模块：

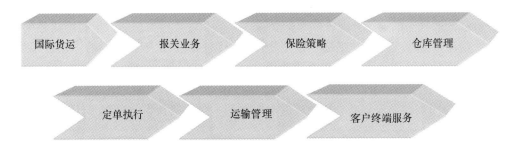

其中，"国际货运"和"报关业务"是国际物流作业，其余为国内物流作业，R物流将这两段物流作业进行整合，提供顺畅的流通渠道，提升物流作业效率。

3.3 主要业务流程物流作业

3.3.1 国际运输

● 国际运输服务承诺：

每天对当日发生的国际空运情况总结E-MAIL或FAX给H公司。

每日空运情况总结报表含以下主要内容：

表7-1 合作伙伴评估表

R编号	SHPR	CNEE	PURCHASE NO.	品名	数量	目前状态	目的港	预计发运时间	要求到达时间
D02-A-240	HONGKONG RYOSAN LTD	H	AV001	A	20	已经备好	PEK	11月26日	11月26日

前提贵司完成对我司的书面承运委托或指令并将发货计划提供我司。

对于每日不能够按时发运的列明原因当日的运输差异说明中列述。贵司的其他要求可以列明，我们共同商讨一致后加入。

● 国际运输资源控制：

（1）安排专人负责贵司的进口空运控制。运用R公司现有网络为H公司服务。H公司至少提前7天给我司承运委托和书面的发货计划。

（2）根据H公司的承运委托和书面的发货计划，制订出我们自己的发货计划书面反馈H公司确认后执行；H公司应对当日5：00前收到的反馈完成确认。

（3）对于H公司确认的发货订舱同航空运输公司确认定舱。

（4）承运监控由我司专门人员负责将承运信息在每日信息反馈中反馈H公司。当日

4：00 前到货，当日通知贵司，4：00 之后第 2 天通知贵司。通知贵司的同时通知报关行，准备报关。

3.3.2　海关报关业务

进口口岸：北京机场

（1）提供限时服务

在贵司提供的单据准确、齐全，货物正常安全到港，海关无异议的情况下，我司向贵司提供 20 小时内放行的服务。关税、增值税由 H 公司支付。如果时间要求紧迫且关税增值税总额在 5 万元以下，可以代垫，但 H 公司应在二个工作日内将税款支付我司。若 H 公司超 2 个工作日的支付期，除 H 公司承担支付利息（根据现在的市场利率标准）外，R 物流有权扣押在途或在库货物作为抵押。

（2）工作日清反馈制

我司对每天的通关情况每日进行汇总，每日 6：30 点前将当天通关情况的日清明细表，反馈贵司。对日清中反馈的问题希望贵司给予协助。

（3）通关单据返回

贵司需要的通关单据请贵司列出明细以便我司落实具体反馈返回时间，如售汇报关单我司在通关后 12 日内返回贵司（因海关系统原因未及时打印的除外）。

（4）通关前后的监管库暂存服务。

（5）新产品预归类服务

我司可以对贵司准备进口的产品同贵司一起进行提前预归类，以便贵司提前办理相关进口批文和单证等，避免货到后再去办理而在时间上造成的耽搁。根据贵司介绍的产品情况，我司咨询北京海关后，请参看以下列名，但具体的归类还需贵司提供具体的产品说明书和用途。为贵司方便起见，我司将监管条件也做了具体列名，但最终要海关确认为准。

服务器：海关编码 8471 8000 税率 3.8% 增值税 17%；

工作站：海关编码 8471 8000 税率 3.8% 增值税 17%；

存储器：海关编码 8471 7090 税率 0 增值税 17%；

监管条件：O 机电半自动进口许可证；A 商检

（6）海关优惠政策申请

协助贵司向海关申请优惠的进口政策。

3.3.3　保险业务：

● 分段保险策略：全过程分为 A、B、C 三段保险。

A 段策略：国际进口运输仓至仓保险

（1）保险起止

发货地仓库或机场（根据具体成交条件定）到目的地（北京）仓库。

（2）保险范围

一切险加战争险

（3）保险费率

进口发票金额的 0.3%（远洋如美国），或 0.15%（近洋如台湾）

（4）保险加成

保险加成为 10%，按照国际惯例对根据进口发票金额的 110% 投保，未来如出险理赔同样按照 110% 理赔

B、C 段：国内仓储及运输保险

（1）保险起止

自北京监管库提货到客户手中

（2）保险范围

运输过程和仓储过程

（3）保险费率

货值金额的 0.15%（运输过程），0.2%（仓储过程）

（4）保险理赔

根据实际发生的理赔、核保情况发生的差旅费等实报实销，由 H 公司承担。索赔款项通过 R 物流落实支付 H 公司或由 R 保险代理公司直接赔付。

- 投保代理人、投保对象

（1）投保代理人：R 保险代理有限公司

（2）投保对象（受益人）：H 信息技术有限公司

3.3.4 转运（从海关监管仓库——北京 HMS）

该流程属于运输管理模块，但作为国际物流作业向国内物流作业转移的一个重要阶段，使该流程突显了其重要性。

（1）R 物流根据提单标示的数量预估使用车辆型号，安排厢式专车到位。

（2）A 项目负责人到现场监控提货过程，并对提货数量、箱体提单号与提单进行核对；并对包装箱和"SHOCKINGWATCH"、"TILTWATCH"标志进行检查，现场登记和拍照损伤情况，以次作为运输质量及货损鉴定的可信性资料。

（3）R 物流将提供北京 HMS 实际入库有效信息与 H 公司确认并备案。

3.3.5 仓库验收

此流程是国内物流业务重要作业阶段，R 物流不仅要通过该作业过程确定实际到货物料数据和物料质量，同时将及时向 H 公司提供与 A 公司装箱单的物料数据差异，以支持 H 公司商务完成补货流程。

（1）前备工作：按采购定单号整理 PACKING LIST、COMMERCIAL INVOICE、ORDER CONFIRMATION，并将 PACKING LIST 显示装箱货物定单号、对应产品、数量以及提单主副单号（MAWB、HAWB）录入 EXCEL 进行管理。

（2）仓库库管根据提单和提货不良品记录确认入库数量和状态之后，按正品和不良品待验区分别入库暂存。

（3）验收现场，H 公司产品工程师需在现场进行技术指导和作业规范。

（4）以机柜和散件的验收方式进行单体验收，并对应 PACKING LIST 的描述准确记录到货 COM CODE、DESCRIPTION、SERIAL NO.、数量。

（5）R 物流将清点货物明细按照 COM CODE、DESCRIPTION、SERIAL NO.、数量及对应采购定单号、MAWB、HAWB 录入 EXCEL 进行管理。

（6）将 PACKING LIST 的 EXCEL 表与清点实物的 EXCEL 表进行数据比较分析，针对出现差异进一步核对，落实最终库存及装箱差异。R 物流向 H 公司提供此两份物料数据，并共同确认备案。此两份数据将成为商务实际销售产品清单及商务采购定单差异证明。

3.3.6 仓储管理

由于 A 产品在包装尺寸、产品类型、销售配置标准及分拣频率上存在多样性。所以库位分配和优化作业方面需要进行精细作业。

（1）清点时将清点完毕的货品在已验收区内进行分类，分类的基本原则是：首先区分语音和数据产品两大类，然后按同一型号货品按照：高架储位、平置储位、备件架储位、抽屉式储位分为四大部分。

（2）全部货物清点完毕后，在已验收区对各个已分不同储位的各类产品进行细分类。分类的原则是：同一个包装单下的标准配置组件放在一起并注明：标准配置的名称、组成、数量。

（3）对首次入库的 A 产品测量外包装尺寸（重量），确定相应的货架，估算确定每个货价所能存放的数量，对已有入库记录的同类产品，找到相应的货架区。

（4）产品上货架，同时记录产品所对应的货位号，所有已清点货物确认上架完毕，将对应的货位号记录入实物的 EXCEL 表中，至此可以提供此实物工作表作为信息系统管理物料主数据。

（5）在不断的分拣定单处理过程中，根据分拣频率对产品进行 ABC 分类，优化作业效率。

3.3.7 定单处理

R 物流秉承其一贯原则，采用一票到底的作业流程；并且定单的处理过程是紧密结合信息系统开展的。

（1）采用一票到底的作业流程，H 公司仅根据配送单单据编号通过 R 物流查询到该定单指定货物从国际运输开始到客户签收前状态和数据资料。

（2）接收到 H 公司出货通知单后，从信息系统中对出货库存进行确认，并打印分拣清单。

（3）将分拣完毕后的物料数据在系统中进行核对，确认正确后打印出配送单。

（4）配送单据在配送过程中作为货物出库、客户签收的凭证文件，信息系统将跟踪货物各环节状况。

3.3.8 仓库分拣

分拣作业因其复杂性经常成为物流作业中的瓶颈。A 产品的配置个性化及单品管理制度，大大加大了分拣作业难度。但良好的库存管理和严格的定单监控为分拣操作打下良好的作业基础。

（1）系统打印出的分拣清单显示了库位信息，仓库库管按照清单库位指定确认分拣产品、数量，并在清单"序列号"栏填写分拣出产品的序列号。

（2）货物分拣到出库区，库管将机柜产品和备件产品区分开，将同种型号产品放置在一起，同种型号小件封在一塑料袋内，并将不易被货主识别的 COMCODE 用荧光笔标出。

（3）配送员在收到库管填写的配送清单后，立即到现场对清单上各项数据进行核查，发现错发漏发货或数据记录错误立即补正。

（4）根据确认的配送清单在系统开具配送单。

3.3.9 运输模式

A 产品是高价值产品，所以降低运输风险和保证运输质量成为该项目运输模式的重要参考因素；同时，因其 IT 产品的特性，加急定单相对频繁；针对以上两个因素，R 物流向 H 公司提供多模式的运输选择。

（1）多模式的运输选择：专车运输；航空运输；汽车零担运输

(2) 运输模式选择条件：基本上是基于货物价值和定单紧急性来决定的，R 物流根据每种运输模式实现的时间和安全性及对应货值的效益指标评审，提出针对不同定单及要求的运输建议。

3.3.10　在途控制

当货物在 R 公司物流作业范围内，H 公司可通过 R 物流查询货物状况。

(1) 查询资格鉴定：R 物流为 H 公司提供查询密码，只有持有该查询密码的人员可获得有关信息。

(2) 查询方法：

① 电话查询：R 物流提供查询电话，为客户提供快捷的信息沟通界面。

② 网络查询：R 物流提供 E-MAIL 地址，定时反馈查询者全面详细的文档型资料。

3.3.11　客户收货

这个流程分两个作业重点：

(1) 为购买 A 产品的客户提供快捷准确的验收程序。

① 以清晰的单据格式指导客户明确到货明细。

② 配合单据格式对发货进行包装，详同仓库分拣。

(2) 为保证 A 产品的顺利成功交接，R 物流要求收货客户在配送单上注明到货状况、时间（具体到分钟）、签收人签字、盖章（收货单位有效公章）确认；在无有效公章的情况下，必须由签收人在配送单上注明身份证号码并提供本人身份证影印件。

3.3.12　客户回访

(1) 对 H 公司的回访：定期进行书面和电话回访，主动与其沟通，并针对整个物流过程中出现的各种问题及时拿出有效解决措施，同时积极采纳 H 公司反馈的优化物流作业的建议。

(2) 对收货客户的回访：针对定单到货的及时性、准确性和服务质量进行及时回访，针对客户的信息反馈及时拿出有效措施，并将回访记录备案，为项目评审提供有效资料。

(3) 客户作业界面：由于 R 物流的整体物流方案，H 公司再也无须为物流环节大费周折了。

四、H 公司 A 项目物流方案的实施

4.1　方案实施范围及阶段规划

4.1.1　实施范围：（以作业地域表示）从产品生产地港口至 H 公司销售的终端客户

4.1.2　实施阶段：

(1) 项目准备及启动：

成立 A 项目策划组织。该组织调研 A 项目的整体物流需求，分析并形成 A 操作建议书，在 R 物流内部实现有效调动各优势资源的优先权利。随即启动 A 项目。

(2) A 项目现状了解、分析：

① 了解 H 公司物流及与物流相关的操作流程，分析与其相适应的物流策略统筹管理各环节物流计划和作业。

② 落实 A 从采购定单下达到定单销售完成所产生的物流动作，根据 R 物流 A 物流策略划分物流环节，同时调动相应优势资源展开。

③ 成功案例借鉴：在 R 物流资料库中查询物流界和 R 物流自身的成功案例，挖掘可借鉴的操作模式；同时根据 A 的个性化进行有针对性的优化。

④ 解决方案框架提出：根据指导思想，与 H 公司沟通并达成意见一致，提出 A 项目的方案框架。

⑤ 基本流程制定：在解决方案框架的基础上，为指导具体作业，针对基本作业制定相应流程。基本流程即为总体物流方案中各对应流程。

⑥ 试实施物流方案：根据以上方案的提出，流程的制定，管理人员将整体方案对基本项目人员进行培训，同时项目执行人员进入现场，运用基本流程指导作业。

⑦ 评估制度制定及流程评审：R 物流在方案试实施过程中，成立评审小组，针对 A 项目制定评审指标和评审制度，对 H 公司完善的需求和操作现场采集的数据信息与资料进行汇总，完成数据的统计分析和流程的评审，提出评审报告。

⑧ 实现流程标准化：根据评审报告的建议，并进行实际操作的可行性分析，对流程进行优化，同时完成辅助流程的制定，形成完善的操作流程规范。

⑨ 实施全面培训：在规范的流程要求下，R 物流制定科学的培训计划，对整个物流作业流程展开全面培训。并在规定的时间进度内成功完成培训工作，实现操作的顺利推进。

4.2 方案实施成功要素

（1）商务流程及数据的准确提供

（2）管理层的支持与快速决策

（3）信息接口的畅通

4.3 H 公司物流解决方案工作组

4.3.1 方案实施工作组人员组成

H 公司 A 项目物流方案实施工作组由 R 物流李某担任项目总监，郭某为指导专家，下设三个项目组，分别是由张某负责的信息系统设计实施项目组、由严某负责的物流流程设计项目组、由赵某负责的物流运作实施项目组。工作组的组织结构图略。

4.3.2 方案实施沟通机制

（1）R 物流内部：项目组直接管理的客服部门指令信息系统、仓库、车队及所相关作业接口，形成项目管理体制。

（2）R 物流与 H 公司：

① 唯一信息接口，确保信息的全面掌控。

② 多渠道信息沟通，满足不同的沟通需求。

4.3.3 方案运作培训计划

在 A 项目实施的过程中，培训是极其重要的一环。这不仅包括 R 物流项目实施小组对具体操作人员的培训，还包括 H 公司 A 产品专家、工程师对 R 物流人员进行相关的产品特性的培训，以便使 R 物流 A 项目实施操作人员更好的根据产品的特性不断优化物流流程。培训安排略。今后将根据项目的进展，由 R 物流主持制定、H 公司辅助实施相应的培训工作。

五、H 公司 A 项目物流报价方案

5.1 H 公司 A 项目全程物流业务流程图（略）

5.2 物流服务内容

5.2.1 国际段

（1）H 公司 A 产品采购订单的确认整理；

（2）从 A 产品生产厂商提货，以直接从产地空运或以路运加空运的方式运输到北京空港；

（3）在北京空港的仓储；

（4）报关。

5.2.2　国内段

（1）Invoice/Packing/Order confirmation 文件数据整理汇总；

（2）空港仓库提货、核对数量、确定外包装完好、货损的及时发现、拍照存档；

（3）派车运输至 R 物流 HMS 物流仓储中心；

（4）货物清点、与 Pack list 核对、差异分析；

（5）信息系统设计、上线、调试、使用。

（6）信息系统 BOM 建立，创建收货订单；

（7）信息系统货物信息录入；

（8）货物分类、板卡的拆分、包装、货品上架、完成库存报表；

（9）仓储库存管理；

（10）接收 H 公司出货订单，货品分拣、板卡的拆装、散件的包装、制作配送单；

（11）专车、空运、零担等多种联运方式的长、短途配送；

（12）配送单据反馈、报表的汇总提供、信息查询、信息系统报表的产生；

（13）A 产品特殊单据的设计、制作，防静电袋特殊包装物购买、抽屉式储位的设置、监视系统的配备均包含在服务之内。

5.2.3　物流服务收费

包括上述国内、国际段各项内容：A 物流费用为货品货值的 2.8%。

5.2.4　物流服务不包含的内容

（1）货物险费用；

（2）加急订单的加急费用；

（3）其他为 A 项目提供的特殊服务费用。

5.3　数据来源以及相关假设

5.3.1　国际段

5.3.2　国内段

5.4　对 H 公司需求

（1）提供货品的保质期等相关属性的资料。

（2）货物到空港前 72 小时提供以下文件：Packing list & Commercial invoice

（3）每次进货拆箱和出货检验时请 H 公司的产品专家和工程师到现场指导。

（4）请 H 公司委派专门负责 A 项目物流管理人员与 R 物流接口。

5.5　单据及付款条件

（1）物流费用的结算发生在每次货物到达的下一个月 10 日以及顺推每月的 10 日，分两次结清，也就是说货物到达后三个月内结清所有的物流费用，每次结算的比例为 50%、50%。

（2）H 公司将在每次货物到达的下一月份 5 日以前将原始订单影印件提供给 R 物流。

（3）R 物流将在每次货物到达的下一月份 10 日以前将发票寄给贵公司。

（4）H 公司收到发票后，于同月 25 日前将物流费用电汇至 R 物流帐户。

（5）电汇请汇至以下地址：单位名称：青岛 R 物流有限公司

税号：37 ＊＊＊＊＊＊＊＊＊＊＊＊

开户行：建行＊＊路办

帐号：37 ＊＊＊＊＊＊＊＊＊＊＊＊＊＊＊＊＊

5.6　合同

如 H 接受我司报价，我司将在近日联系贵公司洽谈签署正式合同。

六、R 物流介绍（略）

附录3　公路货物运输合同样本

甲方（托运方）：　　　　　　　　　　乙方（承运方）：
地址：　　　　　　　　　　　　　　　地址：
传真：　　　　　　　　　　　　　　　传真：
电话：　　　　　　　　　　　　　　　电话：

甲方指定乙方为甲方货物提供公路货物运输服务。双方经友好协商，就具体事宜达成如下协议：

第1条：承运货物及起止地点

1.1　托运的主要货物为：

包装：甲方确保产品符合有关国家规定的标准包装。

1.2　货物的起运地点：

1.3　到达地点：

1.4　甲方托运的其他货物及服务内容，以货物运单或补充协议说明为准。

第2条：操作流程

① 甲方发出运输指令；② 乙方回复认可书装货；③ 发往目的地交货；④ 收货单位验签；⑤ 将回单交回甲方；⑥ 甲方承付运费。

第3条：甲方的义务和责任

3.1　甲方至少提前5小时以电话或书面传真形式向乙方发出运输指令，通知内容包含发运时间、运输方式、货物名称、数量；并准确提供发运地方和目的地址及联络方式方法等信息。

3.2　甲方保证所托运的货物不属于国家违禁品。

3.3　因甲方交代不清而引起的无法抵达目的地或找不到收货人所造成的损失由甲方负责。

3.4　甲方保证按合同要求在乙方向甲方提交相关单据时及时结算运费给乙方。

第4条：乙方责任

4.1　乙方接受甲方的委托，为其提供货物运输服务，乙方应及时操作转运货物，安全、准时、准确地将货物运至甲方指定的目的地。

4.2　司机把货物送达目的地后，若客户对货物有任何意见，司机绝对不可以与客户发生争持，应立即与乙方负责人联系，并将事件及时汇报给甲方。

4.3 乙方必须严格按照附件中所列运输时间执行，若因特殊情况，货物没有按预定时间到达时，乙方应及时与甲方取得联系，向甲方汇报并进行处理。若甲方调查中发现有不合实际的情况，有权作出处罚。

4.4 乙方在承运过程中发生的货物被盗、丢失、淋湿、货损、交货不清、货物破损等，概由乙方负责赔偿。

4.5 由于不可抗力（如水毁、地震等造成公路中断）造成货物无法准时到达，乙方必须及时通知甲方，由双方共同协商解决，若由于未及时通知甲方而造成货物过期到达，造成甲方损失应由乙方负责赔偿。

4.6 由于交通事故造成货物无法准时到达，乙方必须及时通知甲方，车辆损坏严重的另配车辆转运货物，确保货物及时到达，若由于未及时通知甲方而造成货物过期到达，造成甲方损失应由乙方负责赔偿。

第 5 条：费用及结算方式

5.1 费用的结算标准以双方协商确定的价格为准。

5.2 结算方法为：每月 25 日为本月发生运输费用的结算日，乙方需交付有效运输凭证及结算汇总表，经甲方审核无误后在 3 个工作日内支付乙方运费，如遇节假日则时间顺延。如收货方需要运输发票的，乙方应及时按照甲方要求开据运输发票，如有扣除的款项（管理费每吨 2 元），应在运费中扣除。

第 6 条：违约责任

6.1 因甲方提供资料不齐全而导致乙方无法送达或者延误送达，损失由甲方负责。乙方在运输过程中如果发现甲方所提供的收货人联系电话、地址有误，必须及时与甲方联系寻求解决办法。否则损失由乙方负责。

6.2 乙方错运到达地点或收货人的，乙方必须无偿将货物运到指定地点交付给收货人，由此造成的货物过期送达的，按甲方规定条例处理。如果造成货物误收而丢失，乙方应照价赔偿。

6.3 由于乙方的过失造成货物过期到达，超过双方所约定的时间（且没有取得甲方的认可），每次乙方需支付给甲方人民币 500 元的违约金。由于不可抗力造成乙方交货延误，影响执行合同时，乙方应及时通知甲方并采取措施防止事件的扩大。经双方协商可适当放宽到货时间。

6.4 合同终止后，甲乙双方不再合作，双方在一个月内结清所有运费。

第 7 条：文本及时效

7.1 本合同签订时，双方必须出具有效资格文件、证件和其他注册资料。如属法人委托人签署的，应有法人委托书原件。

7.2 本合同一式二份，甲、乙双方各持一份，具有同等法律效力。

7.3 本合同有效期为　　　年　月　日至　　　年　月　日。

7.4 本合同自双方签字盖章之日起生效。

7.5 本合同全部内容属商业秘密，双方均有责任保守秘密。

第 8 条：变更与终止

8.1 合同如有变更或者补充，经协商一致后，以补充协议形式确定，补充协议与原合同具有同等效力。

8.2 本合同终止后，合同双方仍承担合同终止前本合同规定的双方应该履行而未履行完毕的一切责任与义务。

8.3 合同如需提前终止,须双方书面同意。

第9条:纠纷及其仲裁

若合同在履行中产生纠纷,双方应及时协商解决。协商无效的,可向合同履行地人民法院申请诉讼解决。

甲 方: 乙 方:
(盖章) (盖章)
代表人: 代表人:

签署日期: 年 月 日

附录4 仓储合同样本

合同编号:_____

寄存人:_____	保管人:_____
法定住址:_____	法定住址:_____
法定代表人:_____	法定代表人:_____
职务:_____	职务:_____
委托代理人:_____	委托代理人:_____
身份证号码:_____	身份证号码:_____
通信地址:_____	通信地址:_____
邮政编码:_____	邮政编码:_____
联系人:_____	联系人:_____
电话:_____	电话:_____
传真:_____	传真:_____
账号:_____	账号:_____
电子信箱:_____	电子信箱:_____

根据《中华人民共和国合同法》的规定,当事人双方本着合法原则、平等互利等价有偿原则、契约自由原则和诚实信用原则,经过友好协商,签订本合同,共同信守。

一、仓储物

编 号_____
包 装_____
货物名称_____
品种规格_____
数 量_____
质 量_____

质量应使用国家或有关部门规定的质量标准,也可以使用经批准的企业或行业标准。在没有上述质量标准时,可以由存货人与保管人在仓储合同中自行约定质量标准。

货物损耗有国家标准或专业标准的,按国家标准或专业标准执行;没有国家或专业标

准的，由当事人双方协商确定。损耗量在法律规定或约定标准范围内，保管人不承担责任；超过标准范围的，保管人应当承担责任。

二、保管场所

1. _____。

2. 保管场所由当事人约定；没有约定的，依保管物的种类、价格，有偿还是无偿等情况确定适当的保管场所。

三、保管方法

1. _____。

2. 当事人约定的保管方法，保管人不得擅自变动。如果遇到了紧急情况，并且可以推定存货人如果知道此种危机发生也同意改变其约定的保管方法时，保管人可改变保管方法。

3. 当事人没有就保管方法进行约定的，保管人应根据保管物的种类、价格，有偿还是无偿，采用适当的方法进行保管。

4. 保管方法有特殊约定的，应以特殊约定的方法进行保管。

5. 保管易燃、易爆、易渗漏、有毒等危险物品及易腐、超限等特殊货物时，应当有专门的仓库、设备并配备有专业技术知识的人员负责管理。必要的时候，还应向保管人提供储存、保管、运输等方面的技术资料。

四、仓储费用

1. 保管人提供仓库_____平方米由存货人使用，仓库租金按月包库制，每月每平方米_____元，合计月租金为_____元整。

2. 计算项目包括保管费、转仓费、出入库装卸搬运费、车皮、站台、包装整理、商品养护等费用，合同中应对下列项目作出明确规定：费用由哪一方承担、计算标准、支付方式、支付时间、地点、开户银行、账号等。

3. 保管费_____元（人民币），转仓费_____元（人民币），出入库装卸搬运费_____元（人民币），车皮、站台、包装整理、商品养护费_____元（人民币）。

在保管物交付保管时，寄存人应先行交付保管费用的_____％；

在保管期满，寄存人提取保管物时，应交付其余保管费用；

保管费总额为_____；保管费用一律以_____（方式）支付。

开户银行：_____

银行账号：_____

4. 仓储费应在存货人交付仓储物时提前支付。

5. 必要费用包括运费、修缮费、保险费、转仓费等。请求存货人支付上述费用时，保管人应出示有关清单和登记簿。仓储合同中规定的仓储费包括必要费用时，存货人不必再另行支付。

五、保管期限

1. 保管期限_____年，从_____年_____月_____日至_____年_____月_____日止。

2. 保管期限届满，保管人应当将仓储物返还给存货人，存货人应及时取回仓储物，也可以不规定有效期限，只要存货人按日或按月支付保管费用，合同即可继续有效。

六、出入库

1. 入库和出库的手续按照有关入库、出库的规定办理，如无规定，按双方协议办理。入库和出库时，双方代表或经办人都应在场，检验后的记录要由双方代表或经办人签字。该记录应视为合同的有效组成部分，当事人双方各保存一份。

2. 入库是指货物进入仓库时所进行的清点、检验和接收工作。入库时，保管人要根据合同规定的数量、质量、品种、规格等对入库货物进清点、验收和接收。验收无误后，向存货人开出仓单，并报仓库会计统计入账、登记。

3. 对储存期间没有约定或约定不明确的，存货人可随时提取仓储物，保管人也可随时要求存货人提取仓储物。但应给予对方必要的准备时间。

4. 货物出库一定要当面交接清楚，并做好记录。如果是由保管人代办运输的，保管人则应负责向运输部门办理托运、发运手续。

七、验收

1. 货物验收由保管人负责，验收的内容、标准包括三个方面：

（1）货物的品名、规格、数量、外包装状况，以及无须开箱拆捆直观可见可辨的质量情况；

（2）包装内的货物品名、规格、数量，以外包装或货物上的标记为准；外包装或货物上无标记的，以存货人提供的验收资料为准。

（3）散装货物按国家有关规定或合同规定验收。

2. 存货人应当向保管人提供必要的货物验收资料，如未提供必要的货物验收资料或提供的资料不齐全、不及时，所造成的验收差错及贻误索赔期或者发生货物品种、数量、质量不符合合同规定时，保管人不承担赔偿责任。

3. 保管人应按照合同规定的包装外观、货物品种、数量和质量，对入库物进行验收，如果发现入库货物与合同规定不符，应及时通知存货人。保管人未按规定的项目、方法和期限验收，或验收不准确而造成的实际经济损失，由保管人负责。

4. 验收期限：_____天（国内货物不超过10天，国外到货不超过30天）。超过验收期限所造成的损失由保管人负责。货物验收期限，是指货物和验收资料全部送达保管人之日起，至验收报告送出之日止。

5. 验收时间均以运输或邮电部门的戳记或送达的签收时间为准。超过验收时间所造成的实际损失由保管人负责。保管人应当对未能按照合同约定或法律法规规定的内容方法、时间验收仓储物或验收不准确所造成的损失负责。存货人应当对未能提供验收资料或提供资料不齐全、不及时所造成的损失负责。

八、货物的损耗

损耗标准和损耗处理按照有关损耗标准和损耗处理的规定办理，如无规定，按双方协议办理。

九、权利义务

（一）保管人权利义务

1. 储存易燃、易爆、有毒、有腐蚀性、有放射性等危险物品或者易变质物品，存货人应当说明该物品的性质，提供有关资料。存货人违反规定的，保管人可以拒收仓储物，也可以采取相应措施以避免损失的发生，因此产生的费用由存货人承担。保管人储存易燃、易爆、有毒、有腐蚀性、有放射性等危险物品的，应当具备相应的保管条件。

2. 保管人储存易燃、易爆、有毒、有腐蚀性、有放射性等危险物品的，应当具备相应的保管条件。保管人对危险物品和易腐物品保管时，应当按照国家的规定或合同约定的要求操作或储存。在保管期间，保管人应按合同议定的储存条件和保管要求保管货物，并定期进行检查，使保管的货物不短缺、不损坏、不污染、不灭失，处于完好状态，发现货物出现异状，应及时通知存货人处理。未经存货人允许，无权委托第三方代管。

3. 存货人交付仓储物的，保管人应当给付仓单。

4. 保管人根据存货人或者仓单持有人的要求，应当同意其检查仓储物或者提取样品。

5. 保管人对入库仓储物发现有变质或者其他损坏，危及其他仓储物的安全和正常保管的，应当催告存货人或者仓单持有人作出必要的处置。因情况紧急，保管人可以作出必要的处置，但事后应当将该情况及时通知存货人或者仓单持有人。

6. 储存期间届满，存货人或者仓单持有人不提取仓储物的，保管人可以催告其在合理期限内提取，逾期不提取的，保管人可以提存该物。

7. 储存期间，因保管人保管不善造成仓储物毁损、灭失的，保管人应当承担损害赔偿责任。因仓储物的性质、包装不符合约定或者超过有效储存期造成仓储物变质、损坏的，保管人不承担损害赔偿责任。

8. 仓储物出现危险时，保管人有义务通知存货人或仓单持有人。包括以下几种情况：

（1）如果第三人对其保管的货物主张权利而起诉或扣押时，保管人有义务通知存货人。

（2）储存的货物发现有变质或其他损坏的，保管人应及时通知存货人。

（3）储存的货物发现有变质或其他损坏，危及其他仓储物的安全和正常保管的，应通知并催告存货人处理。如果保管人违反通知义务，给他人的储存物造成腐蚀、污染等损害的，存货人不承担责任。当然，在紧急情况下，保管人可自行作出必要的处理，并将处理情况通知存货人。

9. 在仓储期限届满后，由保管人送货上门的，保管人应按照合同规定的时间、数量，将货物送至存货方。

（二）存货人权利义务

1. 储存易燃、易爆、有毒、有腐蚀性、有放射性等危险物品或者易变质物品，存货人应当说明该物品的性质，提供有关资料。

2. 存货人或者仓单持有人在仓单上背书并经保管人签字或者盖章的，可以转让提取仓储物的权利。

3. 储存期间届满，存货人或者仓单持有人应当凭仓单提取仓储物。存货人或者仓单持有人逾期提取的，应当加收仓储费；提前提取的，不减收仓储费。

4. 存货人为了防止货物在储存期间变质或有其他损坏，有权利随时检查仓储物或提取样品，但在行使检查仓储物或提取样品的权利时，不得妨碍保管人的正常工作。

5. 存货人应当按照合同约定的品种、数量、质量、包装等将货物交付给保管人入库，并在验收期间向保管人提供验收资料，存货人不能全部或部分按照约定入库储存货物的，应当承担违约责任。因存货人未提供验收资料，或者提供的资料不齐全、不及时而造成验收差错及其他损失的，由存货人负责。存货人应按照合同的约定负责货物的包装，因包装不符合要求而造成货物损坏的，由存货人负责。

十、保管人的责任

1. 在货物保管期间，未按合同规定的储存条件和保管要求保管货物，造成货物灭失、短少、变质、污染、损坏的，应承担赔偿责任。如属包装不符合合同规定或超过有效储存期而造成货物损坏、变质的，不负赔偿责任。

2. 对于危险物品和易腐物品等未按国家和合同规定的要求操作、储存，造成毁损的，应承担赔偿责任。

3. 由于保管人的责任，造成退仓不能入库时，应按合同规定赔偿存货人运费和支付违约金_____元。

4. 由保管人负责发运的货物，不能按期发货，应赔偿存货人逾期交货的损失；错发到货地点，除按合同规定无偿运到规定的到货地点外，并赔偿存货人因此而造成的实际损失。

十一、存货人的责任

1. 由于存货人的责任造成退仓不能入库时，存货人应偿付相当于相应保管费_____%（或_____%）的违约金。超议定储存量储存的，存货人除交纳保管费外，还应向保管人偿付违约金_____元，或按双方协议办理。

2. 易燃、易爆、易渗漏、有毒等危险货物及易腐、超限等特殊货物，必须在合同中注明，并向保管人提供必要的保管运输技术资料，否则造成的货物毁损、仓库毁损或人身伤亡，由存货人承担赔偿责任直至刑事责任。

3. 货物临近失效期或有异状的，在保管人通知后不及时处理，造成的损失由存货人承担。

4. 未按国家或合同规定的标准和要示对储存货物进行必要的包装，造成货物损坏、变质的，由存货人负责。

5. 存货人已通知出库或合同期已到，由于存货人（含用户）的原因致使货物不能如期出库，存货人除按合同的规定交付保管费外，并应偿付违约金_____元。由于出库凭证或调拨凭证上的差错所造成的损失，由存货人负责。

6. 按合同规定由保管人代运的货物，存货人未按合同规定及时提供包装材料或未按规定期限变更货物的运输方式、到站、接货人，应承担延期的责任和增加的有关费用。

十二、声明及保证

（一）保管人

1. 保管人有权签署并有能力履行本合同。

2. 保管人签署和履行本合同所需的一切手续_____均已办妥并合法有效。

3. 在签署本合同时，任何法院、仲裁机构、行政机关或监管机构均未作出任何足以对保管人履行本合同产生重大不利影响的判决、裁定、裁决或具体行政行为。

4. 保管人为签署本合同所需的内部授权程序均已完成，本合同的签署人是保管人的法定代表人或授权代表人。本合同生效后即对合同双方具有法律约束力。

（二）存货人

1. 存货人有权签署并有能力履行本合同。

2. 存货人签署和履行本合同所需的一切手续_____均已办妥并合法有效。

3. 在签署本合同时，任何法院、仲裁机构、行政机关或监管机构均未作出任何足以对存货人履行本合同产生重大不利影响的判决、裁定、裁决或具体行政行为。

4. 存货人为签署本合同所需的内部授权程序均已完成，本合同的签署人是存货人的法定代表人或授权代表人。本合同生效后即对合同双方具有法律约束力。

十三、保密

双方保证对从另一方取得且无法自公开渠道获得的商业秘密（技术信息、经营信息及其他商业秘密）予以保密。未经该商业秘密的原提供方同意，一方不得向任何第三方泄露该商业秘密的全部或部分内容。但法律、法规另有规定或双方另有约定的除外。保密期限为_____年。

一方违反上述保密义务的，应承担相应的违约责任并赔偿由此造成的损失。

十四、通知

1. 根据本合同需要发出的全部通知、双方的文件往来及与本合同有关的通知和要求等，必须用书面形式，可采用_____（书信、传真、电报、当面送交等）方式传递。以上方式无法送达的，方可采取公告送达的方式。

2. 各方通信地址如下：_____。

3. 一方变更通知或通信地址，应自变更之日起_____日内，以书面形式通知对方；否则，由未通知方承担由此而引起的相应责任。

十五、争议的处理

1. 本合同受_____国法律管辖并按其进行解释。

2. 本合同在履行过程中发生的争议，由双方当事人协商解决，也可由有关部门调解；协商或调解不成的，按下列第_____种方式解决：

（1）提交_____仲裁委员会仲裁。

（2）依法向人民法院起诉。

十六、不可抗力

1. 如果本合同任何一方因受不可抗力事件影响而未能履行其在本合同下的全部或部分义务，该义务的履行在不可抗力事件妨碍其履行期间应予中止。

2. 声称受到不可抗力事件影响的一方应尽可能在最短的时间内通过书面形式将不可抗力事件的发生通知另一方，并在该不可抗力事件发生后_____日内向另一方提供关于此种不可抗力事件及其持续时间的适当证据及合同不能履行或者需要延期履行的书面资料。声称不可抗力事件导致其对本合同的履行在客观上成为不可能或不实际的一方，有责任尽一切合理的努力消除或减轻此等不可抗力事件的影响。

3. 不可抗力事件发生时，双方应立即通过友好协商决定如何执行本合同。不可抗力事件或其影响终止或消除后，双方须立即恢复履行各自在本合同项下的各项义务。如不可抗力及其影响无法终止或消除而致使合同任何一方丧失继续履行合同的能力，则双方可协商解除合同或暂时延迟合同的履行，且遭遇不可抗力一方无须为此承担责任。当事人迟延履行后发生不可抗力的，不能免除责任。

4. 本合同所称"不可抗力"是指受影响一方不能合理控制的，无法预料或即使可预料到也不可避免且无法克服的，并于本合同签订日之后出现的，使该方对本合同全部或部分的履行在客观上成为不可能或不实际的任何事件。此等事件包括但不限于自然灾害如水灾、火灾、旱灾、台风、地震，以及社会事件如战争（不论曾否宣战）、动乱、罢工、政府行为或法律规定等。

十七、解释

本合同的理解与解释应依据合同目的和文本原义进行,本合同的标题仅是为了阅读方便而设,不应影响本合同的解释。

十八、补充与附件

本合同未尽事宜,依照有关法律、法规执行,法律、法规未作规定的,双方可以达成书面补充协议。本合同的附件和补充协议均为本合同不可分割的组成部分,与本合同具有同等的法律效力。

十九、合同效力

本合同自双方或双方法定代表人或其授权代表人签字并加盖公章之日起生效。有效期为_____年,自_____年_____月_____日至_____年_____月_____日。本合同正本一式_____份,双方各执_____份,具有同等法律效力;合同副本_____份,送_____留存一份。

保管人(盖章):_____　　　存货人(盖章):_____
法定代表人(签字):_____　　法定代表人(签字):_____
委托代理人(签字):_____　　委托代理人(签字):_____
签订地点:_____　　　　　　签订地点:_____
　　　年　　月　　日　　　　　　　　年　　月　　日

附录5　多式联运合同样本

甲方:_____(托运人)　　乙方:_____(承运人)
法定代表人:_____　　　　法定代表人:_____
法定地址:_____　　　　　法定地址:_____
邮编:_____　　　　　　　邮编:_____
经办人:_____　　　　　　经办人:_____
联系电话:_____　　　　　联系电话:_____
传真:_____　　　　　　　传真:_____
银行账户:_____　　　　　银行账户:_____

甲乙双方经过友好协商,就办理甲方货物多式联运事宜达成如下合同。

1. 甲方应保证如实提供货物名称、种类、包装、件数、重量、尺码等货物状况,由于甲方虚报给乙方或者第三方造成损失的,甲方应承担损失。

2. 甲方应按双方商定的费率在交付货物_____天之内将运费和相关费用付至乙方账户。甲方若未按约定支付费用,乙方有权滞留提单或者留置货物,进而依法处理货物以补偿损失。

3. 托运货物为特种货或者危险货时,甲方有义务向乙方作详细说明。未作说明或者说明不清的,由此造成乙方的损失由甲方承担。

4. 乙方应按约定将甲方委托的货物承运到指定地点,并应甲方的要求,签发联运提单。

5. 乙方自接货开始至交货为止,负责全程运输,对全程运输中乙方及其代理或者区段承运人的故意或者过失行为而给甲方造成的损失负赔偿责任。

6. 乙方对下列原因所造成的货物灭失和损坏不负责任:

(1) 货物由甲方或者代理人装箱、计数或者封箱的,或者装于甲方的自备箱中。

(2) 货物的自然特性和固有缺陷。

(3) 海关、商检、承运人行使检查权所引起的货物损耗。

(4) 天灾,包括自然灾害,例如但不限于雷电、台风、地震、洪水等,以及意外事故,例如但不限于火灾、爆炸、由于偶然因素造成的运输工具的碰撞等。

(5) 战争或者武装冲突。

(6) 抢劫、盗窃等认为因素造成的货物灭失或者损坏。

(7) 甲方的过失造成的货物灭失或者损坏。

(8) 罢工、停工或者乙方雇佣的工人劳动受到限制。

(9) 检疫限制或者司法扣押。

(10) 非由于乙方或者乙方的受雇人、代理人的过失造成的其他原因导致的货物灭失或者损坏,对于第(7)项免除责任以外的原因,乙方不负举证责任。

7. 货物的灭失或者损坏发生于多式联运的某一区段,乙方的责任和赔偿限额,应该适用该区段的法律规定。如果不能确定损坏发生区段的,应当使用调整海运区段的法律规定,不论是根据国际公约还是根据国内法。

8. 对于逾期支付的款项,甲方应按每日万分之五的比例向乙方支付违约金。

9. 由于甲方的原因(如未及时付清运费及其他费用而被乙方留置货物或滞留单据或提供单据迟延而造成货物运输延迟)所产生的损失由甲方自行承担。

10. 合同双方可以依据《中华人民共和国合同法》的有关规定解除合同。

11. 乙方在运输甲方货物的过程中应尽心尽责,对于因乙方的过失而导致甲方遭受的损失和发生的费用承担责任,以上损失不包括货物因延迟等原因造成的经济损失。在任何情况下,乙方的赔偿责任都不应超出每件_____元人民币或每千克_____元人民币的责任限额,两者以较低的限额为准。

12. 本合同项下发生的任何纠纷或者争议,应提交中国海事仲裁委员会,根据该委员会的仲裁规则进行仲裁。仲裁裁决是终局的,对双方都有约束力。本合同的订立、效力、解释、履行、争议的解决均适用中华人民共和国法律。

13. 本合同从甲乙双方签字盖章之日起生效,合同有效期为_____天,合同期满之日前,甲乙双方可以协商将合同延长_____天。合同期满前,如果双方中任何一方欲终止合同,应提前_____天,以书面的形式通知另一方。

14. 本合同经双方协商一致可以进行修改和补充,修改及补充的内容经双方签字盖章后,视为本合同的一部分。本合同正本一式_____份。

甲方(盖章):_____　　　　　乙方(盖章):_____
法定代表人(签字):_____　　　法定代表人(签字):_____
　　　　____年____月____日　　　　　　　　____年____月____日
签订地点:_____　　　　　　　签订地点:_____

参考文献

[1] 姜春华. 第三方物流［M］. 第二版. 大连：东北财经大学出版社，2008.
[2] 郑克俊. 第三方物流［M］. 北京：科学出版社，2007.
[3] 兰仁昌. 物流企业运行管理［M］. 北京：中国物资出版社，2011.
[4] 钱芝网，孙海涛. 第三方物流运营实务［M］. 北京：电子工业出版社，2011.
[5] 熊文杰，孙巧美. 第三方物流运营实务［M］. 青岛：中国海洋大学出版社，2010.
[6] 江超群，董威. 现代物流运营管理［M］. 广州：广东经济出版社，2003.
[7] 杨爱明，等. 配送管理实务［M］. 大连：大连理工大学出版社，2009.
[8] 吉亮. 仓储与配送管理［M］. 北京：北京大学出版社，2010.
[9] 腾宝红. 物流主管日常管理工作技能与范本［M］. 北京：人民邮电出版社，2008.
[10] 牛鱼龙. 中国物流百强案例［M］. 重庆：重庆大学出版社，2007.
[11] 付伟. 物流公司规范化管理工具［M］. 北京：人民邮电出版社，2007.
[12] 张理. 现代物流案例分析［M］. 第二版. 北京：中国水利水电出版社，2009.
[13] 李蔚田等. 物流管理基础［M］. 北京：北京大学出版社，2010.
[14] 马士华，林勇. 供应链管理［M］. 北京：机械工业出版社，2005.
[15] 戴建中. 电子商务概论［M］. 第2版. 北京：清华大学出版社，2012.
[16] 付书文. 物流成本管理［M］. 北京：人民邮电出版社，2011.
[17] 陶春柳. 国际货运代理实务［M］. 青岛：中国海洋大学出版社，2010.
[18] 姜春华. 物流企业管理［M］. 重庆：重庆大学出版社，2009.
[19] 王乐鹏，等. 物流企业开展电商业务的优劣势分析及路径探讨［J］. 电子商务，2012（10）.
[20] 邓振华. 我国物流服务质量体系构建探析［J］. 中国城市经济，2011（8）.
[21] 韩耀，等. 物流业客户关系管理系统的构架与建设［J］. 天津商学院学报，2003（11）.
[22] 苏晓雯. 电子商务环境下物流管理的特点、问题及对策［J］. 商业时代，2010（23）.